浙江省重点建设教材

高级财务会计

主 编 王泽霞

副主编 张武标 谢会丽

浙江科学技术出版社

图书在版编目(CIP)数据

高级财务会计/王泽霞主编. —杭州：浙江科学技术出版社，2010. 2(2020. 7 重印)
ISBN 978 - 7 - 5341 - 3778 - 5

Ⅰ. ①高… Ⅱ. ①王… Ⅲ. ①财务会计 Ⅳ. ①F234. 4

中国版本图书馆 CIP 数据核字(2010)第 028209 号

丛书名	浙江省重点建设教材
书名	高级财务会计
主编	王泽霞
副主编	张武标 谢会丽
出版发行	浙江科学技术出版社 杭州市体育场路 347 号 邮政编码：310006 联系电话：0571 - 85170300 - 61714 E-mail：scx@zkpress. com
排版	杭州大漠照排印刷有限公司
印刷	杭州富阳正大彩印有限公司
经销	全国各地新华书店
开本	787×1092 1/16 印张 19. 25
字数	476000
版次	2010 年 2 月第 1 版 2020 年 7 月第 6 次印刷
书号	ISBN 978 - 7 - 5341 - 3778 - 5 定价 35. 00 元

责任编辑 施超雄 **封面设计** 金 晖
责任校对 张 宁 **责任印务** 叶文炀

前　言

由于高级财务会计研究对象的特殊性、复杂性和创新性，会计理论界对高级财务会计学科的内容和范围还存在争议，国内相关教材的编写思路与结构差异颇大。在全球经济一体化空前发展、上市公司实务创新层出不穷的今天，会计的国际趋同亦愈演愈烈，而2006年我国新企业会计准则体系的发布，更标志着中国的财务会计理论发展与实务创新达到了前所未有的阶段。在这一背景之下，我们结合多年来浙江省精品课程《高级财务会计》亲身教学经验，根据我国新企业会计准则以及国际会计发展的最新动态编写了此教材，以帮助会计专业学生及会计实务工作者了解并运用相关会计理论与方法。

纵览国内高校目前使用的高级财务会计教材，均包括了高级财务会计中一些已经很成熟的内容，如企业合并、财务会计三大难题（合并会计报表、物价变动会计以及外币财务报表折算）、破产清算会计等。由于高级财务会计本身带有一些探索的意味，因此除上述这些成熟的内容之外，一些编者会将还处于争议阶段的内容（如人力资源会计、环境会计等）纳入到高级财务会计中，而另一些编者则不采用这种做法，这就导致了高级财务会计的体系出入很大。本教材采用一种稳健的做法，不将存在争议的内容包括进来。本教材由绪论、企业合并、合并财务报表、外币交易会计、外币财务报表折算、清算会计、物价变动会计、上市公司信息披露八大专题组成，共计十章。本教材在编写上有以下特点：

1. 结构清晰，化繁为简。教材每章内容前的“本章要点”，将本章的学习目的与重点进行概括，提纲挈领，便于读者预习或自学；每章内容后的“思考题”与“本章相关的法规、制度”帮助读者复习总结，扩展阅读；通过总结高级财务会计多年教学与答疑中学生的常见疑问与常犯错误，我们还编写了与教材配套的“练习题”，以帮助读者夯实基础，熟练掌握所学知识。

2. 内容更新，开阔视野。本教材严格根据我国新企业会计准则规范编写，力图将我国企业会计准则的最新变化及国际会计相关规范展现给读者，通过国际各种会计处理原理与方法的横向比较，以及对其历史沿革的简要梳理，开阔读者的视野,便于读者深入理解相关知识。

3. 案例丰富,举一反三。我们在近几年的高级财务会计课程教学中,尝试将案例教学的方式引入课堂,深受学生的好评,在学期末的课程调查问卷中,百分之九十以上的学生表示,案例的演示、相关财务报表的分析与讲解,加深了其对相关知识的掌握,提高了其独立思考、解决问题的能力。本教材收录了我们在多年课堂教学中积累的经典案例,以及其他优秀教材的相关案例,丰富了教材内容,可帮助读者举一反三,提高运用知识的能力。

在本教材的编写过程中参阅了大量的文献和参考书目,受益匪浅,在此对文献和参考书目的作者表示诚挚的谢意。硕士研究生罗为宏、孔云翔、姚力其、沈萍萍、汪晓丽、孙鑫等在辅助收集资料及审核、校对等方面进行了大量的工作,衷心感谢他们的辛勤劳动。

高级财务会计教材涉及的探索性内容较多,对书中的错误和疏漏,恳请读者批评指正;更希望能够获得读者的反馈意见和建议,以便于以后修改完善。

编　者

2009 年 12 月

目　录

第一章 绪 论

本章要点

深刻理解会计学的学科体系，特别是高级财务会计学与中级财务会计学之间的关系，从总体上把握这门课程，掌握高级财务会计学的基本理论和方法，提高学习的目的性、计划性和自觉性。

高级财务会计作为会计学基础、中级财务会计等课程的后续课程，是会计、财务专业的重点和难点课程，在学习内容和学习方法上都有其自身的特点。为了能够更好地学习高级财务会计，本章将帮助读者从总体上把握这门课程的学习内容和要点，了解高级财务会计的自身特点，并在此基础上对学习方法进行总结。

第一节 高级财务会计与会计学科分类

一、会计学的学科分类

尽管理论界对会计的本质认识有所不同，但是总体上都认为会计"是人类一项有目的的实践活动，有一整套方法体系，是为管理经济活动和提供经济效益服务的"（葛家澍，1986）。广义的会计学包括会计、审计和财务管理三部分，这三部分既相互独立又具有关联性；狭义的会计学即会计，包括财务会计和管理会计。会计学科分类体系如图 1－1 所示。

企业会计由财务会计和管理会计两大领域构成。财务会计主要是对企业已经发生的交易或事项，通过确认、计量、记录和报告等程序进行加工处理，并借助于以财务报表为主要内容的财务报告形式，向企业外部的利益集团提供以财务信息为主的经济信息。管理会计则从预算和内部管理两个方面提供内部管理所需的会计信息，它是以强化企业内部管理、实现最佳经济效益为最终目的，运用现代化管理的科学与方法，对财务会计提供的资料及其他有关资料加以处理分析，实现对经济过程的预测、决策、规划、控制、责任考核评价。财务管理是有关资金获得和有效使用的管理工作，具体包括资金的筹措、资金的使用、利润分配以及日常资金的营运等四个方面。审计是为了查明有关经济活动和经济现象的认定与所制定标准之间的一致程度，而客观地收集和评估证据，并将结果传递给有利害关系的使用者的系统

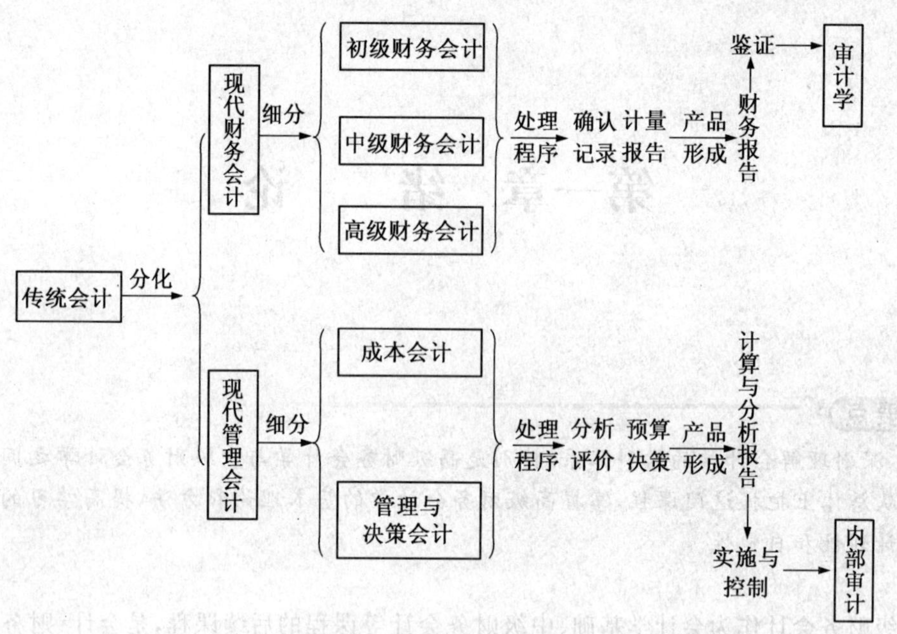

图 1-1　会计学科分类体系①

过程。按审计活动执行主体的性质分类，审计可分为政府审计、独立审计和内部审计。政府审计是指由政府审计机关依法进行的审计。在我国，国家审计机关依法独立行使审计监督权，对国务院各部门和地方人民政府、国家财政金融机构、国有企业事业单位以及其他有国有资产的单位的财政、财务收支及其经济效益进行审计监督。独立审计是指注册会计师依法接受委托，对被审计单位的会计报表及其相关资料进行独立审查并发表审计意见。内部审计是指由本单位内部专门的审计机构和人员对本单位财务收支和经济活动实施的独立审查和评价，审计结果向本单位主要负责人报告。内部审计具有显著的内向服务性，其目的在于帮助本单位健全内部控制，改善经营管理。

二、高级财务会计与初、中级财务会计的关系

从图 1-1 中我们可以发现，高级财务会计与初、中级财务会计都属于财务会计的范畴，其与初、中级财务会计之间既存在区别，也存在联系。

（一）高级财务会计与初、中级财务会计同属于财务会计范畴，是财务会计的分支

财务会计解决的是经济事项的对外报告问题。初级财务会计主要介绍基本的记账程序和方法；中级财务会计是解决企业所面临的一般经济事项的对外报告问题的；高级财务会计解决的仍然是经济事项的对外报告问题。例如，物价变动会计研究物价变动达到一定程度的情况下的对外会计信息问题；合并财务报表则以企业集团为会计主体研究如何在个别会计报表的基础上编制能反映集团整体财务状况、经营成果和现金流量情况的财务报表。也就是说，高级财务会计与中级财务会计（即传统财务会计）的目标是一致的，都是向企业外部投资者、债权人以及其他与企业有利害关系的使用者提供有关企业财务状况、经营成果和现

① 石本仁，杨荣彦. 高级财务会计. 广州：暨南大学出版社，2005.

金流量情况的信息，以满足他们进行决策时对财务会计信息的需求。除此之外，高级财务会计也是以货币为主要计量单位进行核算，以合法的会计凭证作为记录经济业务的依据，并通过登记账簿而取得有总括意义的会计信息的。

（二）高级财务会计处理的是企业面临的特殊经济事项，中级财务会计处理的是企业面临的一般经济事项

构成财务会计对象的经济事项可分为一般事项和特殊事项，一般事项和特殊事项的划分标准是其发生的频率。一般事项属于企业经营过程中的经常性事项，如固定资产、存货、投资、应收款项、应付款项、所得税的会计核算，对这些一般事项的处理属于中级财务会计范畴。特殊事项是企业在经营的某一特定阶段或某一特定条件下出现的事项，如公司在濒临破产状态下进行的清算事项、跨国经营情况下的外币财务报表折算等，这些经济业务一般企业会计不常遇见，对这些特殊事项的处理则属于高级财务会计范畴。因此，我们把企业普遍存在、发生，有共性的业务归为中级财务会计的内容，而将一般企业不经常发生的、有特殊性的业务归为高级财务会计的内容。

（三）高级财务会计所依据的理论和采用的方法是对原有财务会计理论与方法的拓展与修正

中级财务会计所论及的财务会计目标、会计信息质量特征、会计确认及计量理论等问题中，都严格遵守四项基本会计假设。当会计所处的客观经济环境发生变化而出现突破四项基本会计假设的特殊会计事项时，便产生了高级财务会计。会计假设的松动必然引起以四项假设为基础的财务会计理论与方法发生相应的变化。例如，当原会计实体无法持续其经营活动时，破产清算会计理论与方法则应运而生；当物价波动冲击货币计价假设中隐含的币值稳定假设时，人们必然要寻求新的会计模式替代“历史成本/名义货币”会计模式。

在分析了高级财务会计与初、中级财务会计的异同的基础上，我们将高级财务会计定义为：高级财务会计是在对传统财务会计理论与方法体系进行修正的基础上，对企业新出现的特殊经济事项进行会计处理的理论与方法的总称。高级财务会计的任务是从会计目标出发，在传统财务会计的基础上，进一步研究解决在会计环境发生较大变化的情况下财务会计如何更好地为报表使用者服务，以满足他们在各种情况下决策所需要的信息。

三、高级财务会计的理论体系

（一）财务会计的理论体系

国际会计理论界曾经认可的财务会计理论体系有两种：一是以会计基本假设为核心的财务会计理论体系，二是以会计目标为核心的财务会计理论体系。前者主张会计假设是建立财务理论和实务的基础，会计原则是在会计假设的指导下控制会计实务、制约会计行为规范的信条。其逻辑体系是：会计假设、会计原则、会计程序、会计方法、会计要素、财务报告。后者主张财务会计理论体系以会计目标为核心。其逻辑体系是：会计目标、会计假设、会计要素、会计准则、会计实务。会计目标具有将会计系统与会计环境联系起来、会计理论与会计实践联系起来的特性，以会计目标为出发点构成的现代会计理论体系可随时反映到会计系统中来，可增强会计理论的实践性和检验性。

（二）高级财务会计的理论体系

国内具有代表性的看法认为，以会计假设为核心的会计理论体系由于是以一定的前提条件为支撑的，其范围必然要受到前提条件的制约，很难容纳超越其前提条件的内容。这样，当会计环境发生了变化，一些新的经济业务超越了前提条件的限定后，以会计假设为核心的会计理论体系就很难支撑下去了。但是，以会计目标为核心的会计理论体系由于冲破了会计假设的限制，因此，它在变化了的会计环境中也能发挥作用。由于受到假设限定范围的制约，以四项会计假设为基本前提的会计理论体系只适用于一般的财务会计，应当是中级财务会计学的理论基础；而以会计目标为核心的会计理论体系有了更大范围的适应性，可以容纳高级财务会计，因而可以被视为高级财务会计的理论基础。高级财务会计理论体系如图 1－2 所示。

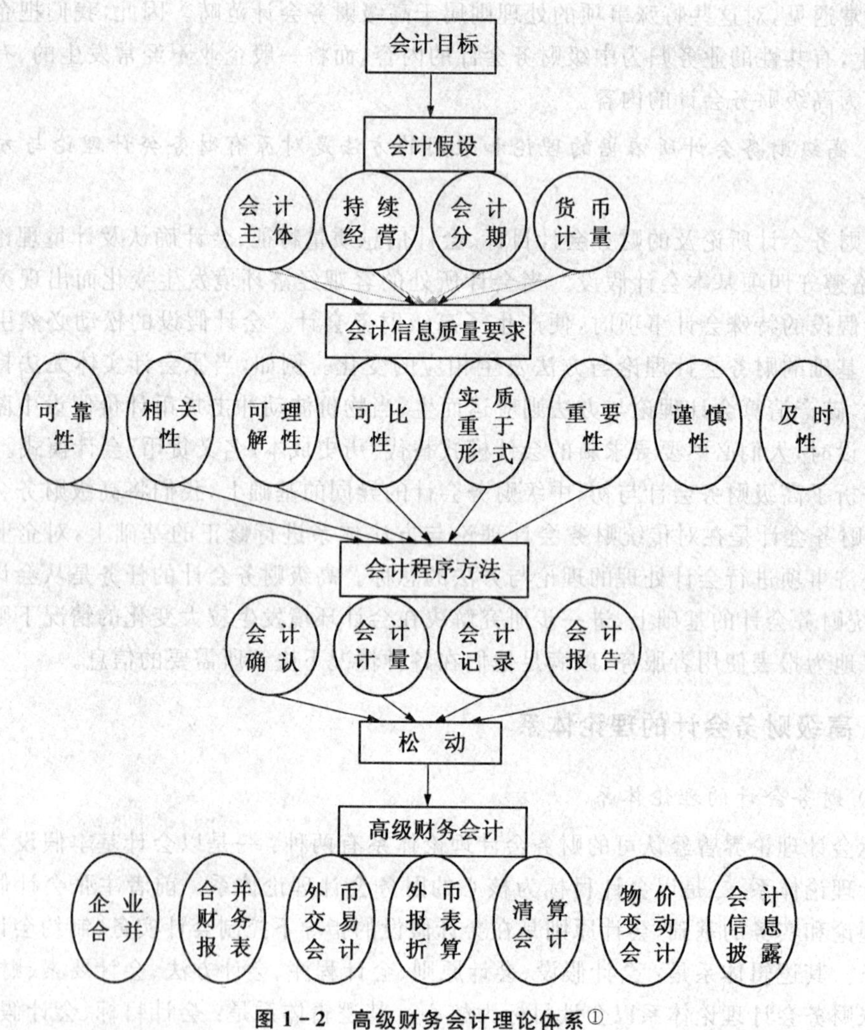

图 1－2 高级财务会计理论体系①

① 阎达伍，耿建新，戴德明. 高级会计学. 北京：中国人民大学出版社，2005.

经济的发展和深化直接对会计环境产生影响，促使财务会计理论的丰富和发展。能够容纳高级财务会计的财务会计理论框架是对原有的、适用于中级财务会计的传统会计理论的框架的深化和发展，这种变化主要体现在对原有的会计基本假设限定的超越和对原有的会计原则的丰富和延伸。

1. 对基本的会计假设所做限定的超越

阎达伍等教授认为，客观经济环境的变化造成的会计假设松动是高级财务会计形成的基础。① 会计主体假设的松动表现为实践中产生了多层次、多方位的会计主体，由此形成了合并财务报表、分部报告等特有的会计事项。② 持续经营假设的松动表现为实践中有些企业难以维持持续经营而需要重组或解体，由此形成了企业清算、破产与重组的会计业务。③ 会计分期假设的松动表现为实践中突破了以年度为核心的会计期间，由此形成了一些特殊的确认事项，如衍生金融工具的损益确认期限。④ 货币计量假设的松动表现为实践中由于存在不同的货币引发的有关记账本位币的确定和币值不稳而引发的物价变动，由此形成了外币业务会计和物价变动会计。可见，高级财务会计的内容已经脱离了传统会计理论的四个基本假设的限制，进一步发展了传统财务会计理论，使新的财务会计理论框架不仅能指导一般的会计实务，也能够指导那些超越会计基本假设的高级财务会计实务。

2. 对会计原则的丰富和延伸

在财务会计理论体系中，会计假设是制定会计原则的理论依据，会计原则直接体现着会计基本假设的内在要求。会计假设的松动直接波及与之密切相关的会计原则，表现为对会计原则的丰富和延伸。

客观反映企业的财务状况和经营成果是客观性原则的基本要求。合并财务报表会计实务、企业集团内部交易的抵销等，都体现了对传统财务会计理论的客观性原则内涵的丰富和延伸。

合理确认和计量可以预见的损失和费用是谨慎性原则的基本要求。物价变动会计披露的购买力损益和持有损益、外币业务的汇兑损益，都体现了不仅要合理确认和计量可能发生的损失和费用，还要按谨慎性的要求合理确认、计量、披露可能产生的利得和损失，丰富了谨慎性原则的内容。

企业的收入必须与为取得这些收入所耗费的成本和费用相配合，计算经营成果。在新的会计环境下，经济事项的合理配比已经不仅仅限于收入与成本和费用之间，企业集团内部债券业务中，所确认或未确认的债券的赎回利得、损失与利息收入、利息费用之间的配比，企业集团内部固定资产业务中折旧费用和已实现利得的配比等，都丰富了配比原则的基本内涵。

第二节 高级财务会计的内容

到目前为止，我国已出版了数十本有关高级财务会计方面内容的教材、专著（教材名称主要为《高级财务会计》、《高级会计学》、《高等会计学》[①]、《特殊业务会计学》[②]、《企业特种会计》[③]等）。由于国内学者在高级财务会计研究范围、研究内容等问题上没有形成统一的认识，因此各教材在内容上是各有千秋，相互之间也存在着很大的差异。总体来说，几乎所有的教材都包括了高级财务会计中一些已经很成熟的内容，如企业合并、财务会计三大难题（合并会计报表、物价变动会计以及外币财务报表折算）、破产清算会计等。由于高级财务会计本身带有一些探索的意味，因此除上述很成熟的内容之外，一些编者会将还处于争议阶段的内容（如人力资源会计、环境会计等）纳入到高级财务会计中，而另一些编者则不采用这种做法，这就导致我们看到的高级财务会计的体系出入很大。本教材采用一种稳健的做法，不将存在争议的内容包括进来。

一、确定高级财务会计内容的基本原则

确定高级财务会计的内容首先需要将财务会计的全部事项在中级和高级两个不同层面上做出恰当的区分。这种区分，首先应以客观标志为依据，决定内容的归属；然后再考虑以主观便利为条件，进行内容的搭配。但是我们并不认为只要是中级财务会计没有容纳的内容就自然应由高级财务会计承担，我们认为高级财务会计内容划分的基本原则应包括如下几个方面：

（一）以会计事项是否超越会计假设范围为基本标志

由于客观经济环境的变化造成的会计假设松动是高级财务会计形成的基础，因此划分中级财务会计和高级财务会计的最基本标志在于它们所涉猎的经济业务是否在四项会计假设的限定范围之内。限定在四项会计假设的范围之内的就属于中级财务会计的研究范围；超出了会计假设的会计事项则归于高级财务会计的研究范围。这是因为超出了会计假设的特殊会计事项的处理所采用的原则、程序与方法是中级财务会计所无法提供的。我们之所以将外币会计、物价变动会计、企业合并、合并财务报表、清算会计等内容归于高级财务会计正是基于这点考虑的。

（二）以与中级财务会计及其他会计课程的有效分工和衔接为主观依据

从前面的论述中我们可以看出，划分中级财务会计与高级财务会计的理论标准应该是：限定在四个假设之内的会计事项属于中级财务会计的内容，超出四个假设的会计事项归属于高级财务会计。中级财务会计阐述的是基于四个假设基础之上的一般会计事项，即常规内容。有些会计事项虽未背离四个基本假设，但在确认、计量等方面有其特殊性，且不具有普遍性。同时由于中级财务会计和高级财务会计之间的联系是很紧密的，常规内容和超常规内容的划分也是相对的，这就在所难免使得一些完整的业务事项会交织在两部分内容之中，客观上存在着学科体系中各门类的分工、协调和衔接问题。因此有些内容中级财务会计中已经涉及，只是遇到新情况后需要部分调整的，可以保留在中级财务会计中作进一步处

---

① 王文彬、林钟高. 高等会计学. 上海：立信会计出版社，1995.

② 徐兴恩. 特殊业务会计学. 北京：航空工业出版社，1994.

③ 罗飞. 企业特种会计. 武汉：湖北科学技术出版社，1994.

理,如租赁业务会计、所得税会计;而有些内容已从整体上(或主体部分)超出了常规范围,即使有次要部分仍属常规内容,也应将其完整内容交由高级财务会计来研究。例如,上市公司的特点决定了其信息披露有不同于非上市公司的法律要求,尽管其财务会计报告的编制方法本身已在中级财务会计中作了介绍,但需就其信息披露内容、形式的特殊性进行阐述,故亦纳入高级财务会计的范围。

(三) 相关内容的协调

本教材不包括有的高级财务会计学教材中阐述的非营利组织会计、金融企业会计、分期收款销售与寄销会计、人力资源会计、环境会计、遗产和信托会计、合伙会计等等。对上述其中一些内容,我们认为将其做如下安排更为妥当:

(1) 政府和其他非营利组织会计以及金融企业会计问题。美国及其他一些国家的论著中大多数把政府和其他非营利组织会计纳入高级财务会计的研究范围。但根据中级财务会计和高级财务会计的划分原则,它并不具备内容复杂、问题新颖的特征。此外,我国已单独颁布了《事业单位会计准则》、《事业单位会计制度》、《行政单位会计制度》、《金融企业会计制度》、《民间非营利组织会计制度》,对该类会计实务进行规范。因此无论从理论研究角度出发,还是从会计教育角度出发,将政府和其他非营利组织会计单独设置,作为独立于中级财务会计学的一门课程更为恰当。

(2) 合伙会计问题。这一部分可作为专题讲座加以介绍。

(3) 分期收款销售与寄销会计。这些会计事项已成为会计实务中的一般业务,而且在中级财务会计中已作过解释,不应再列入高级财务会计的研究范围。

(4) 遗产和信托会计等内容。这些会计事项不属于企业会计的内容,放在专题讲座中单独予以介绍更为适当。

(5) 人力资源会计、环境会计和社会责任会计等问题。这些问题目前在国内理论界还是存在很大争议的,因此我们不将其纳入高级财务会计教材,可作为前沿专题加以介绍。

二、高级财务会计的内容构成

(一) 企业合并

企业合并按其法律形式分为吸收合并、新设合并和控股合并。经吸收合并或新设合并后,仍然只有一个经济实体从事其经营活动。从会计角度而言,合并后只有一个会计主体。但经控股合并后,母公司和子公司仍然是单独的经济实体,从会计角度看,不仅企业集团是一个会计主体,母公司和其下属的每一个子公司也仍然是一个相对独立的会计主体。因此,在控股合并下就涉及了企业会计主体假设的松动。企业合并主要涉及企业合并的动因与方式、购买法的基本原理及应用、权益结合法的基本原理及应用、购买法和权益结合法在会计处理上的主要差异以及由此带来的经济影响。

(二) 合并财务报表

无论是吸收合并后继续存在的企业,还是新设合并后新成立的企业,都是一个统一的法律主体和会计主体,企业合并后的会计报表的编制与一般的企业相同。但是控股合并下形成了母子公司关系，会计主体与企业法律主体出现了不一致的现象，从而带来了新的会计问题——合并财务报表的编制。合并财务报表主要涉及合并财务报表的合并范围、合并理论以及合并财务报表的具体编制方法。

（三）外币交易

就外币交易会计而言，其货币计量不仅表现为以原币来表述交易事项，还表现为以记账本位币来对外币进行再一次计量，其核心问题是选用何种汇率对外币交易进行处理。外币交易主要涉及外币交易的基本概念、外币交易会计处理方法和外汇远期合同套期保值及投机牟利的会计处理。

（四）外币财务报表折算

外币财务报表折算实际上是跨国公司中的母公司将境外子公司以外币表述的报表转换为以母公司报告货币来表述的报表，由于汇率的波动以及报表中不同项目的特征决定着不可能采用某一单一汇率以报告货币对外币报表进行再一次计量。高级财务会计则必须研究外币财务报表折算方法的系统设计问题。外币财务报表折算主要涉及外币财务报表折算的目的、外币财务报表折算的一般方法以及对外币财务报表折算方法的比较。

（五）清算会计

企业面临解体、破产或重组，都会使原会计主体处于不再持续经营状态，从而进入不按正常会计期间进行核算的特殊时期，此时必须采用破产会计程序。在企业解体、破产或破产重组过程中，需要进行资产、负债、所有者权益的全面清算或清理调整，此时会计要素的确认、计量，以及会计报表体系均与持续经营状态下的会计存在着重大的差别。清算会计主要涉及清算会计的特点、一般清算的基本程序及会计处理方法、破产清算的基本程序及会计处理方法。

（六）物价变动会计

物价作为商品、劳务价值的货币表现，它客观上会随着商品、劳务价值的波动而发生相应的变化，从而使得各个时期的物价水平不一致。在持续通货膨胀时期，一般物价水平呈上涨趋势；在持续通货紧缩的时期，一般物价水平呈下降趋势。当历史成本与现行物价水平相距甚远时，会计对企业财务状况和经营成果的反映则失去了客观性，会计信息将无法成为制定经济决策和处理各方经济利益的可靠依据。为了消除物价变动对会计事项的歪曲反映，真实再现企业财务状况和经营成果，必须在传统的财务会计模式之外寻求新的会计模式。如何消除物价波动的影响，就是物价变动会计所要研究的内容。物价变动会计主要涉及物价变动对传统会计的影响、物价变动会计理论，一般物价水平会计、现行成本会计以及现行成本/一般物价水平会计等。

（七）上市公司信息披露

上市公司的组织形式使企业的所有者从为数较少的股东进一步扩展到了社会公众，这使过去只为企业管理当局和小范围投资者提供各种信息的会计，其核心转移到了要将与社会公众有关的信息予以公布，即上市公司信息披露。上市公司两权分离、股票公开发行和交易的特点，决定了其信息披露的特殊性，形成了有别于其他企业的信息披露的基本框架。上市公司信息披露主要涉及上市前以招股说明书和上市公告书为主要形式的首次披露、上市后以年度报告和中期报告为主要形式的定期披露以及临时披露。

第三节　高级财务会计课程学习建议

高级财务会计是会计学的主干课程之一，同时由于它针对的是企业特殊的交易事项，故要学好这门课程会存在一定的难度。为了帮助同学们掌握这门课程，以下提出几点学习建议以供参考。

（一）扎实的初级、中级财务会计的基础是学好高级财务会计的前提

本课程是一门高层次的专业课，因此在学习之前应注意与各先行课程内容相联系，希望同学们能从总体上把握这门课程，勤思考，掌握会计处理的基本理念和方法，从而提高学习的目的性、计划性和自觉性。

（二）课堂教学与课外学习相结合，以现实强化高级财务会计学习

高级财务会计课程是一门应用类课程，不仅与现实联系得非常紧密，而且法律法规体系的完善也会对其产生影响。例如新《中华人民共和国破产法》的颁布实施对破产清算的债务清偿顺序产生影响。因此，希望同学们课堂外能够多读多看，关注国内外会计准则和相关法规的差异和变动。

（三）案例学习培养学生综合素质

提高学生独立学习能力，培养创新思维能力是本课程教学的目的。由于高级财务会计处理的是企业清算、企业合并、外币交易与特殊交易事项，这些事项受到媒体的广泛关注，故我们可以通过报纸、网络等传媒收集相关案例，并将其融入高级财务会计的学习过程中。同学们可通过案例分析、小组讨论等互相交流心得，深化对高级财务会计课程内容的理解和掌握，提高思维创新能力和分析、解决问题的能力。

思考题

结合自己的学习基础，思考如何学好高级财务会计。

本章相关的法规、制度

《企业会计准则》，中华人民共和国财政部，2006

第二章　企业合并

本章要点

通过本章的学习，了解企业合并的动因，掌握企业合并的方式及涉及的会计问题；掌握购买法与权益结合法的特征及其会计处理，理解购买法与权益结合法的理论依据及对合并方会计报表的影响，了解权益结合法的演变；掌握我国同一控制下企业合并与非同一控制下企业合并的会计处理及两者的差异。

第一节　企业合并的动因与方式

一、企业合并的动因

企业合并指两个或两个以上企业的经济资源和经营活动因资金纽带关系而置于一个管理机构或集团控制之下的企业组合方法。随着经济的全球化和新经济的发展，企业的生存环境日新月异，面临更多的机遇和挑战。为了更好地求生存、谋发展，企业间并购事件层出不穷、此起彼伏。迄今为止，国际上经历了五次合并浪潮，在国内，自新中国成立以来共经历了三次合并浪潮。

在充分竞争条件下，企业会处于不平等的发展状态。有些企业外部条件好，经营管理得当，在市场中处于优势地位；另一些企业则处境维艰，难以立足。企业的所有者必然会对这种状况做出灵活的处置，也就是在经济状况良好、市场前景广阔时，会通过并购其他企业扩大经营规模，以获取更大的盈利；在企业经营不善、前景黯淡时，势必会采取相应的措施，如转让企业所有权以换取货币性资产，以避免遭受更大的损失。即使有些企业经营状况较好，但通过被其他企业合并，其资产可望得到更加有效的利用，也有必要被合并。因此，在市场经济条件下，由于企业间的竞争而引发的产权转让，终将导致企业间的合并。企业合并是市场经济发展的必然产物。

从宏观经济的角度看，企业合并具有现实的经济意义，主要可以概括为以下几方面：

(1) 从整个社会考察，让经营良好的扩张型企业合并那些经营管理不善的企业，至少可以做到现有资本的保全，中止亏损企业对经济资源的浪费，避免对社会造成负面影响。将被并企业的生产要素按照经营良好的企业的客观条件进行组合,可使原来效益不佳的经济资源在新的组合下实现增值。

(2) 由企业产权转让引起的合并,促使有限的经济资源流向社会需要的产业,从而引起产业结构和产品结构的调整;通过优化生产要素组合,调整了生产能力,提高了资产的使用效益。坚持优胜劣汰,通过合并手段,实现生产要素的合理流动,对国民经济的良性循环具有重要意义。

(3) 与破产这一避免资本损耗的最终手段相比,企业合并无疑是一种积极的措施。企业合并不是破坏被并企业的生产能力,而是将其生产要素按新的要求重新组合,这可以避免企业破产给社会带来的震荡,不失为阻止资本损耗的明智之举。

从微观经济角度看,企业合并最根本的目的在于谋求利益。企业发展扩张有各种方式,而与其他企业的合并是其谋求利益、增强竞争力的最有效途径之一。企业合并的内在动因可以概括为以下几方面:

(1) 谋求管理协同效应。如果某企业有一支高效的管理队伍,有剩余的管理能力,则该企业可以并购那些管理效率低下的企业,实现管理资源的融合,提高管理资源的利用效率,从而获利。

(2) 谋求经营协同效应。由于经济的互补性及规模经济的存在,企业通过合并可提高其生产经营活动的效率。经营协同效应产生的一个重要前提是产业中存在规模经济,且在合并前没有达到规模经济。这种规模经济主要表现在:① 生产规模经济。企业通过合并调整资源配置使其达到最佳经济规模的要求,实现单位产品成本最低,从而提高经济效益。② 企业规模经济。企业规模经济表现为企业通过合并可节约管理费用、节省营销费用、集中研究费用、增强企业抵御风险的能力等。

(3) 谋求财务协同效应。这种效应的取得不是由于效率的提高而引起的,而是由于税法、会计处理惯例以及证券交易等内在规定的作用而产生的。主要表现在通过合并合理减少企业纳税数额,以及通过预期效应的作用促使收购后企业的股价上涨。

二、企业合并的会计含义

关于企业合并,不同的准则对其有不同的表述,但各种表述的实质基本上是一致的。美国财务会计准则委员(FASB)颁布的《财务会计准则第 141 号——企业合并》(SFAS141)第一段对企业合并所下的会计定义为:当一个企业取得另一个或几个企业的净资产并且获得对它们的控制权时,称作企业合并。《国际财务报告准则第 3 号——企业合并》(IFRS3)将企业合并定义为:将单独的主体和业务集合为一个报告主体。我国《企业会计准则第 20 号——企业合并》将企业合并定义为:两个或者两个以上单独的企业合并形成一个报告主体的交易或事项。

某项交易或事项是否属于企业合并,关键要看此前彼此独立的两个或者两个以上的企业在该交易或事项的发生后,是否形成了一个报告主体。企业合并可能涉及一个主体购买另一主体的所有净资产,或购买另一主体的权益。一个主体(购买方)购买另一主体(被购买方)包括商誉在内的所有净资产,则原有的两个主体转变为一个主体。一个主体(购买方)购买另一主体(被购买方)的权益,并取得对被购买方的控制权,从而形成了由母子公司组成的企业集团,这也可以认为是原有的两个主体转变为一个主体。

综上所述,企业合并的实质是一个企业获得另外一个或几个企业控制权的过程。

控制,是指有权决定一个企业的财务和经营政策,并能据此从该企业的经营活动中获取利益。

(1) 投资企业直接拥有、间接拥有、直接与间接相结合拥有被投资单位50%以上的表决权。如A企业对B企业进行投资并拥有B企业60%的表决权,则A企业直接控制了B企业。

(2) 投资企业虽然拥有被投资单位50%或以下的表决权,但通过其拥有的表决权和其他方式达到控制。主要包括:通过与被投资单位其他投资者之间的协议,拥有被投资单位半数以上的表决权;根据公司章程或协议,有权决定被投资单位的财务和经营政策;有权任免被投资单位的董事会或类似机构的多数成员;在被投资单位的董事会或类似机构占多数表决权。例如,A企业拥有B企业40%的股权,C企业拥有B企业15%的股权,D企业拥有B企业45%的股权。A企业与C企业达成协议,C企业在B企业的权益由A企业代表。在这种情况下,A企业实质控制了B企业。

三、企业合并的方式及相关会计问题

企业合并可按不同的标志加以分类,最常见的是按照法律形式、合并所涉及的行业加以分类。

(一) 按照法律形式分类

1. 吸收合并

吸收合并也称兼并,是指两个或两个以上的企业合并成一个企业。经过吸收合并,参与合并的企业通常只有其中一个继续保留其法人地位,另外一个或几个企业在合并后丧失法人资格。例如,A、B两公司合并,B公司被A公司兼并,丧失法人资格成为A公司的分厂或分部,继续存在的A公司以现款购买、发行股票或签发出资证明书等形式换取B公司的全部净资产,即A+B=A。

在吸收合并方式下,被兼并企业通过清算会计处理其净资产的让售及让售所得的分配,并结束其会计记录;兼并企业获取被并企业的控制权,在其账册中记录从被兼并企业取得的资产和承担的负债以及所支付的现金、发行的股票、债券等对价,执行企业合并会计。

“百联”合并案

2004年11月26日,第一百货以吸收合并的方式合并华联商厦,该次合并是我国首例上市公司之间的吸收合并,为我国证券市场的一大创举,被誉为“百联模式”。

此次吸收合并,第一百货为合并方,华联商厦为被合并方,华联商厦的全体股东将其股份按相应折股比例换成第一百货的股份。其中,非流通股的折股比例为1∶1.273,流通股的折股比例为1∶1.114;同时给予股东(控股股东及其关联股东除外)现金选择权。合并完成后,华联商厦终止并注销独立法人地位,第一百货将作为存续公司,并更名为上海百联(集团)股份有限公司。在合并完成日之前两公司将不再对结余的未分配利润进行分配,而是将其交由合并完成后的存续公司全体股东共享。

2. 创立合并

创立合并是指创建新企业的合并,《中华人民共和国公司法》也称其为新设合并。经过创立合并，原有的参与合并的各个企业都不复存在，而是合并成了一个新的企业。例如，A公司与B公司合并成C公司，参与合并的A、B两公司的法人资格均消失，成为新成立的C公司的分厂或分部，新组建的C公司接受A、B两公司的全部净资产，并向其所有者支付产权转让价款或签发出资证明书（或股票），即A+B=C。

在创立合并方式下，所有被解散的企业都要通过清算会计处理其净资产的让售，并将所取得的新创立企业的股份分配给其原来的股东，结束各自的会计记录；新创立企业获取所有被解散企业的控制权，在其启用的新账册中记录从被解散企业取得的资产和承担的负债以及所发行的股份等对价。

成都地铁公司、成都公交集团公司合并重组

2009年4月，成都市公共交通集团公司和成都市地铁有限责任公司合并成立新集团公司——成都公交地铁集团有限公司。合并后，成都市公共交通集团公司终止并注销独立法人地位，其董事长任新集团公司的总经理；成都市地铁有限责任公司终止并注销独立法人地位，其董事长任新集团公司的董事长。

成都公交和地铁的合并重组在我国交通行业尚属首例，该次合并的目的是：将新集团公司发展成拥有优质资产、效益良好且可持续经营的现代国资企业。

3. 控股合并

控股合并是指一个企业买入或取得了另一个企业有投票表决权的股份或出资证明书，且已达到能控制后者财务和经营政策的持股比例。例如，当A公司购入B公司股份的55%时，可完全控制B公司的财务和经营政策，A公司即成为控股公司，也称母公司，B公司则成为A公司的附属公司，也称子公司。当一个企业对另一个企业投资并通过资本关系形成了控制关系，则说明投资企业与被投资单位形成了母子公司关系。

在控股合并方式下，取得控制权的母公司在其账册中记录取得股权的长期股权投资，执行企业合并会计；子公司的会计问题视母公司获取子公司股权的来源不同分两种情况：一是母公司所获取的股权是子公司新发行股份，则子公司需要记录股份发行，二是母公司获取的股权受让于子公司其他股东，则子公司不需要进行任何会计记录。此外，还需要把整个集团视为单一的主体来反映它的财务状况和经营成果，这就要在母、子公司各自编制的财务报表的基础上编制集团的合并财务报表。合并财务报表的编制是本书第三、四、五章要阐明的会计问题。

中石化成功竞购加拿大石油公司TYK

2008年9月，中石化集团以约136亿元人民币（以每股31.5加元的价格收购约6 562万股份）的价格击败竞争对手——印度石油天然气公司，赢得了加拿大石油开采商Tanganyika Oil（多伦多证券交易所代码：TYK）100%的股权。在该次并购中，中石化购入了TYK100%的股份，可完全控制TYK的财务和经营政策。合并后，加拿大石油开采商Tanganyika Oil仍存在，成为中石化集团的全资子公司。

本次跨国并购的动因在于获取战略性资源：随着中国经济的飞速发展，国内有限的资源已难以满足经济快速发展的需要，而世界上越来越多的国家对初级形态的资源出口采取限制政策，对石油等矿产资源的需求使得海外投资成为中国企业利用国外资源的必然选择。Tanganyika Oil 公司的石油和天然气资源主要在叙利亚，开发油田石油储量超过55亿桶。中石化以一个合理的价位获得 TYK 的海外权益产量，为其在未来实施全球一体化的战略提供了更加有利的条件。对于上游勘探开发一直是"短板"的中石化，该项收购具有重要的战略意义：并购 TYK 可以帮助中石化成为多元化的全球能源供应商。

（二）按照企业合并所涉及的行业分类

1. 横向合并

横向合并也称水平式合并，是指生产工艺、产品、劳务相同或相近的企业之间的合并。横向合并的目的在于把一些规模较小的企业联合起来组成企业集团，利用现有生产设备增加产量，提高市场占有率，以处于有利的竞争地位并实现规模效益。

2. 纵向合并

纵向合并也称垂直式合并，是指生产过程或经营环节有前后关联的企业之间的合并。参与合并的各个企业，其产品相互配套，或有一定内在联系，形成供产销一条龙。譬如，汽车制造企业合并橡胶轮胎厂或零配件厂，可保证汽车轮胎和零配件的供应。又如，钢铁冶炼厂合并煤炭采掘企业和运输企业，组成钢铁联合公司，既保证了钢铁冶炼所需的燃料，又可使产品、原材料的运输得以畅通。

3. 混合合并

混合合并也称多种经营合并，是指没有内在联系的多种产品生产和劳务供应企业之间的合并。通过混合合并，实施多元化经营，既可降低经营风险，又可跨越行业壁垒，较容易地进入一个新的经营领域。

在会计实务中，无论采取上述何种方式进行企业合并，就其合并性质而言，主要有收购性质的合并和股权联合性质的合并两种。不论采用什么性质的合并，必然要涉及会计处理的问题，而会计方法选择一直是会计学界最有争议的问题之一。目前企业合并的会计处理方法主要有购买法和权益结合法，即具有收购性质的企业合并采用购买法，而具有股权联合性质的企业合并则采用权益结合法。本章以后各节将分别阐述企业合并的购买法和权益结合法及我国企业合并会计处理方法。

第二节　企业合并的购买法

一、购买法的特征

购买法，也称购受法，即视购买方取得被购买方的净资产为一购买行为，如同企业购入机器设备、存货一样进行相应的会计处理。

采用购买法核算企业合并的首要前提是确定购买方和购买日。购买方是指在企业合并中取得对另一方或多方控制权的一方。而购买日则是指购买方获得对被购买方控制权的日期，即企业合并交易进行过程中，发生控制权转移的日期。在购买法下购买方应以合并成本记账。合并成本包括购买方为进行企业合并支付的现金或非现金资产、发行或承担的债务、发行的权益性证券等在购买日的公允价值，以及企业合并中发生的各项直接相关费用之和，即合并成本包括两部分：买价和相关费用。如果购买方用现金支付买价时，则其支付的现金为买价；如果购买方用非现金资产作价支付时，则按放弃的非现金资产的公允价值计算买价；如果购买方用放弃的货币性资产和所承担的负债来支付买价时，应以它们在交易日的公允价值计量。当购买的价款的结算推迟时，购买的成本应为在考虑了结算中可能发生的任何溢价或折价以后该购买价款的现值，而不是应付款的名义价值。购买法有如下特征：

(1) 购买方要按购买日公允价值记录所收到或承担的各项可辨认资产或债务。

(2) 合并成本超过所取得可辨认净资产公允价值的差额，记为商誉。

(3) 购买时发生的相关费用分几种情况处理：若以发行权益证券(即股票)为代价，则登记和发行成本直接冲销股票的公允价值，即减少资本公积；合并的间接费用记为当期费用；法律咨询费、会计审计费用等其他直接费用作为合并成本。

(4) 被购买方合并前实现的留存收益及当期实现的收益不得并入购买方，被购买方购买日后所实现的收益才能并入购买方。

以吸收合并为例，购买法的上述特征反映在账务处理上如图 2－1 所示：

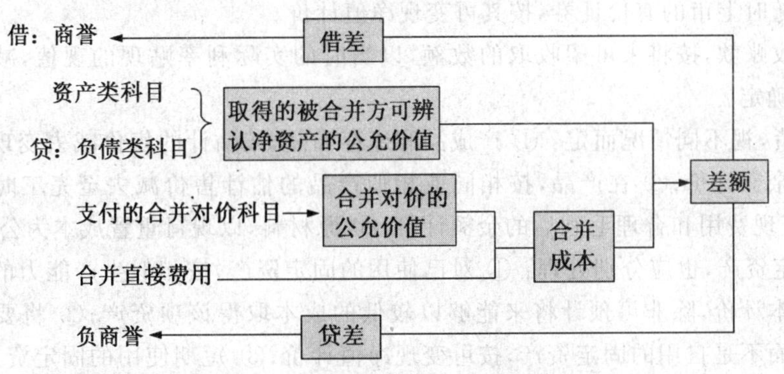

图 2－1 购买法下吸收合并的账务处理

从购买法的特征可知，采用购买法时，需要解决合并成本、取得的被购买方可辨认净资产的确认和计量以及公允价值的评估等问题。

二、可辨认资产、负债的确认和计量

在购买法下，购买方取得了对被购买方净资产的控制权，这就要求购买方应当在购买日将其在企业合并中取得的被购买方各项可辨认资产和负债作为本企业的资产、负债(或合并财务报表中的资产、负债)进行确认。在对被购买方各项可辨认资产和负债的确认过程中，应当满足资产、负债的确认条件，对不符合确认条件的项目做出相关调整，其主要包括以下几项内容：

首先，应当检查和核实被购买方的账面记录是否正确，账实是否相符，债权债务是否存在。实物资产项目的盘盈盘亏，可直接增加或减少被购买方的所有者权益；确实不能收回的债权，冲销原记的“坏账准备”账户，若有余额，再减少被购买方的所有者权益；如有无法偿付的债务，应增加被购买方的所有者权益。

其次，要分析被购方的递延借项和递延贷项。企业合并时账面上的递延借项和递延贷项，在以后仍然可能有益于购买方，如被购方预付的财产保险费、购买的印花税票等，应当继续保留这些账户的余额。另外，由于企业合并造成的产业结构调整，生产经营活动有所变化，被购买方的一部分递延借项不能继续在以后各期为企业服务的，不能被购买方承认，应冲销所有者权益。

最后，被购买方在合并过程中会支付各种清理维护费用，包括合并过程中发给职工的基本工资、价格补贴、福利费用、设备维修费、管理费等，应由被购买方负担的，从其所有者权益中扣除。

企业合并中取得的资产、负债在满足确认条件后，应以其公允价值计量。在多数情况下，被购买方各项可辨认资产或负债的账面价值与其公允价值不相一致，例如存货按先进先出法计算存货成本，其结果仍有可能与公允价值不同；又如固定资产会因为估计的折旧年限与实际情况不符，或选用的折旧方法不能完全反映固定资产的实际损耗程度，导致其账面价值与购买日的公允价值不一致。所以，在企业合并时，必须对被购买方的各项可辨认资产或负债的公允价值加以评估。在购买日，所取得的各项可辨认资产或负债的公允价值，可依其特征，确定如下：

(1) 可随时上市的有价证券，按其可变现净值计价。

(2) 应收账款，按将来可望收取的数额，以当时的实际利率贴现的现值，减去可能发生的坏账损失确定。

(3) 存货，视不同情况而定：① 产成品和库存商品，按估计的售价减去变现费用和合理的毛利后的余额计价；② 在产品，按相同或相似产品的估计售价减去至完工时尚需发生的生产成本、变现费用和合理毛利后的余额计价；③ 原材料，以现行重置成本为公允价值。

(4) 固定资产，也应分别处理：① 对已使用的固定资产，按相似生产能力的固定资产的现行重置成本计价，除非可预计将来能够以较低的成本取得该项资产；② 将要出售或在将来准备出售而不是自用的固定资产，按可变现净值计价；③ 短期使用的固定资产，按可变现净值减去预计使用期的折旧费用计价。

(5) 可辨认的无形资产，包括专利权、商标权、专营权、土地使用权、租赁权等，需要评估后确定。

(6) 包括自然资源、不能上市的有价证券等在内的其他资产，在评估后确定。

(7) 应付账款、应付票据、长期应付债券及其他负债，按其将来应付的数额以当时的实际利率贴现的现值计价。

(8) 应付预提项目，如产品质量担保负债、可能支付的退休费等，按预计支付的数额以当时的实际利率贴现的现值计价。

(9) 或有事项和约定义务，如不利的租赁协议所引起的付款、合同对企业的约束以及行将发生的固定资产清理费用等，都应加以充分的估计，并按预计支付的数额以当时的实际利率贴现的现值计价。

三、购买法下的会计处理

运用购买法进行会计处理，就是以公允价值来确认和记录合并成本和所取得的被购买方可辨认净资产。在多数情况下，购买方所支付的合并成本可能大于、小于或等于其所取得的被购买方可辨认净资产公允价值份额，以下分三种情况来阐述购买法的会计处理：

1. 合并成本大于其所取得的被购买方可辨认净资产的公允价值份额

在这种情况下，首先要对购买成本及合并中取得的各项可辨认资产、负债的公允价值进行复核，在取得的各项可辨认资产和负债均以公允价值计量，并确认了符合条件的无形资产后，差额部分确认为商誉。

商誉是一种不可辨认的无形资产，不能独立于企业存在，也不能单独出售。一个企业因所处的地理位置优越，或由于信誉良好而获得了客户的信任，或由于经营管理人员能力超群，或由于历史悠久，积累了丰富的从事本行业的经验，或由于技术先进，掌握了生产的诀窍等原因，均会形成商誉。商誉的实质在于，它是一个企业超过本行业平均获利水平或正常投资回报率的那部分盈利能力。

由于商誉的价值存在着许多不确定性，所以通常只确认外购商誉，其价值等于合并成本减去取得的被购买方可辨认净资产公允价值的差额。

对于合并商誉的后续确认与计量问题，曾存在如下几种典型的会计处理方法：

(1) 立即注销法，即在取得时绕过利润表直接、一次性地冲减股东权益；

(2) 永久保留法（或减值测试法），即将商誉作为资产永久保留在资产负债表上，除非能够获取明显的证据表明其价值发生了持续下跌，此时可将减值金额转销到当期损益；

(3) 系统摊销法，即将商誉作为一项资产入账，并在估计的有效年限内系统地摊销，计入当期损益。

对于上述三种处理方法，以前的美国财务会计准则和国际财务报告准则均主张采用系统摊销法。但在经济全球化的趋势下，大规模的企业合并层出不穷，系统摊销法逐渐被减值测试法所替代。

2001 年 6 月，美国财务会计准则委员会（FASB）颁布的《财务会计准则公告第 142 号——商誉和无形资产》（SFAS142）摒弃了对商誉进行摊销的做法，而选择了定期进行减值测试的做法。之后，国际会计准则理事会（IASB）发布的 IFRS3 也明确规定：企业合并中取得的商誉不得摊销。购买方应按照《国际会计准则第 36 号——资产减值》的规定每年对商誉进行减值测试。

【例 2-1】 20×9 年 12 月 31 日，东方公司被北方公司吸收合并，丧失法人资格，北方公司继续存在。两个公司在资产、负债、收入、费用等方面的会计处理均采用相同的原则；会计年度均采用日历年度。当时北方公司发行了 2 000 000 股每股面值 1 元的普通股票（每股市价 2 元），换取东方公司股东持有的每股面值 1 元的 1 200 000 股普通股票。此外，乙公司还发生了下列与合并业务相关的费用：直接费用（如审计费、评估费等）87 000 元，股票发行费 140 000 元。在合并之前，东方公司可辨认净资产的账面价值与公允价值如表 2-1 所示。

表 2-1　东方公司资产负债表

20×9 年 12 月 31 日　　　　单位：元

资　产	账面价值	公允价值	负债及股东权益	账面价值	公允价值
银行存款	160 000	160 000	短期借款	320 000	320 000
应收账款(净)	420 000	400 000	应付账款	454 000	454 000
存　货	720 000	825 000	长期应付款	1 280 000	1 096 000
长期债权投资	600 000	705 000	普通股	1 200 000	
固定资产(净值)	3 000 000	3 200 000	股本溢价	1 500 000	
无形资产	200 000	180 000	留存收益	346 000	
资产合计	5 100 000		负债及股东权益合计	5 100 000	

假定东方公司不存在或有项目，合并完成后，作为被购买方，东方公司应进行解散清算的会计处理。作为购买方，北方公司在按照被购买方的各项可辨认净资产的公允价值确认取得的各项可辨认净资产的同时，确认合并商誉。由于实务中企业的合并过程可能很长，手续很繁琐，会计处理不可能通过一个会计分录就反映整个合并的过程。因此在会计实务中往往通过设置"长期股权投资"账户来反映整个的合并过程。北方公司应编制会计分录如下：

(1) 发行股票并进行交换时：

借：长期股权投资——东方公司　　4 000 000

　贷：普通股　　2 000 000

　　股本溢价　　2 000 000

(2) 发生合并费用时：

借：长期股权投资——东方公司　　87 000

　股本溢价　　140 000

　贷：银行存款　　227 000

(3) 将合并成本分摊到可辨认资产和负债，余额记为商誉：

借：银行存款　　160 000

　应收账款(净)　　400 000

　存货　　825 000

　长期债权投资　　705 000

　固定资产(净值)　　3 200 000

　无形资产　　180 000

　商誉　　487 000

　贷：短期借款　　320 000

　　应付账款　　454 000

　　长期应付款　　1 096 000

　　长期股权投资——东方公司　　4 087 000

(注：商誉＝合并成本－可辨认净资产公允价值＝4 087 000－3 600 000＝487 000)

若企业合并业务过程较短，则发生上述合并业务时可直接编制会计分录如下：

(1) 发行股票并进行交换时：

借：银行存款	160 000	
应收账款(净)	400 000	
存货	825 000	
长期债权投资	705 000	
固定资产(净值)	3 200 000	
无形资产	180 000	
商誉	487 000	
贷：短期借款		320 000
应付账款		454 000
长期应付款		1 096 000
普通股		2 000 000
股本溢价		2 000 000
银行存款		87 000

(2)支付股票发行费用：

借：股本溢价	140 000	
贷：银行存款		140 000

2. 合并成本小于其所取得的被购买方可辨认净资产的公允价值份额

在这种情况下，首先要对合并中取得的资产、负债的公允价值、作为合并对价的非现金资产或发行的权益性证券等的公允价值进行复核，复核结果表明所确定的各项可辨认资产、负债的公允价值确定是恰当的，应将其购买成本小于公允价值份额的差额确认为负商誉。

负商誉的存在可能是由于被购方还有一些账面上未能反映的不利因素所造成的，这些因素影响企业将来的经营活动，导致以后各期利润的下降。例如，大量的退休人员以及数额庞大的退休费支出，按照现行的会计实务，账上未反映为负债，而是在实际支出时计入管理费用。这类因素使合并后各期的利润减少，购买方会要求以低于可辨认净资产公允价值的购买价格进行合并。

对于负商誉的确认存在四种不同的处理方法：

(1) 全部列作递延收益，并在规定期限内分摊计入各期损益。对购进资产仍按评估的公允价值计价，不作任何调整，合并成本低于净资产公允价值的数额，全部记入"递延贷项——负商誉"账户；

(2) 按比例冲抵被并购企业非流动资产的公允价值(有价证券投资除外)，如非流动资产的公允价值冲完后仍有余额，剩余部分列作递延收益，并在规定期限内分摊计入各期损益；

(3) 作为权益项目永久保留，即在企业合并日的财务报表中记为权益的增加；

(4) 确认为当期损益。

目前对于负商誉的会计处理，各会计准则之间也存在着不一致。如国际会计准则理事会(IASB)颁布的《国际财务报告准则第3号——企业合并》规定：对于购买方在购入的可辨认净资产公允价值中份额超过企业合并成本的部分，即负商誉，应在收益表中立即确认为一项利得；美国财务会计准则委员会(FASB)颁布的《财务会计准则公告第142号——商誉和无形资产》规定：负商誉应按购入的非金融资产账面价值的比例进行分配，冲减非金融资产账面价值，如果非金融资产已冲减至零，剩余的金额应确认为非常利得；而我国2006年颁布的《企业会计准则第20号——企业合并》规定：应将购买方所取得的被购买方可辨认净资产的公允价值大于购买成本的差额确认为负商誉，计入合并当期营业外收入的贷方，并在会计报表附注中予以说明。

【例2-2】 20×9年12月31日，民生公司直接用500 000元银行存款买进了民有公司的全部净资产，并支付法律费用45 000元。在合并之前，民有公司可辨认净资产状况如表2-2所示。

表2-2数据表明，民生公司以总成本545 000元(500 000+45 000)的代价，取得了公允价值为600 000元(1 300 000－700 000)的可辨认净资产，可辨认净资产公允价值超过购买成本的差额为55 000元(600 000－545 000)，为负商誉，按照我国《企业会计准则第20号——企业合并》的规定，应确认为营业外收入。

表2-2 民有公司资产负债表

20×9年12月31日　　　　单位：元

资　产	账面价值	公允价值	负债及股东权益	账面价值	公允价值
银行存款	80 000	80 000	应付账款	180 000	180 000
存 货	130 000	140 000	长期借款	500 000	520 000
长期股权投资	80 000	90 000	普通股	600 000	
固定资产(净值)	870 000	900 000	股本溢价	100 000	
无形资产	40 000	90 000	留存收益	(180 000)	
资产合计	1 200 000		负债及股东权益合计	1 200 000	

民生公司取得被合并的民有公司净资产以及支付法律费用45 000元应编制会计分录如下：

(1) 取得民有公司的净资产：

借：长期股权投资——民有公司　　500 000

　贷：银行存款　　500 000

(2) 取得民有公司净资产时所支付的法律费用：

借：长期股权投资——民有公司　　45 000

　贷：银行存款　　45 000

(3) 将投资成本分摊到可辨认的净资产项目，差额确认为营业外收入：

借：银行存款　　80 000

　存货　　140 000

长期股权投资　　90 000
固定资产　　900 000
无形资产　　90 000
贷：应付账款　　180 000
长期借款　　520 000
长期股权投资——民有公司　　545 000
营业外收入　　55 000

3. 合并成本等于其所取得的被购买方可辨认净资产的公允价值份额

【例 2-3】 沿用例 2-1 北方公司吸收合并东方公司的数据。假定当时北方公司发行了 1 756 500 股每股面值 1 元的普通股票(每股市价 2 元)，换取东方公司股东持有的每股面值 1 元的 1 200 000 股普通股票。其他资料不变。

在该情况下，作为购买方，北方公司所支付的购买成本为 3 600 000 元，而其取得的被购买方的各项可辨认净资产的公允价值为 3 600 000 元。假定企业的合并过程很长，则北方公司应编制的会计分录如下：

(1) 发行股票并进行交换时：

借：长期股权投资——东方公司　　3 513 000
贷：普通股　　1 756 500
股本溢价　　1 756 500

(2) 发生合并费用时：

借：长期股权投资——东方公司　　87 000
股本溢价　　140 000
贷：银行存款　　227 000

(3) 将合并成本分摊到可辨认资产和负债：

借：银行存款　　160 000
应收账款(净)　　400 000
存货　　825 000
长期债权投资　　705 000
固定资产(净值)　　3 200 000
无形资产　　180 000
贷：短期借款　　320 000
应付账款　　454 000
长期应付款　　1 096 000
长期股权投资——东方公司　　3 600 000

以上以吸收合并为例，说明了购买法的具体做法，这同样适用于控股合并的情形。但是，在控股合并方式下，借记“长期股权投资——××公司”后，不需要再转到各净资产项目。

第三节　企业合并的权益结合法

一、权益结合法的特征

权益结合法，也称权益联营法或权益合并法，其将企业合并看做是两个或多个参与合并企业权益的重新整合。有些企业合并涉及参与合并的企业股东间普通股的交换，其实质是现有的股东权益在新的会计主体的联合和继续，而不是取得资产或筹集资金。这种股权联合并未发生购买交易，而是继续共同承担企业合并之前就存在的风险和利益。在这种情况下，企业合并不是一种购买行为，因此不存在购买价格，没有新的计价基础，应采用权益结合法。权益结合法具有以下特征：

(1) 被合并方的净资产均按账面价值计价。

(2) 商誉在账上不予反映。企业合并不是购买行为，因无购买价格，也就不存在合并成本超过可辨认净资产公允价值的差额。

(3) 合并后合并方的当年损益包括被合并方的整个年度的损益中合并方享有部分，而不论合并发生在会计年度的哪一时点。

(4) 合并后合并方的留存收益包括被合并方的全部留存收益中合并方享有部分，而不论合并发生在会计年度的哪一时点。

(5) 企业合并时所发生的所有相关费用，一般应确认为当期费用。

(6) 被合并方会计政策与合并方的会计政策不一致的，应按照合并方的会计政策予以追溯调整，并重编被合并方的财务报表。

以吸收合并为例，权益结合法的上述特征反映在账务处理上如图 2-2 所示：

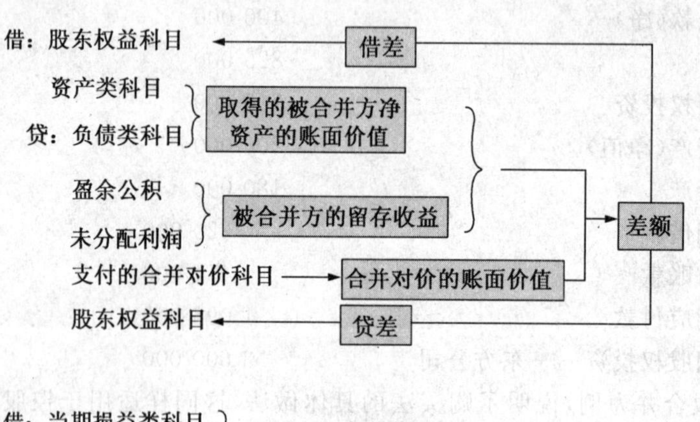

图 2-2　权益结合法下吸收合并的账务处理

二、权益结合法下的会计处理

运用权益结合法进行会计处理时，作为合并方，虽然均应当按照取得的被合并方的各项资产、负债的账面价值入账，但视其合并方式的不同，其会计处理也略有不同。

在吸收合并的方式下，合并方一方面对取得的被合并方的各项净资产按照原账面价值确认，另一方面按照所发行股票（用以交换）的面值总额计入"股本"账户，按享有的被合并方留存收益账面价值计入留存收益账户；两者差额应计入或冲销股本溢价，股本溢价不足冲销的，再冲减留存收益。

【例 2-4】 沿用例 2-1 北方公司吸收合并东方公司的数据。假定在企业合并之前北方公司和东方公司的股本权益的有关账户余额如表 2-3 所示。

北方公司发行了 2 000 000 股每股面值 1 元的普通股（每股市价 2 元），换取东方公司股东持有的每股面值 1 元的 1 200 000 股普通股，同时还发生合并费用 227 000 元。依照权益结合法，北方公司应编制会计分录如下：

表 2-3　股本权益的有关账户余额表

单位：元

项目 ＼ 公司	北方公司	东方公司	合　计
普通股（每股面值 1 元）	2 000 000	1 200 000	3 200 000
股本溢价	500 000	1 500 000	2 000 000
留存收益	1 754 000	346 000	2 100 000
净资产和股东权益	4 254 000	3 046 000	7 300 000

（1）记录与东方公司的合并：

借：银行存款　　160 000
　　应收账款（净）　　420 000
　　存货　　720 000
　　长期债权投资　　600 000
　　固定资产（净值）　　3 000 000
　　无形资产　　200 000
　贷：短期借款　　320 000
　　　应付账款　　454 000
　　　长期应付款　　1 280 000
　　　普通股　　2 000 000
　　　股本溢价　　700 000
　　　留存收益　　346 000

（2）记录与合并业务相关的费用：

借：管理费用　　87 000

股本溢价　　　　　　　　　140 000

贷：银行存款　　　　　　　　　　227 000

在控股合并的方式下，合并方一方面应按照享有的被合并方净资产账面价值的份额确认长期股权投资，另一方面按照所发行股票（用以交换）的面值总额计入“股本”账户，按享有被合并方留存收益份额计入留存收益账户；两者差额应计入或冲销股本溢价，股本溢价不足冲销的，再冲减留存收益。

在运用权益结合法时，还应当注意以下几个问题：(1) 与购买法一样，需要对被合并方的资产和负债加以确认，并做出调整。例如，需要对待摊费用和预提费用项目进行分析，对以后经营活动没有作用的，应加以注销；又如账实不符的项目，也应调整为实际数。(2) 在企业合并谈判时，也应考虑被合并方净资产账面价值和公允价值的差异，从而也需要进行资产评估。(3) 合并方要与被合并方的所有者就股票的交换比例进行协商，对有关资产、负债项目的公允价值及可能存在的商誉达成一致意见。

三、权益结合法的演进

（一）权益结合法在美国的演进

购买法和权益结合法是处理企业合并业务的两种会计方法，但是在某一企业合并业务中，只能采用其中一种方法，而不是两者均可采用。由于权益结合法对实施合并的企业产生了积极影响，为了防止权益结合法的滥用，美国准则制定机构对权益结合法的应用经历了限制至废止两个阶段。

1. 对权益结合法的限制

美国会计原则委员会于1970年发布的第16号意见书“企业合并”，规定了用权益结合法处理企业合并业务的12个条件，只有在满足全部12个条件时，采用权益结合法才是合适的。这12个条件可分为以下三类：

(1) 参与合并企业的性质。这一类条件，可用来确保权益结合型企业合并真正是以前普通股股东权益彼此独立的两个或两个以上企业的合并。这类条件包括以下两个：① 在开始实施合并计划前的两年内，每一个参与合并的企业自主经营，不是另一公司的子公司或分部。② 参与合并的每一个企业独立于其他企业。

(2) 合并所有者权益的方式。这一类条件可满足权益结合会计的要求，即在实质和形式上均发生了交换股权，合并现有投票表决权普通股权益的业务。它包括7个条件：① 合并是在单一的交易中完成的，或者是在开始实施计划后的1年内依照特定的计划完成的。② 在合并计划完成日，一个公司只提供并发行其权利与发行在外的有投票表决权的多数普通股相同的普通股，以换取另一个公司几乎全部有投票表决权的普通股权益。③ 在开始实施合并计划前两年内，或从开始企业合并日起至合并完成时，在计划实施合并时没有一个参与合并的公司改变其有投票表决权的普通股的权益；计划实施合并时的变化包括向股东分派股利、增发股票、交换股票和赎回股票。④ 从开始企业合并日起至合并完成日，参与合并的每一个企业只为企业合并以外的目的取得其自己的有投票表决权的普通股，而且取得的只是正常数量的这类普通股。⑤ 在某一参与合并的企业中，某一普通股股东的权益与其他普通股股东的权益的比率，在交换普通股完成合并业务之后仍然保持不变。⑥ 在完成合并以后的企业，所有的普通股股东仍能行使普通股股东所享有的投票表决权，股东既不会被剥夺行使这些权利，也不受限制。⑦ 在计划完成日，与合并业务有关的所有问题已经解决，而且在与股票发行或其他代价有关的计划中，已不存在悬而未决的条款。

(3) 不存在有计划的交易。这些条件所禁止的有计划交易指与合并全部现有普通股权益不一致的交易。这些条件包括：① 合并后的企业并不直接或间接赎回或取得为实施合并而发行的全部或部分普通股。② 合并后的企业并不受要为参与合并企业的原股东提供受益的其他财务协议的约束，如由合并时所发行的普通股提供的贷款担保，这种担保事实上会取消普通股的交换。③ 除了以前独立的企业正常经营过程中处置资产、清理重复的设备或多余的生产能力以外，合并后的企业并不准备或计划在合并后两年内处置参与合并企业的相当部分的资产。

同时满足会计原则委员会上述 12 条的企业合并，不论其合并的法律形式如何，均可按权益结合法处理。

2. 权益结合的废止

虽然对权益结合法的运用制定了十分严格和具体的限制，但在实务中并没能有效地阻止权益结合法的滥用。相反，由于准则没有提出"参与合并的企业规模的类似性，以致没有哪一方被认定为购买者"这一重要特征，只要通过精密策划达到这 12 条具体要求，就可采用权益结合法进行会计处理。

1996 年 8 月，美国财务会计准则委员会(FASB)就把重新审议 APB 第 16 号意见书《企业合并》和第 17 号意见书《无形资产》列入了议事日程；至 1999 年 9 月，发布了关于《企业合并和无形资产》准则的征求意见稿；至 2000 年 2 月，又发布了关于《企业合并和无形资产——商誉的会计处理》准则的征求意见稿；2001 年 6 月，美国财务会计准则委员会(FASB)发布了财务会计准则公告(SFAS)第 141 号《企业合并》和 142 号《商誉和其他无形资产》，在 SFAS141 中，要求所有企业合并的会计处理都采用购买法，从而废止了权益结合法。

有关 FASB 废止权益结合法的原因是：(1) 相同的交易应采用相同的会计处理，购置资产的处理方法应是"购买法"，即认为企业合并是购买企业的净资产。(2) 购买法能够使投资者对交易的初始成本和投资的事后业绩有一个较好的概念。

(二) 权益结合法在国际会计准则中的演进

1978 年国际会计准则委员会(IASC)组建了一个指导委员会，制定有关企业合并的准则和商誉的会计处理方法，并在 1979 年、1980 年、1981 年连续推出了三份征求意见稿，在此基础上，1983 年颁布了第 22 号国际会计准则《企业合并》。1983 年版的第 22 号国际会计准则对企业合并只允许采用两种方法：购买法和权益结合法，在征求意见稿中出现的新主体法(即下推会计)没有作为企业合并的备选会计处理方法。准则要求所有企业合并都采用购买法，除非在实现权益结合这种极罕见的情况下才允许采用权益结合法。准则为"权益结合"制定了下列判断条件："只有参与联营的企业的股东，能持续地分担和共享联营企业的风险和利益，一项企业合并才会被认为是权益结合。并且：① 交易的基础主要是相关企业之间有表决权股票的交换；② 参与联营企业的全部或者实质上全部的净资产和经营活动结合成一个主体。"

1993年12月,国际会计准则委员会(IASC)颁布了第22号国际会计准则修订版(第一次修订)。与1983年版相比,修订版的最大变化是禁止对权益结合型的企业合并采用购买法,并规定合并属于收购型的,必须采用购买法;而属于权益结合型的企业合并则必须采用权益结合法。同时对权益结合进行了重新定义,"权益结合是指这样一项企业合并,即参与联营的企业的股东,联合控制这些企业的全部或者实质上全部的净资产和经营活动,且任何一方都没法识别为购买方,而且持续地一起分担、共享联营企业的风险和利益。"为了有助于对权益结合进行判断,准则提出了权益结合的特征条件:

(1) 参与联营企业的大部分有表决权普通股实际上都被交换和结合;

(2) 一个企业的公允价值不会明显偏离另一个企业的公允价值;

(3) 相对而言,每个企业的股东合并后,实际上保留的对联营企业的表决权利和权益与合并之前一样。

2004年4月,国际会计准则理事会(IASB)发布了《国际财务报告准则第3号——企业合并》,准则规定范围内的企业合并交易都只能采用购买法核算,权益结合法被禁止采用。

SFAS141及IFRS3仅涉及非同一控制下的企业合并,对同一控制下的企业合并在美国实质上仍可以采用权益结合法,而国际会计准则理事会(IASB)则没有明确同一控制下企业合并的处理方法。

第四节 购买法和权益结合法的比较

一、购买法和权益结合法的理论依据比较

会计方法的选用,不仅要考虑到各种方法的经济影响,而且还要注意其内在的合理性。购买法和权益结合法都有一定的理论依据。

赞成购买法的主要理由有:

(1) 在绝大多数企业合并业务中,总可发现有一个实施合并的购买企业取得了对其他企业的控制权,因此发生了购买行为,应按购买法加以处理。

(2) 企业合并是讨价还价的公平交易的结果,这一交易以各种资产和负债的公允价值而不是账面价值为基础,所以按公允价值记账是合理的。

(3) 以现金、其他资产或负债等代价形式所实施的企业合并,总是按购买法处理。将企业合并的代价改为发行股票,仅仅是改变了代价的形式,不应当改变会计处理的方法。因为股票只是合并代价的一种,也要以公允价值计价。

(4) 购买法能够报告企业合并业务的经济实质,所以它坚持了处理取得资产的传统会计原则。

(5) 从购买法的角度看,权益结合法缺乏合理的概念基础。迄今为止,许多国家的会计准则制定机构都在努力界定权益结合法的应用标准,但均因对权益结合法缺乏一致的认识而没有制订出统一的应用标准。

(6) 按权益结合法处理合并业务，企业管理部门可通过在年末合并其他盈利企业，以及尽早出售并入的资产等方式来增加收益，从而操纵企业利润。

赞成权益结合法的主要理由有：

(1) 按权益结合法处理符合企业合并的概念。美国会计原则委员会第16号意见书第28段指出："在以交换股票所实施的企业合并业务中，几组股东联合他们的资源、才能和风险，形成了一个新的个体，从事以前的业务，继续其盈利活动。在以交换股票所实施的企业合并业务中，参与合并的股东集团分享风险是一个重要的因素。通过股东权益的结合，每一股东集团继续保留其以前投资的风险，他们相互交换其才能和利益。"

(2) 权益结合法符合原始成本会计原则和持续经营概念。

(3) 权益结合法处理简单，易于操作；而按购买法处理，在确定发行股份、所接受的资产和承担的债务的公允价值时存在着困难。

(4) 在购买法下，合并后的企业只有一部分是按公允价值计价的。这种计价的不一致性导致相同资产(负债)的计价不同，合并方的资产和负债按账面价值计价，而被合并方(其他参与合并企业)的资产、负债按公允价值计价。

二、购买法和权益结合法对合并方财务报表的影响

购买法和权益结合法是处理企业合并业务的两种会计方法，其主要差异表现在：对并入的净资产是按账面价值入账，还是按公允价值入账；是否要在账面上确认合并业务所产生的商誉；收益从何时起合并；合并前被合并方的留存收益要否合并；以及是否要对合并以前年度的财务报表加以重编等(二者会计处理的差异比较如表2-4所示)。采用不同的会计方法对合并方财务报表产生了一定的、甚至是重大的影响。

表2-4 购买法与权益结合法会计处理的差异比较

比较项目	购买法	权益结合法
合并双方的会计政策是否调整一致	不需要调整	需要调整
所并入的可辨认净资产的计价基础	公允价值	账面价值
是否确认商誉	确认	不确认
被合并方合并前的当期利润是否包含在存续公司利润中	不包含	包含
被合并方的留存收益是否包含在存续公司留存收益中	不包含	包含
被合并方以前年度的净利润是否包含在以前年度比较报表中	不包含	包含
法律咨询费、会计审计费用等其他直接费用	计入购买成本	计入当期费用

沿用例2-1的资料，并假设东方公司20×9年度收入为450 000元，各项成本费用为250 000元，实现净利润200 000元。上述企业合并业务分别采用购买法和权益结合法进行会计处理，两种会计处理方法下北方公司20×9年度财务报表如表2-5所示。

表 2-5 两种方法导致的结果比较表

单位：元

	合并前		合并后(北方公司)	
	北方公司	东方公司	购买法	权益结合法
一、资产负债表				
银行存款	A	160 000	A+160 000−227 000	A+160 000−227 000
应收账款(净)	B	420 000	B+400 000	B+420 000
存　货	C	720 000	C+825 000	C+720 000
长期投资	D	600 000	D+705 000	D+600 000
固定资产(净值)	E	3 000 000	E+3 200 000	E+3 000 000
无形资产	F	200 000	F+180 000	F+200 000
商　誉		0	487 000	0
短期借款	G	320 000	G+320 000	G+320 000
应付账款	H	454 000	H+454 000	H+454 000
长期应付款	I	1 280 000	I+1 096 000	I+1 280 000
普通股	J	1 200 000	J+2 000 000	J+2 000 000
股本溢价	K	1 500 000	K+1 860 000	K+560 000
留存收益	L	346 000	L	L+346 000−87 000
二、利润表				
收入	M	450 000	M	M+450 000
成本费用	N	250 000	N	N+250 000
合并费用			O	87 000
净利润	P	200 000	P	P+113 000

（一）对合并当年的影响

东方公司20×9年12月31日留存收益中有200 000元是20×9年度实现的净收益，那么在权益结合法下，东方公司（被合并方）20×9年度的净利润200 000元并入北方公司（合并方）的收益表，从而增加了合并方本年度的净收益。而购买法仅仅将合并日后被合并方所实现的收益纳入实施合并企业的收益表，因而只要合并不是发生在年初，且被合并企业在合并当年初至合并日产生的净收益大于合并直接费用，合并方在合并当年按权益结合法处理所得的净收益数总是大于按购买法处理的结果。

由于通货膨胀的影响，企业某些资产的现行公允价值一般大于其账面价值，所以，在权益结合法下合并方仅仅在合并当年通过将并入资产按现行公允价值变现，便可增加合并当年的收益。

(二) 对合并以后年度的影响

权益结合法按原来的账面价值记录并入的资产和负债，而且不确认商誉。购买法则相反，要按并入资产、负债的公允价值记账，而且要确认商誉。所以，在合并以后年度，按权益结合法记录的并入资产摊销的成本(费用)要较购买法小，相反收益则要大，差额为各项可辨认净资产的公允价值与账面价值的差异，以及商誉的减值。本例中，应收账款(净)、存货这两项流动资产公允价值大于账面价值 85 000 元，因而在合并后第一年，权益结合法下的收益大于购买法 85 000 元。再以固定资产为例，若合并后固定资产尚可使用 10 年，则按购买法处理所得的折旧费用大于权益结合法下的折旧费用 20 000 元(200 000/10)，从而收益小于权益结合法 20 000 元。

同样，在权益结合法下，若在合并以后年度将并入的资产按较高的公允价值出售，则也会增加收益。例如，合并方将并入的长期投资按公允价值出售，则可实现收益 105 000 元。

可见，当可辨认净资产的公允价值大于其账面价值时，权益结合法下，收益较高，所有者权益(净资产)较低，所有者权益回报率较高。

此外，在购买法下，被合并方的留存收益不能并入，仅仅调整股本溢价。在权益结合法下，被合并方的留存收益应转入合并方的留存收益，在吸收合并的情况下，可用来向股东发放股利。

从上述分析可知，当被合并方有较好的盈利能力，且整体价值远高于其可辨认净资产账面价值时，权益结合法对合并方的财务报表产生了有利的影响。它避免了较高的资产折旧基础和商誉的出现，合并以后各期的收益相对比购买法下的收益要高，可给报表阅读者以企业增长的感觉，故此法深受合并方的欢迎。

第五节　我国企业合并的会计处理

一、企业合并准则制定的背景及规范

1995 年财政部发布了《合并会计报表暂行规定》，1996 年 8 月，财政部又颁发了《企业兼并有关财务问题的暂行规定》，分别对母子公司会计报表合并、企业兼并的财务会计处理作了规定。

随着我国社会主义市场经济的逐步建立以及市场经济环境的完善，企业合并案例不断发生，参与合并的企业类型和规模、合并采用的方式都发生了深刻的变化，既出现了国内企业之间的合并，也出现了国内企业与外国企业之间的合并，如联想收购 IBM 的 PC 业务、TCL 并购汤姆逊等。《合并会计报表暂行规定》、《企业兼并有关财务问题的暂行规定》已不能完全适应新情况，需要借鉴国际会计惯例，结合我国资本市场的实际，制定新的企业合并会计规范。

2006 年 2 月，财政部在借鉴国际财务报告准则基础上制定了企业合并会计准则。《企业会计准则第 20 号——企业合并》在对企业合并会计处理的规定上总体与《国际财务报告准

则第3号——企业合并》(IFRS3)一致,但由于我国特有的社会和经济背景,两者最大的区别在于我国将企业合并区分为同一控制下的企业合并和非同一控制下的企业合并,并分别采用类似权益结合法及购买法,而国际财务报告准则仅要求非同一控制下的企业合并采用购买法,对于同一控制下的企业合并的处理未予以明确。

二、非同一控制下的企业合并的会计处理

非同一控制下的企业合并,是指参与合并各方在合并前后不受同一方或相同的多方最终控制的合并交易。

(一)非同一控制下的企业合并的会计处理原则

非同一控制下的企业合并的会计处理总体原则是:视同一个企业购买另外一个企业的交易,按照购买法进行核算,按照公允价值确认所取得的资产和负债。

1. 合并成本的确定

(1)通过一次交易实现企业合并。通过一次交换交易实现的企业合并,其合并成本为购买方在购买日为取得另一方的控制权或净资产,由此放弃的资产、发生或承担的负债以及发行权益性证券的公允价值。

(2)多次交易。通过多次交换交易分步实现的企业合并,其合并成本为每一次交易购买方放弃的资产、发生或承担的负债以及发行权益性证券的公允价值之和。

(3)成本调整。企业按照合并合同或协议,对于存在的或有事项、且很可能发生并能够可靠计量,应当对合并成本进行调整,其合并成本应当包括在购买日预计的调整金额。

(4)合并费用。购买方为进行企业合并发生的各项直接相关费用,包括为进行企业合并而支付的审计费用、评估费用、法律服务费用等,应当计入企业的合并成本。

为企业合并发行的债券或承担其他债务支付的手续费、佣金等,应当计入所发行债券及其他债务的初始计量金额。企业合并中发行权益性证券发生的手续费、佣金等费用,应当抵减权益性证券溢价收入,溢价收入不足冲减的,冲减留存收益。

2. 购买方为取得被购买方净资产所放弃资产、发行权益性证券的处理

购买方为取得被购买方净资产所放弃的资产应当按照公允价值计量,其公允价值与账面价值之间的差额计入当期损益;发行权益性证券应当按照公允价值计量,其公允价值与账面价值之间的差额,作为股本溢价处理,计入资本公积。

3. 合并成本与所取得的各项可辨认净资产公允价值之间差额的处理

购买方的合并成本大于确认的各项可辨认资产、负债的公允价值净额的差额,确认为商誉。准则没有要求对企业合并中形成的商誉按期摊销,但要求企业应于每个会计期末,对商誉按照《企业会计准则——资产减值》进行减值测试,计算确定其减值金额。对商誉测试的减值部分,应计入当期损益。

购买方的合并成本小于确认的各项可辨认资产、负债的公允价值净额的差额,为负商誉,在对取得的被购买方各项可辨认资产、负债的公允价值进行复核后,计入当期损益。

以吸收合并为例,非同一控制下的企业合并的会计处理原则反映在账务处理上如图2-3所示:

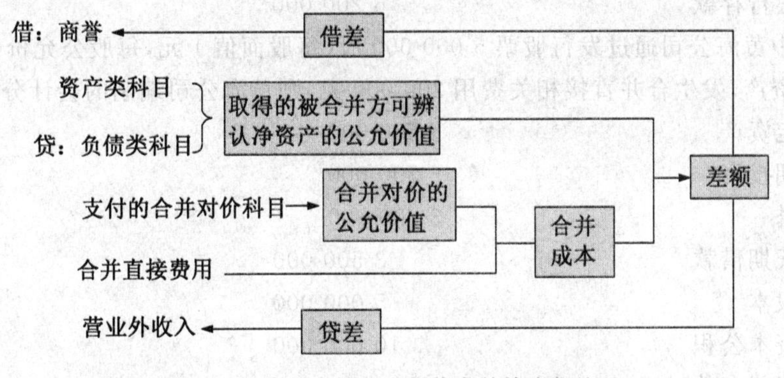

图 2-3 非同一控制下吸收合并的账务处理

（二）吸收合并的会计处理

在吸收合并的情况下，购买方应当按照准则要求作如下处理：

(1) 将所取得的被合并方的各项可辨认资产、负债，按照其公允价值入账。

(2) 按照支付合并对价方式作如下处理：若放弃的是资产，应当冲减所放弃资产的账面价值，所放弃资产账面价值与其公允价值之间的差额作为处置资产损益计入当期损益；若是采用发行权益性证券方式以取得被合并企业净资产的，应当按照所发行股票的面值计入股本，所发行股票的公允价值与其面值之间的差额，应作为股本溢价，计入资本公积。

(3) 所取得的净资产的公允价值与合并成本之间的差额，或作为商誉入账，或计入当期损益。

【例 2-5】 黄海公司采用吸收合并的方式兼并渤海公司，购买日渤海公司的资产负债状况如表 2-6 所示。黄海公司支付的合并对价中包括：银行存款 6 000 000 元，账面价值为 3 500 000 元、公允价值为 9 000 000 元的固定资产。另外支付合并直接相关费用200 000元。

表 2-6 渤海公司的资产负债状况

单位：元

	账面价值	公允价值
固定资产	6 000 000	8 500 000
长期股权投资	5 500 000	6 500 000
长期借款	3 500 000	3 500 000
净资产	8 000 000	11 500 000

黄海公司应编制的会计分录如下：

借：固定资产　　8 500 000

　　长期股权投资　　6 500 000

　　商誉　　3 700 000

　贷：长期借款　　3 500 000

　　　固定资产　　3 500 000

　　　营业外收入　　5 500 000

银行存款　　　　　　　　　　　6 200 000

若上例中黄海公司通过发行股票 5 000 000 股(每股面值 1 元,每股公允价值 3 元)取得渤海公司净资产,发生合并直接相关费用 200 000 元,则黄海公司编制的会计分录如下:

借:固定资产　　　　　　　　　8 500 000
　　长期投资　　　　　　　　　6 500 000
　　商誉　　　　　　　　　　　3 700 000
　贷:长期借款　　　　　　　　　　3 500 000
　　　股本　　　　　　　　　　　　5 000 000
　　　资本公积　　　　　　　　　　10 000 000
　　　银行存款　　　　　　　　　　200 000

(三) 控股合并情况下的会计处理

在控股合并的情况下,被购买方不需要作任何会计处理,购买方应按照准则的要求作以下会计处理:

(1) 以合并成本作为长期股权投资的初始投资成本。

(2) 按照支付合并对价方式作如下处理:若放弃的是资产,应当冲减所放弃资产的账面价值,所放弃资产账面价值与其公允价值之间的差额作为处置资产损益计入当期损益;若是采用发行权益性证券方式以取得被合并企业净资产的,应当按照所发行股票的面值计入股本,所发行股票的公允价值与其面值之间的差额作为资本溢价计入资本公积。

(3) 购买方作为母公司,应当设置备查簿,记录企业合并中取得的子公司各项可辨认资产、负债及或有负债等在购买日的公允价值。

(4) 长期股权投资的成本与合并中取得的可辨认净资产公允价值份额的差额,在购买日编制合并资产负债表时予以确认:其差额体现为合并财务报表中的商誉,或计入合并当期损益(因购买日不需要编制合并利润表,该差额体现在合并资产负债表上,应调整合并资产负债表的盈余公积和未分配利润)。

【例 2-6】 20×9 年 3 月 31 日,黄海公司采用控股合并的方式取得了渤海公司 70%的股权,合并前合并双方不存在任何关联方关系。合并中,黄海公司支付的有关资产在购买日的账面价值与公允价值如表 2-7 所示。另外支付合并直接相关费用 1 000 000 元。

表 2-7　黄海公司的相关资产状况

单位:元

	账面价值	公允价值
土地使用权	20 000 000	32 000 000
专利技术	8 000 000	10 000 000
银行存款	8 000 000	8 000 000
合　计	36 000 000	50 000 000

黄海公司应编制的会计分录如下:

借:长期股权投资　　　　　　　51 000 000

贷：无形资产　　　　　　　　　　28 000 000

　　银行存款　　　　　　　　　　9 000 000

　　营业外收入　　　　　　　　　14 000 000

三、同一控制下的企业合并的会计处理

同一控制下的企业合并，是指参与合并的企业在合并前后均受同一方或相同多方最终控制且该控制并非是暂时性的。

(一) 同一控制下的企业合并的会计处理原则

对于同一控制下的企业合并，我国企业合并准则中规定的会计处理方法类似于权益结合法。该方法是将企业合并看做是两个或多个参与合并企业权益的重新整合，由于最终控制方的存在，从最终控制方的角度看，该类企业合并一定程度上并不会造成企业集团整体的经济利益流入和流出，最终控制方在合并前后实际控制的经济资源并没有发生变化，有关交易事项不作为出售或购买。

对于同一控制下的企业合并，在合并中不涉及自少数股东手中购买股权的情况下，合并方应遵循以下原则进行会计处理：

(1) 合并方在合并中确认取得的被合并方的资产、负债仅限于被合并方账面上原已确认的资产和负债，合并中不产生新的资产和负债。

(2) 合并方在合并中取得的被合并方各项资产、负债应维持其在被合并方的原账面价值不变。

(3) 合并方在合并中取得的净资产的入账价值和为进行企业合并支付的对价账面价值之间的差额，不作为资产的处置损益，不影响企业合并当期的利润表，有关差额应调整所有者权益有关项目。

(4) 对于同一控制下的控股合并，应视同合并后形成的报告主体自最终控制方开始实施控制时一直是一体化存续下来的，参与合并各方在合并以前期间实现的留存收益应体现为合并财务报表中的留存收益(具体做法详见第四章)。

以吸收合并为例，同一控制下的企业合并的会计处理原则反映在账务处理上如图 2-4 所示：

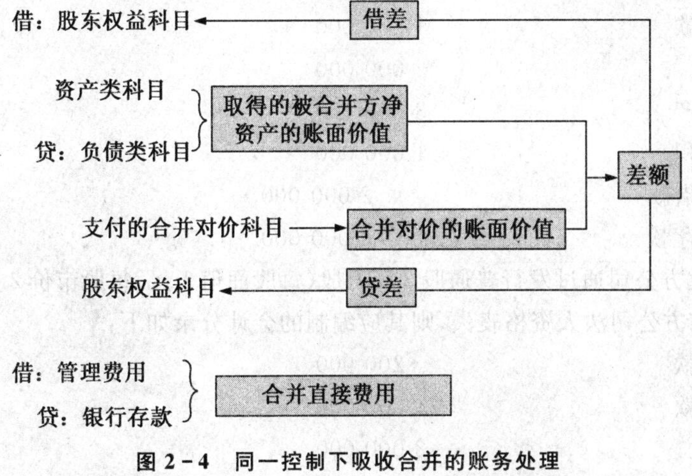

图 2-4　同一控制下吸收合并的账务处理

（二）在吸收合并情况下的会计处理

在吸收合并的情况下，合并方在合并日取得资产和负债的入账价值，应当按照被合并方的原账面价值确认。合并方通过支付现金、非现金资产的，合并方所确认取得的净资产入账价值与支付的现金、非现金资产账面价值的差额，应记入资本公积（资本溢价或股本溢价），资本公积（资本溢价或股本溢价）的余额不足冲减的，相应冲减盈余公积和未分配利润；以发行权益性证券作为合并对价的，合并方所确认取得的净资产入账价值与发行股份面值总额的差额，相应调整资本公积（资本溢价或股本溢价），资本公积（资本溢价或股本溢价）的余额不足冲减的，相应冲减盈余公积和未分配利润。

【例 2－7】 假定北方公司与东方公司同为南方公司控制下的子公司，北方公司采用吸收合并的方式兼并东方公司，东方公司丧失法人资格，全部的资产、负债并入北方公司。北方公司 20×9 年 12 月 31 日通过支付 6 000 000 元，并承担全部债务的方式取得东方公司的全部净资产，完成企业合并。20×9 年 12 月 31 日东方公司的资产负债状况如表 2－8 所示。

表 2－8 东方公司资产负债表

20×9 年 12 月 31 日　　　　单位：元

资　产	金　额	负债及所有者权益	金　额
银行存款	200 000	短期借款	2 000 000
应收账款	1 800 000		
存　货	2 000 000	股　本	3 000 000
		资本公积	500 000
固定资产净值	3 000 000	未分配利润	1 500 000
资产总计	7 000 000	负债及所有者权益总计	7 000 000

合并日北方公司应编制的会计分录如下：

借：银行存款　　200 000
　　应收账款　　1 800 000
　　存货　　2 000 000
　　固定资产　　3 000 000
　　资本公积　　1 000 000
　贷：短期借款　　2 000 000
　　　银行存款　　6 000 000

若上例中，北方公司通过发行普通股 300 万股（每股面值 1 元，每股市价 2 元），取得东方公司全部净资产，东方公司法人资格丧失，则其应编制的会计分录如下：

借：银行存款　　200 000
　　应收账款　　1 800 000
　　存货　　2 000 000

固定资产 3 000 000
贷：短期借款 2 000 000
股本 3 000 000
资本公积 2 000 000

（三）控股合并情况下的会计处理

控股合并的情况下，合并方支付合并对价并取得被合并方控制股权，合并后，合并方成为被合并方的母公司。合并方应按照支付合并对价方式的不同，确定长期股权投资的初始投资成本：

(1) 合并方以支付现金、转让非现金资产或承担债务方式作为合并对价的，应当在合并日按照取得被合并方所有者权益账面价值的份额作为长期股权投资的初始投资成本。长期股权投资的初始投资成本与其支付的现金、转让的非现金资产及所承担的债务账面价值之间的差额，应当调整资本公积（资本溢价或股本溢价）；资本公积（资本溢价或股本溢价）不足冲减的，相应调整盈余公积和未分配利润。

(2) 合并方以发行权益性证券支付对价的，应当在合并日按照取得被合并方所有者权益账面价值的份额作为长期股权投资的初始投资成本。应按发行股份面值总额作为股本或实收资本，长期股权投资的初始投资成本与所发行股份的面值总额之间的差额，应当调整资本公积（资本溢价或股本溢价）；资本公积（资本溢价或股本溢价）不足冲减的，相应调整盈余公积和未分配利润。

【例 2-8】 假定北方公司与东方公司同为南方公司控制下的子公司，20×9 年 12 月 31 日北方公司向东方公司发行 1 000 万股普通股（每股面值 1 元，市价为 4.34 元），取得东方公司 80%的股权，并于当日起能够对东方公司实施控制。合并后东方公司仍维持其独立法人地位继续经营。两公司在合并前采用的会计政策相同。合并日，北方公司与东方公司所有者权益的构成如表 2-9 所示。

表 2-9 所有者权益构成状况

单位：元

	北方公司	东方公司
股　本	30 000 000	10 000 000
资本公积	20 000 000	6 000 000
盈余公积	20 000 000	2 000 000
未分配利润	23 550 000	4 020 000
所有者权益总计	93 550 000	22 020 000

合并日北方公司应编制的会计分录如下：

借：长期股权投资 17 616 000
贷：股本 10 000 000
资本公积 7 616 000

第六节　下推会计

一、下推会计的产生与运用

美国会计原则委员会(APB)于1970年11月颁布生效的第16号意见书中提到：购入一个公司时，应在购买者的合并财务报表中列出被购买企业资产的公允价值。这在当时造成了一个值得探讨的问题，即被购买企业的资产和负债在其个别财务报表上如何列示(按历史成本还是公允价值)。在后期的实务操作中摸索出了一种将公司的购买成本“下推”到子公司单独编制的个别财务报表中，按现行公允价值对资产和负债进行反映的办法，于是“下推会计”(Push-down accounting)应运而生了。

随后，西方会计理论界也开始涉足下推会计的研究，并颁布了一些专门的文献。国际会计准则委员会(IASC)在1979年就企业合并推出的首份征求意见稿提到企业合并有三种会计处理方法，即购买法、权益结合法、新主体法，这里所说的新主体法就是下推会计。1979年美国注册会计师协会(AICPA)在1979年10月30日发布的文献中将“下推会计”定义为：“一个会计主体在其单独的财务报表中，根据购买该主体有投票表决权股份的交易，重新确立会计和报告基础。这一交易导致该主体发行在外有投票表决权股份的所有权发生重大变更”，即被购买企业的资产、负债及股东权益根据购买交易之所有权发生重大变更的实质，原有的账面价值不再作为计价基础，购买方所花代价被下推成为被购买方新的计价基础，被购买方的资产、负债按公允价值重新计量，并在被购买方的财务报表中反映商誉或负商誉。所以，在采用下推会计后，子公司在被购买日就不再以原有的账面价值作为计价基础，而以其资产、负债的公允价值重新计量，并在子公司的财务报表中反映商誉或负商誉。这样，在以后期间母公司编制合并报表时就不需要再考虑有关资产增值和商誉的摊销问题，使合并报表的编制工作大大简化。

虽然各国会计准则对下推会计未作明文规定，但美国证券交易委员会(SEC)在某些情况下允许被并购子公司的资产和负债在其个别财务报表中，按代表母公司投资成本的公允价值反映。证券交易委员会要求，当子公司几乎已全部为母公司所拥有(通常为97%)，且没有大量发行在外的债券或优先股时，证券交易委员会鼓励在这种情况下采用下推会计，但并不要求必须这么做。

二、下推会计与购买法的关系

1. 关于范围

下推会计是将母公司的购买成本“下推”到子公司编制的个别财务报表中反映，因此，其适用的前提是被购买子公司继续存在。下推会计与购买法相同的是都可进行控股合并的有关会计处理；不同的是下推会计不适用于吸收合并、新设合并这些被购并公司不复存在的合并类型。

2. 关于超额投资成本分配

下推会计与购买法相同的是如果存在超额投资成本，则都需要对其进行分配：将其中可归属部分在被购买方可辨认的资产、负债之间进行分配，然后将剩余不可归属部分视为被购买方的商誉（或负商誉）；不同的是下推会计认为购买方有权控制被购买方的会计政策，对超额投资成本的分配可在被购买方的正式会计账簿记录中进行；而购买法则认为被购并企业仍然作为一个独立的公司继续经营，应保持原有的账面价值，被购并方不需对这一事项编制任何会计分录，超额投资成本分配仅通过母公司在非正式账簿记录——合并工作底稿中编制调整分录来反映。

3. 关于成本费用

下推会计与购买法不同的是对于子公司在合并日年度的成本费用，下推会计中子公司的资产按合并日的公允价值进行了调整；而购买法中子公司的资产仍然保持原来的账面价值，由于物价上涨因素的影响，评估后的资产的公允价值通常高于账面价值，流动资产中的存货及固定资产，都易发生升值，尤其固定资产通常大于购买法，而且合并后若干年这些资产大多转为销货成本或折旧费用等，就导致下推会计子公司的成本费用较购买法为多，其差额即为公允价值大于账面价值差额的转销数或摊销数。

4. 关于收益和留存收益

下推会计与购买法都认为合并前经营成果分属购买方和被购买方这两个单独的经济实体，即被购买方合并前的净收益不能并入购买方，因此在合并日，下推会计与购买法都不需要编制合并利润表，只需编制合并资产负债表。不同的是对于子公司合并日前的留存收益，下推会计认为受“下推”的影响，购买交易前后的编制基础已不一样，不能再将原先的留存收益并入子公司单独的财务报表和比较报表。换言之，下推会计主张在子公司个别资产负债表上，合并日前的保留收益不在“留存收益”项目中反映，由于被母公司购买应转入“其他投入资本”项目中反映；购买法则不然，它认为子公司作为一个持续经营的公司且编报基础未发生变化，合并日前的保留收益仍可作为留存收益，在子公司个别资产负债表上反映。

通过上述分析，我们可得出一个结论：下推会计就是对控股合并类型购买法会计处理的修正办法，两者编制的会计分录基本相同，不同的只是时空有所变化，下推会计实质上就是将购买法下合并日及合并日后每年末母公司合并工作底稿上的调整分录提前至合并日在子公司账簿中予以正式记录，合并日后每年编报合并资产表时不需要每年重复编制。

三、对下推会计的争议

下推会计由于对子公司的资产、负债账面价值采用了公允价值进行了修正，引发了不少争议。争议的焦点是合并引起的购买交易是否足以构成一个新的会计基础，并根据此基础编制被购买企业的财务报表。

支持下推会计者认为：

(1) 母、子公司的计量基础应该一致。子公司所有权形式发生了重大变化，依据实质重于形式原则，在会计处理上已失去了与其法人资格相称的地位，它在合并后已不具有原来的独立性，其财务政策、会计政策及经营决策都相应受到购买企业的控制，因而它在经济实质上已不再是原来的那个企业了，其持续经营在一定意义上已被打断，对外报送的财务报表理应反映合并这一经济实质的变化，并相应以调整后的公允价值即基于母公司购买成本中内含的价值进行揭示。

(2) 收购是一项独立的讨价还价交易，而且此项交易的价格比账面价值更能体现被购买企业资产与负债的真实价值。为了更好地反映收购交易中交换价值的依据，就必须将被收购企业的财务报表中反映的资产和负债的价值调整成此项交易的交易价格，改变其原有的历史成本基础，使之成为被收购企业一个历史成本的新起点。

反对下推会计者认为：

(1) 被购买企业继续存在，仍作为一个法律意义的经济实体，它可以继续以自己的名义对外承揽业务，承担民事责任。因此，按会计准则的持续经营假设和会计主体假设，被购买企业应按合并前的账面价值记载其业务，下推会计按公允价值重新确立一个基础，就违背了持续经营和会计主体假设。

(2) 采用下推会计会影响会计信息的一致性和可比性，因为其改变了计价基础。

(3) 采用下推会计后，某些财务报表使用者会发现新的会计基础对他们来说并无益处，如债券持有者及少数股东，他们主要依靠可比较的财务报表来获取信息，下推会计的应用会影响其对子公司个别财务报表的分析，从而会影响少数股东和债权人的决策。

思考题

1. 试解释企业合并的会计含义。

2. 试述购买法和权益结合法的特征，并说明它们的主要差异。

3. 合并商誉是怎样产生的？合并商誉的典型会计处理方法有哪些？其对企业以后年度的经营成果有什么影响？

4. 权益结合法对合并方会有什么有利影响？为什么美国财务会计准则委员会(FASB)及国际会计准则委员会禁止权益结合法的应用？

5. 试述我国对同一控制下的企业合并和非同一控制下的企业合并采用的会计处理方法的差异。

6. 我国对同一控制下的企业合并所采用的会计处理方法与典型的权益结合法存在的差异在哪里？

7. 试述下推会计与购买法之间的关系。

本章相关的法规、制度

1.《国际财务报告准则第3号——企业合并》，国际财务报告准则委员会，2004

2.《企业会计准则第20号——企业合并》，中华人民共和国财政部，2006

3.《企业会计准则——应用指南》，中华人民共和国财政部，2006

4.《企业会计准则解释2006》，中华人民共和国财政部会计司编写组，2007

5.《企业会计准则解释2006》，中华人民共和国财政部会计司编写组，2008

6.《企业合并与合并会计报表》，中华人民共和国财政部会计准则委员会，2006

练习题

一、单项选择题

1. 有关企业合并的下列说法中，正确的是（ ）。

A. 企业合并必然形成长期股权投资

B. 同一控制下的企业合并就是吸收合并

C. 控股合并的结果是形成母子公司关系

D. 企业合并的结果是被合并方法人资格的注销

2. 下列关于新设合并的表述，正确的是（ ）。

A. 两个或两个以上的企业合并组成一个单一的企业，其中一个企业保留法人资格，其他企业因合并而注销其法人资格

B. 两个或两个以上的企业协议合并组成一个新企业

C. 控股合并后母子公司均继续存在并经营，且相互组成一个集团

D. 通常情况下，新设合并后原有企业的股东不再是新企业的股东

3. 同一控制下企业合并进行过程中发生的各项直接相关费用，一般应于发生时计入（ ）。

A. 合并成本　B. 管理费用　C. 财务费用　D. 资本公积

4. 在非同一控制下，合并成本小于所获可辨认净资产公允价值的差额，应该记入的账户是（ ）。

A. “管理费用——购置成本”　B. “商誉”

C. “营业外收入”　D. “营业外支出”

5. 在购买法下，投资成本大于子公司可辨认净资产的公允价值时，应（ ）。

A. 确认商誉　B. 确认为费用，计入当期损益

C. 确认为递延费用，以后期间予以摊销　D. 冲减固定资产价值

6. 在购买法下，企业合并时发生的法律费、咨询费和佣金等直接费用应该（ ）。

A. 增加合并成本　B. 冲减资本公积

C. 计入当期损益　D. 增加股本

7. 在权益结合法下，母公司对子公司的投资应（ ）。

A. 按股票面值计价　B. 按股票市价计价

C. 按享有子公司净资产账面价值计价　D. 按享有子公司净资产公允价值计价

8. 关于同一控制下的企业合并，下列叙述中不正确的是（ ）。

A. 同一企业集团内部各子公司之间的合并属于同一控制下的企业合并

B. 参与合并的各方，在合并前后均受同一方或相同的多方最终控制，并且不是暂时性的

C. 合并各方自愿进行的交易行为，作为一种公平的交易，应以公允价值为基础进行计量

D. 从最终实施控制方的角度来看，其所能实施控制的净资产，应保持其账面价值不变

9. 20×9 年 4 月 1 日，甲公司以银行存款 1 100 万元取得乙公司 100％的股份。乙公司

在20×9年4月1日的可辨认净资产的账面价值为1 000万元、公允价值为1 050万元。合并中发生了5万元的会计咨询费。购买法下A企业应确认的商誉金额为(　　)万元。

A. 55　　B. 50　　C. 100　　D. 105

10. 甲公司和乙公司同为A公司的子公司,20×9年8月1日甲公司发行600万股普通股(每股面值1元,市价1.5元)作为对价取得乙公司60%的股权,当日乙公司账面净资产账面价值为1 300万元,公允价值为2 000万元。20×9年8月1日甲公司取得长期股权投资的入账价值为(　　)万元。

A. 1 200　　B. 900　　C. 780　　D. 600

二、多项选择题

1. 按照企业合并的法律形式不同,企业合并的方式包括(　　)。

A. 吸收合并　　B. 新设合并　　C. 控股合并　　D. 购买合并

2. 以下关于企业合并购买法的说法中,正确的有(　　)。

A. 并购时可能产生商誉

B. 购买法仅适用于对控股合并的情形

C. 被并购公司以前的留存收益合并为并购后集团公司的一部分

D. 合并中发生各项直接相关费用计入初始投资成本

3. 有关同一控制下企业合并,下列说法中正确的有(　　)。

A. 合并方为进行企业合并发生的各项直接相关费用,应于发生时计入当期损益

B. 合并方为进行企业合并发生的各项直接相关费用,应于发生时计入合并成本

C. 为企业合并发行的债券或承担其他债务支付的相关手续费、佣金等,应当计入发行债权及其他债务的初始计量成本

D. 为企业合并发行的债券或承担其他债务支付的相关手续费、佣金等,应当抵减权益证券溢价收入,溢价收入不足冲减的,冲减留存收益

4. 关于非同一控制下企业合并,下列说法中正确的有(　　)。

A. 购买方在合并日对作为合并对价付出的资产、发生或承担的负债应当按照公允价值计量,公允价值与其账面价值的差额计入当期损益

B. 购买方在合并日对作为合并对价付出的资产、负债或承担的负债应当按照账面价值计量,不确认损益

C. 通过多次交换交易分步实现的企业合并,合并成本为每一单项交易成本之和

D. 购买方为进行企业合并发生的各项直接相关费用应当计入企业合并成本

5. 甲、乙公司为非同一控制下的两家公司。甲公司在吸收合并乙公司交易中所确定的合并成本为1 200万元,乙公司当时的可辨认净资产的账面价值为1 500万元、公允价值为1 350万元。以下说法中正确的有(　　)。

A. 甲公司在会计处理时,应当确认150万元的商誉

B. 甲公司在会计处理时,应将150万元计入当期损益

C. 甲公司在会计处理时,应将300万元计入当期损益

D. 甲公司在对企业合并进行会计业务确认之前,应首先对合并中涉及的合并成本和公允价值进行复核

三、计算及账务处理题

1. 目的：掌握购买法下吸收合并的会计处理

资料：20×9 年 12 月 31 日甲公司吸收合并乙公司，合并后乙公司丧失法人资格，甲公司继续存在。两公司的会计年度相同，均为公历年度，会计政策无重大差异。合并中甲公司发生了相关直接合并费用 80 000 元。经确认的 20×9 年 12 月 31 日乙公司资产负债表如表 2 - 10 所示。

假设：

(1) 甲公司用银行存款 130 000 元和一项固定资产吸收合并乙公司，该项固定资产账面价值 80 000 元，公允价值 100 000 元。

(2) 甲公司发行了每股面值 1 元（每股市价 2 元）的普通股股票 150 000 股，换取乙公司股东持有的全部股权。

要求：按照购买法，分别编制上述两种情况下甲公司在购买日的合并会计分录。

表 2 - 10　资产负债表

编制单位：乙公司　　20×9 年 12 月 31 日　　单位：元

资　产	账面价值	公允价值	负债及所有者权益	账面价值	公允价值
银行存款	124 000	124 000	短期借款	42 000	42 000
应收账款(净)	68 000	66 000	长期应付款	238 000	238 000
存　货	92 000	102 000	普通股	150 000	
长期投资	16 000	18 000	股本溢价	100 000	
固定资产(净值)	280 000	300 000	留存收益	50 000	
资产合计	580 000	610 000	负债及权益合计	580 000	610 000

2. 目的：掌握权益结合法下吸收合并的会计处理

资料：丙公司于 20×9 年 6 月 30 日吸收合并丁公司，合并后丁公司失去法人资格，而丙公司继续存在。合并时发生的相关直接合并费用为 1 万元。经确认的 20×9 年 6 月 30 日丁公司资产负债表如表 2 - 11 所示。（注：表中的资本公积全部为股本溢价）

表 2 - 11　资产负债表

编制单位：丙、丁公司　　20×9 年 6 月 30 日　　单位：万元

资　产	丙公司	丁公司	负债和所有者权益	丙公司	丁公司
货币资金	800	300	短期借款	300	160
应收账款	260	100	长期借款	1 100	800
存　货	340	350	负债合计	1 450	960
长期投资	400	100	股　本	850	300
固定资产	600	550	资本公积	150	140
无形资产	100	100	留存收益	100	100
商　誉	0	0	股东权益合计	1 100	540
资产合计	2 500	1 500	负债和股东权益合计	2 500	1 500

假设：

(1) 丙公司发行400万股普通股(面值1元,市价2元)吸收合并丁公司。

(2) 丙公司发行500万股普通股(面值1元,市价2元)吸收合并丁公司。

(3) 丙公司发行600万股普通股(面值1元,市价2元)吸收合并丁公司。

(4) 丙公司发行700万股普通股(面值1元,市价2元)吸收合并丁公司。

要求：按照权益结合法对以上几种情况分别编制丙公司在合并日的合并会计分录。

3. 目的：掌握购买法和权益结合法对合并企业利润的影响

资料：20×9年12月31日,甲公司发行200万股普通股(每股面值1元,市价3元)换取乙公司的全部净资产而完成吸收合并,合并后乙公司丧失法人资格,而甲公司继续存在。甲、乙公司20×9年12月31日的资产负债表、利润表如表2-12、表2-13所示。

要求：

(1) 分别采用购买法和权益结合法,编制甲公司合并日的合并会计分录。

(2) 分别编制合并后甲公司的资产负债表和利润表,报表格式如表2-14、表2-15所示。

(3) 比较购买法和权益结合法对合并后公司利润的影响,并分析说明。

表2-12　资产负债表

编制单位：甲、乙公司　　20×9年12月31日　　单位：万元

资　产	甲公司	乙公司		负债和权益	甲公司	乙公司	
		账面价值	公允价值			账面价值	公允价值
货币资金	50	20	20	短期借款	150	100	100
存　货	300	100	90	应付账款	300	180	180
应收账款	200	180	200	股　本	500	200	
固定资产	530	370	400	资本公积	30	70	
无形资产	100	60	80	未分配利润	200	180	
合　计	1 180	730	790	合　计	1 180	730	790

表2-13　利润表

编制单位：甲、乙公司　　20×9年12月31日　　单位：万元

项　目	甲公司	乙公司
营业收入	500	200
营业成本	300	150
费　用	110	30
净利润	90	20
期初未分配利润	110	160
期末未分配利润	200	180

表 2－14　资产负债表(合并后)

编制单位：甲公司　　　　20×9 年 12 月 31 日　　　　单位：万元

资　产	购买法	权益结合法	负债和权益	购买法	权益结合法
货币资金			短期借款		
应收账款			长期应付款		
存　货			股　本		
固定资产			资本公积		
无形资产			未分配利润		
商　誉					
合　计			合　计		

表 2－15　利润表(合并后)

编制单位：甲公司　　　　20×9 年 12 月 31 日　　　　单位：万元

项　目	购买法	权益结合法
营业收入		
营业成本		
费　用		
净利润		
期初未分配利润		
期末未分配利润		

4. **目的：掌握购买法下控股合并的会计处理**

资料：20×9 年 12 月 31 日甲公司取得乙公司 80％的股权，合并后甲、乙公司继续存在。两公司的会计年度相同，均为公历年度，对会计事项的处理采用同一会计政策。合并中甲公司发生了相关直接合并费用 80 000 元。20×9 年 12 月 31 日乙公司经确认的资产负债表如表 2－10 所示。

假定：

(1) 甲公司合并对价为银行存款 130 000 元和一项固定资产，该项固定资产账面价值 80 000 元，公允价值 100 000 元。

(2) 甲公司发行了每股面值 1 元(每股市价 2 元)的普通股股票 150 000 股，换取乙公司股东持有的全部股权。

要求：按照购买法，分别编制上述两种情况下甲公司在购买日的合并会计分录。

5. **目的：掌握权益结合法下控股合并的会计处理**

资料：丙公司于 20×9 年 6 月 30 日取得丁公司 80％的股权，合并后丙、丁公司继续存在。合并时发生的相关直接合并费用为 1 万元。合并时有关资产、负债等资料如表 2－11

所示。(注：表中的资本公积全部为股本溢价)

假设：

(1) 丙公司发行400万股普通股(面值1元,市价2元)为合并对价。

(2) 丙公司发行500万股普通股(面值1元,市价2元)为合并对价。

(3) 丙公司发行600万股普通股(面值1元,市价2元)为合并对价。

(4) 丙公司发行700万股普通股(面值1元,市价2元)为合并对价。

要求：按照权益结合法分别编制以上几种情况下丙公司在合并日的合并会计分录。

6. 目的：掌握同一控制和非同一控制下企业合并的会计处理

资料：见题3。

要求：

(1) 对题3分别按同一控制和非同一控制下的企业合并方法,编制甲公司在合并日的合并会计分录。

(2) 如果甲公司发行270万股普通股(每股面值1元,市价1.5元)换取乙公司所有股东持有的全部股权,实现控股合并。分别按同一控制和非同一控制下的企业合并方法,编制甲公司在合并日的合并会计分录。

案例分析

案例一　企业合并会计处理

(一) 案情介绍

1. 20×9年8月1日,黄山公司支付1 650万元购买了丁公司的全部股权。丁公司与黄山公司同属一个企业集团,从事与黄山公司相同的业务。集团公司为了降低管理成本,提高专业管理水平,决定由黄山公司收购丁公司全部股权,收购后将其作为黄山公司的一个业务分部。本次收购以合并日经注册会计师审定的丁公司净资产为基础,上浮10%作为收购对价。经审计后的丁公司账面净资产为1 500万元,黄山公司支付了1 650万元,并于当日完成了合并有关手续。此外,黄山公司支付了8万元与本次收购相关的注册会计师审计费用。黄山公司将支付的对价1 650万元与丁公司账面净资产1 500万元之间的差额,以及审计费用计入了当期损益。

2. 黄山公司拥有乙公司30%的表决权资本。20×9年10月,黄山公司与B公司签订协议,准备支付300万元购买B公司持有的B公司40%的表决权资本。协议约定,在黄山公司和B公司股东大会批准并办妥相关手续后,黄山公司获得B公司拥有的B公司40%的表决权资本。11月5日,黄山公司和乙公司召开临时股东大会,批准了股权转让协议,12月10日黄山公司支付了全部收购对价3 000万元,至20×9年12月31日,黄山公司尚未完成股权交接手续 。黄山公司按非同一控制下企业合并确认取得的B公司40%的股权。

3. 20×9年7月1日胜利公司以590万元的价格收购了实进公司90%的股权。已知胜利公司与实进公司为两个独立的企业,两者之间不存在关联关系。在购买日,实进公司可辨认净资产的公允价值为600万元,没有负债和或有负债。胜利公司将实进公司所有资产认定为一个资产组。在20×9年末，胜利公司确定该资产组的可收回金额为610万元，突进公司可辨认净资产的账面价值为630万元。

（二）思考分析题

1. 分析判断事项1中，黄山公司收购丁公司的会计处理是否正确；如不正确，请说明正确的会计处理方法。

2. 分析判断事项2中，黄山公司按非同一控制下企业合并确认取得的B公司40%的股权是否正确；如不正确，请说明正确的会计处理方法。

3. 分析判断胜利公司收购突进公司，属于何种合并，是否应确认商誉，并说明理由；如果确认商誉，20×9年末是否需进行商誉的减值测试？请说明对商誉的减值如何进行处理。

案例二　TCL集团将吸收合并TCL通讯

（一）案情介绍

TCL集团是国内领先的消费电子及通讯产品的综合制造商，其在信息产业部2002年度电子信息百强企业中名列第四；业务主要涉及多媒体电子、通讯、家电、信息、电工等产业群。TCL集团于2004年1月7日向社会公众首次公开发行流通股新股590 000 000股，同时通过吸收合并的方式向TCL通讯全体流通股股东换股发行其流通股新股404 395 944股，TCL通讯因合并注销，全部资产和负债并入TCL集团，而TCL集团在深交所成功上市，股票代码000100。

TCL通讯是TCL集团控股的已上市公司。该公司于1993年12月1日在深圳证券交易所上市交易，股票代码000542。截止2002年12月31日，TCL集团持有TCL通讯全部非上市流通股，共106 656 000股，占股本总额的56.7%。

本次吸收合并以2003年6月30日作为合并基准日，合并生效后，双方以合并基准日当天的财务状况编制合并财务报表，相关模拟数据见表2－16、表2－17。在本次合并中，TCL通讯设备股份有限公司流通股股东持有的股份按照折股价格21.15元除以TCL集团首次公开发行价格4.26元计算的折股比例4.964 788 73折为TCL集团的股份，共81 452 800股。通过吸收合并，TCL集团获得TCL通讯流通股股东享有的43.3%的净资产，截至合并基准日为3.15亿元。

（二）思考分析题

1. 根据国外会计准则的规定，分析本案采取权益结合法的合理性。

2. 根据我国《企业会计准则》的规定，分析本案采取权益结合法的合理性。

3. 结合本案例，分析我国同一控制下企业合并与非同一控制下企业合并（吸收合并）会计处理的差异。

4. 我国企业会计准则对“同一控制”的判断是否存在可操纵性？是否会出现同一控制下企业合并会计方法滥用现象？说明理由。

5. 一些人认为企业合并过程中应尽快达成合并条件，而合并所用的会计方法可以在以后选择；另一些人认为合并条件和合并会计处理方法密切相关。以上哪种观点正确？请结合案例说明理由。

表 2-16 合并基准日合并双方及模拟的存续公司资产负债表主要数据

单位：万元

	合并前双方合并报表		合并后模拟的存续公司合并报表	
	TCL 集团	TCL 通讯	权益结合法	购买法
总资产	1 479 043	555 908	1 719 280	1 860 069
其中：流动资产	1 167 547	519 483	1 404 389	1 404 389
长期投资	120 862	74	124 258	124 258
固定资产	157 857	29 463	157 857	157 857
无形资产	32 777	6 888	32 777	173 566
总负债	1 019 994	366 009	1 019 994	1 019 994
少数股东权益	263 528	117 190	220 942	220 942
股东权益	195 521	72 709	478 344	619 133
其中：实收资本/股本	159 194	18 811	258 633	258 633
资本公积	480	23 762	173 256	324 653
盈余公积	8 099	5 639	8 099	8 099
外币报表折算差额	(269)	—	(269)	(269)
未分配利润	28 017	24 498	38 625	28 017

表 2-17 合并基准日合并双方及模拟的存续公司 2003 年 1—6 月损益表主要数据

	合并前双方合并报表		合并后模拟的存续公司合并报表	
	TCL 集团(万元)	TCL 通讯(万元)	权益结合法(万元)	购买法(亿元)
主营业务收入	1 270 568	525 775	1 270 568	127.06
营业利润	68 735	47 449	68 735	6.87
少数股东损益	(34 028)	(29 594)	(27 742)	3.40
净利润	28 017	14 518	34 304	2.80

第三章　合并财务报表概述

本章要点

通过本章的学习，了解合并财务报表的意义与特点；理解合并范围的确认原则；掌握合并财务报表的编制程序；理解各种合并理论的特点及合并理论的发展；掌握我国合并财务报表准则在合并理论、合并范围等重要方面的规范。

第一节　合并财务报表的意义和特点

一、合并财务报表的意义

合并财务报表，是指反映母公司和其全部子公司形成的企业集团整体财务状况、经营成果和现金流量的财务报表，主要包括合并资产负债表、合并利润表、合并现金流量表、合并所有者权益变动表等。合并财务报表的意义主要表现在以下两个方面：

(1) 合并财务报表能够对外提供反映由母子公司组成的企业集团整体经营情况的会计信息。在控股经营的情况下，母公司和子公司都是独立的法人主体，分别编报各自的财务报表。要了解企业集团整体经营情况，就需要将母公司与其全部的控股子公司的财务报表进行合并，通过编制合并财务报表提供反映企业集团整体经营的会计信息，以满足企业集团相关利益各方的信息需求。

(2) 合并财务报表有利于避免企业集团利用内部控股关系，人为粉饰财务报表情况的发生。通过编制合并财务报表，可以将企业集团内部交易所产生的收入及利润予以抵销，使财务报表反映企业集团客观真实的财务状况、经营成果和现金流量，有利于防止和避免控股公司人为操纵利润、粉饰财务报表现象的发生。

二、合并财务报表的特点

合并财务报表是以整个企业集团为一个会计主体，以组成企业集团的母公司和子公司的个别财务报表为基础，抵销内部交易或事项对合并财务报表的影响后编制而成的。与个别财务报表比较，它具有如下特点：

(1) 合并财务报表反映的是母公司和子公司所组成的企业集团整体的财务状况、经营成果和现金流量,反映的对象是由若干个法人组成的会计主体,是经济意义上的会计主体,而不是法律意义上的会计主体。

(2) 合并财务报表由企业集团中对其他企业有控制权的母公司编制。

(3) 合并财务报表以个别财务报表为基础编制。合并财务报表是以纳入合并范围的企业个别财务报表为基础,根据其他有关资料,抵销有关会计事项对合并财务报表的影响编制而成的,它并不需要在现行会计核算方法体系之外单独设置一套账簿体系。

(4) 合并财务报表编制有其独特的方法。合并财务报表是在对纳入合并范围的个别财务报表的数据进行汇总的基础上,通过编制合并抵销分录将企业集团内部的经济业务对合并财务报表的影响予以抵销,然后按照合并财务报表的项目要求合并个别财务报表的各项目的数据编制的。

第二节　合并范围

合并财务报表编制首先遇到的问题就是如何确定合并范围。所谓合并范围,一般是指纳入合并财务报表编报的子公司的范围。可以说,合并财务报表的信息含量乃至于其所披露信息的相关性和可靠性,在很大程度上都受到合并范围的直接影响。

一、合并范围的理论阐释

(一) 合并范围的控制权标准

确定合并范围最重要的标准就是控制权标准。判断控制权,可以从数量标准和质量标准这两方面来看。

从数量标准来看,控制权对应的持股比例为大于50%,即当投资企业拥有超过被投资单位50%的股权时,被投资的子公司应纳入合并财务报表的合并范围。而从投资企业与被投资单位的持股与被持股关系来分析,有直接持股、间接持股、直接和间接相结合持股三种情况。在这三种情况中,直接持股情况下持股比例可直观获取,而后两种情况下持股比例需加以计算,并且计算方式的选择涉及以下两种观点:

其一,加法原则观点。母公司在子公司的被投资单位中所间接拥有的股权份额即是子公司在其被投资单位中直接拥有的份额。如A公司持有B公司60%的股份而使之成为其子公司,B公司又拥有C公司80%的股份,那么A公司在C公司中所拥有的股权份额即是80%。依加法原则观点判断,C公司为A公司的子公司。

其二,乘法原则观点。母公司在子公司的被投资单位中所间接拥有的股权份额应为母公司拥有子公司的股权份额与子公司拥有其被投资单位的股权份额的乘积。如A公司持有B公司60%的股份而使之成为其子公司,B公司又拥有C公司80%的股份,那么A公司在C公司中所拥有的股权份额即是48%(60%×80%)。依乘法原则观点判断,C公司并非A公司的子公司。

从质量标准来看，有法定控制权和实质性控制权之分。这两种控制权均是指在不满足数量标准的情况下可能存在的控制权。法定控制权是指母公司依据法律文件或协议的规定而具备的控制权。实质性控制权则是指拥有的股权不超过50%但由于被投资公司股权分散等原因而在事实上可以实施的控制权。显然，法定控制权和实质性控制权是对控制权判断标准的拓展。

(二) 不纳入合并范围的子公司

根据数量标准和质量标准可以判断控制权的存在是界定子公司属性的关键性条件，但是控制权标准只是界定合并范围的必要条件而非充分条件。换言之，纳入合并范围的一定是子公司，即为母公司所控制的被投资企业；但是并非所有因控制关系而界定的子公司都应纳入合并范围。这种虽存在控制关系但不纳入合并范围的特殊情况，往往是母公司所实施的控制权是暂时的或受到限制等原因造成的。

二、合并范围的国际惯例

(一) 美国财务会计准则

就控制权判断的数量标准，美国财务会计准则对间接持股情况下采用加法原则或乘法原则的选择并不明确。而就质量标准，美国会计原则委员会第18号意见书指出：控制的能力在未拥有多数股权的情况下也可能存在，例如通过合同、与其他股东的契约或法令规定。这显然是对法定控制权的规定。美国财务会计准则委员会(FASB)1999年所发布的征求意见稿《合并财务报表：目的和程序》中则突破了现行准则中要求多数股权和具有法定控制权的规定，将控制权扩展延伸为具有实质性控制能力。该征求意见稿将质量标准定为：

(1) 在公司管理机构的选举中有权投多数票或有权任命公司管理机构的多数成员；

(2) 在公司管理机构选举中有较大份额的少数表决权，而其他方或其他组织没有如此较大份额的表决权；

(3) 有独特的能力，能获得公司管理机构选举中的多数表决权；

(4) 通过拥有可转换证券等方式获得的任命公司管理机构多数成员的权力。

就不纳入合并范围的子公司情况来看，美国第94号财务会计准则公告规定：

(1) 控制是暂时的。如果母公司在收购子公司之日计划或被迫在一年内放弃对该子公司的控制，那么这种控制即为暂时的；如果收购日的条件使得可能需要以长于一年的时间才能完成对子公司的最后处置，而这一条件并非管理当局可以控制，那么时间也可长于一年。

(2) 子公司在外汇管制或其他政府限制条件下经营，以至于母公司控制子公司的能力存在重大疑问。如子公司处于法律重整或破产期，控制权掌握在接管人或托管人手中而非母公司手中，或外国子公司处于严格的外汇管制及其他政府控制之下的实例。

在第94号财务会计准则公告发布后，美国财务会计准则要求非同质公司必须纳入合并范围。非同质公司指的是与集团内其他公司的业务不同的公司，例如对于一个制造业企业集团，租赁、房地产、保险业公司即为“非同质公司”。

(二) 英国会计准则

就控制权判断的数量标准，英国会计准则对间接持股情况下采用加法原则或乘法原则的选择也未明确说明。就质量标准,英国第 2 号财务报告准则的规定与 1989 年公司法的规定相同,后者将控制的质量标准定义为:

(1) 能任免董事会的多数成员;

(2) 通过与其他投资者的协议单独控制了多数的表决权;

(3) 有权通过被投资者的章程或控制合同实施决定性影响;

(4) 拥有参与性权益,并且实际上能实施决定性影响或以统一基础实施管理。

就不纳入合并范围的子公司情况,第 2 号财务报告准则规定:

(1) 其业务与集团内其他公司完全不同;

(2) 母公司的权利受到长期的严格限制;

(3) 母公司持有该子公司是为了在近期出售。

第(1)项显然类同于美国会计准则所认定的"非同质公司";第(2)项则类同于美国第 94 号财务会计准则公告的第(2)项,其实例如处于破产程序的子公司,其控制权转移给了接管者;第(3)项则类同于美国第 94 号财务会计准则公告的第(1)项,其含义是购买方的权益已经确认,母公司将在获得该子公司之日起近一年内出售该子公司。

2004 年 5 月 24 日,英国会计准则委员会又发布了一份征求意见稿《对第 2 号财务报告准则"子公司会计"的改善:法定要求》,其中要求取消第 2 号财务报告准则中"其业务与集团内其他公司完全不同的子公司可不纳入合并范围"的规定。可见,考虑到"资产负债表表外融资"效应的影响,英国会计准则也有将非同质子公司纳入合并范围的趋向。

(三) 国际会计准则

就控制权判断的数量标准,国际会计准则与美、英会计准则一样未予明确。就质量标准而言,2003 年 12 月发布改进后的第 27 号国际会计准则《合并财务报表和单独财务报表》规定,如符合以下条件,即使当母公司拥有另一企业半数或半数以下的表决权,也存在着控制权:

(1) 根据与其他投资者的协议,拥有半数以上的表决权;

(2) 根据法规或协议,拥有统驭企业财务和经营政策的能力;

(3) 有权任免董事会或类似管理机构的多数成员;

(4) 在董事会或类似管理机构会议上,有权投多数票。

针对第(2)项"有权统驭企业财务和经营政策",它强调应考虑存在股票买入期权、可转换债券等潜在表决权的影响,同时还应考虑潜在表决权是否可以在当期实施的相关合同条款或实施期限,但是管理层是否将潜在表决权转换为实际表决权的意愿及其是否具备转换的财务能力不在考虑之列。这一点显然也考虑了实质性控制权的问题。

关于不纳入合并范围的子公司,改进后的第 27 号国际会计准则《合并财务报表和单独财务报表》规定:

(1) 同时满足下列两个条件且准备在近期出售的子公司:其一,购买和持有该子公司就是准备在购买后一年内处置,因而控制是暂时性的;其二,管理层正在积极地寻找购买者。

(2) 因子公司清算、被债权人接管等原因而使母公司失去对其控制权的子公司。

同时该准则还规定,不得因子公司的业务与母公司不同而不合并该子公司,并取消了原来对于在严格的长期性限制条件下经营从而大大削弱其向母公司转移资金能力的子公司不予合并的规定,其原因在于,经营受到长期严格限制并不一定表明母公司失去了控制权。

综上所述，美国、英国会计准则及国际会计准则在控制权的判断上都试图或者已经引入了实质性控制权的标准，这种突破在实务中的影响值得关注。在不纳入合并范围的子公司判断上，三者所遵循的基本原则也是趋同的。

第三节　合并财务报表的编制原则和程序

一、合并财务报表的编制原则

合并财务报表作为财务报表，必须符合财务报表编制的一般原则和基本要求。这些基本要求包括真实可靠、全面完整和编报及时。合并财务报表又与个别财务报表不同，它反映的是母公司和子公司组成的企业集团整体的财务情况，反映的是若干法人共同形成的会计主体的财务情况。因此，合并财务报表的编制除应遵循财务报表编制的一般原则和要求外，还应当遵循以下原则：

(1) 以个别财务报表为基础编制。合并财务报表并不是直接根据母公司和子公司账簿编制的，而是利用母公司和子公司编制的反映各自财务状况、经营成果和现金流量的个别财务报表，通过合并财务报表的特有方法进行编制的。以纳入合并范围的个别财务报表为基础，可以说是客观性原则在合并财务报表编制时的具体体现。

(2) 一体性原则。合并财务报表反映的是企业集团的财务状况、经营成果和现金流量，反映由多个法人企业组成的一个会计主体的财务情况。在编制合并财务报表时应当将母公司和所有子公司作为整体来看待，视为同一会计主体，母公司和子公司发生的经营活动都应当从企业集团这一整体的角度进行考虑。因此，在编制合并财务报表时，对于母公司与子公司、子公司与子公司之间发生的经济业务，应当视为同一会计主体内部业务处理，视为同一会计主体之下的不同核算单位的内部业务。

二、编制合并财务报表的程序

(1) 编制合并工作底稿。合并工作底稿(见表 3-1)的作用是为合并财务报表的编制提供基础。在合并工作底稿中，对母公司和子公司的个别财务报表各项目的金额进行汇总和抵销处理，最终计算得出合并财务报表各项目的合并金额。

表 3-1　合并工作底稿

项　目	母公司	子公司 1	子公司 2	……	合计	抵销		合并数
						借	贷	
(利润表项目)								
营业收入								
营业成本								

续表

项目	母公司	子公司1	子公司2	……	合计	抵销		合并数
						借	贷	
营业税金及附加								
……								
利润总额								
所得税费用								
净利润								
少数股东损益								
归属于母公司所有者的净利润								
(所有者权益变动表项目)								
未分配利润—年初								
归属于母公司所有者的净利润								
利润分配								
未分配利润——年末								
归属于少数股东的未分配利润——年初								
少数股东损益								
对少数股东的利润分配								
归属于少数股东的未分配利润——年末								
资本公积——年初								
可供出售金融资产公允价值变动净额								
权益法下被投资单位其他所有者权益变动的影响								
资本公积——年末								
盈余公积——年初								
提取盈余公积								
盈余公积——年末								
(资产负债表项目)								
流动资产:								
货币资金								
交易性金融资产								

续　表

项　　目	母公司	子公司1	子公司2	……	合计	抵销		合并数
						借	贷	
……								
预付款项								
存　货								
流动资产合计								
非流动资产：								
可供出售金融资产								
持有至到期投资								
长期股权投资								
……								
商　誉								
非流动资产合计								
资产总计								
流动负债：								
短期借款								
……								
流动负债合计								
非流动负债：								
长期借款								
……								
非流动负债合计								
负债合计								
股本(或实收资本)								
资本公积								
盈余公积								
未分配利润								
外币报表折算差额								
少数股东权益								
所有者权益合计								
负债和所有者权益总计								
(现金流量表项目)								

续 表

项　目	母公司	子公司1	子公司2	……	合计	抵销		合并数
						借	贷	
经营活动产生的现金流量：								
销售商品、提供劳务收到的现金								
……								
经营活动产生的现金流量净额								
投资活动产生的现金流量：								
收回投资收到的现金								
……								
投资活动产生的现金流量净额								
筹资活动产生的现金流量：								
吸收投资收到的现金								
……								
筹资活动产生的现金流量净额								
现金及现金等价物净增加额								
年初现金及现金等价物余额								
年末现金及现金等价物余额								

(2) 将母公司和纳入合并范围的子公司的个别资产负债表、利润表、现金流量表及所有者权益变动表各项目的数据录入合并工作底稿，并在合并工作底稿中对母公司和子公司个别财务报表各项目的数据进行加总。

(3) 在合并工作底稿中编制调整分录和合并抵销分录，将内部交易对合并财务报表有关项目的影响进行抵销处理。编制合并抵销分录是合并财务报表编制的关键内容，其目的在于运用“一体性原则”将个别财务报表各项目的加总金额中重复的因素予以抵销。

(4) 计算合并财务报表各项目的合并金额。在母公司和纳入合并范围的子公司个别财务报表各项目加总数额的基础上，加减抵销金额计算各报表项目的合并金额。

(5) 将工作底稿上的合并数录入到正式的合并财务报表中(正式报表格式参见本章第五节)。

三、合并财务报表的前期工作

为了使编制的合并财务报表准确、全面反映企业集团的真实情况，必须做好一系列的前期准备事项。

(一) 统一母、子公司的会计政策

在编制合并财务报表前，母公司应当统一子公司所采用的会计政策，使子公司采用的会

计政策与母公司保持一致。子公司所采用的会计政策与母公司不一致的，应当按照母公司的会计政策对子公司财务报表进行必要的调整，或者要求子公司按照母公司的会计政策另行编报财务报表。

（二）统一母、子公司的会计期间

为了编制合并财务报表，母公司应当统一子公司的会计期间，使子公司的会计期间与母公司保持一致。子公司的会计期间与母公司不一致的，应当按照母公司的会计期间对子公司财务报表进行调整，或者要求子公司按照母公司的会计期间另行编报财务报表。

（三）对子公司以外币表示的财务报表进行折算

对母公司和子公司的财务报表进行合并，其前提必须是母、子公司个别财务报表所采用的货币计量单位一致。境外子公司一般采用其所在国或地区的货币作为记账本位币，对于境外子公司以外币表示的财务报表，母公司应当将境外子公司的财务报表折算为以母公司记账本位币反映的财务报表。

（四）以购买日被并子公司可辨认净资产公允价值为基础调整子公司个别报表

在母公司采用控股合并的方式取得子公司的控制权的情况下，按照我国企业会计准则的规定，非同一控制下的企业合并应当采用购买法进行会计处理，在合并财务报表中，子公司各项资产和负债均应以购买日公允价值为基础予以确认，因此，在编制购买日及购买日后的合并财务报表时，应对子公司个别财务报表进行调整。个别资产负债表的调整内容为：以购买日各项资产、负债公允价值为基础，同时考虑以此为基础进行的折旧和摊销，调整个别资产负债表各项资产、负债的金额。个别利润表的调整内容为：以购买日各项资产、负债公允价值为基础，调整当期各项资产销售成本及折旧摊销费用以及年初未分配利润。

（五）按权益法调整对子公司的长期股权投资

权益法是长期股权投资核算的一种方法。采用权益法核算长期股权投资时，长期股权投资的账面价值反映其在被投资单位所有者权益中应享有的份额，即长期股权投资的账面价值等于其在子公司所有者权益中所拥有的份额。按照我国会计准则规定，母公司对子公司的长期股权投资应采用成本法核算。但在合并财务报表前，应按照权益法对该长期股权投资进行调整，从而调整母公司个别财务报表。具体调整内容包括：

(1) 以子公司调整后的净利润为基础，按照持有的股权比例确定本期对子公司的投资收益，从而调整母公司个别利润表、个别股东权益变动表相关项目金额。

(2) 根据子公司净资产的变动额，按照持有的股权比例调整母公司个别资产负债表长期股权投资的金额。对于以前年度成本法与权益法之间的累计差额应在调整母公司个别资产负债表长期股权投资项目的同时，调整母公司个别资产负债表及个别股东权益变动表的年初未分配利润项目。上述调整只需要在合并工作底稿中进行，并不需要调整母公司账面记录。

（六）子公司应当向母公司提供相应资料

合并财务报表是在母公司和子公司个别财务报表的基础上，对相关资料进行调整后编制的。因此，在编制合并财务报表时，子公司除了应当向母公司提供财务报表外，还应当向母公司提供下列有关资料：

(1) 采用与母公司不一致的会计政策及其影响金额。

(2) 与母公司不一致的会计期间的说明。

(3) 与母公司、其他子公司之间发生的所有内部交易的相关资料。

(4) 所有者权益变动的有关资料。

(5) 编制合并财务报表所需要的其他资料。

【例 3-1】 20×8 年 1 月 1 日,中天公司向天河公司的股东支付 10 000 000 元,取得天河公司 80%的股权。合并日天河公司净资产的账面价值为 8 000 000 元,各项可辨认净资产的公允价值为 11 000 000 元,其中存货增值 200 000 元,固定资产增值 2 000 000 元,无形资产增值 800 000 元。20×8 年度中天公司和天河公司资产负债表及利润表各项目如表 3-2 所示,20×8 年度天河公司实现净利润 700 000 元,提取盈余公积 70 000 元,分派现金股利 300 000 元。

1. 对天河公司个别财务报表的调整

天河公司在合并日各项资产的增值共计 3 000 000 元,假定存货在本年度全部消耗或出售,固定资产、无形资产增值均按照 10 年摊销。因此,应编制如下调整分录,并根据调整分录调整天河公司个别财务报表(如表 3-2 所示)。

(1) 借: 存货 200 000
　　固定资产 2 000 000
　　无形资产 800 000
　贷: 资本公积 3 000 000

(2) 借: 营业成本 200 000
　　管理费用 280 000
　贷: 存货 200 000
　　固定资产 200 000
　　无形资产 80 000

2. 对中天公司个别财务报表的调整

中天公司对天河公司长期股权投资初始入账价值为 10 000 000 元,按照成本法核算,中天公司在 20×8 年确认投资收益 240 000 元(300 000 * 80%)。若按照权益法核算,20×8 年末对天河公司长期股权投资的账面价值应为 9 936 000 元(10 000 000+220 000 * 80%-300 000 * 80%),应确认对子公司投资收益为 176 000 元(220 000 * 80%)。因此,应编制如下调整分录,并根据调整分录调整中天公司个别财务报表(如表 3-2 所示)。

(3) 借: 投资收益 64 000
　贷: 长期股权投资 64 000

假定,20×9 年度天河公司实现净利润 800 000 元,提取盈余公积 80 000 元,分派现金股利 200 000 元。则 20×9 年度对天河公司和中天公司个别报表的调整分录如下:

1. 对天河公司个别财务报表的调整

(1) 借: 存货 200 000
　　固定资产 2 000 000
　　无形资产 800 000
　贷: 资本公积 3 000 000

表 3-2　合并工作底稿

20×8 年 12 月 31 日

单位：元

项　目	中天公司				天河公司				……
	调整前	借	贷	调整后	调整前	借	贷	调整后	
（利润表项目）									
营业收入	40 000 000			40 000 000	8 000 000			8 000 000	
营业成本	20 000 000			20 000 000	4 000 000	(2)200 000		4 200 000	
营业税金及附加	1 000 000			1 000 000	200 000			200 000	
销售费用	8 000 000			8 000 000	1 000 000			1 000 000	
管理费用	7 000 000			7 000 000	1 000 000	(2)280 000		1 280 000	
财务费用	1 000 000			1 000 000	600 000			600 000	
资产减值损失	1 000 000			1 000 000					
投资收益	240 000	(3)64 000		176 000					
营业利润	2 240 000			2 176 000	1 200 000			720 000	
营业外收入	1 000 000			1 000 000					
营业外支出					200 000			200 000	
利润总额	3 240 000			3 176 000	1 000 000			520 000	
所得税费用	740 000			740 000	300 000			300 000	
净利润	2 500 000			2 436 000	700 000			220 000	
少数股东权益									
归属于母公司所有者的净利润									
（所有者权益变动项目）									

续 表

项 目	中天公司				天河公司				……
	调整前	借	贷	调整后	调整前	借	贷	调整后	……
……									
（资产负债表项目）									
货币资金	4 000 000			4 000 000	1 000 000			1 000 000	……
应收账款	8 000 000			8 000 000	3 000 000			3 000 000	
应收票据	2 000 000			2 000 000	600 000			600 000	
存货	10 000 000			10 000 000	3 000 000	(1)200 000	(2)200 000	3 000 000	
长期股权投资	10 000 000		(3)64 000	9 936 000					
固定资产	30 000 000			30 000 000	6 000 000	(1)2 000 000	(2)200 000	7 800 000	
无形资产	2 000 000			2 000 000	800 000	(1)800 000	(2)80 000	1 520 000	
短期借款	10 000 000			10 000 000	2 000 000			2 000 000	
应付账款	12 000 000			12 000 000	4 000 000			4 000 000	
股本	30 000 000			30 000 000	5 000 000			5 000 000	
资本公积	3 000 000			3 000 000			(1)3 000 000	3 000 000	
盈余公积	4 000 000			4 000 000	2 000 000			2 000 000	
未分配利润	7 000 000			6 936 000	1 400 000			920 000	

(2) 借：未分配利润——年初　　480 000
　　管理费用　　280 000
　贷：存货　　200 000
　　固定资产　　400 000
　　无形资产　　160 000

2. 对中天公司个别财务报表的调整

借：未分配利润——年初　　64 000
　　长期股权投资　　192 000(256 000－64 000)
　贷：投资收益　　256 000

第四节　合并理论

当母公司拥有子公司的股权不足100%时，就会出现多数股权(取得控制股权的母公司股权)和少数股权(子公司中除母公司以外的其他股权)。在合并财务报表中对少数股权的处理，引起了对合并范围以及相关问题的不同理解，进而形成了三种不同的合并理论，即母公司理论、实体理论和所有权理论。

一、三种合并理论的主要观点和特点

(一) 母公司理论

1. 母公司理论的主要观点

母公司理论又称为母公司观，它认为母公司并不拥有子公司，而是控制子公司的资产及负债，合并财务报表被视为母公司财务报表的延伸。合并财务报表主要是为现有的和潜在的母公司普通股股东编制的，强调母公司或控股公司的股东利益。按照母公司理论，在企业集团内的股东只包括母公司的股东，而将子公司少数股东排除在外，看做是企业集团主体的外界债权人。合并资产负债表中的股东权益和合并净收益仅指母公司或控股公司拥有和所得部分，而少数股权股东的权益则被看作母公司的负债，少数股东享有的净收益则被视为母公司的费用。

2. 母公司理论的主要特点

(1) 合并财务报表的目的和使用者。母公司理论认为，合并财务报表应按母公司股东的利益来编制，合并财务报表是母公司财务报表的扩展。合并财务报表的主要使用者是母公司股东和债权人。

(2) 少数股东权益的性质与计量。母公司理论将子公司少数股东拥有的权益视为负债，不包括在合并资产负债表的股东权益内，而以“少数股东权益”这一单独的项目列示在负债和股东权益两大类之间。在企业合并的购买方式下，对子公司的同一资产项目，可能出现双重计价的情况，其属于母公司权益部分的应以购买日子公司可辨认净资产公允价值为基础进行重新估价，这被认为是母公司取得所属权益时的初始成本，属于少数股权的部分仍按

子公司的账面价值反映。

(3) 合并商誉。在企业合并采用购买的方式下,母公司支付的合并对价与母公司享有子公司可辨认净资产公允价值之间的差额即为母公司所购买的子公司商誉。从理论上来说,该部分商誉等于子公司整体商誉乘以母公司拥有的股权比例,而子公司整体商誉乘以少数股权比例部分的商誉则为少数股东拥有的商誉。按照母公司理论合并资产负债表中的合并商誉仅包括母公司拥有的商誉部分。

(4) 合并净收益和少数股东收益。按照母公司理论,合并财务报表中的合并净收益是母公司所有者的净收益,子公司中少数股权股东所获得的净收益排除在外。在母公司股东看来,少数股权的收益是一项费用,其计量是基于子公司利润表账面净收益乘以少数股权比例而得出的。

(5) 未实现损益。集团内公司间未实现损益,在顺销(母公司销售给子公司)的情况下,应全数从合并净收益中抵销;而在逆销(子公司销售给母公司)的情况下,只抵销母公司所享有的份额。

(二) 实体理论

1. 实体理论的主要观点

实体理论又称为经济主体观,它认为合并财务报表不应被视为母公司报表的延伸,而应将母、子公司视为单一经济个体,系由控股股东及少数股东共同投资设立,即该理论主张对多数股东与少数股东应一视同仁。该理论是由美国的莫尼茨(Maurice Moonitz)教授于1944年在美国会计学会发表的《合并报表的主体理论》(The Entity Theory of Consolidated Statements)论文中创立的,其后逐渐被会计学界所接受。

按照实体理论,在企业集团内把所有的股东同等对待,不论是多数股东还是少数股东均作为集团内的股东,并不过分强调母公司股东的权益。该理论认为子公司虽然为母公司所购买,但是其本身依旧是一个不可分割的整体。因此,合并净收益应属于企业集团全部股东的收益,要在多数股权和少数股权之间加以分配。同理,少数股权是整体企业集团股东权益的一部分,应与多数股权同样列示。采用这种理论编制的合并财务报表,能够较好地满足企业集团内部管理人员对财务报表的需要,满足对整个企业集团生产经营活动管理的需要。

2. 实体理论的主要特点

(1) 合并财务报表的目的和使用者。实体理论认为,对合并主体中的多数股东和少数股东应一视同仁,合并财务报表应反映所有股东的利益,而并不过分强调母公司股东的利益。合并财务报表的会计信息能完整反映整个企业集团的财务状况和经营成果,为企业集团中所有的股东服务。

(2) 少数股东权益的性质与计量。实体理论认为,合并后的股东权益中既包括多数股权,也包括少数股权。在合并财务报表中,子公司所有资产和负债均应以购买日的公允价值为基础进行重估,即不但母公司拥有的子公司各项可辨认净资产按照公允价值重估,而且少数股东拥有的子公司各项可辨认净资产也按照公允价值重估。

(3) 合并商誉。合并商誉是指子公司整体商誉,既包括母公司拥有的商誉,也包括少数股东拥有的商誉。在企业合并采用购买的方式下,母公司支付的合并对价与母公司享有的子公司各项可辨认净资产公允价值之间的差额即为母公司所购买的子公司商誉。

(4) 合并净收益和少数股东收益。按照实体理论，合并财务报表中的合并净收益是整个集团的净收益，既包括母公司享有的子公司净收益也包括子公司中少数股权股东所获得的净收益。

(5) 未实现损益。公司间未实现损益应全数从合并净收益中抵销。

(三) 所有权理论

母公司理论和实体理论的中心思想都是全面合并，即在调整、抵销内部会计事项的基础上，将母、子公司财务报表的各个项目逐行加总合并。然而，全面合并不能解决隶属于两个或两个以上集团的企业或只是部分隶属于一个企业集团的合并财务报表编制问题。针对上述两种理论的不足，有的国家在编制合并财务报表时，提出了“所有权理论”。按照所有权理论，企业集团是指以投资公司为基础，连同在经济活动和财务决策中对另一公司具有重大影响的所有权部分。这种理论的典型表现主要有两种情况：一是合营权益的会计处理，采用比例合并法。即将合营者在共同控制实体中的每项资产、负债、收入、费用按所占比例与合营者自身报表中类似项目逐行合并。二是联营企业投资的会计处理采用权益法。

以上三种合并理论对合并财务报表的影响可参见本章附录“三大合并理论的运用和比较”。

二、对三大合并理论的评价

母公司理论、实体理论和所有权理论是随着合并财务报表在西方国家的不断发展，在长期探索、解决复杂课题与操作方法的过程中逐步形成的，并在会计实务中得到广泛应用。每种理论都有其先进性、科学性，但也都存在一定的弊端和局限性。

(一) 对母公司理论的评价

母公司理论认为合并财务报表的编制是为了满足母公司股东的信息需求，这一点与所有权理论主张相同，但在报表要素合并方面，该理论摒弃了所有权理论狭隘的拥有观，采纳了实体理论所主张的视野更加开阔的控制观，在少数股东权益方面则体现了折中和修正，既反对所有权理论将少数股东权益完全排除在合并财务报表之外的保守做法，也反对实体理论全额确定子公司可辨认净资产的升(贬)值并按股权比例分摊给少数股东的激进做法；在商誉方面考虑到商誉是不确定性最高的无形资产，完全体现稳健原则，合并过程中产生的商誉属于母公司。由于合并财务报表由母公司编制，而母公司的股东最关心属于自己份额的净资产，要据此评价自己所有权的价值，并作出有关决策，所以这一理论得到广泛运用。但是母公司理论存在某些局限性，主要表现为：

(1) 它假设一个集团是由控制着许多子公司的母公司及这些子公司构成的，它既没有考虑一个集团也可以由两个以上规模相当的公司合并而成的可能性，也没有考虑到一个以上公司控制或受到另一个公司重大影响的公司。因此，该理论不能解决同一公司隶属于两个或两个以上企业集团的合并财务报表编制问题。

(2) 它不仅忽视了少数股权股东的利益，也忽视了除股东以外的所有其他利益当事人的利益。

(3) 合并有关资产和负债时,母公司对合并取得所属自身部分的子公司的各项资产和负债按照合并日该资产负债的公允价值计量,而对属于少数股东的资产和负债则按其历史成本计量,导致了对子公司同一资产、负债采用双重计价标准。

(4) 母公司理论将少数股东权益作为负债、少数股东收益作为费用,不符合负债和费用要素的定义。

(5) 母公司理论对企业集团公司间未实现的内部损益,区分顺销和逆销采用不同的抵销方式,抵销数额计算较为复杂。

(二) 对实体理论的评价

实体理论认为,母、子公司之间的关系是控制与被控制的关系,而不是拥有与被拥有的关系。根据控制的经济实质,母公司对子公司的控制意味着母公司有权支配子公司全部资产的运用,有权统驭子公司的经营决策和财务决策。编制合并财务报表的目的是为了满足合并主体所有股东的信息需求,而不仅仅是为了满足母公司股东的信息需求。根据这一观点,该理论在编制合并财务报表时不但采用全面合并法以反映整个集团的全貌,而且将少数股权和多数股权一视同仁,均作为集团的股东。但是该理论也存在某些不足之处,主要表现为:

(1) 对商誉的计算存在瑕疵。根据实体理论,商誉的计算是子公司整体价值减去子公司可辨认净资产的公允价值。其中子公司的整体价值是通过母公司所付出的购买价格除以其所拥有的股权比例计算得出的。可见,按照上述原理计算出的商誉具有推定性质,缺乏可验证性。

(2) 该理论关于合并财务报表编制目的的看法也存在争议。实体理论认为,合并财务报表不是单纯为母公司股东编制的,而是为合并主体的所有利益当事人编制的。这种观点显然有失偏颇。少数股东只持有子公司小比例的股权,并没有持有母公司的股权,它既无法控制子公司资产的运用,更无权享受子公司之外的合并主体成员公司的权益,少数股东只关心子公司本身,也只关注子公司的个别财务报表。因而,合并财务报表对于少数股东意义不大。

(三) 对所有权理论的评价

所有权理论认为母子公司之间是拥有和被拥有的关系,编制合并财务报表的目的是为了向母公司股东报告其拥有的资源。合并财务报表只是为了满足母公司股东的信息需求,而不是为了满足子公司股东的信息需求,后者的信息需求应当通过子公司的个别财务报表来满足。在子公司属于非全资子公司的情况下,应当按母公司实际拥有的股权比例,合并子公司的资产、负债和所有者权益。同样,非全资子公司的收入、成本费用及净收益,也只能按母公司的持股比例予以合并。按所有权理论界定的合并范围可以解决隶属于两个或两个以上企业集团合并财务报表编制问题。因而,这种理论主要运用于几个公司通过某种协议共同控制被投资公司的特殊情况。所有权理论存在的局限性主要表现在:

(1) 在所有权理论下,按比例合并法编制的合并财务报表强调的是母公司拥有的、而不是母公司所实际控制的资源,这种做法显然违背了控制实质。

(2) 人为地将子公司的资产、负债、收入、费用等要素按母公司的持股比例分割为两部分,缺乏现实经济意义。

三、合并理论的发展

随着经济的发展,合并财务报表得到了广泛的应用。然而合并财务报表理论和实务的发展在各国是不平衡的,美国和英国是发展比较快的国家,在理论研究和实务上走在前列。很多发展中国家在这方面相对落后,一般没有明确的规定,需要编制合并财务报表的一些集团往往采纳一些发达国家的做法。

合并理论在20世纪末以来也得到深入发展,各种理论都不断得到进一步研究。虽然母公司理论是世界上各国广泛使用的合并理论,但是关于公司控制交易方面的研究为实体理论提供了较为有力的支持,母公司理论与实体理论的融合具有不可逆转的国际趋势。

(一) 美国会计准则

美国合并财务报表准则第51号会计研究公报(ARB51)主要以母公司理论为基础,如要求将少数股东权益单独列示于负债和股东权益之间;又如以少数股东在子公司净资产账面价值中所占份额计价少数股东权益。然而,它也结合使用了实体理论,主要体现在以下两方面:其一,合并财务报表的编制目的"是将整个企业集团视为有一个或多个分支机构的单一经济实体,反映母公司及其子公司的财务状况和经营成果,其主要使用者为母公司的股东和债权人",这里兼顾了母公司理论和实体理论;其二,允许采用全额抵销法抵销逆向内部交易未实现损益,这与实体理论相协调。

1995年美国财务会计准则委员会(FASB)发布了征求意见稿《合并财务报表:政策和程序》,值得注意的是,其中对少数股东权益的列示和计价提出了新的要求。

(1) 少数股东权益的列示要求。"应当作为股东权益的单独部分在合并财务报表中予以披露,其恰当的名称为子公司中的非控制股权,以便与股东权益中归属于控制股权的部分相区别"。当时,财务会计准则委员会认为把非控制股权作为负债项目进行揭示缺乏概念支持,因为它不符合概念公告第6号对负债所下的定义。他们认可合并财务报表如同一个单一经济主体的报告的观点,从而支持将其划归为权益类项目,因为非控制股权的持有者也是作为合并主体组成部分的少数股权的股东。财务会计准则委员会认为"从合并财务报表报告'由母公司与其子公司组成的报告主体的财务状况、经营成果和现金流动'这一更广义的观点出发,应当将非控制股权作为合并财务报表中的权益性股权"。可见,在1995年的征求意见稿中,关于少数股东权益的列示更多地采用了实体理论。这代表了美国合并会计惯例有从母公司理论转向实体理论的趋向。

(2) 少数股东权益的计价要求。按合并日的公允价值计价,但其中不包括合并商誉中的份额。显然,这已经不属于母公司理论的特征,但由于少数股东权益中不包含少数股东在商誉中的份额,从而也不是严格意义的实体理论,而属于母公司延伸理论。

此后,由于在征求意见的过程中,对合并政策和程序难以达成一致意见,尤其程序部分纷争较多,因此1999年财务会计准则委员会仅针对政策部分发布了新的征求意见稿《合并财务报表:目的和政策》,而将程序部分的准则制定工作分开并推迟。从1999年的征求意见稿看,其中规定"合并财务报表的目的是将企业集团视为统一持有母公司和子公司的资产、承担母公司和子公司的负债并执行母公司和子公司业务的有一个或多个分支机构的单一经济实体,以报告该报告实体的财务状况、经营成果和现金流量",这显然也突出了实体理论。

尽管时至今日，美国会计准则委员会尚未针对合并财务报表的政策和程序发布新的征求意见稿或新的正式准则，但是从前述两份征求意见稿中，不难发现从母公司理论转向实体理论已初见端倪。

（二）英国会计准则

英国在 1910 年首次出现使用合并财务报表，但直到 1947 年才由公司法最终在法律上予以正式规定。在英国，由前会计准则委员会（ASC）在 1985 年 4 月发布的第 23 号标准会计实务公告（SSAP23）《购买合并和兼并的会计》，以及 1985 年、1989 年公司法和 1992 年 7 月由会计准则理事会（ASB）公布的第 2 号财务报告准则《对子公司的会计处理》，共同规范了合并财务报表的要求。

英国现行的合并财务报表准则——第 2 号财务报告准则（FRS2）的主要基础是母公司理论，但结合使用了实体理论，主要体现在：

（1）合并财务报表的编制目的。第 2 号财务报告准则规定“合并财务报表的目的是为了提供包括母公司和子公司在内的整个经济实体的财务信息，以反映企业集团控制的资源、承担的债务及其利用这些资源所获得的经营成果”，这反映了实体理论。

（2）逆向内部交易未实现损益的抵销。第 2 号财务报告准则要求采用全额抵销法，这也是实体理论的体现。

（3）少数股东权益的计价。第 2 号财务报告准则要求，少数股东权益应以合并日子公司可辨认净资产的公允价值为基础进行确认，且少数股东权益的数额中不应当包括合并商誉中的任何份额。这显然属于母公司延伸理论的要求。

由此可见，在英国会计准则中，母公司理论和实体理论有日趋融合之势。

（三）国际会计准则

国际会计准则关于合并报表的最初准则是 1976 年的《合并财务报表》，后来又相继颁布了一系列更为全面的准则，包括第 22 号准则《企业合并》和第 27 号准则《合并财务报表和附属公司投资的会计》、第 28 号准则《联营企业投资会计》、第 31 号准则《合营企业中权益的报告》。

国际会计准则理事会（IASB）于 2002 年 5 月发布了一份征求意见稿《改进国际会计准则》，试图对现有的若干国际会计准则加以改进。在此基础上，于 2003 年 12 月正式发布了改进后的 13 项国际会计准则，其中将第 27 号国际会计准则《合并财务报表和对子公司投资会计》更名为《合并财务报表和单独财务报表》，并对其具体内容作出了若干修改。此外，国际会计准则理事会（IASB）于 2002 年 12 月发布了第 3 号国际财务报告准则征求意见稿《企业合并》，并于 2004 年 3 月正式发布了第 3 号国际财务报告准则《企业合并》，以此取代了原第 22 号国际会计准则《企业合并》。

国际会计准则理事会（IASB）所制定的改进后的第 27 号国际会计准则（IAS27）和第 3 号国际财务报告准则（IFRS3）的主要基础是母公司理论，但结合采用了实体理论和母公司延伸理论，主要体现在：

（1）合并财务报表的编制目的。改进后的第 27 号国际会计准则规定“合并财务报表是将集团视为单个企业呈报的财务报表”，这反映了实体理论。

(2) 逆向内部交易未实现损益的抵销。改进后的第 27 号国际会计准则要求采用全额抵销法，这也是实体理论的体现。

(3) 少数股东权益的列示。与原准则不同，改进后的第 27 号国际会计准则要求将少数股东权益在合并财务报表中作为所有者权益项目单独列示，因为少数股东权益不符合国际会计准则委员会所发布的《编报财务报表的框架》中对负债的定义，从实质上而言，少数股东权益代表了对子公司剩余权益的要求权，符合所有者权益的定义。这说明，国际会计准则理事会(IASB)就少数股东权益的列示已全面从母公司理论转向实体理论。

(4) 少数股东权益的计价。与原第 22 号国际会计准则允许采用两种方法对少数股东权益计价不同，第 3 号国际财务报告准则只允许一种方法，即应以合并日子公司可辨认净资产的公允价值为基础进行确认，从而克服了子公司可辨认净资产双重计价问题。由于第 3 号国际财务报告准则中对商誉的确认只要求确认属于母公司的部分，少数股东权益的计价中不包含其在商誉中的份额，故而少数股东权益的计价也非严格意义的实体理论，而应归于母公司延伸理论。

由此可见，新准则的规定已突出体现了国际会计准则从母公司理论转向实体理论的新趋势。

第五节　我国合并财务报表的相关规定

一、我国合并财务报表制度的变革历程

在我国，最早对合并财务报表的编制提出要求的是财政部 1992 年颁布的《股份制试点企业会计制度》，其中第 73 条明确要求"企业对其他企业投资如占该企业资金总额半数以上的，应当编制合并会计报表。企业的合并会计报表应随同企业会计报表一并报送。"同时，该制度对应抵销项目进行了规定。1992 年 11 月发布的《企业会计准则》中规定："企业对外投资如占被投资企业资本总额半数以上，或者实质上拥有被投资企业控制权的，应当编制合并会计报表"。

1995 年 2 月，财政部制定并颁布了《合并会计报表暂行规定》，填补了我国长期以来企业合并财务报表实务在理论上的空白。之后，针对实际操作中存在的相关问题，财政部都及时以复函及问题解答等形式予以补充，进行规范。如 1996 年 1 月发布的《关于合并会计报表合并范围请示的复函》进一步规范了有关合并范围的确定问题。2000 年 12 月颁布的《企业会计制度》第 158 条中规定："公司对其他单位投资如占该单位资本总额 50%以上(不含 50%)，或虽然占该单位资本总额不足 50%，但具有实质控制权的，应当编制合并会计报表"。上述文件及相关的补充文件在指导合并财务报表编制的实践方面发挥着相当重要的作用。

随着资本市场的发展和会计准则国际趋同步伐的加快，我国财政部于 2006 年 2 月 15 日发布了《企业会计准则第 33 号——合并财务报表》。该准则是在我国《合并会计报表暂行

规定》的基础上，借鉴《国际会计准则第27号——合并财务报表和单独财务报表》，并结合我国上市公司、国有企业等在合并财务报表方面的实际情况制定的。企业会计准则第33号规定企业应编制的合并财务报表包括合并资产负债表、合并利润表、合并现金流量表、合并所有者权益变动表和附注。

二、我国合并财务报表的主要规范

（一）合并范围的确定

合并财务报表是用以反映母公司和其全部子公司形成的企业集团整体财务状况、经营成果和现金流量的财务报表。《企业会计准则第33号——合并财务报表》第十条规定"母公司应当将其全部子公司纳入合并财务报表的合并范围"。因此，母、子公司关系的判断是确定合并范围的关键问题。母公司，是指有一个或一个以上子公司的企业（或主体）。子公司，是指被母公司控制的企业。从定义中可以看出，当一个企业控制了另一企业，则控制方为母公司，被控制方为子公司。因此，合并财务报表的合并范围应当以控制为基础加以确定。

1. 控制标准的具体运用

控制，是指一个企业有权决定另一个企业的财务和经营政策，并能据以从另一个企业的经营活动中获取利益。控制通常具有如下特征：① 控制的主体是唯一的，不是两方或多方。即对被投资单位的财务和经营决策的提议不必要征得其他方同意，就可以形成决议，付诸于被投资单位执行。② 控制的内容是另一个企业的财务和经营政策，这些财务和经营政策一般是通过表决权来决定的。在某些情况下，也可以通过法定程序严格限制董事会、受托人或管理层对特殊目的主体经营活动的决策权，如规定除设立者或发起人外，其他人无权决定特殊目的主体经营活动的政策。③ 控制的目的是为了获取经济利益，包括为了增加经济利益、维持经济利益、保护经济利益或者降低所分担的损失等。④ 控制的性质是一种权利，是一种法定权利，也可以是通过公司章程或协议、投资者之间的协议授予的权利。这种权力可以实际行使，也可以不实际行使。有权力实施控制力并不一定意味着有能力实施控制力。

企业主要通过拥有另一企业半数以上表决权，或通过拥有表决权和其他方式相结合等形式，以达到获取对另一企业的控制权利。

(1) 通过拥有另一企业半数以上表决权形成的控制关系。这是指一方通过对另一方进行股权投资，并拥有另一方半数以上表决权时，通常认为可以控制另一方的财务和经营决策，两者形成母子公司关系。

① 直接控制。直接控制是指一方直接拥有另一方超过半数以上（超过50%）的表决权。例如，甲公司对乙公司直接投资，占乙公司表决权的55%，表明甲公司直接控制乙公司，甲公司是乙公司的母公司，两者存在控制与被控制关系（如图3-1所示）。

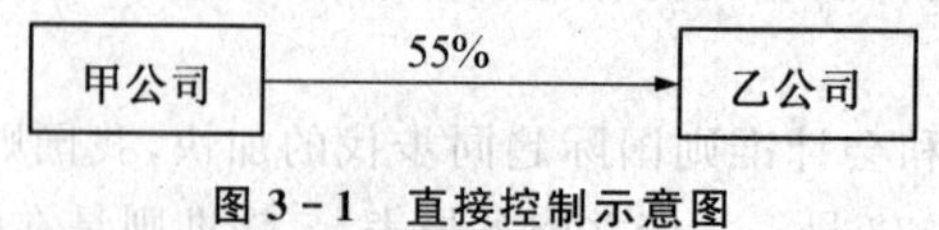

图3-1 直接控制示意图

② 间接控制。间接控制是指一方通过其子公司而对子公司的子公司拥有其过半数以上表决权。例如，A 公司拥有 B 公司 60％的表决权，B 公司拥有 C 公司 55％的表决权。B 公司是 A 公司的子公司，C 公司是 B 公司的子公司，A 公司可以通过控制 B 公司间接拥有 C 公司 55％的表决权。即 A 公司间接控制了 C 公司，A、C 公司之间存在控制与被控制关系（如图 3－2 所示）。

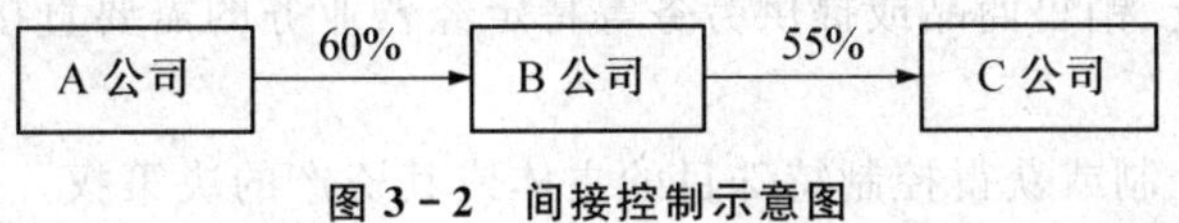

图 3－2　间接控制示意图

③ 直接与间接相结合形成的控制。直接与间接相结合是指一方虽然只直接拥有另一方半数以下的表决权，但通过与子公司对另一方所拥有的表决权合计，而达到拥有另一方过半数以上的表决权。例如，甲公司拥有丙公司 30％的表决权，拥有乙公司 60％的表决权；乙公司拥有丙公司 21％的表决权。甲公司在直接拥有丙公司 30％的表决权的同时，又通过其子公司（乙公司）间接拥有丙公司 21％的表决权，共计拥有丙公司 51％的表决权。因此，甲公司通过直接与间接相结合控制了丙公司，甲公司与丙公司之间存在控制与被控制关系（如图 3－3 所示）。

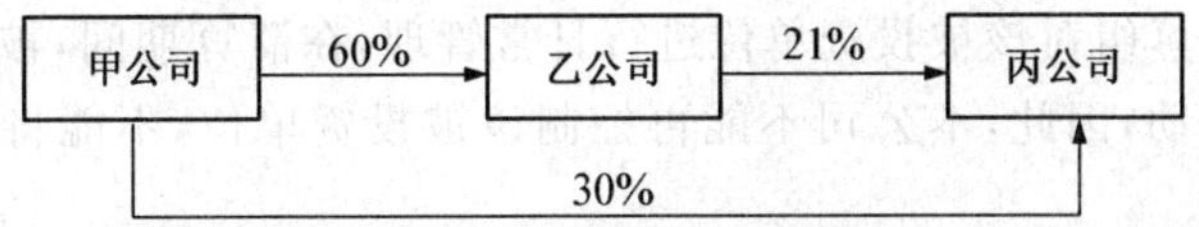

图 3－3　直接与间接相结合形成的控制示意图

（2）通过拥有表决权与其他方式相结合形成的控制关系。

① 通过与被投资单位其他投资者之间的协议，拥有被投资单位半数以上表决权。这种情况是指一方拥有另一方表决权虽然不超过半数，但通过与其他投资者签订书面协议，受托管理和控制被投资单位。例如，A 公司拥有 B 公司 35％的表决权，C 公司拥有 B 公司 25％的表决权，A 和 C 达成协议，C 公司在 B 公司的表决权由 A 公司代表。在这种情况下，A 公司实际拥有 B 公司 60％的表决权，表明 A 公司实际上控制了 B 公司。

② 根据公司章程或协议，有权决定被投资单位的财务和经营政策。这种情况是指在被投资单位的公司章程等文件中明确母公司对其财务和经营政策能够实施控制。企业财务和经营政策直接决定着企业的日常经营活动，决定着企业的未来发展。

③ 在被投资单位的董事会或类似机构占多数表决权，或有权任免被投资单位的董事会或类似机构的多数成员。这种情况是指投资者能够在被投资单位的董事会或类似机构占多数表决权，或者通过任免被投资单位董事会多数成员控制该被投资单位的日常生产经营活动，被投资单位成为投资者的子公司。这里的“多数”是指超过半数以上。

2. 合并范围

（1）应当纳入合并财务报表合并范围的被投资单位。母公司应当将其控制的所有子公司，无论是小规模的子公司还是经营业务性质特殊的子公司，均纳入合并财务报表的合并范围。以控制为基础确定合并财务报表的合并范围，应当强调实质重于形式，综合考虑所有相关事实和因素进行判断，如投资者的持股情况、投资者之间的相互关系、公司治理结构、潜在表决权等。如母公司在确定能否控制被投资单位时，应当考虑企业和其他企业持有的被投资单位的当期可转换的可转换公司债券、当期可执行的认股权证等潜在表决权因素。

(2) 母公司控制的特殊目的主体也应纳入合并财务报表的合并范围。判断母公司能否控制特殊目的主体应当考虑如下主要因素：

① 母公司为融资、销售商品或提供劳务等特定经营业务的需要直接或间接设立特殊目的主体。

② 母公司具有控制或获得控制特殊目的主体或其资产的决策权。比如，母公司拥有单方面终止特殊目的主体的权力、变更特殊目的主体章程的权力、对变更特殊目的主体章程的否决权等。

③ 母公司通过章程、合同、协议等具有获取特殊目的主体大部分利益的权力。

④ 母公司通过章程、合同、协议等承担了特殊目的主体的大部分风险。

(3) 不纳入合并财务报表的合并范围的被投资单位：

① 已宣告被清理整顿的原子公司。已宣告被清理整顿的原子公司，是指在当期宣告被清理整顿的被投资单位，该被投资单位在上期是本公司的子公司。在这种情况下，根据被投资单位实际上在当期已经由股东、董事或股东大会所确定的人员组成的清算组或人民法院指定的人员组成的清算组对该被投资单位进行日常管理，在清算期间，被投资单位不得开展与清算无关的经营活动，因此，本公司不能再控制该被投资单位，不能将该被投资单位认定为本公司的子公司。

② 已宣告破产的原子公司。已宣告破产的原子公司，是指在当期宣告破产的被投资单位，该被投资单位在上期是本公司的子公司。在这种情况下，被投资单位的日常管理已转交到由人民法院指定的管理人，本公司不能再控制该被投资单位，不能将该被投资单位认定为本公司的子公司。

③ 不能控制的被投资单位。投资企业对联营企业、合营企业不能实施控制，不属于投资企业的子公司。因此，联营企业、合营企业不属于合并范围。

3. 报告期内子公司增减的处理

(1) 报告期增加子公司的处理。对于报告期内增加的子公司，应当纳入合并财务报表的范围。在编制合并财务报表时，应当区分同一控制下的企业合并增加的子公司和非同一控制下的企业合并增加的子公司两种情况。

因同一控制下企业合并增加的子公司，编制合并资产负债表时，应当调整合并资产负债表的期初数；编制合并利润表时，应当将该子公司合并当期期初至报告期末的收入、费用、利润纳入合并利润表；在编制合并现金流表时，应当将该子公司合并当期期初至报告期末的现金流量纳入合并现金流量表。

因非同一控制下企业合并增加的子公司，编制合并资产负债表时，不应当调整合并资产负债表的期初数；编制合并利润表时，应当将该子公司合并日至报告期末的收入、费用、利润纳入合并利润表；在编制合并现金流表时，应当将该子公司合并日至报告期末的现金流量纳入合并现金流量表。

(2) 报告期减少子公司的处理。报告期内，如果母公司失去了对原子公司的控制权，那么原子公司不再是母公司的子公司，不应继续纳入合并财务报表的合并范围。

合并财务报表准则规定，母公司在报告期内减少子公司，编制合并资产负债表时，不应当调整合并资产负债表的期初数；编制合并利润表时，应当将该子公司期初至处置日的收入、费用、利润纳入合并利润表；在编制合并现金流量表时，应当将该子公司期初至处置日的现金流量纳入合并现金流量表。

山东东阿阿胶股份有限公司财务报表附注 2007年年度报告

……

六、控股子公司

（一）控股子公司及合营联营企业明细情况及合并财务报表范围

1. 截至2007年12月31日公司的控股子公司概况如下：

被投资单位名称	注册资本（万元）	直接投资额（万元）	表决权比例（%）
山东阿华包装印务有限公司	1 000.00	596.26	59.626
山东聊城阿华制药有限公司	1 583.84	1 493.12	94.59
山东阿华生物药业有限公司	3 600.00	3 595.00	100.00
东阿阿胶阿华医疗器械有限公司	200.00	120.00	60.00
新疆和田阿华阿胶有限公司	260.00	255.00	100.00
湖北金马医药有限公司	1 000.00	650.00	65.00
山东无棣天龙科技开发有限公司	800.00	451.04	56.38
东阿阿胶伊犁龙兴畜产有限责任公司	60.00	54.00	100.00
山东东阿阿胶保健品有限公司	1 000.00	1 053.11	100.00
东阿阿胶阜新科技开发有限公司	600.00	380.00	63.33
东阿阿胶岳普湖疆岳科技开发有限公司	625.00	437.00	69.92
东阿阿胶高台天龙科技有限公司	50.00	45.00	100.00
山东天龙驴产业研究院	100.00	80.00	80.00
新疆岳普湖天龙食品有限公司	320.00	320.00	100.00
山东阿华医药贸易有限公司	1 000.00	599.90	51.00

*1 本公司本期收购了山东阿华医药贸易有限公司原自然人股东持有的1.00%的股权，并将山东阿华医药贸易有限公司49.00%的股权转让给重庆昌野药业有限公司。

*2 本公司本期出资设立了全资子公司新疆岳普湖天龙食品有限公司。

*3 本公司本期收购了山东东阿阿胶保健品有限公司自然人股东持有的40.00%的股权。

2. 截至2007年12月31日，本公司的合营及联营企业概况如下：

单位名称	注册资本(万元)	主营业务	投资额(万元)	权益比例(%)
山东省资产管理有限公司	26 000.00	资产管理	1 600.00	10.00%
成都新兴创业投资有限责任公司	10 000.00	资产管理	1 000.00	10.00%
上海亚创控股有限公司	45 000.00	资产管理	6 000.00	13.33%
北京博奥生物芯片有限公司	37 650.00	技术进出口	2 500.00	6.64%
陕西火炬燃气股份有限公司	5 000.00	煤气管网管理	134.13	2.68%

（二）合并范围变更情况

2007年7月公司出资320万元组建了新疆岳普湖天龙食品有限公司，主营：畜产品生产、加工、销售；皮张收购一般经营项目。该公司注册资本320万元，本公司占该公司股本的100%，将其纳入本年度的合并范围。

2006年12月本公司出资70万元、山东无棣天龙科技开发有限公司出资10万元组建了山东天龙驴产业研究院，主营：驴产业的研究，该公司注册资本100万元，本报告期将其纳入了合并范围，并对2006年的报表进行了追溯合并。

（二）少数股权的处理

第33号准则第十六条规定“子公司所有者权益中不属于母公司的份额，应当作为少数股东权益，在合并资产负债表中所有者权益项目下以‘少数股东权益’项目列示”。第二十条规定“子公司当期净损益中属于少数股东权益的份额，应当在合并利润表中净利润项目下以‘少数股东损益’项目列示”。由此可见，第33号准则对少数股权的性质认定采用了实体理论，把少数股东作为集团的股东，将少数股东权益作为整体企业集团股东权益的一部分，与多数股权同样列示；将少数股东的收益作为合并收益的组成部分。

对于少数股权的计价，第20号准则第十五条规定“企业合并形成母子公司关系的，母公司应当设置备查簿，记录企业合并中取得的子公司各项可辨认资产、负债及或有负债等在购买日的公允价值。编制合并财务报表时，应当以购买日确定的各项可辨认资产、负债及或有负债的公允价值为基础对子公司的财务报表进行调整”；同时在第十七条规定“企业合并形成母子公司关系的，母公司应当编制购买日的合并资产负债表，因企业合并取得的被购买方各项可辨认资产、负债及或有负债应当以公允价值列示”。第33号准则第十六条规定“子公司所有者权益中不属于母公司的份额，应当作为少数股东权益”。从相关规定可以看出，对于合并日取得的子公司的各项可辨认资产和负债均应以合并日各项资产和负债的公允价值为基础入账，并按照少数股东拥有的可辨认净资产的公允价值的份额作为少数股东权益。

（三）合并商誉的处理

对于合并商誉，第20号准则第十三条规定“购买方对合并成本大于合并中取得的被购买方可辨认净资产公允价值份额的差额，应当确认为商誉”。第33号准则第十五条规定“在购买日，母公司对子公司的长期股权投资与母公司在子公司所有者权益中所享有的份额的差额，应当在商誉项目列示"。商誉发生减值的，应当按照经减值测试后的金额列示。可见准则并未采用实体理论推定计算少数股东应分摊的商誉，而是借鉴母公司理论的处理方法，将母公司长期股权投资与母公司在子公司所有者权益中所享有份额的差额作为商誉项目单独列示。

此外，对于集团内部交易的抵销，第 33 号准则第十九条规定"母子公司之间相互销售商品所产生的营业收入与营业成本应当抵销"。这里所说的抵销是指全额抵销。

通过对第 33 号及第 20 号准则的分析，可以看出，我国在合并财务报表的规范上基本与国际会计准则相同，在合并范围上以实质控制权为确定标准，在合并理论的运用上基本上采用了实体理论。因此，本书在第四章、第五章将依据我国会计准则具体讲解合并财务报表的编制。

三、合并报表格式

以东北高速公路股份有限公司 2007 年度数据为例。（资料来源：上海证券交易所）

（一）合并资产负债表格式（见表 3－3）

表 3－3　合并资产负债表　　　　**会合 01 表**

编制单位：东北高速公路股份有限公司　2007 年 12 月 31 日　　　　单位：万元

资　产	期末余额	年初余额	负债和所有者权益	期末余额	年初余额
流动资产：			流动负债：		
货币资金	76 315.03	97 476.82	短期借款	650.00	2 700.00
结算备付金			向中央银行借款		
拆出资金			吸收存款及同业存放		
交易性金融资产	2 228.74	64.19	拆入资金		
应收票据			交易性金融负债		
应收账款	4 592.84	2 738.37	应付票据		
预付款项	5 345.79	6 178.96	应付账款	3 490.72	2 495.73
应收保费			预收款项	778.76	416.47
应收分保账款			卖出回购金融资产款		
应收分保合同准备金			应付手续费及佣金		
应收利息			应付职工薪酬	465.56	1 064.91
其他应收款	15 062.01	23 909.61	应交税费	10 427.68	14 937.75
买入返售金融资产			应付利息		
			应付股利	7 521.84	2 830.50
存　货	1 305.10	2 175.18	其他应付款	32 570.29	45 981.23

续 表

资　产	期末余额	年初余额	负债和所有者权益	期末余额	年初余额
一年内到期的非流动资产			应付分保账款		
其他流动资产			保险合同准备金		
流动资产合计	104 849.51	132 543.13	代理买卖证券款		
非流动资产：			代理承销证券款		
发放贷款及垫款			一年内到期的非流动负债	45 000.00	
可供出售金融资产			其他流动负债		
持有至到期投资			流动负债合计	100 904.85	70 426.59
长期应收款			非流动负债：		
长期股权投资	63 740.78	75 752.70	长期借款		
投资性房地产			应付债券		
固定资产	315 932.38	317 589.94	长期应付款		90 000.00
在建工程	397.06	76.19	专项应付款	3 700.00	3 700.00
工程物资			预计负债		
固定资产清理	6.12		递延所得税负债	66.03	
生产性生物资产			其他非流动负债		
油气资产			非流动负债合计	3 766.03	93 700.00
无形资产	761.51	821.14	负债合计	104 670.88	164 126.59
开发支出			所有者权益(或股东权益)：		
商　誉		638.84	实收资本(或股本)	121 320.00	121 320.00
长期待摊费用	6.46	14.13	资本公积	140 036.28	140 641.28
递延所得税资产	706.33	2 490.92	减：库存股		
其他非流动资产	133.08		盈余公积	26 614.81	24 411.41
非流动资产合计	381 683.72	397 383.86	一般风险准备		
			未分配利润	56 700.27	42 942.32
			外币报表折算差额		
			归属于母公司所有者权益合计	344 671.36	329 315.01
			少数股东权益	37 190.99	36 485.39
			所有者权益合计	381 862.35	365 800.40
资产总计	486 533.23	529 926.99	负债和所有者权益总计	486 533.23	529 926.99

（二）合并利润表格式（见表3－4）

表3－4　合并利润表

会合02表

编制单位：东北高速公路股份有限公司　　2007年度　　单位：万元

项　目	本期金额	上期金额
一、营业总收入	77 512.28	72 048.61
其中：营业收入		
利息收入		
已赚保费		
手续费及佣金收入		
二、营业总成本		
其中：营业成本	33 798.01	31 674.11
利息支出		
手续费及佣金支出		
退保金		
赔付支出净额		
提取保险合同准备金净额		
保单红利支出		
分保费用		
营业税金及附加	2 444.04	2 275.07
销售费用	243.28	251.18
管理费用	8 422.88	8 200.12
财务费用	－411.96	5 082.28
资产减值损失	2 368.31	1 310.12
加：公允价值变动收益（损失以"－"号填列）	264.13	
投资收益（损失以"－"号填列）	6 565.25	621.81
其中：对联营企业和合营企业的投资收益	139.35	－0.68
汇兑收益（损失以"－"号填列）		
三、营业利润（亏损以"－"号填列）	37 477.10	23 877.54
加：营业外收入	2 231.31	9.64
减：营业外支出	998.14	679.46
其中：非流动资产处置损失	3.00	
四、利润总额（亏损总额以"－"号填列）	38 710.27	23 207.72
减：所得税费用	14 599.88	11 315.44
五、净利润（净亏损以"－"号填列）	24 110.39	11 892.28
归属于母公司所有者的净利润	23 483.19	11 653.89

续 表

项目	本期金额	上期金额
少数股东损益	627.20	238.39
六、每股收益:		
(一)基本每股收益	0.000 019 36	0.000 009 61
(二)稀释每股收益	0.000 019 36	0.000 009 61

(三)合并现金流量表格式(如表3-5所示)

表3-5 合并现金流量表 **会合03表**

编制单位:东北高速公路股份有限公司 2007年度 单位:万元

项目	本期金额	上期金额
一、经营活动产生的现金流量:		
销售商品、提供劳务收到的现金	80 694.79	72 847.19
客户存款和同业存放款项净增加额		
向中央银行借款净增加额		
向其他金融机构拆入资金净增加额		
收到原保险合同保费取得的现金		
收到再保险业务现金净额		
保户储金及投资款净增加额		
处置交易性金融资产净增加额		
收取利息、手续费及佣金的现金		
拆入资金净增加额		
回购业务资金净增加额		
收到的税费返还		12.44
收到其他与经营活动有关的现金	5 060.66	9 064.27
经营活动现金流入小计	85 755.45	81 923.90
购买商品、接受劳务支付的现金	20 202.14	14 374.94
客户贷款及垫款净增加额		
存放中央银行和同业款项净增加额		
支付原保险合同赔付款项的现金		
支付利息、手续费及佣金的现金		
支付保单红利的现金		
支付给职工以及为职工支付的现金	6 443.31	5 354.39
支付的各项税费	20 222.66	10 491.24
支付其他与经营活动有关的现金	7 505.38	19 107.74

续　表

项　目	本期金额	上期金额
经营活动现金流出小计	54 373.49	49 328.31
经营活动产生的现金流量净额	31 381.96	32 595.59
二、投资活动产生的现金流量：		
收回投资收到的现金	9 928.16	33 821.62
取得投资收益收到的现金	1 081.58	6 400.72
处置固定资产、无形资产和其他长期资产收回的现金净额	32.79	20.79
处置子公司及其他营业单位收到的现金净额		
收到其他与投资活动有关的现金		
投资活动现金流入小计	11 042.53	40 243.13
购建固定资产、无形资产和其他长期资产支付的现金	1 279.22	3 480.66
投资支付的现金	11 928.58	9 759.00
质押贷款净增加额		
取得子公司及其他营业单位支付的现金净额		
支付其他与投资活动有关的现金		
投资活动现金流出小计	13 207.80	13 239.66
投资活动产生的现金流量净额	(2 165.27)	27 003.47
三、筹资活动产生的现金流量：		
吸收投资收到的现金	184.00	
其中：子公司吸收少数股东投资收到的现金	184.00	
取得借款收到的现金	650.00	2 900.00
发行债券收到的现金		
收到其他与筹资活动有关的现金		
筹资活动现金流入小计	834.00	2 900.00
偿还债务支付的现金	47 700.00	2 900.00
分配股利、利润或偿付利息支付的现金	2 907.47	10 408.64
其中：子公司支付给少数股东的股利、利润		
支付其他与筹资活动有关的现金	605.00	
筹资活动现金流出小计	51 212.47	13 308.64
筹资活动产生的现金流量净额	(50 378.47)	(10 408.64)
四、汇率变动对现金及现金等价物的影响		
五、现金及现金等价物净增加额	(21 161.78)	49 190.42
加：期初现金及现金等价物余额	97 476.82	48 286.39
六、期末现金及现金等价物余额	76 315.04	97 476.81

(四)合并所有者权益变动表(如表3－6所示)

表3－6　合并所有者权益变动表

会合04表

编制单位：东北高速公路股份有限公司　　2007年度　　单位：万元

项目	本年金额							上年金额(略)						
	归属于母公司所有者权益					少数股东权益	所有者权益合计	归属于母公司所有者权益					少数股东权益	所有者权益合计
	实收资本(或股本)	资本公积	减：库存股	盈余公积	未分配利润			实收资本(或股本)	资本公积	减：库存股	盈余公积	未分配利润		
一、上年年末余额	121 320.00	140 641.28		24 411.41	42 942.32	36 485.39	365 800.40	121 320.00	137 474.54		22 027.39	42 846.68	41 309.29	364 977.90
加：会计政策变更											1 348.74	(3 728.51)	182.98	(2 196.79)
前期差错更正											(72.85)	(655.61)		(728.46)
二、本年年初余额	121 320.00	140 641.28		24 411.41	42 942.32	36 485.39	365 800.40	121 320.00	137 474.54		23 303.28	38 462.56	41 492.27	362 052.65
三、本年增减变动金额(减少以"—"号填列)														
(一)净利润					23 483.19	627.20	24 110.39					11 653.88	238.40	11 892.28
(二)直接计入所有者权益的利得和损失		(605.00)				78.40	(526.60)		3166.74				(5 245.28)	(2 078.54)
1. 可供出售金融资产公允价值变动净额														
2. 权益法下被投资单位其他所有者权益变动的影响						(33.10)	(33.10)		(306.54)					(306.54)
3. 与计入所有者权益项目相关的所得税影响									(1 710.72)					(1 710.72)
4. 其他		(605.00)				111.50	(493.50)		5 184.00				(5 245.28)	(61.28)
上述(一)和(二)小计		(605.00)			23 483.19	705.60	23 583.79		3 166.74			11 653.88	(5 006.88)	9 813.74

续 表

项目	本年金额							上年金额(略)						
	归属于母公司所有者权益					少数股东权益	所有者权益合计	归属于母公司所有者权益					少数股东权益	所有者权益合计
	实收资本(或股本)	资本公积	减:库存股	盈余公积	未分配利润			实收资本(或股本)	资本公积	减:库存股	盈余公积	未分配利润		
(三)所有者投入和减少资本														
1. 所有者投入资本														
2. 股份支付计入所有者权益的金额														
3. 其他														
(四)利润分配				2 203.40	(9 725.24)		(7 521.84)				1 108.13	(7 174.12)		(6 065.99)
1. 提取盈余公积				2 203.40	(2 203.40)						1 108.13	(1 108.12)		0.01
2. 对所有者(或股东)的分配														
3. 其他					(7 521.84)		(7 521.84)					(6 066.00)		(6 066.00)
(五)所有者权益内部结转														
1. 资本公积转增资本(或股本)														
2. 盈余公积转增资本(或股本)														
3. 盈余公积弥补亏损														
4. 其他														
四、本年年末余额	121 320.00	140 036.28		26 614.81	56 700.27	37 190.99	381 862.35	121 320.00	140 641.28		24 411.41	42 942.32	36 485.39	365 800.40

【附录】 三大合并理论的具体运用和比较

一、母公司理论

【例3-2】 20×9年1月1日,A公司完成购买B公司80%的股权,购买价格为240 000元。20×9年1月1日,B公司净资产账面价值为200 000元,B公司各项可辨认净资产的增值情况如表3-7所示。

表3-7 B公司可辨认净资产的增值表

20×9年1月1日 单位:元

项目	购买日账面价值	购买日公允价值	增值
存货	100 000	110 000	10 000
固定资产	150 000	180 000	30 000
总计	250 000	290 000	40 000

则A公司所支付的合并成本与享有B公司可辨认净资产账面价值份额之间的差额为80 000元(240 000−200 000×80%)。合并差额的组成如下:

① A公司享有的B公司可辨认净资产增值部分32 000元(40 000×80%)。

② A公司购买的商誉部分48 000元。

假定20×9年12月31日,A、B公司的财务状况及经营成果如表3-9所示,且A、B公司采用的会计政策相同。

根据合并财务报表的编制原则和步骤,编制合并工作底稿如表3-9所示,并按照母公司理论的特点对相关项目进行合并抵销:

1. 长期股权投资与子公司净资产的抵销

B公司期末净资产账面价值为230 000元,其中A公司享有的净资产账面价值份额为184 000元(230 000×80%),B公司少数股东享有的份额为46 000元(230 000×20%)。

按照母公司理论,少数股东权益应按照子公司的账面价值反映,即少数股东权益为46 000元,属于母公司权益部分的应以购买日的公允价值为基础重新估价,即母公司拥有的权益部分应按照长期股权投资账面价值253 600元计价。

长期股权投资账面价值与享有的B公司净资产账面价值份额之间的差额为69 600元,其构成如表3-8所示。

表 3-8　B公司可辨认净资产的增值

20×9 年 12 月 31 日　　　　单位：元

项　目	购买日发生的增值	母公司享有部分	本期摊销	未摊销余额
存　货	10 000	8 000	8 000	0
固定资产	30 000	24 000	2 400	21 600
商　誉	60 000	48 000	0	48 000
总　计	100 000	80 000	10 400	69 600

按照母公司理论，则应将母公司拥有的子公司各项资产按照公允价值计价，因此，编制合并抵销分录如下：

（1）借：股本　　120 000
　　　　资本公积　　10 000
　　　　留存收益　　100 000
　　贷：少数股东权益　　46 000
　　　　长期股权投资　　184 000

（2）借：固定资产　　21 600
　　　　商誉　　48 000
　　贷：长期股权投资　　69 600

2. 投资收益与子公司留存收益项目的抵销

按照母公司理论，少数股东收益基于子公司利润表账面净收益乘以少数股权比例而得出，即少数股东收益为 6 000 元（30 000×20%）。母公司拥有的收益计量则需要以合并取得的各项资产公允价值为基础对享有的子公司净利润进行调整。因此，编制合并抵销分录如下：

（1）借：投资收益　　24 000
　　　　少数股东收益　　6 000
　　　　期初留存收益　　70 000
　　贷：期末留存收益　　100 000

（2）借：营业成本　　8 000
　　　　管理费用　　2 400
　　贷：投资收益　　10 400

表 3-9　合并工作底稿

20×9 年 12 月 31 日　　　　单位：元

项　目	A公司	B公司	合　计	抵销		合并数
				借	贷	
（收益及留存收益表项目）						
营业收入	3 000 000	250 000	3 250 000			3 250 000
营业成本	2 000 000	150 000	2 150 000	8 000		2 158 000

续 表

项 目	A公司	B公司	合 计	抵销		合并数
				借	贷	
营业税金	100 000	10 000	110 000			110 000
管理费用	400 000	50 000	450 000	2 400		452 400
投资收益[②]	13 600		13 600	24 000	10 400	0
所得税	150 000	10 000	160 000			160 000
少数股东收益				6 000		6 000
净利润	363 600	30 000	393 600			363 600
期初留存收益	450 000	70 000	520 000	70 000		450 000
现金股利	0	0	0			0
期末留存收益	813 600	100 000	913 600		100 000	813 600
(资产负债表项目)						
货币资金	160 000	10 000	170 000			170 000
应收账款	1 000 000	70 000	1 070 000			1 070 000
存 货	1 500 000	110 000	1 610 000			1 610 000
长期股权投资[①]	253 600		253 600		184 000 69 600	0
固定资产	2 000 000	140 000	2 140 000	21 600		2 161 600
商 誉				48 000		48 000
应付账款	1 000 000	100 000	1 100 000			1 100 000
少数股东权益					46 000	46 000
股 本	3 000 000	120 000	3 120 000	120 000		3 000 000
资本公积	100 000	10 000	110 000	10 000		100 000
留存收益	813 600	100 000	913 600	100 000		813 600

注：① 假定A公司采用权益法对B公司投资进行会计处理，A公司长期股权投资253 600元全部为对B公司的股权投资，其账面价值的构成为：初始投资成本240 000元加上本年确认的对B公司的投资收益13 600元。② 本年确认的对B公司的投资收益13 600元的构成如下：享有B公司本年净利润24 000元(30 000×80%)；合并价差摊销额10 400元。合并价差的摊销明细如下：假定存货当期全部实现了对外销售，当期摊销存货增值8 000元；假定固定资产增值按照10年摊销，本期应摊销的固定资产增值24 00元。

根据合并工作底稿编制合并资产负债表、合并收益及留存收益表如表3－10、表3－11所示。

表 3－10　合并资产负债表

20×9 年 12 月 31 日　　单位：元

项　　目	期末余额	项　　目	期末余额
货币资金	170 000	应付账款	1 100 000
应收账款	1 070 000	负债合计	1 100 000
存　货	1 610 000	少数股东权益	46 000
流动资产合计	2 850 000	股　本	3 000 000
长期股权投资	0	资本公积	100 000
固定资产	2 161 600	留存收益	813 600
商　誉	48 000	股东权益合计	3 913 600
资产总计	5 059 600	负债及股东权益总计	5 059 600

表 3－11　合并收益及留存收益表

20×9 年度　　单位：元

项　　目	本　期　数
营业收入	3 250 000
营业成本	2 158 000
营业税金	110 000
管理费用	452 400
投资收益	0
所得税	160 000
少数股东收益	6 000
净利润	363 600
期初留存收益	450 000
现金股利	0
期末留存收益	813 600

在本例中，母公司理论的特点在合并财务报表中主要体现为以下几点：

(1) 少数股东权益不作为股东权益的组成部分，而是列示在负债与股东权益之间，且少数股东权益是按照少数股权享有的子公司净资产账面价值计量的。

(2) 子公司各项可辨认资产和负债的计价分为两部分，母公司拥有部分按公允价值计量，少数股东拥有部分则是按账面价值计量（如母公司拥有的 80％的固定资产按购买时的公允价值计量，而少数股权拥有的剩余 20％的固定资产仍按购买时的账面价值计量）；合并商誉只包括母公司拥有的商誉部分。

(3) 少数股东收益不作为合并净收益的组成部分，而从合并净收益中扣除，视同集团的费用，少数股东收益是基于子公司利润表账面净收益乘以少数股权比例而得出的，并在负债和所有者权益之间单设项目反映，不作为合并所有者权益的组成部分。

二、实体理论

【例 3-3】 沿用例 3-2 的资料，按照实体理论对相关项目进行合并抵销：

1. 长期股权投资与子公司净资产的抵销

按照实体理论，子公司所有资产和负债均应以购买日的公允价值为基础重估，即不但母公司拥有的子公司各项可辨认净资产按照公允价值重估，而且少数股东拥有的子公司各项可辨认净资产也按照公允价值重估。

B公司期末净资产账面价值为 230 000 元，包括购买日账面价值 200 000 元以及本期盈余所增加的净资产 30 000 元。购买日 B 公司净资产的公允价值为 300 000 元，其中存货增值 10 000 元，固定资产增值 30 000 元，商誉 60 000 元。以购买日净资产公允价值为基础，B公司期末净资产公允价值为 317 000 元（如表 3-12 所示）。少数股东权益为 63 400 元，母公司拥有的权益部分为 253 600 元。

表 3-12 B公司可辨认净资产的增值明细表

20×9 年 12 月 31 日　　单位：元

项　目	购买日发生的增值	本期摊销	未摊销余额
存　货	10 000	10 000	0
固定资产	30 000	3 000	27 000
商　誉	60 000	0	60 000
总　计	100 000	13 000	87 000

按照实体理论，则应编制合并抵销分录如下：

(1) 借：股本　　120 000
　　　　资本公积　　10 000
　　　　留存收益　　100 000
　　贷：少数股东权益　　46 000
　　　　长期股权投资　　184 000

(2) 借：固定资产　　27 000
　　　　商誉　　60 000
　　贷：少数股东权益　　17 400
　　　　长期股权投资　　69 600

2. 投资收益与子公司留存收益项目的抵销

按照实体理论，少数股东收益以及母公司拥有的收益计量均需要以合并取得的各项资产公允价值为基础对享有的子公司净利润进行调整。因此，编制合并抵销分录如下：

(1) 借：投资收益　　24 000
　　　　少数股东收益　　6 000
　　　　期初留存收益　　70 000
　　贷：期末留存收益　　100 000

(2) 借：营业成本　　10 000
　　　　管理费用　　3 000

贷：投资收益　　　　　　　10 400
　　少数股东收益　　　　　2 600

根据合并财务报表的编制原则和步骤，编制合并工作底稿如表3-13所示，并以此为基础编制的合并资产负债表、合并收益及留存收益表如表3-14、表3-15所示。

表3-13　合并工作底稿

20×9年12月31日　　　　　　　　单位：元

项　目	A公司	B公司	合　计	抵销		合并数
				借	贷	
（收益及留存收益表项目）						
营业收入	3 000 000	250 000	3 250 000			3 250 000
营业成本	2 000 000	150 000	2 150 000	10 000		2 160 000
营业税金	100 000	10 000	110 000			110 000
管理费用	400 000	50 000	450 000	3 000		453 000
投资收益②	13 600		13 600	24 000	10 400	0
所得税	150 000	10 000	160 000			160 000
净利润	363 600	30 000	393 600			367 000
少数股东收益				6 000	2 600	3 400
期初留存收益	450 000	70 000	520 000	70 000		450 000
现金股利	0	0	0			0
期末留存收益	813 600	100 000	913 600		100 000	813 600
（资产负债表项目）						
货币资金	160 000	10 000	170 000			170 000
应收账款	1 000 000	70 000	1 070 000			1 070 000
存　货	1 500 000	110 000	1 610 000			1 610 000
长期股权投资①	253 600		253 600		184 000 69 600	0
固定资产	2 000 000	140 000	2 140 000	27 000		2 167 000
商　誉				60 000		60 000
应付账款	1 000 000	100 000	1 100 000			1 100 000
少数股东权益					46 000 17 400	63 400
股　本	3 000 000	120 000	3 120 000	120 000		3 000 000
资本公积	100 000	10 000	110 000	10 000		100 000
留存收益	813 600	100 000	913 600	100 000		813 600

注：① 假定A公司采用权益法对B公司投资进行会计处理，A公司长期股权投资253 600元全部为对B公司的股权投资，其账面价值的构成为：初始投资成本240 000元加上本年确认的对B公司的投资收益13 600元。② 本年确认的对B公司的投资收益13 600元的构成如下：享有B公司本年净利润24 000元(30 000×80%)；合并价差摊销额10 400元。合并价差的摊销明细如下：假定存货当期全部实现了对外销售，当期摊销存货增值8 000元；假定固定资产增值按照10年摊销，本期应摊销的固定资产增值2 400元。

表 3-14　合并资产负债表

20×9 年 12 月 31 日　　　　单位：元

项　目	期末余额	项　目	期末余额
货币资金	170 000	应付账款	1 100 000
应收账款	1 070 000	负债合计	1 100 000
存　货	1 610 000	股本	3 000 000
流动资产合计	2 850 000	资本公积	100 000
长期股权投资	0	留存收益	813 600
固定资产	2 167 000	少数股东权益	63 400
商　誉	60 000	股东权益合计	3 977 000
资产总计	5 077 000	负债及股东权益总计	5 077 000

表 3-15　合并收益及留存收益表

20×9 年度　　　　单位：元

项　目	本期数
营业收入	3 250 000
营业成本	2 160 000
营业税金	110 000
管理费用	453 000
投资收益	0
所得税	160 000
净利润	367 000
其中：归属于母公司的净利润	363 600
少数股东损益	3 400
期初留存收益	450 000
现金股利	
期末留存收益	813 600

在本例中，实体理论的特点在合并财务报表中主要体现为以下几点：

（1）少数股东权益作为股东权益的组成部分，且少数股东权益按照少数股权享有的子公司净资产公允价值计量。

（2）子公司各项资产的计价均以购买日各项资产公允价值为基础重新估价，合并商誉为子公司整体商誉。

（3）少数股东收益作为合并净收益的组成部分，且少数股东收益和母公司享有收益一样是基于购买日子公司净资产公允价值为基础调整得出的。

三、所有权理论

【例 3-4】 20×9 年 1 月 1 日，A 公司完成购买 B 公司 50%的股权，购买价格为 150 000元，购买后 A 公司成为 B 公司的合营者，B 公司成为 A 公司的合营企业。20×9 年 1

月1日，B公司净资产账面价值为200 000元，B公司各项可辨认净资产的增值情况如表3-7所示。则A公司所支付的合并成本与享有B公司净资产账面价值份额之间的差额为50 000元(150 000－200 000×50％)。合并差额的组成如下：

① A公司享有的B公司可辨认净资产增值部分20 000元(40 000×50％)。

② A公司购买的商誉部分30 000元。

假定20×9年12月31日，A、B公司的财务状况及经营成果如表3-16所示，且A、B公司采用的会计政策相同。

根据所有权理论，对合营企业采用比例合并法进行合并财务报表。比例合并法与全面合并法之间的根本区别在于：全面合并法是将被并主体的个别财务报表本期的各项资产、负债、股东权益、收入、费用全额计入合并数，如例3-2、例3-3中的合并财务报表；而比例合并法仅将被并主体的个别财务报表本期的各项资产、负债、股东权益、收入、费用，按投资企业拥有被投资者的股权比例部分计入合并数。在比例合并法下，少数股权不作为被合并主体，因此，不会产生少数股权问题。

按照所有权理论，采用比例合并法，则应编制合并抵销分录如下：

(1) 借：股本　60 000
　　　资本公积　5 000
　　　留存收益　50 000
　　贷：长期股权投资　115 000

(2) 借：固定资产　13 500
　　　商誉　30 000
　　贷：长期股权投资　43 500

(3) 借：投资收益　15 000
　　　期初留存收益　35 000
　　贷：期末留存收益　50 000

(4) 借：营业成本　5 000
　　　管理费用　1 500
　　贷：投资收益　6 500

根据合并财务报表的编制原则和步骤，编制合并工作底稿如表3-16所示，并以此为基础编制的合并资产负债表、合并收益及留存收益表如表3-17、表3-18所示。

表3-16　合并工作底稿

20×9年12月31日　　单位：元

项　目	A公司	B公司	B公司(50％部分)	合　计	抵销		合并数
					借	贷	
(收益及留存收益表项目)							
营业收入	3 000 000	250 000	125 000	3 125 000			3 125 000
营业成本	2 000 000	150 000	75 000	2 075 000	5 000		2 080 000
营业税金	100 000	10 000	5 000	105 000			105 000

续 表

项 目	A公司	B公司	B公司(50%部分)	合 计	抵销		合并数
					借	贷	
管理费用	400 000	50 000	25 000	425 000	1 500		426 500
投资收益②	8 500			8 500	15 000	6 500	0
所得税	150 000	10 000	5 000	155 000			155 000
净利润	358 500	30 000	15 000	373 500			358 500
期初留存收益	450 000	70 000	35 000	485 000	35 000		450 000
现金股利	0	0	0				0
期末留存收益	808 500	100 000	50 000	858 500		50 000	808 500
(资产负债表项目)							
货币资金	250 000	10 000	5 000	255 000			255 000
应收账款	1 000 000	70 000	35 000	1 035 000			1 035 000
存 货	1 500 000	110 000	55 000	1 555 000			1 555 000
长期股权投资①	158 500			158 500		115 000 43 500	0
固定资产	2 000 000	140 000	70 000	2 070 000	13 500		2 083 500
商 誉					30 000		30 000
应付账款	1 000 000	100 000	50 000	1 050 000			1 050 000
股 本	3 000 000	120 000	60 000	3 060 000	60 000		3 000 000
资本公积	100 000	10 000	5 000	105 000	5 000		100 000
留存收益	808 500	100 000	50 000	858 500	50 000		808 500

注：① 假定A公司采用权益法对B公司投资进行会计处理，A公司长期股权投资158 500元全部为对B公司的股权投资，其账面价值的构成为：初始投资成本150 000元加上本年确认的对B公司的投资收益8 500元。② 本年确认的对B公司的投资收益8 500元的构成如下：享有B公司本年净利润15 000元(30 000×50%)；合并价差摊销额6 500元。合并价差的摊销：假定存货当期全部实现了对外销售，当期摊销存货增值5 000元；假定固定资产增值按照10年摊销，本期应摊销的固定资产增值1 500元。

表3-17 合并资产负债表

20×9年12月31日　　　　单位：元

项 目	期末余额	项 目	期末余额
货币资金	255 000	应付账款	1 050 000
应收账款	1 035 000	负债合计	1 050 000
存 货	1 555 000	股 本	3 000 000
流动资产合计	2 845 000	资本公积	100 000
长期股权投资	0	留存收益	808 500
固定资产	2 083 500		
商 誉	30 000	股东权益合计	3 908 500
资产总计	4 958 500	负债及股东权益合计	4 958 500

表 3-18　合并收益及留存收益表

20×9 年度　　　　　　　　　　单位：元

项　目	本期数
营业收入	3 125 000
营业成本	2 080 000
营业税金	105 000
管理费用	426 500
投资收益	0
所得税	155 000
净利润	358 500
期初留存收益	450 000
现金股利	0
期末留存收益	808 500

思考题

1. 试述合并财务报表的性质和编制合并财务报表的目的。

2. 与单一企业编制的个别财务报表相比，合并财务报表的特点表现在哪些方面？

3. 简述合并财务报表的编制步骤。

4. 试述在编制合并财务报表前对子公司和母公司个别财务报表的调整内容。

5. 各国对合并范围的界定存在哪些异同？我国合并财务报表准则是如何界定合并范围的？

6. 试述三大合并理论的特征、我国合并财务报表准则在哪些方面体现了实体理论？

7. 试说明合并财务报表工作底稿上合并抵销分录的性质，它与母、子公司账上的记录有何不同？

8. 合并财务报表有什么局限性？为什么说分部报告是合并报表的必要补充？

9. 按权益法处理对子公司的投资，母公司的净利润等于合并净利润，母公司留存收益等于合并留存收益，为什么仍然认为合并报表优于按权益法处理的个别报表？

本章相关的法规、制度

1.《企业会计准则第 33 号——合并财务报表》，中华人民共和国财政部，2006

2.《国际会计准则第 27 号——合并财务报表和对附属公司投资的会计》，国际会计准则委员会，1989

3.《国际会计准则第 27 号——合并财务报表和单独财务报表》，国际会计准则委员会，2003

练习题

一、单项选择题

1. 在编制合并财务报表时，强调母公司股东利益，将子公司视为母公司附属机构的理论是（　　）。

A. 母公司理论　　B. 实体理论　　C. 所有权理论　　D. 业主权理论

2. 在编制合并财务报表时，强调单一管理机构对一个经济实体控制的理论是（　　）。

A. 母公司理论　　B. 实体理论　　C. 所有权理论　　D. 业主权理论

3. 在我国，确定合并范围主要是依据投资企业是否实际（　　）被投资企业。

A. 拥有　　B. 管理　　C. 购买　　D. 控制

4. 母公司拥有其半数以上权益性资本的被投资企业应纳入合并，所谓权益性资本，是指（　　）。

A. 净资产　　B. 注册资本　　C. 所有者权益

D. 对企业有投票权，能够据此参与企业经营管理决策的资本

5. G 公司拥有 A 公司 60％的表决权、B 公司 30％的表决权，C 公司 50％的表决权，A 公司拥有 C 公司 20％的表决权，B 公司拥有 C 公司 10％具有表决权的资本，则按加法原则，G 公司合计拥有 C 公司的表决权为（　　）。

A. 60％　　B. 70％　　C. 80％　　D. 90％

6. 下列不属于合并财务报表编制的前提及准备事项的有（　　）。

A. 统一母子公司的会计报表决算日　　B. 统一母子公司的会计期间

C. 统一母子公司的会计政策　　D. 统一母子公司采用的会计科目

7. 下列说法错误的是（　　）。

A. 甲公司拥有 A 公司 70％的表决权资本，甲公司和 A 公司存在控制关系

B. 甲公司拥有 B 公司 60％的表决权资本，B 公司拥有 C 公司 20％的表决权资本，甲公司和 C 公司存在控制关系

C. 甲公司拥有 D 公司 52％的表决权资本，D 公司拥有 E 公司 80％的表决权资本，甲公司和 E 公司存在控制关系

D. 甲公司拥有 F 公司 40％的表决权资本，但甲公司和 F 公司签订合同约定甲公司对 F 公司有控制权，甲公司和 F 公司存在控制关系

二、多项选择题

1. 合并财务报表的合并理论主要有（　　）。

A. 母公司理论　B. 子公司理论　C. 实体理论　D. 所有权理论　E. 经营权理论

2. 合并财务报表实体理论的主要内容包括（　　）。

A. 对合并主体中的多数股东和少数股东一视同仁，合并财务报表应反映所有股东的利益

B. 合并财务报表中，子公司所有资产和负债均应以购买日的公允价值为基础进行重估

C. 合并商誉等于子公司整体商誉乘以母公司拥有的股权比例

D. 合并财务报表中的合并净收益是整个集团的净收益，既包括母公司享有子公司净收益也包括子公司中少数股权股东所获得的净收益

E. 公司间未实现损益应全数从合并净收益中抵销

3. G公司在编制合并财务报表时，应将下列企业纳入合并范围(　　)。

A. 甲公司，其权益性资本由G公司、H公司各拥有50%

B. 乙公司，其60%的权益性资本由G公司拥有

C. 丙公司，其60%的权益性资本由G公司拥有，已被宣告破产

D. 丁公司，其30%的权益性资本由G公司拥有，G公司受托管理其他投资者在丁公司30%的股份

E. 戊公司，其30%的权益性资本由G公司拥有，但G公司有权任免戊公司董事会成员中的多数

案例分析

江山制药合并范围归属案(资料来源：《会计之友》2005年3月)

(一) 案情介绍

江山制药系全球六大维生素C生产厂商之一，产品远销欧、美等20多个国家和地区，年生产能力1.2万吨，受国际市场维生素C原料药品价格大幅度上涨的影响，其主营业务收入与净利润在近几年大幅增加。华源制药(600656)通过其旗下控股公司江苏华源持有江山制药42.05%的股份，对华源制药的主营业务收入与净利润的贡献率达60%左右，历年均将江山制药纳入合并财务报表范围。江山制药的股权结构如下图所示：

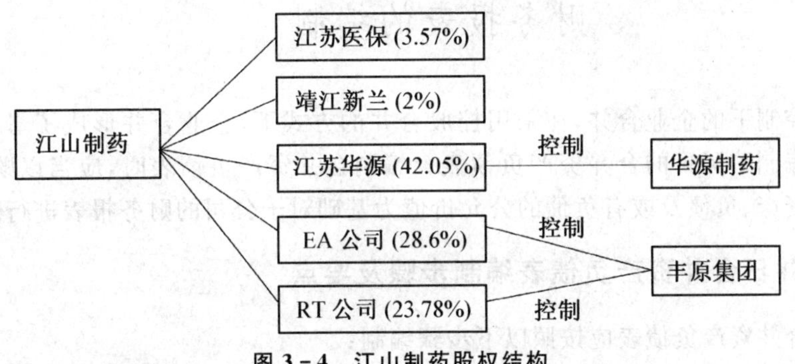

图3-4　江山制药股权结构

2002年12月4日，EA公司、RT公司等四家股东发表联合申明，指控华源制药2001年、2002年涉嫌财务造假，非法合并江山制药财务报表，其理由是江苏华源持有江山制药的股份比例仅有42.05%，且根据江山制药章程，江山制药8名董事会中只有3名董事由华源制药控股子公司江苏华源派出，华源制药并没有取得对江山制药的实际控制权。针对此申明，华源制药进行了反驳，认为根据章程及实际情况，江山制药的董事长由第一大股东江苏华源委派，总经理、副总经理和财务负责人等高级管理人员亦由江苏华源推荐和委派，因此，尽管江苏华源持有江山制药的股份比例不到50%，但实际上行使了对该公司财务和经营政策的控制权。

(二) 思考分析题

1. 江山制药应该纳入华源制药，还是丰原集团合并财务报表合并范围？

2. 确定合并财务报表合并范围应考虑哪些因素？

第四章　合并日合并财务报表的编制

本章要点

通过本章的学习，掌握非同一控制下企业合并日合并调整、抵销分录的编制，以及少数股东权益、商誉及负商誉的会计处理；掌握同一控制下企业合并日合并调整、抵销分录的编制；进一步深入理解同一控制下的企业合并与非同一控制下的企业合并在编制合并日合并财务报表上的差异。

第一节　非同一控制下企业合并日合并财务报表的编制

非同一控制下的企业合并，在采用控股合并的方式下，企业合并形成了母子公司关系，母公司应当编制购买日的合并资产负债表。编制合并资产负债表时，应当以购买日确定的各项可辨认资产、负债及或有负债的公允价值为基础对子公司的财务报表进行调整。

一、合并日合并资产负债表编制步骤及要点

合并日合并资产负债表应按照以下步骤编制：

(1) 将购买方个别资产负债表和被购买方个别资产负债表相关数据录入合并工作底稿。

(2) 按照购买日被购买方可辨认净资产公允价值对被购买方个别资产负债表相关项目进行调整。购买日被购买方的个别财务报表仍然是按照历史成本原则编制的，因此，应编制调整分录，按照各项资产和负债的增值额(或减值额)，借记(或贷记)相关资产和负债，同时调整资本公积金额。

(3) 根据购买方个别资产负债表及被购买方调整后的个别资产负债表计算出各项目的合计数。

(4) 按照合并财务报表的原则编制合并抵销分录。即将对购买方的长期股权投资项目与被购买方所有者权益项目进行抵销。

(5) 根据资产负债表各项目的合计数加减合并抵销数，计算出合并数。

(6) 将合并数抄录到正式的合并资产负债表上即编制完成了合并日合并资产负债表。

二、取得全部股权

【例 4－1】 假定黄海公司、渤海公司在合并前不存在任何关联关系，20×9 年 9 月 1 日黄海公司以银行存款 600 万元的对价收购了渤海公司 100%的股权，另支付合并直接相关费用 10 万元。20×9 年 8 月 31 日，两公司的资产负债表如表 4－1 所示。

表 4－1　黄海、渤海公司资产负债表(简表)

20×9 年 8 月 31 日　　单位：元

项　目	黄海公司	渤海公司	
		账面价值	公允价值
银行存款	6 500 000	200 000	200 000
应收账款	4 500 000	1 800 000	1 500 000
存　货	3 000 000	2 000 000	1 800 000
固定资产	10 000 000	3 000 000	4 000 000
短期借款	5 000 000	2 000 000	2 000 000
长期借款	6 000 000		
股　本	9 000 000	4 200 000	
资本公积(股本溢价)	1 200 000		
盈余公积	800 000	200 000	
未分配利润	2 000 000	600 000	

1. 企业合并的账务处理

按照我国企业会计准则的规定，非同一控制下的企业合并应采用购买法进行会计处理，以合并成本作为长期股权投资的初始投资成本。

黄海公司为取得渤海公司的全部股权，发生的合并成本为 6 100 000 元(其中支付的合并对价 6 000 000 元、支付合并费用 100 000 元)，购买日，黄海公司应编制会计分录如下：

借：长期股权投资——渤海公司　　6 100 000

　　贷：银行存款　　6 100 000

完成上述合并业务账务处理后，黄海公司的资产负债状况如表 4－2 所示。

2. 合并日合并资产负债表的编制

黄海公司收购渤海公司 100%的股权后，则黄海公司成为渤海公司的母公司，两者形成母子公司关系。按照企业会计准则要求，黄海公司作为母公司应编制合并日合并资产负债表。合并日合并资产负债表编制程序如下：

(1) 将黄海公司个别资产负债表以及渤海公司个别资产负债表所有项目数据录入到合并工作底稿(见表 4－2)。

表 4-2 合并资产负债表工作底稿

20×9 年 8 月 31 日　　单位：元

项　目	黄海公司	渤海公司				合计	抵　销		合并数
		报表金额	调　整		调整后金额		借	贷	
			借	贷					
银行存款	400 000	200 000			200 000	600 000			600 000
应收账款	4 500 000	1 800 000		300 000	1 500 000	6 000 000			6 000 000
存　货	3 000 000	2 000 000		200 000	1 800 000	4 800 000			4 800 000
长期股权投资	6 100 000					6 100 000		6 100 000	0
固定资产	10 000 000	3 000 000	1 000 000		4 000 000	14 000 000			14 000 000
商　誉							600 000		600 000
短期借款	5 000 000	2 000 000			2 000 000	7 000 000			7 000 000
长期借款	6 000 000					6 000 000			6 000 000
股　本	9 000 000	4 200 000			4 200 000	13 200 000	4 200 000		9 000 000
资本公积	1 200 000			500 000	500 000	1 700 000	500 000		1 200 000
盈余公积	800 000	200 000			200 000	1 000 000	200 000		800 000
未分配利润	2 000 000	600 000			600 000	2 600 000	600 000		2 000 000

(2) 按照购买日渤海公司各项可辨认资产、负债的公允价值对渤海公司个别资产负债表相关数据进行调整。

在编制合并资产负债表时，应将渤海公司个别资产负债表上“应收账款”、“存货”、“固定资产”项目按购买日公允价值进行调整，同时按各项可辨认资产、负债公允价值与其账面价值之间的差额调整“资本公积”项目。调整分录如下：

借：固定资产　　1 000 000

　贷：应收账款　　300 000

　　存货　　200 000

　　资本公积　　500 000

(3) 将黄海公司个别资产负债表各项目金额及子公司个别资产负债表各项目(经调整后)金额进行合计。

(4) 将黄海公司个别资产负债表上对渤海公司的长期股权投资与黄海公司享有渤海公司净资产的份额进行抵销；母公司长期股权投资与母公司享有子公司可辨认净资产公允价值的份额之间的差额作为“商誉”在合并资产负债表中列示。

对渤海公司个别资产负债表进行调整后，渤海公司各项可辨认资产、负债已按照公允价值列示，黄海公司对渤海公司股权投资账面价值与黄海公司享有渤海公司可辨认净资产公允价值之间的差额即为商誉。黄海公司应编制合并抵销分录如下：

借：股本　　4 200 000

　　资本公积　　　　　　　　　　　　　500 000
　　盈余公积　　　　　　　　　　　　　200 000
　　未分配利润　　　　　　　　　　　　600 000
　　商誉　　　　　　　　　　　　　　　600 000
　贷：长期股权投资　　　　　　　　　　　6 100 000

(5) 根据个别资产负债表各项目的合计数加减合并抵销数，计算出合并数，将工作底稿上的合并数抄录到正式的合并资产负债表上即形成了合并资产负债表。

通过合并抵销，将取得的各项资产负债由账面价值调整到公允价值，如渤海公司应收账款账面价值为 1 800 000 元，通过抵销（冲减 300 000 元）调整为公允价值 1 500 000 元；确认合并产生的商誉 600 000 元，并在合并财务报表上单独列示。

三、取得部分股权

如果一家公司购入另一家公司 50%以上但不足 100%的具有表决权的普通股，购买方实际上已取得对被购方的控制权，购买方与被购方形成了母子公司关系。但与取得全部股权的情况有所不同，在取得部分股权后，被购方（子公司）的普通股份有一部分为购买方（母公司）以外的其他股东所持有，因这部分股份较少，称之为少数股权。因此，在编制合并财务报表时，需要确认少数股权即母公司以外的股东所拥有的对子公司净收益（或净损失）和净资产的要求权。少数股东拥有的子公司净收益（或净损失）份额，称为少数股东收益（或损失），少数股东收益应在合并利润表中反映；少数股东拥有的子公司净资产份额，称为少数股东权益，少数股东权益应在合并资产负债表中反映。

【例 4-2】 沿用例 4-1 的资料，黄海公司与渤海公司在合并前的资产负债状况如表 4-1 所示，若黄海公司以现金 4 800 000 元的对价收购渤海公司 80%的股份，另支付 100 000元的合并费用。

1. 企业合并的账务处理

黄海公司为取得渤海公司 80%的股权，发生的合并成本为 4 900 000 元（支付的合并对价 4 800 000 元、支付合并费用 100 000 元），购买日，黄海公司应编制会计分录如下：

借：长期股权投资——渤海公司　　　　　　4 900 000
　贷：银行存款　　　　　　　　　　　　　　4 900 000

完成上述合并业务账务处理后，黄海公司的资产负债状况如表 4-3 所示。

2. 合并日合并资产负债表的编制

黄海公司收购渤海公司 80%的股权后，则黄海公司成为渤海公司的母公司，两者形成母子公司关系，按照企业会计准则要求，黄海公司作为母公司应编制合并日合并资产负债表。合并日合并资产负债表编制程序如下：

(1) 将黄海公司个别资产负债表以及渤海公司个别资产负债表所有项目数据录入到合并工作底稿（见表 4-3）。

表 4-3　合并日合并资产负债表工作底稿

20×9 年 8 月 31 日　　　　单位：元

项　目	黄海公司	渤海公司				合　计	抵　销		合并数
		报表金额	调整额		调整后金额		借	贷	
			借	贷					
银行存款	1 600 000	200 000			200 000	1 800 000			1 800 000
应收账款	4 500 000	1 800 000		300 000	1 500 000	6 000 000			6 000 000
存　货	3 000 000	2 000 000		200 000	1 800 000	4 800 000			4 800 000
长期股权投资	4 900 000					4 900 000		4 900 000	0
固定资产	10 000 000	3 000 000	1 000 000		4 000 000	14 000 000			14 000 000
商　誉							500 000		500 000
短期借款	5 000 000	2 000 000			2 000 000	7 000 000			7 000 000
长期借款	6 000 000					6 000 000			6 000 000
股　本	9 000 000	4 200 000			4 200 000	13 200 000	4 200 000		9 000 000
资本公积	1 200 000			500 000	500 000	1 700 000	500 000		1 200 000
盈余公积	800 000	200 000			200 000	1 000 000	200 000		800 000
未分配利润	2 000 000	600 000			600 000	2 600 000	600 000		2 000 000
少数股东权益								1 100 000	1 100 000

（2）按照购买日渤海公司各项可辨认资产、负债的公允价值对渤海公司个别资产负债表相关数据进行调整。

在编制合并资产负债表时，应将渤海公司个别资产负债表上“应收账款”、“存货”、“固定资产”项目按购买日公允价值进行调整，同时按各项可辨认资产、负债公允价值与其账面价值之间的差额调整“资本公积”项目。调整分录如下：

借：固定资产　　　　1 000 000

　贷：应收账款　　　　300 000

　　　存货　　　　　　200 000

　　　资本公积　　　　500 000

（3）将购买日黄海公司个别资产负债表各项目金额及渤海公司个别资产负债表各项目（经调整后）金额进行合计。

（4）将黄海公司个别报表上对渤海公司的长期股权投资与黄海公司享有渤海公司可辨认净资产公允价值的份额进行抵销；少数股东享有的渤海公司可辨认净资产公允价值的份额应作为少数股东权益在合并资产负债表中单独列示。黄海公司长期股权投资与黄海公司享有渤海公司可辨认净资产公允价值的份额之间的差额，作为“商誉”单独列示在合并资产负债表中。

在本例中，黄海公司对渤海公司长期股权投资的账面价值为 4 900 000 元，渤海公司可辨认净资产公允价值为 5 500 000 元，少数股东享有的渤海公司可辨认净资产公允价值的份额 1 100 000 元，作为少数股东权益在合并资产负债表中单独列示。黄海公司享有渤海公司

可辨认净资产公允价值的份额为 4 400 000 元，黄海公司对渤海公司的长期股权投资账面价值(合并成本)与黄海公司享有渤海公司可辨认净资产公允价值的份额之间的差额 500 000 元，作为“商誉”单独列示在合并资产负债表中。

黄海公司在编制合并日合并资产负债表时，应编制合并抵销分录如下：

借：股本	4 200 000	
资本公积	500 000	
盈余公积	200 000	
未分配利润	600 000	
商誉	500 000	
贷：长期股权投资		4 900 000
少数股东权益		1 100 000

(5) 根据个别资产负债表各项目的合计数加减合并抵销数，计算出合并数，将工作底稿上的合并数抄录到正式的合并资产负债表上即形成了合并资产负债表。

在取得部分股权的情况下，通过对个别资产负债表的调整和合并抵销后产生以下结果：① 按照少数股东拥有的子公司可辨认净资产的公允价值确认少数股东收益在合并股东权益中单独反映；② 仅将被并企业的各项可辨认资产及负债由账面价值调整到公允价值，如渤海公司应收账款、存货、固定资产均按公允价值列示；③ 确认合并产生的商誉 50 万元(母公司购入部分)，并在合并财务报表上单独列示。

第二节　同一控制下企业合并日合并财务报表的编制

同一控制下的企业合并中，在合并日合并方取得了被合并方的控制权，成为被合并方的母公司，合并方应在合并日编制合并财务报表。但其与非同一控制下的企业合并编制的合并日合并财务报表存在较大的差异，具体表现在以下几方面：① 同一控制下的企业合并，在合并日需要编制所有的合并财务报表，即合并资产负债表、合并利润表以及合并现金流量表；而非同一控制下的企业合并，合并日只需编制合并资产负债表。② 同一控制下的企业合并，合并日合并资产负债中被合并方的各项资产、负债，应当按其账面价值计量；而非同一控制下的企业合并合并日资产负债表中被并企业的各项资产、负债，应当按其公允价值计量，且要确认商誉。③ 同一控制下的企业合并，合并日合并利润表应当包括参与合并各方自合并当期期初至合并日所发生的收入、费用和利润。

一、合并日合并财务报表的编制要点

同一控制下的企业合并采用控股合并方式的，合并方与被合并方形成母子公司关系，母公司应当编制合并日的合并资产负债表、合并利润表、合并现金流量表。

(一) 合并资产负债表的编制要点

按照合并财务报表的编制步骤，应将合并完成日的合并双方的个别资产负债表相关数

据录入到合并工作底稿，并计算出合计数；然后根据合并报表的原则编制合并抵销分录，并将各项目应抵销的金额录入到合并工作底稿；最后根据合计数加减抵销数计算出合并资产负债表各项目的合并数。

在上述步骤中最关键的是如何编制合并抵销分录。合并抵销分录的编制应依照以下原则：

1. 被合并方的有关资产、负债，应以其原账面价值并入合并资产负债表。合并方与被合并方采用的会计政策不同的，应以按照合并方会计政策对被合并方有关资产、负债经调整后的账面价值并入合并资产负债表。

2. 同一控制下企业合并的基本处理原则是视同合并后形成的报告主体在合并日及以前期间一直存在，在合并资产负债表中，对于被合并方在企业合并前实现的留存收益(盈余公积和未分配利润)中归属于合并方的部分，应按以下规定，自合并方的资本公积转入留存收益。

(1) 确认企业合并形成的长期股权投资后，合并方账面资本公积(资本溢价或股本溢价)贷方余额大于被合并方在合并前实现的留存收益中归属于合并方的部分，在合并资产负债表中，应将被合并方在合并前实现的留存收益中归属于合并方的部分自“资本公积”转入“盈余公积”和“未分配利润”。在编制合并资产负债表时，编制合并调整分录，借记“资本公积”项目，贷记“盈余公积”和“未分配利润”项目。

(2) 确认企业合并形成的长期股权投资后，合并方账面资本公积(资本溢价或股本溢价)贷方余额小于被合并方在合并前实现的留存收益中归属于合并方的部分，在合并资产负债表中，应以合并方资本公积(资本溢价或股本溢价)的贷方余额为限，将被合并方在企业合并前实现的留存收益中归属于合并方的部分，自“资本公积”转入“盈余公积”和“未分配利润”。在编制合并资产负债表时，编制合并调整分录，借记“资本公积”项目，贷记“盈余公积”和“未分配利润”项目。

因合并方的资本公积(资本溢价或股本溢价)余额不足，被合并方在合并前实现的留存收益在合并资产负债表中未予以全额恢复的，合并方应当在财务报表附注中对这一情况进行说明。

(3) 合并企业与被并企业在合并前发生内部债权债务都应按照规定进行抵销。

(二) 合并利润表的编制要点

1. 合并方在编制合并日合并利润表时，应包含合并方及被合并方自合并当期期初至合并日所实现的收入、费用和利润。

2. 合并方与被并方在合并前发生的内部交易所产生的未实现损益应按照规定进行抵销。

3. 为了帮助企业的会计信息使用者了解合并利润中净利润的构成，发生同一控制下企业合并的当期，合并方在合并利润表中“净利润”项目下单列“其中：被合并方在合并前实现的净利润”项目，反映因同一控制下企业合并规定的编表原则，导致由于该企业合并自被合并方在合并当期带入的损益情况。

合并日合并现金流量表的编制与合并利润表的编制原则相同。

二、取得全部股权

【例 4-3】 若黄海公司和渤海公司同受河海公司控制，同是河海公司的子公司，20×9年9月1日黄海公司自母公司河海公司处取得渤海公司100%的股权，为进行该项企业合并，黄海公司发行3 000 000股普通股(每股面值1元)作为对价。假定黄海公司、渤海公司采用的会计政策相同。20×9年8月31日，黄海公司、渤海公司两公司的财务状况、经营成果如表4-4、表4-5所示。

表 4-4　资产负债表

20×9年8月31日　　　　单位：元

项　目	黄海公司	渤海公司	
		账面价值	公允价值
银行存款	2 500 000	500 000	500 000
应收账款	4 500 000	2 000 000	1 800 000
存　货	5 000 000	2 000 000	2 200 000
长期股权投资	0	0	0
固定资产净值	12 000 000	3 000 000	4 000 000
短期借款	5 000 000	2 000 000	2 000 000
长期借款	6 000 000		
股　本	9 000 000	4 000 000	
资本公积(股本溢价)	1 000 000		
盈余公积	1 000 000	300 000	
未分配利润	2 000 000	1 200 000	

表 4-5　利润表

20×9年8月31日　　　　单位：元

项　目	黄海公司	渤海公司
营业收入	18 000 000	10 000 000
营业成本	10 000 000	6 000 000
营业税金	400 000	100 000
管理费用	3 000 000	1 400 000
营业费用	1 500 000	1 000 000
财务费用	500 000	200 000
营业利润	2 600 000	1 300 000
投资收益		

续 表

项 目	黄海公司	渤海公司
利润总额	2 600 000	1 300 000
所得税	600 000	300 000
净利润	2 000 000	1 000 000

1. 企业合并的账务处理

按照我国企业会计准则的规定，同一控制下的企业合并应采用近似权益结合法进行会计处理，在合并日按照取得被并方所有者权益账面价值的份额作为长期股权投资的初始投资成本。以发行权益性证券方式进行该类合并的，长期股权投资的初始投资成本与发行股份面值总额的差额，应当记入资本公积（资本溢价或股本溢价）；资本公积（资本溢价或股本溢价）不足冲减的，应冲减留存收益。为合并发生的各项直接相关费用应于发生时计入当期损益。

9 月 1 日（合并日）黄海公司应编制会计分录如下：

借：长期股权投资　　　　5 500 000
　贷：股本　　　　　　　　3 000 000
　　　资本公积（股本溢价）　　2 500 000

合并完成后黄海公司和渤海公司的个别资产负债表、个别利润表数据如表 4－6、表 4－7所示。

表 4－6　合并资产负债表工作底稿

20×9 年 9 月 1 日　　　　单位：元

项 目	黄海公司	渤海公司	合计数	合并抵销		合并数
				借	贷	
银行存款	2 500 000	500 000	3 000 000			3 000 000
应收账款	4 500 000	2 000 000	6 500 000			6 500 000
存 货	5 000 000	2 000 000	7 000 000			7 000 000
长期股权投资	5 500 000		5 500 000		①5 500 000	0
固定资产净值	12 000 000	3 000 000	15 000 000			15 000 000
短期借款	5 000 000	2 000 000	7 000 000			7 000 000
长期借款	6 000 000		6 000 000			6 000 000
股 本	12 000 000	4 000 000	16 000 000	①4 000 000		12 000 000
资本公积	3 500 000		3 500 000	②1 500 000		2 000 000
盈余公积	1 000 000	300 000	1 300 000	①300 000	②300 000	1 300 000
未分配利润	2 000 000	1 200 000	3 200 000	①1 200 000	②1 200 000	3 200 000

表 4-7 合并利润表工作底稿

20×9 年 9 月 1 日 单位：元

项 目	黄海公司	渤海公司	合计数	合并抵销		合并数
				借	贷	
营业收入	18 000 000	10 000 000	28 000 000			28 000 000
营业成本	10 000 000	6 000 000	16 000 000			16 000 000
营业税金	400 000	100 000	500 000			500 000
管理费用	3 000 000	1 400 000	4 400 000			4 400 000
营业费用	1 500 000	1 000 000	2 500 000			2 500 000
财务费用	500 000	200 000	700 000			700 000
营业利润	2 600 000	1 300 000	3 900 000			3 900 000
投资收益						
利润总额	2 600 000	1 300 000	3 900 000			3 900 000
所得税	600 000	300 000	900 000			900 000
净利润	2 000 000	1 000 000	300 000			3 000 000
其中：被合并方在合并前实现利润		1 000 000	1 000 000			1 000 000

2. 合并日合并财务报表的编制

在权益结合法下，合并方与被合并方形成母子公司关系，母公司应当编制合并日的合并资产负债表、合并利润表、合并现金流量表。

(1) 合并资产负债表的编制。按照合并财务报表的编制步骤，应将黄海公司和渤海公司合并完成日的个别资产负债表相关数据录入到合并工作底稿，并计算出合计数；然后根据合并财务报表的原则编制合并抵销分录，并将各项目应抵销的金额录入到合并工作底稿；最后根据合计数加减抵销数计算出合并资产负债表各项目的合并数。详见表 4-6。

在上述步骤中最关键的是如何编制合并抵销分录，按照合并资产负债表的编制要点，应编制合并抵销分录如下：

① 长期股权投资与子公司所有者权益的抵销。

借：股本 4 000 000

　　盈余公积 300 000

　　未分配利润 1 200 000

　贷：长期股权投资 5 500 000

② 调整留存收益。对于被合并方在企业合并前实现的留存收益(盈余公积和未分配利润)中归属于合并方的部分，应自合并方的资本公积转入留存收益。

借：资本公积(股本溢价) 1 500 000

贷：盈余公积　　　　　　　　　　　　　　　　　300 000

　　未分配利润　　　　　　　　　　　　　　　1 200 000

（2）合并利润表的编制。按照合并财务报表的编制步骤，应将黄海公司和渤海公司合并完成日的个别利润表相关数据录入到合并工作底稿，并计算出合计数；然后根据合并财务报表的原则编制合并抵销分录，并将各项目应抵销的金额录入到合并工作底稿；最后根据合计数加减抵销数计算出合并资产负债表各项目的合并数。详见表 4－7。

在本例中，由于不存在内部交易所产生的未实现损益，因此不需要编制合并抵销分录，但应根据准则要求将被合并方在合并前实现的净利润在合并利润表中单列项目反应。

三、取得部分股权

【例 4－4】 若黄海公司和渤海公司同受河海公司控制，同是河海公司的子公司，20×9 年 9 月 1 日黄海公司自母公司河海公司处取得渤海公司 80％的股权。为进行该项企业合并，黄海公司发行 2 400 000 股本公司普通股（每股面值 1 元）作为对价。假定黄海公司、渤海公司采用的会计政策相同。20×9 年 8 月 31 日，黄海公司和渤海公司的财务状况、经营成果如表 4－4、表 4－5 所示。

1．企业合并的账务处理

在本例中，黄海公司取得被并方（渤海公司）所有者权益账面价值的份额为 4 400 000 元（5 500 000×80％）。9 月 1 日（合并日）黄海公司应编制会计分录如下：

借：长期股权投资　　　　　　　　　　　　4 400 000

　贷：股本　　　　　　　　　　　　　　　　　2 400 000

　　资本公积（股本溢价）　　　　　　　　　　2 000 000

合并完成后，黄海公司和渤海公司的个别资产负债表、个别利润表数据如表 4－8、表 4－9 所示。

2．合并日合并财务报表的编制

（1）合并资产负债表的编制。按照合并财务报表的编制步骤，在完成工作底稿中的个别资产负债表项目数据录入及合计后，加减抵销数计算出合并资产负债表各项目的合并数（详见表 4－8）。

在取得部分股权的情况下，资产负债表的抵销与取得全部股权的区别在于少数股东权益的处理。

① 长期股权投资与子公司所有者权益的抵销。

借：股本　　　　　　　　　　　　　　　4 000 000

　盈余公积　　　　　　　　　　　　　　　300 000

　未分配利润　　　　　　　　　　　　　1 200 000

　贷：长期股权投资　　　　　　　　　　　　　4 400 000

　　少数股东权益　　　　　　　　　　　　　　1 100 000

② 调整留存收益。

被合并方在企业合并前实现的留存收益（盈余公积和未分配利润）中归属于合并方的部分，应自合并方的资本公积转入留存收益。

借：资本公积(股本溢价)　　　　　　　　　1 200 000
　贷：盈余公积　　　　　　　　　　　　　　240 000
　　　未分配利润　　　　　　　　　　　　　960 000

表 4－8　合并资产负债表工作底稿

20×9 年 9 月 1 日　　　　　　　　　　　　　　　　　　单位：元

项　目	黄海公司	渤海公司	合计数	合并抵销		合并数
				借	贷	
银行存款	2 500 000	500 000	3 000 000			3 000 000
应收账款	4 500 000	2 000 000	6 500 000			6 500 000
存　货	5 000 000	2 000 000	7 000 000			7 000 000
长期股权投资	4 400 000		4 400 000		①4 400 000	0
固定资产净值	12 000 000	3 000 000	15 000 000			15 000 000
短期借款	5 000 000	2 000 000	7 000 000			7 000 000
长期借款	6 000 000		6 000 000			6 000 000
股　本	11 400 000	4 000 000	15 400 000	①4 000 000		11 400 000
资本公积(股本溢价)	3 000 000		3 000 000	②1 200 000		1 800 000
盈余公积	1 000 000	300 000	1 300 000	①300 000	②240 000	1 240 000
未分配利润	2 000 000	1 200 000	3 200 000	①1 200 000	②960 000	2 960 000
少数股东权益					①1 100 000	1 100 000

(2) 合并利润表的编制。按照合并财务报表的编制步骤，在完成工作底稿中的个别利润表项目数据录入及合计后，加减抵销数计算出合并利润表各项目的合并数(详见表 4－9)。

在本例中，由于不存在内部交易所产生的未实现损益，但由于合并方只拥有被并方 80% 的股权，因此，被并方自期初至合并日期间实现的利润中属于少数股东部分应当在合并利润表中单列项目反映。此外，还应根据准则要求将被合并方在合并前实现的净利润在合并利润表中单列项目反映。

表 4－9　合并利润表工作底稿

20×9 年 9 月 1 日　　　　　　　　　　　　　　　　　　单位：元

项　目	黄海公司	渤海公司	合计数	合并抵销		合并数
				借	贷	
营业收入	18 000 000	10 000 000	28 000 000			28 000 000
营业成本	10 000 000	6 000 000	16 000 000			16 000 000
营业税金	400 000	100 000	500 000			500 000

续 表

项　目	黄海公司	渤海公司	合计数	合并抵销		合并数
				借	贷	
管理费用	3 000 000	1 400 000	4 400 000			4 400 000
营业费用	1 500 000	1 000 000	2 500 000			2 500 000
财务费用	500 000	200 000	700 000			700 000
营业利润	2 600 000	1 300 000	3 900 000			3 900 000
投资收益						
利润总额	2 600 000	1 300 000	3 900 000			3 900 000
所得税	600 000	300 000	900 000			900 000
净利润	2 000 000	1 000 000	3 000 000			3 000 000
其中：被合并方在合并前实现利润		1 000 000	1 000 000			1 000 000
属于母公司所有者的净利润						2 800 000
少数股东损益						200 000

思考题

1. 什么是少数股东权益？什么是少数股东收益？

2. 同一控制下的企业合并与非同一控制下的企业合并在合并日合并财务报表编制上存在哪些差异？

3. 非同一控制下的企业合并中，合并日合并资产负债表中被购买企业的各项资产负债按何种计量属性计量？合并商誉是被购买企业的整体商誉，还是购买方拥有的商誉部分？少数股权权益是如何计量的？

4. 在同一控制下的企业合并中，合并日合并资产负债表中少数股东权益是如何计量的？合并利润表中是否包括被合并方本期全部的利润？

5. 同一控制下的企业合并，采用不同的合并方式对合并方财务报表及合并财务报表是否存在不同的影响？

本章相关的法规、制度

《企业会计准则第33号——合并财务报表》，中华人民共和国财政部，2006

练习题

一、单项选择题

1. 非同一控制下企业合并，合并日需编制的合并财务报表有(　　)。

A. 合并资产负债表　　B. 合并利润表

C. 合并利润分配表　　D. 合并现金流量表

2. A、B公司不存在控股关系，20×9年1月1日，A公司购入B公司70%的股权，购买日B公司的净资产账面价值为650万元，可辨认净资产的公允价值为800万元，则购买日合并财务报表中少数股东权益为(　　)万元。

A. 150　　B. 195　　C. 240　　D. 345

3. 20×9年2月1日A公司向B公司股东定向增发1 000万股普通股(每股面值为1元)，对B公司进行合并，所发行股票每股市价4元，并于当日取得B公司70%的股权。B公司购买日可辨认净资产的公允价值为4 500万元，假定此合并为非同一控制下的企业合并，则A公司应确认的合并商誉为(　　)。

A. 1 000万元　　B. 960万元

C. 850万元　　D. 750万元

二、多项选择题

1. 同一控制下企业合并，其合并资产负债表上(　　)。

A. 子公司的净资产按控制权取得日的公允价值反映

B. 子公司的净资产按控制权取得日的账面价值反映

C. 母公司本身的净资产按公允价值反映

D. 母公司本身的净资产按账面价值反映

2. 同一控制下企业合并，合并日应编制的合并报表包括(　　)。

A. 合并资产负债表　　B. 合并利润表

C. 合并现金流量表　　D. 合并所有者权益变动表

三、计算及业务处理题

1. **目的：掌握非同一控制下企业合并，母公司持有子公司全部股份的情况下，合并日合并财务报表的编制**

资料：A公司于20×9年6月30日采用控股合并方式取得B公司的控制权，B公司的股份全部被A公司购买。合并前，A公司和B公司资产负债表有关资料如表4-10所示。在评估确认B公司资产公允价值的基础上，双方协商的并购价为2 000 000元，由A公司以银行存款支付，同时，A公司还支付了注册登记费用和其他相关费用共计100 000元。

要求：(1) 编制合并日A公司的会计分录；

(2) 编制合并日合并调整、抵销分录及合并财务报表。

2. **目的：掌握非同一控制下企业合并，母公司持有子公司部分股份的情况下，合并日合并财务报表的编制**

资料：在1题中，假设A公司以1 693 200元取得B公司80%的股权，其他资料不变。

要求：(1) 编制合并日A公司的会计分录；

(2) 编制合并日合并调整、抵销分录及合并财务报表。

表4-10　A公司和B公司资产负债表

20×9年6月30日　　单位：元

项　　目	A公司	B公司（账面金额）	B公司（公允价值）
银行存款	2 110 000	225 000	225 000
交易性金融资产	50 000	215 000	215 000
应收账款	420 000	155 000	155 000
存　货	720 000	230 000	260 000
长期股权投资	600 000	150 000	200 000
固定资产	2 000 000	1 000 000	1 250 000
无形资产	200 000	300 000	280 000
资产合计	6 100 000	2 275 000	2 585 000
短期借款	334 000	130 000	130 000
应付账款	440 000	163 500	163 500
长期应付款	1 280 000	420 000	300 000
负债合计	2 054 000	713 500	593 500
股　本	2 000 000	600 000	—
资本公积	1 200 000	605 000	—
盈余公积	306 000	186 500	—
未分配利润	540 000	170 000	—
所有者权益合计	4 046 000	1 561 500	1 991 500

3. **目的：掌握同一控制下企业合并，母公司持有子公司全部股份的情况下，合并日合并财务报表的编制**

资料：A公司20×9年12月31日获取同一控制下B公司的全部股权，A公司发行普通股100 000股，每股面值1元，市价为6.5元。合并前，A公司与B公司资产负债表、利润表资料如表4-11、表4-12所示。

要求：(1) 编制合并日A公司的会计分录；

(2) 编制合并日合并调整、抵销分录及合并财务报表。

4. **目的：掌握同一控制下企业合并，母公司持有子公司部分股份的情况下，合并日合并财务报表的编制**

资料：A公司20×9年12月31日获取同一控制下B公司90%的股权，A公司发行普通股100 000股，每股面值1元，市价为6.5元。其他资料与3题相同。

要求：(1) 编制合并日A公司的会计分录；

(2) 编制合并日合并调整、抵销分录及合并财务报表。

表 4－11　A 公司和 B 公司资产负债表

20×9 年 12 月 31 日　　单位：元

项　目	A 公司	B 公司 （账面金额）	B 公司 （公允价值）
现　金	310 000	250 000	250 000
交易性金融资产	130 000	120 000	130 000
应收账款	240 000	180 000	170 000
其他流动资产	370 000	260 000	280 000
长期股权投资	270 000	160 000	170 000
固定资产	540 000	300 000	320 000
无形资产	60 000	40 000	30 000
资产合计	1 920 000	1 310 000	1 350 000
应付账款	380 000	310 000	300 000
应付债券	620 000	400 000	90 000
负债合计	1 000 000	710 000	690 000
股　本	600 000	400 000	—
资本公积	130 000	40 000	—
盈余公积	90 000	110 000	
未分配利润	100 000	50 000	—
所有者权益合计	920 000	600 000	670 000

表 4－12　A 公司和 B 公司利润表

20×9 年 12 月 31 日　　单位：元

项　目	A 公司	B 公司
营业收入	280 000	210 000
营业成本	140 000	110 000
营业税金	3 000	1000
管理费用	19 000	24 000
营业费用	10 000	15 000
财务费用	8 000	5 000
营业利润	100 000	55 000
投资收益	25 000	15 000
利润总额	125 000	70 000
所得税	35 000	20 000
净利润	90 000	50 000

第五章　合并日后合并财务报表的编制

本章要点

通过本章的学习，掌握内部权益性投资事项、内部交易事项、内部现金流量事项的抵销处理；理解"一体性原则"在合并抵销中的应用，以及未实现的内部销售损益对合并财务报表的影响；了解我国合并财务报表所体现的合并理论。

企业可以通过企业合并的方式，也可以通过直接投资新设子公司的方式取得被投资企业的控制权，从而形成母子公司关系。对以母子公司关系为基础的企业集团，在取得对子公司的控制权后的各会计期间，应当将子公司纳入编制合并财务报表的合并范围。控制权取得日后的合并财务报表编制应当在完成前期准备工作的基础上，遵循合并财务报表的编制原则，依照合并财务报表的编制程序由母公司编制完成。合并财务报表编制的核心问题是哪些内部事项需要抵销以及如何抵销。一般而言，需要抵销的内部事项主要包括：① 内部权益性投资事项；② 内部交易事项，如内部购销、内部债权债务等；③ 内部现金流事项。

第一节　内部权益性投资的抵销处理

母子公司之间可能不会发生内部交易事项，但一定存在内部权益性投资事项，因此合并财务报表的编制必定涉及内部权益性投资事项的抵销问题。内部权益性投资事项的抵销包括母公司对子公司长期股权投资项目与子公司所有者权益项目的抵销、母公司对子公司权益性投资收益项目与子公司利润分配项目的抵销。

由于在前期准备工作中，已对母、子公司个别财务报表进行了调整，如子公司各项可辨认净资产及相关费用已经以合并日可辨认净资产的公允价值为基础进行了调整，母公司对子公司的长期股权投资、投资收益已经以子公司调整后的个别财务报表数据为基础，采用权益法进行了调整，故在本节中阐述的内容均以调整后的个别财务报表为前提。

一、长期股权投资与子公司所有者权益项目的抵销处理

母公司对子公司进行的长期股权投资，一方面反映为长期股权投资以外的其他资产减

少或股东权益的增加，另一方面反映为长期股权投资的增加，在母公司个别资产负债表中作为资产类项目中的长期股权投资列示。子公司接受这一投资时，一方面增加资产，另一方面作为股本(或实收资本)处理，在其个别资产负债表中一方面反映为股本(或实收资本)的增加，另一方面反映为相应的资产增加。从集团整体来看，母公司对子公司进行的长期股权投资实际上相当于母公司将资本拨付下属核算单位，并不引起整个企业集团的资产、负债和所有者权益的增减变动。因此，编制合并财务报表时，母公司对子公司的长期股权投资与母公司在子公司所有者权益中所享有的份额应当相互抵销，同时抵销相应的长期股权投资减值准备。母公司对子公司的长期股权投资与母公司在子公司所有者权益中所享有的份额的差额，应当在商誉项目列示。商誉发生减值的，应当按照经减值测试后的金额列示。各子公司之间的长期股权投资以及子公司对母公司的长期股权投资，应当比照上述规定相互抵销。

1. 全资子公司

若子公司为母公司的全资子公司，则母公司对子公司的长期股权投资和子公司所有者权益各项目应当全额抵销。在合并工作底稿中编制合并抵销分录时，应借记"股本"、"资本公积"、"盈余公积"和"未分配利润"项目，贷记"长期股权投资"项目，差额借记"商誉"。

【例 5-1】 假设某母公司对其子公司长期股权投资期末余额为 40 000 元，拥有该子公司 100％的股份。该子公司期末股本为 20 000 元，资本公积为 8 000 元(其中本年增加 2 000 元)，盈余公积 1 000 元(其中本年增加 200 元)、未分配利润 6 000 元。则在编制合并财务报表时，应编制抵销分录如下：

借：股本　20 000
　资本公积——年初　6 000
　　　　　——本年　2 000
　盈余公积——年初　800
　　　　　——本年　200
　未分配利润——年末　6 000
　商誉　5 000
　贷：长期股权投资　40 000

2. 非全资子公司

在纳入合并范围的子公司为非全资子公司的情况下，应当将母公司对子公司的长期股权投资与子公司所有者权益中母公司所拥有的份额相抵销，子公司所有者权益中不属于母公司的份额，在合并财务报表中则作为"少数股东权益"处理。在合并工作底稿中编制合并抵销分录时，借记"股本"、"资本公积"、"盈余公积"和 "未分配利润"项目，贷记 "长期股权投资"和"少数股东权益"项目，差额借记"商誉"。

"少数股东权益"项目反映除母公司以外的其他投资者在子公司中的权益，表示其他投资者在子公司所有者权益中所拥有的份额，在合并资产负债表中应当单独列示，即在"所有者权益"类项目下以"少数股东权益"项目列示。

【例 5-2】 假设某母公司对其子公司长期股权投资的期末余额为 30 000 元，拥有该子公司 80％的股份。该子公司期末股本为 20 000 元，资本公积为 8 000 元(其中本年增加 2 000元)，盈余公积 1 000 元(其中本年增加 200 元)、未分配利润 6 000 元。则在编制合并财务报表时，应编制合并抵销分录如下：

借：股本　　20 000
　　资本公积——年初　　6 000
　　　　　　——本年　　2 000
　　盈余公积——年初　　800
　　　　　　——本年　　200
　　未分配利润——年末　　6 000
　　商誉　　2 000
　贷：长期股权投资　　30 000
　　　少数股东权益　　7 000

二、内部权益性投资收益的抵销处理

内部权益性投资收益是指母公司对子公司权益性资本投资的收益，实际上就是子公司净利润与其持股比例相乘的结果。在纳入合并范围的为全资子公司的情况下，母公司对子公司投资收益实际上就是该子公司当期实现的净利润。编制合并利润表，实际上就是将子公司的销售收入、成本和费用视为母公司本身的销售收入、成本和费用，与母公司相应的项目进行合并，是将子公司的本期净利润还原为收入、成本和费用，也就是将投资收益还原为收入、成本和费用处理。因此，编制合并利润表时，必须将对子公司的投资收益予以抵销。

1. 全资子公司

在纳入合并范围的为全资子公司的情况下，子公司本期净利润就是母公司本期对子公司股权投资收益。假定子公司期初未分配利润为零，子公司本期净利润就是企业本期可供分配的利润，是本期子公司利润分配的来源，而子公司本期利润分配[包括提取盈余公积、对所有者(或股东的分配)等]的金额与期末未分配利润的金额则是本期利润分配的结果。母公司的投资收益正好与子公司的利润分配项目相抵销。将上述项目抵销时，若纳入合并范围的为全资子公司，则应当借记"投资收益"、"未分配利润(本年年初余额)"项目，贷记"提取盈余公积"、"对所有者(或股东)的分配"、"未分配利润(本年年末余额)"等项目。

【例5-3】 假设子公司为全资子公司，母公司拥有其100%的股份。子公司本期净利润为8 000元，母公司对子公司的本期投资收益为8 000元，子公司期初未分配利润为3 000元，子公司本期提取盈余公积1 000元、对所有者(或股东)的分配利润为4 000元、期末未分配利润为6 000元。则在编制合并财务报表时，应编制合并抵销分录如下：

借：投资收益　　8 000
　　未分配利润——年初　　3 000
　贷：提取盈余公积　　1 000
　　　对所有者(或股东)的分配　　4 000
　　　未分配利润——年末　　6 000

2. 非全资子公司

在纳入合并范围的为非全资子公司的情况下，母公司本期对子公司的股权投资收益与少数股东本期收益之和就是子公司本期净利润，母公司本期对子公司的股权投资收益与少数股东本期收益之和，正好与子公司本期利润分配项目相抵销。若纳入合并范围的为非全资子公司，则应借记"投资收益"、"少数股东收益"、"未分配利润——年初"项目，贷记"提取盈余公积"、"对所有者（或股东）的分配"、"未分配利润——年末"等项目。

【例5-4】 假设子公司为非全资子公司，母公司拥有其80%的股份。子公司本期净利润为8 000元，母公司对子公司的本期投资收益为6 400元，子公司少数股东本期收益为1 600元，子公司期初未分配利润为3 000元，子公司本期提取盈余公积1 000元、对所有者（或股东）的分配利润为4 000元、期末未分配利润为6 000元。则在编制合并财务报表时，应编制合并抵销分录如下：

借：投资收益　　6 400
　　少数股东收益　　1 600
　　未分配利润——年初　　3 000
　贷：提取盈余公积　　1 000
　　　对所有者（或股东）的分配　　4 000
　　　未分配利润——年末　　6 000

三、少数股东亏损分担的处理

子公司当期净损益中属于少数股东权益的份额，应当在合并利润表中净利润项目下以"少数股东损益"项目列示。

若子公司少数股东分担的当期亏损超过了少数股东在该子公司期初所有者权益中所享有的份额，其余额应当分别下列情况进行处理：(1) 公司章程或协议规定少数股东有义务承担，并且少数股东有能力予以弥补的，该项余额应当冲减少数股东权益；(2) 公司章程或协议未规定少数股东有义务承担的，该项余额应当冲减母公司的所有者权益。该子公司以后期间实现的利润，在弥补了由母公司所有者权益所承担的属于少数股东的损失之前，应当全部归属于母公司的所有者权益。

第二节　内部交易的抵销

在日常经营中，集团内部各公司之间会发生各种资产（如存货、固定资产和债券）的交易。这类交易如果不以成本计价，就会在母公司或子公司的个别财务报表上出现因销货而产生的损益。但是，从集团整体看，公司间的交易实质上只改变了资产的存放地点，而没有产生任何损益。所以，在编制合并财务报表时，必须将其产生的影响进行抵销。

一、内部购进商品作为存货使用时的抵销

在内部购销活动中，销售企业将集团内部销售作为收入确认并计算当期损益。而购买企业出售购入商品一方面要确认销售收入，另一方面要结转销售内部购入商品的成本，并在其个别利润表中反映，确认损益。当期未实现对外销售而形成期末存货时，其存货价值也相

应地包括两部分：一部分为真正的存货成本(即销售企业销售该商品的成本)，另一部分为销售企业的销售毛利(即销售收入减去销售成本的差额)。对于后者，从集团整体来看，并不是真正实现的利润，称为未实现内部销售损益。合并财务报表时如果将母公司与子公司个别财务报表中的存货简单相加，那么既虚增了存货成本，又虚增了本期利润。因此，在合并工作底稿中，应当将“营业收入”项目和“营业成本”项目相抵销，并将其存货价值中包含的未实现内部销售损益予以抵销。

当由于集团内部交易而形成未清账项时，从合并的观点来看，只能看做是集团内部的资金往来，即资金在企业内部的移动，既不会形成集团的资产，也不会形成集团的负债。因此在编制合并会计报表时，集团内的应收应付账款必须予以抵销。同时，因为内部应收账款被抵销，与之相应的坏账准备的计提也就失去了基础，因而应将这种内部应收款项所计提的坏账准备与资产减值准备予以抵销。

另外，当期内部购进商品期末发生减值，购买企业比较存货的可变现净值与其内部交易购买金额计提存货跌价准备，而从整个集团来看，应该比较存货的可变现净值与销售企业的成本来计提存货跌价准备，所以应该将两者之间的差额予以抵销。

(一) 当期内部购进商品作为存货使用时的抵销

内部购进商品当期的抵销可能出现以下三种情况：一是内部购进商品全部实现对外销售；二是内部购进商品全部未实现对外销售，形成期末存货；三是内部购进商品部分实现对外销售、部分形成期末存货。

1. 当期内部购进商品全部实现对外销售

在这种情况下，对于同一购销业务，销售企业和购买企业在各自的利润表中都作了反映。但从集团整体来看，这一购销业务只实现了一次销售。销售企业销售该商品的收入属于内部销售收入，购买企业销售该商品的销售成本则属于内部销售成本。因此在编制合并财务报表时，就必须将重复反映的内部销售收入与内部销售成本予以抵销。进行抵销处理时，应借记“营业收入”项目，贷记“营业成本”项目。

当由于集团内部交易而形成未清账项时，需将应收应付账款予以抵销，借记“应付账款”项目，贷记“应收账款”项目。同时，将内部应收款项所计提的坏账准备与资产减值准备予以抵销，借记“应收账款——坏账准备”项目，贷记“资产减值损失”项目。

【例 5-5】 A公司 20×8 年向子公司 B 销售一批商品，售价 100 万元，成本 80 万元。该批商品的毛利率为 20%。至 20×8 年年末 A 公司该批货款仍有 70 万元未收回，应收账款按 5%计提坏账准备。B 公司购进的该批商品 20×8 年以 120 万元的价格对外全部实现销售。

在编制 20×8 年集团合并财务报表时，应编制内部抵销分录如下：

(1) 借：营业收入　　1 000 000
　　贷：营业成本　　1 000 000
(2) 借：应付账款　　700 000
　　贷：应收账款　　700 000
(3) 借：应收账款——坏账准备　　35 000
　　贷：资产减值损失　　35 000

2. 当期内部购进商品全部未实现对外销售

在这种情况下，从销售企业来说，同样是按照一般的销售业务确认销售收入，结转销售成本，并在其利润表中列示。而购买企业则以支付的购货款作为存货成本入账，并在其资产负债表中作为资产列示。但从整个集团来看，这一业务实际上只是改变了商品存放地点，并没有真正实现对集团外销售，不应确认销售收入及销售成本。因此，在编制合并财务报表时，一方面应将销售企业实现的内部销售收入及其相对应的销售成本予以抵销，借记"营业收入"项目，贷记"营业成本"项目；另一方面也应将内部购进形成的存货价值中包含的未实现内部销售损益予以抵销，贷记"存货"项目。

另外，当期内部购进商品期末发生减值时，还需抵销相应的存货跌价准备，借记"存货——存货跌价准备"项目，贷记"资产减值损失"项目。

【例 5-6】 A 公司 20×8 年向子公司 B 销售一批商品，售价 100 万元，成本 80 万元。该批商品的毛利率为 20%，相关款项已结清。至 20×8 年末 B 公司该批商品对外全部未实现销售而形成期末存货。B 公司 20×8 年年末对存货进行检查时，发现该批存货已经部分陈旧，其可变现净值降至 92 万元。

在编制 20×8 年集团合并财务报表时，应编制内部抵销分录如下：

(1) 借：营业收入　　1 000 000
　　贷：营业成本　　800 000
　　　　存货　　200 000
(2) 借：存货——存货跌价准备　　80 000
　　贷：资产减值损失　　80 000

3. 当期内部购进商品部分实现对外销售

对于这种情况，可以将内部购进的商品分为两部分来理解：一部分为当期购进商品并全部实现对外销售的；另一部分为当期购进但全部未实现对外销售而形成期末存货的。因此，在编制抵销分录时，应首先按照内部销售收入的数额，借记"营业收入"项目，贷记"营业成本"项目；然后，按照期末存货价值中包含的未实现内部销售损益的数额，借记"营业成本"项目，贷记"存货"项目。对于内部销售收入的抵销，也可以将本期内部销售的营业收入全额抵销，再将期末内部存货中包含的未实现利润抵销冲减"存货"项目，将两者差额抵销"营业成本"项目。

【例 5-7】 A 公司 20×8 年向子公司 B 销售一批商品，售价 100 万元，成本 80 万元。该批商品的毛利率为 20%，相关款项已结清。B 公司购进的该批商品 20×8 年以 90 万元的价格对外销售 60%，期末存货未计提跌价准备。

在编制 20×8 年集团合并财务报表时，应编制内部抵销分录如下：

借：营业收入　　1 000 000
　贷：营业成本　　920 000
　　　存货　　80 000

(二) 连续编报期间内部购进商品作为存货使用时的抵销

在上期内部购进商品全部实现销售的情况下，由于不涉及内部存货价值中包含的未实现内部销售损益的抵销处理，故在连续编制合并财务报表时不涉及对其进行处理的问题。

但在上期内部购进商品并形成期末存货的情况下，上期编制合并财务报表时抵销的存货价值中包含的未实现内部销售损益对本期的期初未分配利润产生影响。因此，在连续编制合并财务报表时，首先必须将上期抵销的存货价值中包含的未实现内部销售损益对本期期初未分配利润的影响予以抵销，调整本期期初未分配利润的金额，然后再对本期内部购进存货进行抵销处理。该抵销处理分为以下六种情况：① 期初内部存货本期全部实现对外销售；② 期初内部存货本期全部未实现对外销售；③ 期初内部存货本期部分实现对外销售；④ 本期内部购进商品全部实现对外销售；⑤ 本期内部购进商品全部未实现对外销售；⑥ 本期内部购进商品部分实现对外销售。由于后三种情况与内部购进商品作为存货使用当期的抵销处理方法相同，故在此不再详述。

1. 期初内部存货本期全部实现对外销售

由于期初存货包含的未实现内部销售损益已经在销售企业的年初未分配利润中反映，故本期销售期初存货时，购进内部存货的企业按照对外销售收入确认销售收入，并按内部购进成本确认销售成本。从集团整体来看，该存货销售的全部损益应该在本期得到实现，上期内部未实现损益在本期得到确认，应按期初存货中包含的未实现销售损益，借记“未分配利润——年初”项目，贷记“营业成本”项目。另外，若上期购进存货存在未清款项时，还需将以上期资产减值损失中抵销的内部应收账款为基础计提的坏账准备对本期期初未分配利润的影响予以抵销，借记“应收账款——坏账准备”项目，贷记“未分配利润——年初”项目。

【例 5-8】 A 公司 20×8 年向子公司 B 销售一批商品，售价 100 万元，成本 80 万元。该批商品的毛利率为 20%。至 20×8 年年末 A 公司该批货款仍有 70 万元未收回，应收账款按 5%计提坏账准备。20×8 年末 B 公司该批商品对外全部未实现销售而形成期末存货，且期末该批存货未发生减值。20×9 年 B 公司以银行存款偿还应付账款 50 万元。20×9 年 B 公司该批存货以 150 万元的价格全部实现对外销售。

在编制 20×9 年集团合并财务报表时，应编制内部抵销分录如下：

(1) 借：未分配利润——年初　200 000
　　贷：营业成本　200 000
(2) 借：应付账款　200 000
　　贷：应收账款　200 000
(3) 借：应收账款——坏账准备　10 000
　　　　资产减值损失　25 000
　　贷：未分配利润——年初　35 000

2. 期初内部存货本期全部未实现对外销售

期初内部存货本期全部未实现对外销售的，一方面存货销售企业已将内部存货包含的未实现损益在年初未分配利润中反映，另一方面存货购进企业仍然按照购进成本确认存货价值。从集团整体来看，该存货包含的内部未实现销售损益仍然未实现，应借记“未分配利润——年初”项目，贷记“存货”项目。

另外，若上期有计提存货跌价准备，则编制合并财务报表时必须将上期因存货跌价准备抵销对本期期初未分配利润的影响予以抵销，调整本期期初未分配利润的数额，借记“存货——存货跌价准备”项目，贷记“未分配利润——年初”项目。

【例5-9】 沿用例5-6的资料，20×9年A、B公司没有再发生内部交易，B公司该批存货仍未实现对外销售。

在编制20×9年集团合并财务报表时，应编制内部抵销分录如下：

(1) 借：未分配利润——年初　　200 000
　　贷：存货　　200 000

(2) 借：存货——存货跌价准备　　80 000
　　贷：未分配利润——年初　　80 000

3. 期初内部存货本期部分实现对外销售

期初内部存货本期部分实现对外销售可分为两部分来理解：一部分为期初内部存货本期全部实现对外销售的；另一部分为期初内部存货本期未实现对外销售的。可以按照以下方法进行抵销：将期初存货包含的未实现内部销售损益全额抵销，再将仍未对外销售的存货中包含的未实现内部销售损益冲减"存货"项目，将两者差额抵销"营业成本"项目。

【例5-10】 沿用例5-7的资料，20×9年B公司该批存货剩余部分以40万元的价格对外销售45%，期末剩余存货未发生减值。

在编制20×9年集团合并财务报表时，应编制内部抵销分录如下：

借：未分配利润——年初　　80 000
　贷：营业成本　　36 000
　　存货　　44 000

二、内部购进商品作为固定资产使用时的抵销

在集团内部，销售企业将自身生产的商品销售给集团内其他企业作为固定资产使用的购销活动中，购买企业以支付的价款作为固定资产原价入账，其入账的固定资产原价中就包含了未实现的内部销售损益。这种内部固定资产交易，从集团整体来看，只是固定资产的内部转移，或者相当于企业内部自行建造固定资产。这种转移或自行建造固定资产，既不能增加固定资产价值，也不能产生损益。销售企业记入利润表中的该部分损益，对于集团整体来说，是未实现的内部销售损益；购买企业记入资产负债表中的固定资产价值也不应包含未实现的内部销售损益。因此，编制合并资产负债表时必须将固定资产原价中包含的未实现内部销售损益予以抵销。

(一) 当期内部购进商品作为固定资产使用时的抵销

集团内部企业将自身生产的产品销售给集团内的其他企业作为固定资产使用时，销售企业在销售产品时确认了销售收入、销售成本以及未实现内部销售损益，而购买企业按照购买价格确认的固定资产原价中包含未实现内部销售损益。因此，应将为实现内部销售损益而对销售收入、销售成本、固定资产原价产生的影响予以抵销，按内部销售收入借记"营业收入"项目，按其销售成本贷记"营业成本"项目，按原价中包含的未实现内部销售损益数额贷记"固定资产——原价"项目。

购买企业使用该固定资产并计提折旧，其折旧费用计入当期损益。由于购买企业是以该固定资产的取得成本作为其原价计提折旧的，在取得成本中包含未实现内部销售损益，在相同的使用年限下，其各期计提折旧的数额要大于不包含未实现内部销售损益时计提折旧

的数额，因此还必须将当期多计提的折旧数额予以抵销，借记“固定资产——累计折旧”项目，贷记“管理费用”等项目。

另外，母公司在编制合并财务报表时，无论纳入合并财务报表的子公司财务状况是否恶化，均应对由于内部交易形成的固定资产计提的减值准备予以抵销，借记“固定资产减值准备”项目，贷记“资产减值损失”项目。

【例 5-11】 假设 A 公司和 B 公司为同一母公司下的子公司，20×5 年 1 月 1 日，A 公司以 500 000 元的价格将其生产的产品销售给 B 公司，其成本为 300 000 元。B 公司购买该产品作为管理用固定资产。假设 B 公司预计该固定资产使用 5 年，采用年限平均法计提折旧，预计净残值为零。本年度固定资产未发生减值。

(1) 该固定资产相关的销售收入、销售成本以及其原价中包含的未实现内部销售损益的抵销，应编制抵销分录如下：

借：营业收入　　　　　　　　　　500 000

　贷：营业成本　　　　　　　　　　300 000

　　　固定资产——原价　　　　　　200 000

(2) 该固定资产 20×5 年多计提折旧的抵销。该固定资产折旧期间为 5 年，原价为 500 000元，预计净残值为零，20×5 年计提的折旧额为 100 000 元，而按抵销其原价中包含的未实现内部销售损益后的原价计提的折旧额为 60 000 元，当期多计提的折旧额为 40 000 元。本例中应当按 40 000 元分别抵销管理费用和累计折旧，编制的抵销分录如下：

借：固定资产——累计折旧　　　　40 000

　贷：管理费用　　　　　　　　　　40 000

(二) 连续编报期间内部购进商品作为固定资产使用时的抵销

1. 内部购进产品作为固定资产使用期间的抵销

在内部购进产品作为固定资产使用期间，固定资产仍以购买成本扣除按购买成本为基础计提的折旧后的净额在购买企业的资产负债表中列示。因此，首先必须将固定资产原价中包含的未实现内部销售损益予以抵销；相应地应将期初未分配利润中包含的未实现的内部销售利润予以抵销，从而调整期初未分配利润的数额。其次，对于该固定资产在以前会计期间使用并计提折旧而形成的期初累计折旧，一方面必须按照以前会计期间累计多计提的折旧额抵销期初累计折旧，另一方面调整期初未分配利润的数额。最后，该固定资产在本期使用并计提折旧，由于多计提折旧导致本期有关费用项目增加并形成累计折旧，为此一方面必须将本期多计提折旧而计入当期费用的数额予以抵销；另一方面应将本期多计提折旧而形成的累计折旧额予以抵销。通过这一抵销，该固定资产本期计提的累计折旧恢复到以不包含未实现内部销售损益的原价为基础计提的累计折旧的数额。其具体抵销程序如下：

(1) 将内部购进固定资产原价中包含的未实现内部销售损益抵销，并调整期初未分配利润，即按照固定资产原价中包含的未实现内部销售损益的数额，借记 “未分配利润——年初”项目，贷记 “固定资产——原价”项目。

(2) 将以前会计期间内部购进固定资产多计提的累计折旧抵销，并调整期初未分配利润，即按照以前会计期间该固定资产多计提的累计折旧额，借记“固定资产——累计折旧”项目，贷记“未分配利润——年初”项目。

(3) 将本期由于该内部购进固定资产的使用而多计提的折旧费用予以抵销，并调整本期计提的累计折旧额，即按照本期该固定资产多计提的折旧额，借记“固定资产——累计折旧”项目，贷记“管理费用”等项目。

【例 5-12】 沿用例 5-11 的资料，假设以后年度固定资产持续使用且均未发生减值。在以后各期编制合并财务报表时，应编制抵销分录如下：

(1) 20×6 年编制合并财务报表时：

① 借：未分配利润——年初　　200 000
　　贷：固定资产——原价　　200 000
② 借：固定资产——累计折旧　　40 000
　　贷：未分配利润——年初　　40 000
③ 借：固定资产——累计折旧　　40 000
　　贷：管理费用　　40 000

(2) 20×7 年编制合并财务报表时：

① 借：未分配利润——年初　　200 000
　　贷：固定资产——原价　　200 000
② 借：固定资产——累计折旧　　80 000
　　贷：未分配利润——年初　　80 000
③ 借：固定资产——累计折旧　　40 000
　　贷：管理费用　　40 000

(3) 20×8 年编制合并财务报表时：

① 借：未分配利润——年初　　200 000
　　贷：固定资产——原价　　200 000
② 借：固定资产——累计折旧　　120 000
　　贷：未分配利润——年初　　120 000
③ 借：固定资产——累计折旧　　40 000
　　贷：管理费用　　40 000

(4) 20×9 年，固定资产持续使用时：

① 借：未分配利润——年初　　200 000
　　贷：固定资产——原价　　200 000
② 借：固定资产——累计折旧　　160 000
　　贷：未分配利润——年初　　160 000
③ 借：固定资产——累计折旧　　40 000
　　贷：管理费用　　40 000

(5) 20×9 年以后，固定资产仍持续使用时：

① 借：未分配利润——年初　　200 000
　　贷：固定资产——原价　　200 000
② 借：固定资产——累计折旧　　200 000
　　贷：未分配利润——年初　　200 000

2. 内部购进产品作为固定资产使用清理期间的抵销

对销售企业来说，该内部固定资产未实现的销售损益，作为未分配利润的一部分结转到以后的会计期间；对购买企业来说，在内部购进固定资产进行清理的会计期间，在其个别财务报表中表现为固定资产原价和累计折旧的减少，该固定资产处置净损益，则在其个别利润表中以营业外收入（或营业外支出）项目列示。固定资产清理的抵销可分为期满清理、超期清理和提前清理三种情况。编制合并财务报表时，应当根据具体情况进行抵销处理。

(1) 固定资产使用期限届满进行清理时的抵销。

在这种情况下，购买企业内部购进固定资产实体已不复存在，因此不存在未实现内部销售损益抵销问题，固定资产的价值已经全部转移到其加工的产品价值中。对整个企业来说，随着固定资产的使用期满，其包含的未实现内部销售损益也转化为已实现损益。销售企业由于该固定资产所产生的损益，已作为期初未分配利润的一部分结转到购买企业对该固定资产进行清理的会计期间。为此，必须调整期初未分配利润。在固定资产进行清理的会计期间，如继续使用则需计提折旧，本期计提折旧中仍然包含有多计提的折旧，因此需要将多计提的折旧费用予以抵销。

【例 5-13】 沿用例 5-11 的资料，20×9 年 B 公司该固定资产使用期届满。报废清理时实现固定资产清理净收益 50 000 元，在其当期个别利润表中以营业外收入项目列示。此时编制合并财务报表，将本期多计提的折旧费用抵销并调整期初未分配利润时，应编制抵销分录如下：

① 借：未分配利润——年初　　200 000
　　贷：营业外收入　　200 000
② 借：营业外收入　　160 000
　　贷：未分配利润——年初　　160 000
③ 借：营业外收入　　40 000
　　贷：管理费用　　40 000

以上三笔抵销分录，可以合并为以下抵销分录。应编制会计分录如下：

借：未分配利润——年初　　40 000
　　贷：管理费用　　40 000

(2) 固定资产超期使用进行清理时的抵销。

对于超期使用的内部交易的固定资产，由于当期对该内部交易的固定资产进行了清理，其实物已经不存在，不存在固定资产原价中包含未实现内部销售损益的抵销问题；同时，该固定资产累计折旧也随着固定资产清理而核销，也不存在固定资产使用多计提折旧的抵销问题。因此，在编制对该内部交易固定资产进行清理的会计期间的合并财务报表时，不需要进行抵销处理。

(3) 固定资产使用期限未满提前进行清理时的抵销。

在这种情况下，购买企业内部购进固定资产实体已不复存在，因此不存在未实现内部销售损益抵销问题，但由于固定资产提前报废，固定资产原价中包含的未实现内部销售损益随着清理而转化为已实现的损益。对销售企业来说，因该内部购进固定资产而实现的利润，是期初未分配利润的一部分，为此，必须调整期初未分配利润。在固定资产使用期限未满进行清理的会计期间仍需计提折旧，本期计提折旧中仍然包含有多计提的折旧，因此需要将多计提的折旧费用予以抵销。

【例 5-14】 沿用例 5-11 的资料，假设 B 公司于 20×8 年对该固定资产进行清理报废，该固定资产清理净收入为 250 000 元。编制合并会计报表时，应编制会计分录如下：

① 借：未分配利润——年初　　200 000
　　贷：营业外收入　　200 000
② 借：营业外收入　　120 000
　　贷：未分配利润——年初　　120 000
③ 借：营业外收入　　40 000
　　贷：管理费用　　40 000

三、内部购进固定资产作为固定资产使用时的抵销

集团内部企业将自身的固定资产出售给集团内的其他企业作为固定资产使用时，销售企业在销售固定资产时确认了固定资产处置净损益，作为营业外收入或营业外支出列示在利润表中。购买企业按照购买价格确认固定资产原价，当中既包含了该固定资产在销售企业的净值，也包括了未实现内部处置净损益。从整个集团来看，这一交易属于集团内部固定资产调拨的性质，只是使用地点发生了变化，既没有实现收益，也没有使固定资产的净值发生变化。因此，应将未实现内部销售损益对营业外收入（或营业外支出）、固定资产原价的影响予以抵销，按内部处置净损益借记“营业外收入（或营业外支出）”项目，按原价中包含的未实现内部处置净损益数额，贷记“固定资产——原价”项目。内部购进固定资产用作固定资产使用连续编报期间的抵销处理同内部购进商品用作固定资产的交易，处理方法不再赘述。

【例 5-15】 A 公司和 B 公司为同一母公司的子公司。20×5 年 6 月 3 日，A 公司以 1 000万元的价格出售一台管理设备给 B 公司，账款已结清。该台管理设备账面原价为 2 000万元，至出售日的累计折旧为1 200万元，剩余使用年限为 4 年。A 公司采用年限平均法计提折旧，折旧年限为 10 年，预计净残值为零。B 公司购买该产品作为管理用固定资产使用，入账价值为 1 000 万元。B 公司预计该固定资产使用 4 年，采用年限平均法计提折旧，预计净残值为零。B 公司在 20×9 年 6 月 30 日期满清理时实现固定资产清理净收益 50 万元，在其当期个别利润表中以营业外收入项目列示。要求：编制集团公司 20×5 年、20×6 年及期满清理时的合并抵销分录。

1. 20×5 年编制合并财务报表时：

(1) 借：营业外收入　　2 000 000
　　贷：固定资产——原价　　2 000 000
(2) 借：固定资产——累计折旧　　250 000
　　贷：管理费用　　250 000

2. 20×6 年编制合并财务报表时：

(1) 借：未分配利润——年初　　2 000 000

　　贷：固定资产——原价　　2 000 000

(2) 借：固定资产——累计折旧　　250 000

　　贷：未分配利润——年初　　250 000

(3) 借：固定资产——累计折旧　　500 000

　　贷：管理费用　　500 000

3. 期满清理时，即 20×9 年 6 月 30 日编制合并财务报表时：

借：未分配利润——年初　　250 000

　贷：管理费用　　250 000

四、其他内部交易业务的抵销

(一) 内部应付债券与持有至到期投资的抵销

母子公司之间、子公司之间持有对方发行的债券，并准备持有到期，从而形成了内部应付债券及内部持有至到期投资。从集团角度来看，实际上相当于债券赎回，因此应将内部应付债券与内部持有至到期投资相互抵销。在持有内部成员企业发行债券的情况下，发行债券的成员企业计付利息支出时，将其作为财务费用处理并在其个别利润表中反映；而持有债券的成员企业，购买债券则作为持有至到期投资列示，当期获得的利息收入则作为投资收益处理，并在其个别利润表中反映。在编制合并财务报表时，应当在抵销内部发行的应付债券和持有至到期投资等内部债权债务的同时，将内部利息费用与利息收入相互抵销，即将内部债券投资收益与内部发行债券的利息支出相抵销。

【例 5-16】 母公司 20×8 年初购进子公司发行的债券一批，面值 100 万元(期限 5 年、票面利率 10%、每年末付息一次)，购入价格 108 万元(实际利率 8%)。该项内部债券投资在母子公司账面记录如表 5-1 所示。

表 5-1　内部债券投资账面记录明细表

单位：万元

项　目		购入时	20×8 年年末	20×9 年年末
母公司账面记录	持有至到期投资——成本	100	100	100
	——利息调整	8	6.6	5.1
	投资收益		8.6	8.5
子公司账面记录	应付债券——面值	100	100	
	——利息调整	8	6.6	5.1
	财务费用		8.6	8.5

(1) 20×8 年应编制抵销分录如下：

① 借：应付债券　　1 066 000

　　贷：持有至到期投资　　1 066 000

② 借：投资收益　　　　　　　　　　　　86 000

　贷：财务费用　　　　　　　　　　　　　　86 000

(2) 20×9 年应编制抵销分录如下：

① 借：应付债券　　　　　　　　　　　　1 051 000

　贷：持有至到期投资　　　　　　　　　　　1 051 000

② 借：投资收益　　　　　　　　　　　　85 000

　贷：财务费用　　　　　　　　　　　　　　85 000

在某些情况下，债券投资者持有的集团内部债券并不是从发行债券的企业直接购进，而是在证券二级市场上从第三者手中购入的，或者由于债券购入的交易费用和债券发行费用的不同，导致了同等面值的债券在债券持有者"持有至到期投资"与发行债券企业的"应付债券"账面价值不同，抵销时可能会出现差额。对于这种差额，在编制合并财务报表时应当记入"投资收益"或"财务费用"项目。

(二) 内部无形资产交易的抵销

内部无形资产交易是指集团内部发生交易的一方与无形资产有关的购销业务。当集团内部企业以高于其取得成本(或账面价格)的价格向集团内部其他企业销售转让无形资产时，销售企业因该无形资产销售而确认收入并计算利润；而对于购买企业来说，则以其支付的购买价款作为无形资产的取得成本入账，并在其个别资产负债表中列示。在编制合并资产负债表时，同样需要将该无形资产价值中包含的未实现内部销售损益予以抵销。在对母公司与子公司、子公司之间销售商品形成的无形资产所包含的未实现内部销售损益进行抵销的同时，也应当对无形资产的摊销额与未实现内部销售损益相关的部分进行抵销。内部无形资产交易抵销处理方法与固定资产中包含的未实现内部销售损益的抵销基本相似，可比照进行抵销处理。

(三) 预收款项与预付款项的抵销

内部预收款项与内部预付款项抵销时，应借记"预收款项"项目，贷记"预付款项"项目。

第三节　内部现金流量的抵销处理

一、合并现金流量表的编制方法

1. 以合并资产负债表和合并利润表为基础，采用与个别现金流量表相同的方法编制合并现金流量表。

2. 以母公司和纳入合并范围的子公司的个别现金流量表为基础，通过编制合并抵销分录，将母公司与纳入合并范围的子公司以及子公司相互之间发生的内部现金流量事项对合并现金流量表的影响予以抵销，从而编制出合并现金流量表。

在采用这一方法编制合并现金流量表的情况下，其编制原理、编制方法和编制程序与合并资产负债表、合并利润表以及合并所有者权益变动表的编制原理、编制方法、编制程序相同。即首先编制合并工作底稿,将母公司和子公司个别现金流量表各项目的数据全部录入合并工作底稿;然后根据当期母公司与子公司以及子公司相互之间发生的内部现金流量事项,编制相应的合并抵销分录,通过合并抵销分录将个别现金流量表中重复反映的现金流入量和现金流出量予以抵销;最后,在此基础上计算出合并现金流量表的各项目的合并数,并填制合并现金流量表。

二、编制合并现金流量表应进行抵销的项目

在编制合并现金流量表时需要进行抵销处理的项目如下:

1. 母公司与子公司、子公司相互之间当期以现金投资或收购股权增加的投资所产生的现金流量应当抵销。

2. 母公司与子公司、子公司相互之间当期取得投资收益收到的现金,应当与分配股利、利润或偿付利息支付的现金相互抵销。

3. 母公司与子公司、子公司相互之间以现金结算债权与债务所产生的现金流量应当抵销。

4. 母公司与子公司、子公司相互之间当期销售商品所产生的现金流量应当抵销。

5. 母公司与子公司、子公司相互之间处置固定资产、无形资产和其他长期资产收回的现金净额,应当与购建固定资产、无形资产和其他长期资产支付的现金相互抵销。

6. 母公司与子公司、子公司相互之间当期发生的其他内部交易所产生的现金流量应当抵销。

需要说明的是,合并现金流量表补充资料可以根据合并资产负债表和合并利润表进行编制。

【例 5-17】 20×9 年 1 月 1 日 A 公司以银行存款 320 000 元向 B 公司投资,取得 B 公司 80%的股权。20×9 年度 A 公司与 B 公司之间发生的相关业务如下:

(1) A 公司将自己生产的一批产品销售给 B 公司,售价为 80 000 元,增值税为 13 600 元,成本为 56 000 元。

(2) A 公司将其一台账面价值为 80 000 元,已提折旧为 20 000 元的设备,以 64 000 元的价格出售给 B 公司。

(3) A 公司于 20×9 年 1 月 1 日折价购入 B 公司当日发行的 5 年期债券,总面值为 200 000元,利率为 10%,用银行存款支付价款 180 000 元。该债券每年付息一次。20×9 年末,B 公司为该债券向 A 公司支付利息 200 00 元。

(4) A 公司本年度从 B 公司分得股利 16 000 元。

在编制本期合并现金流量表时,应编制合并抵销分录如下:

(1) 借:投资活动产生的现金流量——投资支付的现金　　320 000
　　贷:筹资活动产生的现金流量——吸收投资收到的现金　　320 000

(2) 借:经营活动产生的现金流量——购买商品、接受劳务支付的现金　　93 600
　　贷:经营活动产生的现金流量——销售商品、接受劳务收到的现金　　93 600

(3) 借:投资活动产生的现金流量
　　——购建固定资产、无形资产和其他长期资产支付的现金　　64 000

贷：投资活动产生的现金流量
——处置固定资产、无形资产和其他长期资产收回的现金净额　64 000

(4) 借：投资活动产生的现金流量——投资支付的现金　180 000
贷：筹资活动产生的现金流量——发行债券收到的现金　180 000
借：筹资活动产生的现金流量
——分配股利、利润或偿付利息支付的现金　20 000
贷：投资活动产生的现金流量——取得投资收益收到的现金　20 000

(5) 借：筹资活动产生的现金流量
——分配股利、利润或偿付利息支付的现金　16 000
贷：投资活动产生的现金流量——取得投资收益收到的现金　16 000

第四节　合并财务报表综合案例

【资料】 20×8 年 1 月 1 日，A 公司向 B 公司的股东支付 1 000 万元，取得 B 公司 80% 的股权。购买日 B 公司净资产的账面价值为 800 万元(其中股本为 500 万元，盈余公积为 193 万元，未分配利润为 107 万元)，各项可辨认净资产的公允价值为1 100万元，其中存货增值 20 万元，固定资产增值 200 万元，无形资产增值 80 万元。20×8 年度 B 公司实现净利润 70 万元，提取盈余公积 7 万元，分派现金股利 30 万元。若 20×9 年 B 公司实现净利润 150 万元，提取盈余公积 15 万元，分派现金股利 60 万元。20×9 年 A、B 公司个别财务报表如表 5－2所示。20×9 年母子公司内部交易事项资料如下：

(1) A 公司对 B 公司销售商品，价款 200 万元，销售成本 120 万元。B 公司期初内部购入存货账面价值 60 万元(含未实现的利润 24 万元)，本期自 A 公司购入存货 200 万元，部分实现对外销售后，年末内部购入存货账面价值为 100 万元。

(2) 20×8 年 12 月，A 公司对 B 公司销售商品，价款 50 万元，销售成本 30 万元。B 公司购入后作为管理用固定资产，采用直线法计提折旧，折旧年限为 5 年，预计无净残，并于 20×9年 1 月开始计提折旧。

(3) 因内部商品交易产生了债权债务，A 公司应收 B 公司账款年初余额为 60 万元，年末余额为 100 万元。A 公司采用余额百分比法，按照 10%的比例分别在 20×8 年、20×9 年对应收 B 公司账款计提了坏账准备。

【要求】 编制集团 20×9 年合并资产负债表、合并利润表、合并股东权益变动表。

一、财务报表调整

1. 对 B 公司个别财务报表的调整

B 公司在合并日各项资产的增值共计 300 万元，各项资产公允价值增值部分在 20×8 年、20×9 年度的摊销情况如下：

20×8 年度，摊销存货增值 20 万元，摊销固定资产增值 20 万元，摊销无形资产增值 8 万元，共计48万元。20×9年度摊销固定资产增值20万元，摊销无形资产增值8万元，共计28万元。因此，应编制如下调整分录，并根据调整分录调整子公司个别财务报表(如表5-2所示)。

① 借：存货　　20
　　固定资产　　200
　　无形资产　　80
　贷：资本公积　　300

② 借：未分配利润——年初　　48
　贷：存货　　20
　　固定资产——累计折旧　　20
　　无形资产——累计摊销　　8

③ 借：管理费用　　28
　贷：固定资产——累计折旧　　20
　　无形资产——累计摊销　　8

2. 对母公司个别财务报表的调整

母公司对子公司的长期股权投资采用成本法核算，20×8确认投资收益24万元，20×9年确认投资收益48万元，至20×9年末长期股权投资账面价值1 000万元。若以子公司调整后的财务报表为基础，采用权益法核算，则母公司20×8年应确认投资收益17.6万元(22＊80%)，20×9年应确认投资收益97.6万元(122＊80%)，至20×9年末长期股权投资账面价值为1 043.2万元(993.6+122＊80%-60＊80%)。因此，应编制如下调整分录，并根据调整分录调整子公司个别财务报表(如表5-2所示)。

④ 借：长期股权投资　　43.2
　　未分配利润——年初　　6.4
　贷：投资收益　　49.6

二、内部抵销并编制底稿

1. 长期股权投资与子公司净资产的抵销(如表5-2所示)

(1) 借：股本　　500
　　资本公积——年初　　300
　　盈余公积——年初　　200
　　　　　　——本期　　15
　　未分配利润——年末　　139
　　商誉　　120
　贷：长期股权投资　　1 043.2
　　少数股东权益　　230.8

2. 内部权益性投资收益的抵销

(2) 借：投资收益　　97.6
　　少数股东收益　　24.4

表 5-2　合并工作底稿

20×9 年 12 月 31 日　　　　单位：万元

项　目	A公司				B公司				合计	抵　销		合并数
	调整前	借	贷	调整后	调整前	借	贷	调整后		借	贷	
（利润表项目）												
营业收入	4 500			4 500	1 000			1 000	5 500	(4)200		5 300
营业成本	2 200			2 200	450			450	2 650	(5)40	(3)24 (4)200	2 466
营业税金及附加	100			100	80			80	180			180
销售费用	900			900	100			100	1 000			1 000
管理费用	800			800	100	③28		128	928		(7)4	924
财务费用	100			100	70			70	170			170
资产减值损失	100			100					100		(10)4	96
投资收益	48		④49.6	97.6					97.6	(2)97.6		0
营业利润	348			397.6	200			172	569.6			464
营业外收入	100			100					100			100
营业外支出	100			100					100			100
利润总额	348			397.6	200			172	569.6			464
所得税费用	88			88	50			50	138			138
净利润	260			309.6	150			122	431.6			326
其中：少数股东收益										(2)24.4		24.4

续 表

项 目	A公司				B公司				合计	抵 销		合并数
	调整前	借	贷	调整后	调整前	借	贷	调整后		借	贷	
归属于母公司所有者的收益												301.6
(所有者权益变动表相关项目)												
未分配利润(上年年末余额)	700			693.6	140			92	785.6	(2)92 (3)24 (6)20	(9)6	655.6
会计政策变更及会计差错												
未分配利润(本年年初余额)	700			693.6	140			92	785.6			655.6
本年净利润	260			309.6	150			122	431.6			301.6
提取盈余公积	26			26	15			15	41		(2)15	26
对所有者(或股东)的分配	0			0	60			60	60		(2)60	0
未分配利润(本年年末余额)	934			997.2	215			139	1 116.2		(2)139	931.2
(资产负债表项目)												
货币资金	400			400	150			150	550			550
应收账款	1 000			1 000	350			350	1 350	(9)6 (10)4	(8)100	1 260
应收票据	100			100					100			100
存 货	1 100			1 100	230	①20	②20	230	1 330		(5)40	1 290
长期股权投资	1 000	④43.2		1 043.2					1 043.2		(1)1 043.2	0

续　表

项　目	A公司				B公司				合计	抵　销		合并数
	调整前	借	贷	调整后	调整前	借	贷	调整后		借	贷	
固定资产	3 080			3 080	550	①200	②20 ③20	710	3 790	(7)4	(6)20	3 774
无形资产	180			180	70	①80	②8 ③8	134	314			314
商　誉										(1)120		120
短期借款	1 200			1 200	150			150	1 350			1 350
应付账款	1 000			1 000	270			270	1 270	(8)100		1 170
股　本	3 000			3 000	500			500	3 500	(1)500		3 000
资本公积	300			300			①300	300	600	(1)300		300
盈余公积	426			426	215			215	641	(1)215		426
未分配利润	934	④6.4		977.2	215	②48		139	1 116.2	(1)139		931.2
少数股东权益											(1)230.8	230.8

　　未分配利润——年初　　92
　贷：提取盈余公积　　15
　　对所有者(或股东)的分配　　60
　　未分配利润——年末　　139

3. 内部存货交易的抵销

(3) 借：未分配利润——年初　　24
　贷：营业成本　　24

(4) 借：营业收入　　200
　贷：营业成本　　200

(5) 借：营业成本　　40
　贷：存货　　40

4. 内部固定资产交易的抵销

(6) 借：未分配利润——年初　　20
　贷：固定资产——原价　　20

(7) 借：固定资产——累计折旧　　4
　贷：管理费用　　4

5. 内部债权债务事项的抵销

(8) 借：应付账款　　100
　贷：应收账款　　100

(9) 借：应收账款——坏账准备　　6
　贷：未分配利润——年初　　6

(10) 借：应收账款——坏账准备　　4
　贷：资产减值损失　　4

三、编制合并财务报表

合并财务报表的编制见表 5－3、表 5－4、表 5－5 所示。

表 5-3　合并资产负债表

会合 01 表

编制单位：A 公司　　　　20×9 年 12 月 31 日　　　　单位：万元

资　产	期末余额	年初余额（略）	负债和所有者权益	期末余额	年初余额（略）
流动资产：			流动负债：		
货币资金	550		短期借款	1 350	
应收账款	1 260		应付账款	1 170	
应收票据	100		流动负债合计	2 520	
存　货	1 290		非流动负债：		
其他流动资产	0		长期借款	0	
流动资产合计	3 200		非流动负债合计	0	
非流动资产：			负债合计	2 520	
长期股权投资	0		所有者权益（或股东权益）：		
固定资产	3 774		实收资本（或股本）	3 000	
无形资产	314		资本公积	300	
商　誉	120		盈余公积	426	
其他非流动资产	0		未分配利润	931.2	
非流动资产合计	4 208		归属于母公司所有者权益合计	4 657.2	
			少数股东权益	230.8	
			所有者权益合计	4 888	
资产总计	7 408		负债和所有者权益总计	7 408	

表 5-4 合并利润表

会合 02 表

编制单位：A公司　　20×9年度　　单位：万元

项　目	本期金额	上期金额(略)
一、营业总收入	5 300	
其中：营业收入	5 300	
利息收入	0	
二、营业总成本		
其中：营业成本	2 466	
营业税金及附加	180	
销售费用	1 000	
管理费用	924	
财务费用	170	
资产减值损失	96	
加：公允价值变动收益(损失以"－"号填列)	0	
投资收益(损失以"－"号填列)	0	
其中：对联营企业和合营企业的投资收益	0	
汇兑收益(损失以"－"号填列)	0	
三、营业利润(亏损以"－"号填列)	464	
加：营业外收入	100	
减：营业外支出	100	
其中：非流动资产处置损失		
四、利润总额(亏损总额以"－"号填列)	464	
减：所得税费用	138	
五、净利润(净亏损以"－"号填列)*	326	
归属于母公司所有者的净利润	301.6	
少数股东损益	24.4	
六、每股收益：		
(一)基本每股收益		
(二)稀释每股收益		

表 5－5　合并所有者权益变动表

会合 03 表

编制单位：A 公司　　　　20×9 年度　　　　单位：万元

项　目	本年金额							上年金额（略）						
	归属于母公司所有者权益					少数股东权益	所有者权益合计	归属于母公司所有者权益					少数股东权益	所有者权益合计
	实收资本（或股本）	资本公积	减：库存股	盈余公积	未分配利润			实收资本（或股本）	资本公积	减：库存股	盈余公积	未分配利润		
一、上年年末余额	3 000	300		400	655.6	218.4	4 574							
加：会计政策变更														
前期差错更正														
二、本年年初余额	3 000	300		400	655.6	218.4	4 574							
三、本年增减变动金额（减少以“－”号填列）														
（一）净利润					301.6	24.4	326							
（二）直接计入所有者权益的利得和损失														
1. 可供出售金融资产公允价值变动净额														
2. 权益法下被投资单位其他所有者权益变动的影响														
3. 与计入所有者权益项目相关的所得税影响														
4. 其他														
上述（一）和（二）小计					301.6	24.4	326							

续 表

项目	本年金额							上年金额（略）						
	归属于母公司所有者权益					少数股东权益	所有者权益合计	归属于母公司所有者权益					少数股东权益	所有者权益合计
	实收资本（或股本）	资本公积	减：库存股	盈余公积	未分配利润			实收资本（或股本）	资本公积	减：库存股	盈余公积	未分配利润		
（三）所有者投入和减少资本														
1. 所有者投入资本														
2. 股份支付计入所有者权益的金额														
3. 其他														
（四）利润分配														
1. 提取盈余公积				26	（26）		0							
2. 对所有者（或股东）的分配						（12）	（12）							
3. 其他														
（五）所有者权益内部结转														
1. 资本公积转增资本（或股本）														
2. 盈余公积转增资本（或股本）														
3. 盈余公积弥补亏损														
4. 其他														
四、本年年末余额	3 000	300		426	931.2	230.8	4 888							

思考题

1. 什么是集团公司内部交易事项？它一般包括哪些内容？

2. 试阐述在对个别财务报表进行调整后，母公司对子公司长期股权投资与子公司净资产、母公司确认的对子公司的投资收益与子公司的净利润的数量关系。

3. 在母公司通过企业合并取得对子公司控制权后，合并财务报表上反映的合并商誉是否会发生变化？为什么？

4. 在编制合并财务报表时，企业集团内部交易的未实现销售损益的影响为什么要抵销？在企业集团看来，什么时候内部交易的未实现销售损益实现？

5. 有人认为，在抵销内部交易对合并财务报表所产生的影响时，可以只抵销净利润，营业收入和营业成本可以不予抵销，这样处理并不影响合并净利润。试评述这一观点。

6. 期初存货包含的内部交易形成的未实现销售损益的抵销一般分为哪三种情况？并简述其合并抵销处理存在的差异。

7. 少数股东收益是否受内部交易抵销的影响？

8. 我国合并财务报表的操作中哪些体现了实体理论？

本章相关的法规、制度

1.《企业会计准则第2号——存货》，中华人民共和国财政部，2006

2.《企业会计准则第20号——企业合并》，中华人民共和国财政部，2006

3.《企业会计准则第33号——合并财务报表》，中华人民共和国财政部，2006

4.《国际财务报告准则第3号——企业合并》，国际财务报告准则委员会，2004

练习题

一、单项选择题

1. 为编制合并财务报表所编制的合并抵销分录(　　)。

A. 不必登记账簿　　B. 应在母公司总账中登记

C. 应在母公司明细账中反映　　D. 应在母子公司相关账簿中登记

2. 集团内部交易的固定资产，在报废清理的会计期末，不编制与该固定资产有关的合并抵销分录，这种情况发生在(　　)。

A. 期满报废　　B. 超期报废

C. 提前报废　　D. 以上三种情况

3. 编制合并财务报表时对子公司的权益性投资一般采用(　　)进行核算。

A. 成本法　　B. 权益法

C. 市价法　　D. 成本与市价孰低法

4. 在编制合并财务报表时，对于不涉及集团内部交易的项目(　　)。

A. 只需简单相加　　　　　　　　　　B. 只需相互抵减

C. 应分别编制合并抵销分录　　　　　D. 视具体项目而定

5. 编制合并财务报表时,有关母公司投资收益及子公司相关项目的合并抵销分录正确的是(　　)。

A. 借:投资收益
　　贷:盈余公积
　　　对所有者(或股东)的分配
　　　未分配利润——年末

B. 借:盈余公积
　　　对所有者(或股东)的分配
　　　未分配利润——年末
　　贷:投资收益

C. 借:提取盈余公积
　　　对所有者(或股东)的分配
　　　未分配利润——年末
　　贷:投资收益
　　　未分配利润——年初

D. 借:投资收益
　　　未分配利润——年初
　　贷:提取盈余公积
　　　对所有者(或股东)的分配
　　　未分配利润——年末

6. 下列属于编制合并财务报表应遵循的一般原则是(　　)

A. 配比原则　　　　　　　　　　B. 权责发生制原则

C. 重要性原则　　　　　　　　　D. 稳健性原则

7. 下列关于合并抵销分录表述正确的是(　　)

A. 合并抵销分录可以登记入账

B. 编制合并抵销分录是为了将母子公司个别财务报表各项目汇总

C. 编制合并抵销分录是用来抵销集团内部经济业务事项对合并财务报表的影响的

D. 合并抵销分录有时也用于编制个别财务报表

二、计算及账务处理题

1. **目的:掌握内部权益性投资的抵销处理**

资料:A 股份有限公司(以下简称 A 公司)于 20×8 年 1 月 1 日以货币资金投资 8 100 万元,取得 B 公司 90%的股权。A 公司和 B 公司不存在任何关联关系,双方均按净利润的 10%提取法定盈余公积。有关资料如下:

(1) 20×8 年 1 月 1 日,B 公司账面股东权益为 7 700 万元,其中股本为 5 000 万元,资本公积为 700 万元,盈余公积 200 万元,未分配利润 1 800 万元。

20×8 年 1 月 1 日,B 公司除一台固定资产和一项无形资产的公允价值和账面价值不同外,其他资产和负债的公允价值与账面价值相同,该项固定资产的公允价值为 500 万元,账面价值为 300 万元,预计尚可使用年限为 10 年,采用年限平均法计提折旧,无残值;该项无形资产的公允价值为 300 万元,账面价值为 200 万元,预计尚可使用年限为 5 年,采用直线法摊销,无残值。20×8 年 1 月 1 日,B 公司可辨认净资产的公允价值为 8 000 万元。

(2) 20×8 年和 20×9 年 B 公司有关资料如下:

20×8 年实现净利润 340 万元,分派 20×7 年现金股利 100 万元;20×9 年实现净利润 440 万元,分派 20×8 年现金股利 200 万元,20×9 年 12 月 1 日出租的一项投资性房地产采用公允价值进行后续计量,出租时其公允价值大于账面价值的差额为 100 万元。除上述事项外，B公司的所有者权益未发生其他增减变化。

要求：(1) 在合并账务报表中分别编制20×8年和20×9年对子公司个别报表进行公允价值调整的会计分录，假定合并日固定资产、无形资产的公允价值与账面价值的差额均通过“资本公积”调整。

(2) 分别编制20×8年和20×9年母公司按权益法进行调整的会计分录。

(3) 分别编制20×8年和20×9年与合并财务报表有关的抵销分录。

2. 目的：掌握集团内部购进商品作为存货使用时的抵销处理

资料：20×8年，某母公司向子公司销售商品10 000元，其销售成本为8 000元；子公司购进的该商品20×8年全部未实现对外销售形成期末存货。20×8年末，子公司在对存货进行检查时，发现该批存货已经部分陈旧，其可变现净值降至9 200元。20×9年，母公司向该子公司销售产品15 000元，母公司销售毛利率与20×8年相同，为20%，销售成本为12 000元。子公司20×9年实现对外销售收入为18 000元，销售成本为12 600元；期末存货为12 400元(期初存货10 000元+本期购进存货15 000元－本期销售成本12 600元)，存货价值中包含的未实现内部销售利润为2 480元。

要求：请编制母公司20×8年及20×9年的合并抵销分录。

3. 目的：掌握集团内部购进商品作为存货使用款项未付时的抵销处理

资料：20×8年母公司A销售一批商品给子公司B，其价格为50 000元，成本为40 000元。B公司到20×9年才以银行存款支付该笔货款。子公司购进的该批商品20×8年全部未实现对外销售形成期末存货。B公司20×9年又从A公司购入一批商品，价格为16 000元，A公司的成本为14 000元，相关款项未付。子公司上期从母公司购进的存货20×9年全部售出，销售价格为53 000元；本期从母公司购进的存货销售40%，销售价格为8 000元。假设存货未发生减值。A公司按期末余额的10%计提坏账准备。

要求：请编制A公司20×8年及20×9年的合并抵销分录。

4. 目的：掌握集团内部购进商品作为固定资产使用时的抵销处理

资料：假设A公司和B公司均为同一母公司的子公司。20×3年6月1日，A公司以350 000元的价格将其生产的产品销售给B公司，其销售成本为200 000元。B公司购买该产品作为管理用固定资产使用，按350 000元的原价入账并在其个别资产负债表中列示。假设B公司对该固定资产按5年的使用期限，采用年限平均法计提折旧，预计净残值为零。为简化抵销处理，该内部交易固定资产按6个月计提折旧。

要求：(1) 假定该设备在使用期满时进行清理，编制母公司持续使用该设备及期满清理的合并抵销分录。

(2) 假定该设备超期使用，直到20×9年6月份才报废，编制母公司20×8年、20×9年合并财务报表中有关该设备的合并抵销分录。

(3) 假定该设备于20×5年6月提前报废，取得转让价款200 000元，编制母公司20×5年合并财务报表有关该设备的合并抵销分录。

5. 目的：掌握集团内部购进固定资产作为固定资产使用时的抵销处理

甲公司与乙公司均为受丙公司控制的子公司。20×3年12月20日，甲公司向乙公司转让其生产用设备一台，成本为240 000元，不含税售价为300 000元，营业税税率为5%。乙公司购入该设备作为行政管理部门用固定资产，另外支付途中运输及保险费等 9 000 元。该设备不需安装，当月即投入使用。乙公司采用直线法计提折旧，预计该设备使用期限为 5 年，净残值为零。

要求：(1) 计算乙公司购入设备的入账价值。

(2) 假定该设备在使用期满时进行清理，编制母公司 20×3 年、20×4 年、20×5 年、20×8 年合并财务报表中有关购买、使用该设备的合并抵销分录。

(3) 假定该设备超期使用，直到 20×9 年 6 月份才报废，编制母公司 20×8 年、20×9 年合并财务报表中有关该设备的合并抵销分录。

(4) 假定该设备于 20×6 年 6 月提前报废，取得转让价款 200 000 元，编制母公司 20×6 年合并财务报表中有关该设备的合并抵销分录。

6. **目的：掌握集团公司合并后合并财务报表的抵销处理**

资料：甲上市公司为扩大生产经营规模，实现生产经营的互补，于 20×9 年 1 月合并了乙公司。甲公司与乙公司均为增值税一般纳税人，适用的增值税税率为 17%。除特别注明外，产品销售价格均为不含增值税的公允价值。有关情况如下：

(1) 20×9 年 1 月 1 日，甲公司通过发行 2 000 万股普通股（每股面值 1 元，市价为 4.2 元）取得了乙公司 80% 的股权，并于当日开始对乙公司的生产经营决策实施控制。

① 合并前，甲、乙公司之间不存在任何关联关系。

② 20×9 年 1 月 1 日，乙公司各项可辨认资产、负债的公允价值与其账面价值相同，可辨认净资产公允价值及账面价值的总额均为 9 000 万元（见表 5-6）。

③ 乙公司 20×9 年实现净利润 900 万元，除实现净利润外，未发生其他影响所有者权益变动的交易或事项，当年度也未向投资者分配利润。20×9 年 12 月 31 日所有者权益总额为 9 900 万元（见表 5-6）。

表 5-6　乙公司所有者权益简表

单位：万元

项　目	金额（20×9 年 1 月 1 日）	金额（20×9 年 12 月 31 日）
实收资本	4 000	4 000
资本公积	2 000	2 000
盈余公积	1 000	1 090
未分配利润	2 000	2 810
合　计	9 000	9 900

(2) 20×9 年甲、乙公司发生的内部交易或事项如下：

① 2 月 15 日，甲公司以每件 4 万元的价格自乙公司购入 200 件 A 商品，款项于 6 月 30 日支付，乙公司 A 商品的成本为每件 2.8 万元。至 20×9 年 12 月 31 日，该批商品已售出 80%，销售价格为每件 4.3 万元。

② 4 月 26 日，乙公司以面值公开发行一次还本利息的企业债券，甲公司购入 600 万元，取得后作为持有至到期投资核算（假定甲公司及乙公司均未发生与该债券相关的交易费

用)，因实际利率与票面利率相差较小，甲公司采用票面利率来计算确认 20×9 年利息收入 23 万元，计入持有至到期投资账面价值。

乙公司将与该债券相关的利息支出计入财务费用，其中与甲公司所持有部分相对应的金额为 23 万元。

③ 6 月 29 日，甲公司出售一件产品给乙公司作为管理用固定资产使用，该产品在甲公司的成本为 600 万元，销售给乙公司的售价为 720 万元，乙公司取得该固定资产后，预计使用年限为 10 年，按照年限平均法计提折旧，预计净残值为 0，假定税法规定的折旧年限、折旧方法及净残值与会计规定相同。

至 20×9 年 12 月 31 日，乙公司尚未支付该购入设备款，甲公司对该项应收账款计提坏账准备 36 万元。

④ 1 月 1 日，甲公司与乙公司签订协议，自当日起有偿使用乙公司的某块场地，使用期 1 年，使用费用为 60 万元，款项于当日支付，乙公司不提供任何后续服务。

甲公司将该使用费作为管理费用核算。乙公司将该使用费收入全部作为其他业务收入。

⑤ 甲公司于 20×9 年 12 月 26 日与乙公司签订商品购销合同，并于当日支付合同预付款 180 万元。至 20×9 年 12 月 31 日，乙公司尚未供货。

(3) 其他有关资料。

① 不考虑甲公司发行股票过程中的交易费用。

② 甲、乙公司均按照净利润的 10%提取法定盈余公积。

③ 本题中涉及的有关资产均未出现减值迹象。

要求：

(1) 判断上述企业合并的类型(同一控制下企业合并或非同一控制下企业合并)，并说明原因。

(2) 确定甲公司对乙公司长期股权投资的初始投资成本，并编制确认长期股权投资的会计分录。

(3) 确定甲公司对乙公司长期股权投资在 20×9 年 12 月 31 日的账面价值。

(4) 编制甲公司 20×9 年 12 月 31 日合并乙公司财务报表对长期股权投资的调整分录。

(5) 编制甲公司 20×9 年 12 月 31 日合并乙公司财务报表的合并抵销分录。(不要求编制与合并现金流量表相关的合并抵销分录)

案例分析

企业合并财务报表编制综合案例

(一) 案情介绍

1. P 公司与 S 公司属于非同一控制下企业，20×8 年 1 月 1 日，P 公司用银行存款 5 000 万元购得 S 公司 80%的股份。假定 S 公司的会计政策和会计期间与 P 公司一致。从 20×8 年 1 月 1 日起，P 公司和 S 公司的所得税税率均为 25%。固定资产采用年限平均法计提折旧,无残值,固定资产计提折旧的方法、预计年限和残值均符合税法规定。

2. P公司备查簿中记录的S公司在20×8年1月1日可辨认资产、负债的公允价值的资料如表5-7所示。

表5-7 P公司备查簿

20×8年1月1日 单位:万元

项 目	账面价值	公允价值	公允价值与账面价值的差额	备 注
S公司				
流动资产	2 000	2 000		
非流动资产	5 500	5 900		
其中:固定资产——A办公楼	1 300	1 700	400	该办公楼的剩余折旧年限为20年,采用直线法计提折旧,税法规定该办公楼计提折旧的方法、折旧年限和净残值与S公司会计处理相同
资产总计	7 500	7 900		
流动负债	1 000	1 000		
非流动负债	1 200	1 300	100	递延所得税负债
负债总计	2 200	2 300		
股 本	3 500	3 500		
资本公积	1 800	2 100	400—100	
盈余公积	0	0		
未分配利润	0	0		
股东权益总计	5 300	5 600		
负债和股东权益总计	7 500	7 900		

3. 20×8年1月1日,S公司股东权益总额为5 300万元,其中股本为3 500万元,资本公积为1 800万元,盈余公积为0元,未分配利润为0元。

20×8年,S公司实现净利润1 015万元,提取法定盈余公积101.5万元,分派现金股利400万元(假定分配的是20×8年实现的净利润)。S公司因持有的可供出售的金融资产的公允价值变动计入当期资本公积的金额为500万元。

20×8年8月10日,P公司向S公司销售甲商品100件,每件售价为6万元,每件成本为4万元,20×8年12月31日前,S公司已对外出售甲商品60件,剩余40件在20×9年全部对外出售。

20×8年9月10日,P公司向S公司销售一台电子设备,售价为200万元,出售时设备账面价值为176万元,S公司购进后将其投入行政管理部门使用。该设备预计尚可使用年限为5年,采用年限平均法计提折旧,无残值。

4. 20×9年1月1日,P公司从证券市场上用银行存款610万元又购进S公司10%的股份,当日S公司可辨认净资产公允价值为6 300万元。

(二) 思考分析题

1. 在合并财务报表工作底稿中,编制20×8年12月31日对S公司、P公司个别报表进行调整的会计分录、抵销分录。

2. 在合并财务报表工作底稿中,编制20×9年12月31日对S公司、P公司个别报表进行调整的会计分录、抵销分录。

第六章　外币交易会计

本章要点

通过本章的学习，理解记账本位币、外币折算、汇率、汇兑损益等外币交易基本概念；掌握外币交易会计处理的一笔交易观与两笔交易观，重点关注这两种观点中汇兑损益处理的差异；了解外币统账制和外币分账制记账方法；理解外汇远期合同的套期与投机的作用，掌握外汇远期合同进行公允价值套期保值、现金流量套期、境外经营净投资套期的会计处理，了解外汇远期合同进行投机的会计处理。

第一节　外币交易的基本概念

一、外币和记账本位币

（一）外币

通常所说的外币一般指外国货币，是指本国货币以外的其他国家或者地区流通的货币，包括纸币和铸币。而广义的外币远不止这些，通常指的是以外币表示的用于国际结算的支付凭证，即外汇。外汇具体包括：① 外国货币，包括纸币、铸币等；② 外国有价证券，包括政府公债、国库券、公司债券、股票等；③ 外币支付凭证，包括票据、银行存款凭证等；④ 其他外汇资金。

会计计量中的外币，并非通常所说的外国货币，而是指记账本位币（或功能货币）以外的货币。记账本位币，是指企业经营所处的主要经济环境中的货币。因此，会计计量中的外币可以是本国的货币，也可以是非本国的货币。如果国内企业采用某一外国货币作为记账本位币，则此时的人民币就成了会计计量意义上的“外币”。

（二）记账本位币的确定

记账本位币是指企业经营所处的主要经济环境中的货币，通常这一货币是企业主要收支现金的经济环境中的货币。例如，我国企业一般以人民币为记账本位币。需要说明的是，我国会计上所称的记账本位币，与国际会计准则中的功能货币，虽然名称不同，但实质内容是一致的。

1. 企业记账本位币的确定

《中华人民共和国会计法》规定，一般情况下，中国境内的各单位应选择人民币为记账本位币；业务收支以人民币以外的货币为主的单位，可以选择其中一种货币作为记账本位币，但编报的财务会计报告应当折算为人民币。《企业会计准则第19号——外币折算》针对如何选择记账本位币进行了规范。企业记账本位币的确定，应当考虑下列因素：

(1) 该货币主要影响商品和劳务的销售价格，通常以该货币进行商品和劳务销售价格的计价和结算；

(2) 该货币主要影响商品和劳务所需人工、材料和其他费用，通常以该货币进行上述费用的计价和结算。

企业在选定记账本位币时，上述两项因素应该综合考虑，不能仅考虑其中的一项。如A企业除厂房设备、30%的人工成本是以人民币结算外，生产所需的原材料、机器设备以及70%以上的人工成本以欧元结算，因此，从影响商品和劳务所需人工、材料和其他费用的角度考虑，A企业应选择欧元为记账本位币。但是，如果A企业90%以上的人工成本以人民币结算，则难以判定A企业的记账本位币应选择人民币还是欧元，这时还需要兼顾融资活动获得的资金以及保存从经营活动中收取款项时所使用的货币进行确定。

2. 境外经营记账本位币的确定

境外经营是企业在境外的子公司、合营公司、联营公司、分支机构。当企业在境内的子公司、合营公司、联营公司或者分支机构选定的记账本位币不同于企业的记账本位币时，也应当视同境外经营。企业境外经营的记账本位币的选定，除要考虑一般企业确定记账本位币应考虑的因素外，还要考虑境外经营与企业的关系，具体因素如下：

(1) 境外经营对其所从事的活动是否拥有很强的自主性。如果境外经营所从事的活动视同企业经营活动的延伸，则该境外经营应当选择与企业记账本位币相同的货币作为记账本位币；如果境外经营所从事的活动拥有极大的自主性，则境外经营不能选择与企业记账本位币相同的货币作为记账本位币。

(2) 境外经营活动中与企业的交易是否在境外经营活动中占有较大的比重。如果境外经营与企业的交易在境外经营活动中所占比例较高，则境外经营应当选择与企业记账本位币相同的货币作为记账本位币，反之，应选择其他货币。

(3) 境外经营活动产生的现金流量是否直接影响到企业的现金流量、是否可以随时汇回。如果境外经营活动产生的现金流量直接影响企业的现金流量，并可随时汇回，则境外经营应当选择与企业记账本位币相同的货币作为记账本位币，反之，应选择其他货币。

(4) 境外经营活动产生的现金流量是否足以偿还其现有债务和可预期的债务。如果境外经济活动产生的现金流量在企业不提供资金的情况下，难以偿还其现有债务和正常情况下可以预期的债务，则境外经营应当选择与企业记账本位币相同的货币作为记账本位币，反之，应选择其他货币。

企业选择的记账本位币一经确定，不得改变，除非与确定记账本位币相关的企业经营所处的主要经济环境发生了重大变化。主要经营环境发生重大变化，通常是指企业主要产生和支出现金的环境发生重大变化,使用该环境中的货币最能反映企业的主要交易业务的经济结果。企业需要提供确凿证据证明企业经营所处的主要经济环境确实发生了重大变化,并应当在附注中披露变更理由。

二、外币交易

外币交易是指企业以记账本位币以外的货币计价或者结算的业务。外币交易的内容很多,主要包括以下几个方面:

(1) 外币兑换,是指将外币兑换成本国货币、将本国货币兑换成外国货币或者不同外币之间的兑换,主要发生在用外币结算的交易中,如企业将销售所得的外币出售给外汇经纪银行即结汇,或是当企业需要某种外币时,从外汇经纪银行换入外汇的过程即售汇等;

(2) 企业购买或销售以外币标价的商品或劳务;

(3) 企业借入或出借外币资金;

(4) 企业作为尚未履行的外汇远期合同的一方;

(5) 企业基于其他原因取得或处置以外币计价的资产,承担或清偿以外币计价的负债,等等。

值得指出的是,不能说本国企业与外国企业之间的交易一定是外币交易。一笔交易是否属于外币交易取决于该交易中是否涉及以记账本位币以外的货币进行标价的资产、负债、所有者权益、收入、费用等。例如同样以美元为记账本位币的我国企业与美国企业之间以美元结算的商品购销交易,对于我国企业和美国企业而言,都不是外币交易。再者,即使是本国企业之间的交易,如果选择以其记账本位币以外的货币进行结算,也是外币交易。

三、外币折算

外币折算是指将一定的外币金额换算成本国货币(或特定的外币)等值的程序,它是会计上对原有外币金额的重新表述。外币折算是一种俗称。准确地说,外币折算就是关于将非记账本位币的业务或财务报表按一定的汇率,使用一定的计算方法,转换成为按记账本位币来反映的过程。之所以如此俗称,是因为在大多数情况下,一个企业的记账本位币是其所在国的通货,非记账本位币就是外币。

外币交易之所以要进行折算,是因为会计计量需要有一个统一的计量尺度。在外币交易中,原始计量单位是不同的外币,在将这些交易记入账册之前,必须将外币交易的金额折算成记账本位币的等值。否则,就不可能用同一货币表述的金额来总括反映会计主体的经济事项和编制财务报告。

外币折算与外币兑换不同,主要区别在于“折算”与“兑换”。“折算”是对某类外币业务发生额或外币报表金额的重新表述。例如,某企业美元存款为 USD1 000,在其会计记录上会同时标明记账本位币的金额为 RMB6 880(假定汇率为 USD1=RMB6.88),此时企业拥有的仍是 USD1 000,只是其价值折算表示为 RMB6 880。“兑换”是不同货币之间的实际转换,将一种货币转换成另一种货币。例如企业因实际需要将 USD1 000 兑换为人民币,企业需要向外汇经纪银行支付美元,并收取人民币,兑换业务完成之后企业拥有的是 RMB6 880(假定汇率为 USD1=RMB6.88),不再是美元。前者是实际上并没有发生货币之间的实际转换，不涉及不同货币之间的实际交易；而后者则是实际发生外币的转换，是不同货币之间的交易。但外币折算与外币兑换的基础和依据都是汇率。

四、汇率

汇率是指两种货币相兑换的比率，是一种货币单位用另一种货币单位所表示的价格。

（一）汇率的直接标价法和间接标价法

计算两国货币的汇率，首先需要确定以哪个国家的货币作为折算标准，即汇率的标价方法。根据折算标准的不同，汇率的标价方法分为直接标价法和间接标价法。

1. 直接标价法

直接标价法又称应付标价法，是指每标准单位外币可兑换的本国货币金额的标价方法。或者说，它是以一定单位的外国货币为标准，来计算应付若干单位本国货币的标价方法（假设人民币为本币，USD1＝RMB6.86）。在直接标价法下，外国货币的数额固定不变，本国货币的数额随汇率高低发生变化，本国货币币值大小与汇率高低成反比。在外汇标价中，数量固定不变的称为“基准货币”，而与之相对应数量发生变化的货币称为“标价货币”。目前，世界上大多数国家汇率的标价均采用该种方法，我国也采用这种方法。

2. 间接标价法

间接标价法又称应收标价法，是指每标准单位本国货币可兑换的外币金额的标价方法。或者说，它是以一定单位的本国货币为标准，来计算应收若干单位外币的标价方法（假设人民币为本币，RMB1＝USD0.146）。在间接标价法下，本国货币的数额固定不变，外国货币的数额随汇率的高低发生变化，本国货币币值大小与汇率的高低成正比。英国是长期以来一直采用间接标价方法的国家，美国为了与国际外汇市场对美元的标价一致，于 1978 年 9 月 1 日起，改用了间接标价法。

（二）外汇的买入价、卖出价和中间价

外汇经纪银行一般公布外汇的买入汇率和卖出汇率。买入汇率即买入价，指银行向客户买入外汇时所采用的汇率；卖出汇率即卖出价，指银行向客户出售外汇时所采用的汇率。在汇率的直接标价法下，银行买入汇率低于卖出汇率，这之间的差额为外汇经纪银行买卖外汇的收益。买入汇率与卖出汇率的平均价称为中间汇率，也即中间价。

一般的，企业在收入外币资金和收回外币债务时，如果将其卖给外汇银行，那么将按买入价计算应获取的本国货币。因此，从理论上讲，企业应收回的外币资产应按“买入价”折算。同样，企业应偿付的外币债务，应按“卖出价”折算为本国货币等值。但外币折算业务中普遍的惯例是，不进行业务性质区分，对于所有的外币业务均按中间价进行折算。

（三）现行汇率、历史汇率和平均汇率

现行汇率和历史汇率一般是相对于会计报表或已入账的会计记录而言的。现行汇率是指会计报表日的汇率，历史汇率是指外币业务最初发生时的汇率，即取得外币资产或承担外币负债时的汇率。一般来说，现行汇率与历史汇率是不同的，但是当取得外币资产或承担外币债务的时间为资产负债表编制日时，两种汇率是相同的。平均汇率是现行汇率或历史汇率的简单或加权的平均数。

（四）即期汇率与远期汇率

外汇市场上有现汇交易和期汇交易，相应的汇率也有即期汇率和远期汇率之分。即期汇率是指现汇交易中的交割汇率。现汇交易通常隔两个营业日交割。在远期外汇交易中，买卖双方签订买入外汇或卖出外汇的合约，在未来（一般为1—6个月）按照约定的汇率进行交割。这种在外汇远期市场上进行远期外汇交割时所使用的汇率为远期汇率。

变动中的即期汇率与远期汇率有着密切的关系。远期汇率与即期汇率相比是有差额的，这种差额叫远期差价，有升水、贴水、平价三种情况，升水表示外汇远期升值，贴水表示外汇远期贬值，平价表示外汇远期价值与即期价值相等。在直接标价法下，远期汇率可表示为：升水时，远期汇率＝即期汇率＋升水；贴水时，远期汇率＝即期汇率－贴水。在间接标价法下，远期汇率可表示为：升水时，远期汇率＝即期汇率－升水；贴水时，远期汇率＝即期汇率＋贴水。下面我们通过一个例子来说明两者的密切关系。

【例6-1】 假设美元与英镑的即期汇率是USD1＝GBP0.53630。如果英镑90天期的利率为2%，美元90天期的利率是5%，则当日90天期的远期汇率应该是持有美元90天所获得的本息等于投资于英镑90天将获得的本息的汇率。90天远期汇率的计算过程如表6-1所示。

表6-1 即期汇率与远期汇率

币种	美元	英镑
即期汇率	1	0.53630
利率	5%	2%
90天的利息	0.0125	0.00268
90天后的价值	1.0125	0.53898
90天远期汇率	1	0.53233[①]

注：① 90天期的远期汇率为：0.53898英镑/1.0125美元＝0.53233英镑/1美元，即USD1＝GBP0.53233。

五、汇兑损益

在浮动汇率制下，外汇汇率变动频繁，外币业务处理也因此变得十分复杂，同等金额的外币在不同时点折合为记账本位币等值时往往会不相等，其差额即为汇兑损益。汇兑损益是指将一种货币兑换或折算为另一种货币时，由于汇率的变动所产生的兑换或折算收益或损失。汇兑损益通常产生于以下情形：

（1）企业的外币应收应付项目在结算时产生的汇兑损益；

（2）外币兑换时，由于实际兑换汇率与账面汇率的不同而产生的汇兑损益；

（3）期末，对外币货币性账户用期末汇率进行折算调整时，由于账面汇率与期末汇率的不同而产生的汇兑损益；

（4）企业对外进行报告时，将外币列示的财务报表转换成以等值记账本位币列示的财务报表金额产生的汇兑损益。

在实际业务中,汇兑损益由交易损益和报表折算损益构成,以上汇兑损益中(1)、(2)、(3)属于交易损益,(4)属于报表折算损益。汇兑损益按其是否在本期实现,分为已实现汇兑损益和未实现汇兑损益。我们可以用图 6-1 表示汇兑损益的各种类型。

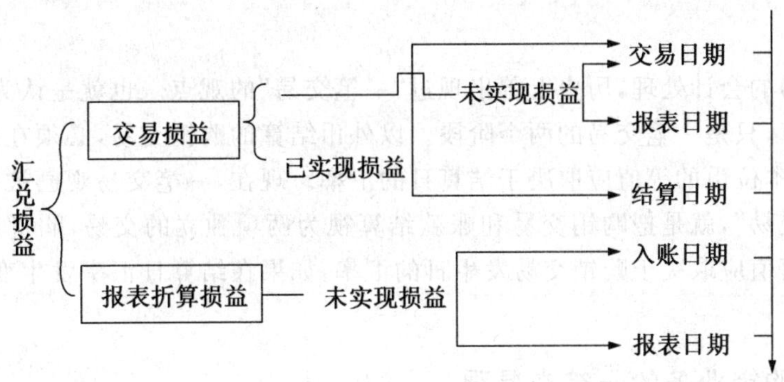

图 6-1　汇兑损益的分类

已实现汇兑损益可称为已结算的外币交易损益,它是由最初交易发生时所使用的汇率与结算时所使用的汇率不同而引起的。例如,已经收回的外币债权初始确认汇率和结算日汇率之差引起的汇兑损益、已经偿付的外币债务初始确认汇率和结算日汇率之差引起的汇兑损益等。

【例 6-2】　某企业 20×8 年 3 月 31 日向美国出口一批商品,以美元结算,价款 10 000 美元,结算日为 4 月 30 日。3 月 31 日即期汇率为 USD1=RMB7.02。4 月 30 日收到美国公司支付的货款,存入银行,当日的即期汇率为 USD1=RMB7.00。

在本例中,该企业 20×8 年 3 月 31 日记账时,10 000 美元折算为人民币 70 200 元。但 4 月 30 日收到对方支付货款时的汇率为 USD1=RMB7.00,实际兑换成人民币 70 000 元,比当时记账金额少 200 元,即发生汇兑损失 200 元,在 20×8 年度的损益表上表现为已实现的汇兑损失。

未实现汇兑损益一般包括未结算的外币交易损益和外币报表的折算损益。未结算的外币交易损益是指在外币交易未结算之前编制会计报表,报表日的现行汇率和交易发生时的记账汇率或上期报表日该交易的折算汇率(即上期报表日现行汇率)不同而引起的汇兑损益。

【例 6-3】　在例 6-2 中,假定结算日为 20×9 年 1 月 31 日,当日的即期汇率为 USD1=RMB6.84。20×8 年 12 月 31 日的即期汇率为 USD1=RMB6.83。

在本例中,20×8 年 12 月 31 日该外币应收款没有结算,在资产负债表上列示为按当日的汇率折算的金额人民币 68 300 元,而不是初始确认金额人民币 70 200 元,两者之间的差额 1 900 元即为未实现的汇兑损失。

除了未结算的外币交易在会计报表编制中折算形成的汇兑损益外,将国外子公司的财务报表重新表述为以母公司编报货币表示等外币财务报表折算中,由于汇率变动产生的汇兑损益,也属于未实现的汇兑损益。本章主要讨论由于外币交易产生的汇兑损益,关于外币财务报表折算过程中产生的汇兑损益将在本书第七章进行阐述。

第二节 外币交易会计处理方法

对外币交易的会计处理,历史上曾出现过"一笔交易"的观点。也就是认为,从购销交易成立到账款结算,只是一笔交易的两个阶段。以外币结算的购销交易,必须在账款结算之日才算完成,记账本位币的等值应取决于结算日的汇率。现在,一笔交易观已被两笔交易观取代,所谓"两笔交易",就是把购销交易和账款结算视为两项独立的交易,购货成本或销货收入记账本位币等值应取决于购销交易发生日的汇率,如果在结算日汇率发生变动,将形成汇兑损益。

一、外币购销业务的一笔交易观

一笔交易观是指企业将发生的购销业务以及以后的账款结算视为一项交易的两个不可分割的阶段,即只要未结算就认为该笔交易尚未完成,直到结清了外币交易引起的外币应收或应付款后,外币交易才最终完成。因此,从交易发生到账款结算日的期间,外币交易形成的应收或应付外币账户,由于汇率变动而产生的汇兑损益不应该单独确认,而应作为该笔交易发生时所确认的销货收入或资产成本的调整。

依据一笔交易观进行外币购销业务会计处理的要点:

(1) 交易发生日,按当日即期汇率,将交易发生的外币金额折合为记账本位币,确认外币资产或负债及销货收入或购货成本。

(2) 资产负债表日,以当日即期汇率调整外币应收或应付项目折算为记账本位币的等值以及相应的销货收入或购货成本。

(3) 结算日,以当日即期汇率调整外币应收或应付项目折算为记账本位币的等值以及相应的销货收入或购货成本,并进行结算。

(一) 一笔交易观下的外币销货业务

【例 6-4】 中国甲外贸进出口公司于 20×9 年 3 月 1 日以赊销的方式向美国乙公司销售一批 A 商品,共计 100 000 美元,当天的即期汇率为 USD1=RMB6.88。3 月 31 日的即期汇率为 USD1= RMB6.84;6 月 30 日的即期汇率为 USD1= RMB6.85;结算日 20×9 年 7 月 30 日的即期汇率为 USD1= RMB6.82。双方约定货款以美元结算,中国该公司的记账本位币为人民币。不考虑应交增值税。

甲外贸进出口公司应编制会计分录如下:

(1) 20×9 年 3 月 1 日

借:应收账款——乙公司——美元户(USD100 000*6.88)　　688 000

　贷:主营业务收入——A 商品　　688 000

(2) 20×9 年 3 月 31 日

借:主营业务收入——A 商品　　4 000

　贷:应收账款——乙公司——美元户[USD100 000*(6.88-6.84)]　　4 000

(3) 20×9 年 6 月 30 日

借：应收账款——乙公司——美元户[USD100 000 * (6.85－6.84)]　　1 000

　贷：主营业务收入——A 商品　　1 000

(4) 20×9 年 7 月 30 日

借：主营业务收入——A 商品　　3 000

　贷：应收账款——乙公司——美元户[USD100 000 * (6.85－6.82)]　　3 000

借：银行存款——美元户(USD100 000 * 6.82)　　682 000

　贷：应收账款——乙公司——美元户(USD100 000 * 6.82)　　682 000

(二) 一笔交易观下的外币购货业务

【例 6-5】 中国甲外贸进出口公司于 20×9 年 3 月 1 日向美国丙公司以赊购的方式采购一批 B 商品，共计 100 000 美元，当天的即期汇率为 USD1＝RMB6.88。3 月 31 日的即期汇率为 USD1＝RMB6.84；6 月 30 日的即期汇率为 USD1＝RMB6.85；结算日为 20×9 年 7 月 30 日，当日的即期汇率为 USD1＝RMB6.82。双方约定货款以美元结算，中国该公司的记账本位币为人民币。不考虑应交增值税。

甲外贸进出口公司应编制会计分录如下：

(1) 20×9 年 3 月 1 日

借：在途商品——B 商品　　688 000

　贷：应付账款——丙公司——美元户(USD100 000 * 6.88)　　688 000

(2) 20×9 年 3 月 31 日

借：应付账款——丙公司——美元户[USD100 000 * (6.88－6.84)]　　4 000

　贷：在途商品——B 商品　　4 000

(3) 20×9 年 6 月 30 日

借：在途商品——B 商品　　1 000

　贷：应付账款——丙公司——美元户[USD100 000 * (6.85－6.84)]　　1 000

(4) 20×9 年 7 月 30 日

借：应付账款——丙公司——美元户[USD100 000 * (6.85－6.82)]　　3 000

　贷：在途商品——B 商品　　3 000

借：应付账款——丙公司——美元户(USD100 000 * 6.82)　　682 000

　贷：银行存款——美元户(USD100 000 * 6.82)　　682 000

从上述会计处理中可以看出，一笔交易观存在一定的局限性。以记账本位币计量的销货收入或购货成本，都不是在销售或购货成立时确定的，而是在应收应付款项结清时才最终确定，这是"现金收付制"原则的体现；一笔交易观把汇率变动影响反映为销货收入或购货成本的调整，而不能反映外币交易中的汇率变动风险，进而影响到会计信息的决策有用性。另外，如果购进的商品已经出售或加工，汇率变动时还需追溯调整，比较繁琐。所以在目前的会计实务中大部分采用两笔交易观对外币交易进行会计处理。

二、外币购销业务的两笔交易观

两笔交易观是指将企业外币购销业务的发生和随后货款的结算视为两项独立的交易。

在该种观点下外币交易的发生金额取决于交易发生时的汇率，而与以后货款结算日的汇率无关。企业在外币债权和债务上所承担的汇率变动的风险属于财务决策，并不是销货或购货决策，也就是说销售收入或购货成本在交易发生时即已经确定，不受汇率变动的影响，在交易中形成的应收或应付外币账款将承受汇率变动的风险。因此，汇率变动引起的汇兑损益不能作为此项交易发生时所确认的销货收入或资产成本的调整，而应该作为汇兑损益来单独反映，以提供给报表使用者汇率变动风险的会计信息。

依据两笔交易观进行外币购销业务会计处理的要点为：

(1) 交易发生日，按当日即期汇率，将交易发生的外币金额折合为记账本位币，确认外币资产或负债及销货收入或购货成本。

(2) 资产负债表日，以当日即期汇率调整外币应收或应付项目折算为记账本位币的等值，同时确认汇率变动产生的汇兑损益。

(3) 结算日，以当日即期汇率调整外币应收或应付项目折算为记账本位币的等值，同时确认汇率变动产生的汇兑损益，并进行结算。

在两笔交易观下，对于产生于结算日之前的汇兑损益(未实现汇兑损益)，存在着三种不同的处理方式：一种是当期确认法；二是递延法；三是确认损失、递延收益。

(1) 当期确认法。资产负债表编制日，将外币资产、负债因汇率变动而产生的未实现汇兑损益确认为当期损益。采用这种方法的理由是，汇率变动是客观存在的，它对资产负债表的影响也是客观存在的，采用当期确认法能使本期的会计报表及时地反应外汇汇率变动对企业的影响，从而更加真实地反映了折算日的企业财务状况。

(2) 递延法。资产负债表编制日，将外币资产、负债因汇率变动而产生的未实现汇兑损益作为资产负债表项目予以递延。在这种方法下，无论汇率变动有多大，均将外币资产或负债产生的汇兑损益予以递延，直到结算时，未实现的汇兑损益转化成已实现汇兑损益，才能计入当期损益。采用这种方法的理由是：汇率变动可能逆转，在这种情况下，在上一会计期末确认的汇兑损益就不可能实现，从而会导致前后两个会计期间的报告损益的歪曲。

(3) 确认损失、递延收益。资产负债表编制日，将外币资产、负债因汇率变动而产生的未实现汇兑损益区分为汇兑收益与汇兑损失，分别采用不同的会计处理方法，将汇兑损失确认为当期费用，将汇兑收益作为资产负债表项目予以递延。采用这种方法主要是基于会计稳健(谨慎)的考虑。

(一) 两笔交易观下的外币销货业务

【例 6-6】 沿用例 6-4 的资料，按照两笔交易观，汇兑损益分别采用当期确认法、递延法及确认损失、递延收益法，甲外贸进出口公司应编制的会计分录如表 6-2 所示。

表 6-2　两笔交易观：外币销货业务

日期	会计分录	借方	贷方
未实现汇兑损益当期确认			
20×9 年 3 月 1 日	借：应收账款——乙公司——美元户(USD100 000＊6.88)	688 000	
	贷：主营业务收入——A 商品		688 000
20×9 年 3 月 31 日	借：财务费用——汇兑损益[①]	4 000	
	贷：应收账款——乙公司——美元户[USD100 000＊(6.88－6.84)]		4 000
20×9 年 6 月 30 日	借：应收账款——乙公司——美元户[USD100 000＊(6.85－6.84)]	1 000	
	贷：财务费用——汇兑损益		1 000
20×9 年 7 月 30 日	借：财务费用——汇兑损益	3 000	
	贷：应收账款——乙公司——美元户[USD100 000＊(6.85－6.82)]		3 000
	借：银行存款——美元户(USD100 000＊6.82)	682 000	
	贷：应收账款——乙公司——美元户(USD100 000＊6.82)		682 000
未实现汇兑损益递延			
20×9 年 3 月 1 日	借：应收账款——乙公司——美元户(USD100 000＊6.88)	688 000	
	贷：主营业务收入——A 商品		688 000
20×9 年 3 月 31 日	借：递延汇兑损益	4 000	
	贷：应收账款——乙公司——美元户[USD100 000＊(6.88－6.84)]		4 000
20×9 年 6 月 30 日	借：应收账款——乙公司——美元户[USD100 000＊(6.85－6.84)]	1 000	
	贷：递延汇兑损益		1 000
20×9 年 7 月 30 日	借：财务费用——汇兑损益	3 000	
	贷：应收账款——乙公司——美元户[USD100 000＊(6.85－6.82)]		3 000
	借：银行存款——美元户(USD100 000＊6.82)	682 000	
	贷：应收账款——乙公司——美元户(USD100 000＊6.82)		682 000
	借：财务费用——汇兑损益	3 000	
	贷：递延汇兑损益		3 000
未实现汇兑损失当期确认、汇兑收益递延			
20×9 年 3 月 1 日	借：应收账款——乙公司——美元户(USD100 000＊6.88)	688 000	
	贷：主营业务收入——A 商品		688 000
20×9 年 3 月 31 日	借：财务费用——汇兑损益	4 000	
	贷：应收账款——乙公司——美元户[USD100 000＊(6.88－6.84)]		4 000
20×9 年 6 月 30 日	借：应收账款——乙公司——美元户[USD100 000＊(6.85－6.84)]	1 000	
	贷：递延汇兑损益		1 000
20×9 年 7 月 30 日	借：财务费用——汇兑损益	3 000	
	贷：应收账款——乙公司——美元户[USD100 000＊(6.85－6.82)]		3 000
	借：银行存款——美元户(USD100 000＊6.82)	682 000	
	贷：应收账款——乙公司——美元户(USD100 000＊6.82)		682 000
	借：递延汇兑损益	1 000	
	贷：财务费用——汇兑损益		1 000

① 外币交易汇兑损益单独确认，在我国通过“财务费用——汇兑损益”科目进行核算，如果汇兑损益的金额较大，也可以设置“汇兑损益”一级科目进行核算。

（二）两笔交易观下的外币购货业务

【例 6-7】 沿用例 6-5 的资料，按照两笔交易观，汇兑损益分别采用当期确认法、递延法及确认损失、递延收益法，甲外贸进出口公司应编制的会计分录如表 6-3 所示。

表 6-3 两笔交易观：外币购货业务

未实现汇兑损益当期确认			
20×9 年 3 月 1 日	借：在途商品——B 商品 贷：应付账款——丙公司——美元户（USD100 000 * 6.88）	688 000	688 000
20×9 年 3 月 31 日	借：应付账款——丙公司——美元户［USD100 000 * (6.88－6.84)］ 贷：财务费用——汇兑损益	4 000	4 000
20×9 年 6 月 30 日	借：财务费用——汇兑损益 贷：应付账款——丙公司——美元户［USD100 000 * (6.85－6.84)］	1 000	1 000
20×9 年 7 月 30 日	借：应付账款——丙公司——美元户［USD100 000 * (6.85－6.82)］ 贷：财务费用——汇兑损益 借：应付账款——丙公司——美元户（USD100 000 * 6.82） 贷：银行存款——美元户（USD100 000 * 6.82）	3 000 682 000	 3 000 682 000
未实现汇兑损益递延			
20×9 年 3 月 1 日	借：在途商品——B 商品 贷：应付账款——丙公司——美元户（USD100 000 * 6.88）	688 000	688 000
20×9 年 3 月 31 日	借：应付账款——丙公司——美元户［USD100 000 * (6.88－6.84)］ 贷：递延汇兑损益	4 000	4 000
20×9 年 6 月 30 日	借：递延汇兑损益 贷：应付账款——丙公司——美元户［USD100 000 * (6.85－6.84)］	1 000	1 000
20×9 年 7 月 30 日	借：应付账款——丙公司——美元户［USD100 000 * (6.85－6.82)］ 贷：财务费用——汇兑损益 借：应付账款——丙公司——美元户（USD100 000 * 6.82） 贷：银行存款——美元户（USD100 000 * 6.82） 借：递延汇兑损益 贷：财务费用——汇兑损益	3 000 682 000 3 000	 3 000 682 000 3 000
未实现汇兑损失当期确认、汇兑收益递延			
20×9 年 3 月 1 日	借：在途商品——B 商品 贷：应付账款——丙公司——美元户（USD100 000 * 6.88）	688 000	688 000
20×9 年 3 月 31 日	借：应付账款——丙公司——美元户［USD100 000 * (6.88－6.84)］ 贷：递延汇兑损益	4 000	4 000
20×9 年 6 月 30 日	借：财务费用——汇兑损益 贷：应付账款——丙公司——美元户［USD100 000 * (6.85－6.84)］	1 000	1 000
20×9 年 7 月 30 日	借：应付账款——丙公司——美元户［USD100 000 * (6.85－6.82)］ 贷：财务费用——汇兑损益 借：应付账款——丙公司——美元户（USD100 000 * 6.82） 贷：银行存款——美元户（USD100 000 * 6.82） 借：递延汇兑损益 贷：财务费用——汇兑损益	3 000 682 000 4 000	 3 000 682 000 4 000

两笔交易观以记账本位币计量的销货收入和购货成本，是在销货和购货成立时确定的，这是权责发生制的体现；将汇率变动的影响确认为汇兑损益，反映了汇率变动的影响。两笔交易观下的递延法的论据实际上存在很大的缺陷。因为如果财务报表不反映已发生的汇率波动，就会失去有用性；并且人们很难预测未来的汇率是否会逆转，如果汇率不发生逆转，那么将造成上一会计期间应确认的汇兑损益被递延至下一会计期间确认的状况，同样是歪曲了上下两个会计期间的利润。目前大多数国家都采用两笔交易观点，且其中又以采用当期确认法的为多数。

三、我国外币交易的会计处理

中华人民共和国财政部 2006 年 2 月 15 日颁布的《企业会计准则第 19 号——外币折算》对外币交易会计处理进行了规范。我国外币交易会计采用的是两笔交易观，未实现的汇兑损益当期确认。外币交易的会计处理主要涉及两个环节，一是在交易日对外币交易进行初始确认，将外币金额折算为记账本位币的金额；二是在资产负债表日或结算日对相关项目进行折算，将因汇率变动产生的差额计入当期损益。无论是在交易日对外币交易进行初始确认，还是在资产负债表日对外币交易余额进行处理，均涉及折算汇率的选择。

（一）以即期汇率或即期汇率的近似汇率作为折算汇率

外币折算准则规定了两种折算汇率，即即期汇率或即期汇率的近似汇率。即期汇率一般指当日中国人民银行公布的人民币汇率的中间价。但是，在企业发生单纯的货币兑换交易或涉及货币兑换的交易时，需要用买入价或卖出价折算。

中国人民银行每日仅公布银行间外汇市场人民币兑美元、欧元、日元、港元的中间价。企业发生的外币交易只涉及人民币与这四种货币之间折算的，可以直接采用公布的人民币汇率的中间价作为即期汇率进行折算；企业发生的外币交易涉及人民币与其他货币之间折算的，应以国家外汇管理局公布的各种货币对美元折算汇率采用套算的方法进行折算；发生的人民币以外的货币之间折算的，可以直接采用国家外汇管理局公布的各种货币对美元折算汇率进行折算。

当汇率变化不大时，为了简化核算，企业在外币交易日或对外币报表的某些项目进行折算时也可以选择即期汇率的近似汇率折算。即期汇率的近似汇率是按照系统合理的方法确定的、与交易发生日即期汇率近似的汇率，通常是指当期平均汇率或加权平均汇率等。以人民币兑美元的周平均汇率为例，假定人民币兑美元每天的即期汇率分别为周一 6.88、周二 6.86、周三 6.85、周四 6.84、周五 6.82，则周平均汇率为(6.88＋6.86＋6.85＋6.84＋6.82)/5＝6.85。月平均汇率的计算方法与周平均汇率的计算方法相同。月加权平均汇率需要采用当月外币交易的外币金额作为权重进行计算。无论是采用平均汇率，还是加权平均汇率，或是采用其他方法确定即期汇率的近似汇率，所采用的方法应在前后各期保持一致。如果汇率波动使得采用即期汇率的近似汇率折算不适当时，应当采用交易发生日的即期汇率折算。

（二）交易日的会计处理

企业发生外币交易的，应当在初始确认时采用交易日的即期汇率或即期汇率的近似汇率将外币金额折算为记账本位币金额。企业收到投资者以外币投入的资本,无论是否有合约汇率,均不得采用合约汇率或即期汇率的近似汇率折算,而应采用交易日即期汇率折算。

1. 外币兑换

(1) 买入外汇。企业买入外汇也就是银行卖出外汇,企业按照外汇卖出价购入,银行按照卖出价收取人民币。企业的"银行存款——人民币户"账户按实际支付的金额记账,而"银行存款——外币户"账户按照当日即期汇率或即期汇率的近似汇率来折算,两者之间的差额记入"财务费用——汇兑损益"、"在建工程"等账户。

【例 6-8】 20×9 年 2 月 1 日,某企业从银行买入 1 000 美元,当日卖出价为 USD1=RMB6.87,买入价为 USD1=RMB6.81。该企业记账本位币为人民币,按照规定允许开立现汇账户,以业务发生当日的即期汇率作为折算汇率。

该企业 2 月 1 日应编制会计分录如下:

借:银行存款——美元户[USD1 000 * (6.87+6.81)/2]　　6 840
　　财务费用——汇兑损益　　30
　贷:银行存款——人民币户　　6 870

(2) 卖出外汇。企业卖出外汇也就是银行买入外汇,银行按照当日买入价支付企业人民币。企业的"银行存款——人民币户"账户按实际收到的金额记账,而"银行存款——外币户"账户按照当日即期汇率或即期汇率的近似汇率折算,两者之间的差额记入"财务费用——汇兑损益"、"在建工程"等账户。

【例 6-9】 20×9 年 2 月 1 日,某企业将 1 000 美元卖给银行,当日卖出价为 USD1=RMB6.87,买入价为 USD1=RMB6.81。该企业记账本位币为人民币,按照规定允许开立现汇账户,以业务发生当日的即期汇率作为折算汇率。

该企业 20×9 年 2 月 1 日应编制会计分录如下:

借:银行存款——人民币户　　6 810
　　财务费用——汇兑损益　　30
　贷:银行存款——美元户[USD1 000 * (6.87+6.81)/2]　　6 840

2. 外币购销业务

(1) 外币销货业务。

【例 6-10】 中国甲外贸进出口公司于 20×9 年 3 月 1 日以赊销的方式向美国乙公司销售一批 A 商品,共计 100 000 美元,当天的汇率为 USD1=RMB6.88。该企业记账本位币为人民币,以业务发生当日的即期汇率作为折算汇率。不考虑应交增值税。该公司 20×9 年 3 月 1 日应编制会计分录如下:

借:应收账款——乙公司——美元户(USD100 000 * 6.88)　　688 000
　贷:主营业务收入——A 商品　　688 000

(2) 外币购货业务。

【例 6-11】 中国甲外贸进出口公司于 20×9 年 3 月 1 日以赊购的方式向美国丙公司采购一批 B 商品,共计 100 000 美元,当天的汇率为 USD1=RMB6.88。该企业记账本位币为人民币,以业务发生当日的即期汇率作为折算汇率。不考虑应交增值税。

该公司 20×9 年 3 月 1 日应编制会计分录如下：

借：库存商品——B 商品　　688 000

　贷：应付账款——丙公司——美元户(USD100 000 * 6.88)　　688 000

3. 外币借贷业务

开立外币现汇账户的企业，借入外汇时，将借入时当日即期汇率作为折算汇率，同时按照借入外汇的金额登记相关的外币账户。

【例 6-12】 中国某公司于 20×9 年 3 月 1 日向银行借入 1 000 美元，期限为 3 个月，当日的汇率为 USD1＝RMB6.85。该企业记账本位币为人民币，按照规定允许开立现汇账户，以业务发生当日的即期汇率作为折算汇率。

该公司 20×9 年 3 月 1 日应编制会计分录如下：

借：银行存款——美元户(USD1 000 * 6.85)　　6 850

　贷：短期借款——美元户(USD1 000 * 6.85)　　6 850

4. 接受外币投资

【例 6-13】 某外商投资企业以人民币为记账本位币，按照规定允许开立现汇账户，以业务发生当日的即期汇率作为折算汇率。合同约定外方出资 1 000 美元，汇率为 USD1＝RMB6.83。20×9 年 2 月 15 日，外方乙公司交足出资额，当日市场汇率为 USD1＝RMB6.88。

该企业 20×9 年 2 月 15 日应编制会计分录如下：

借：银行存款——美元户(USD1 000 * 6.88)　　6 880

　贷：实收资本——乙公司　　6 880

（三）会计期末或结算日外币交易余额的会计处理

资产负债表日，企业应当分别外币货币性项目和外币非货币性项目进行处理。

1. 按资产负债表日汇率调整外币货币性项目的记账本位币金额，并确认汇兑差额

货币性项目是指企业持有的货币和将以固定或可确定金额的货币收取的资产或偿付的负债。货币性项目分为货币性资产和货币性负债，货币性资产包括现金、银行存款、应收账款和应收票据以及准备持有至到期的债券投资等；货币性负债包括应付账款、其他应付款、短期借款、应付债券、长期借款、长期应付款等。

对于外币货币性项目，资产负债表日或结算日，因汇率变动产生的汇兑差额作为财务费用处理，同时调增或调减外币货币性项目的记账本位币金额。由此可以看出，我国外币交易会计处理采用了两笔交易观，且汇兑损益当期确认。

2. 外币非货币性项目的期末计价应考虑汇率变动影响

非货币性项目是货币性项目以外的项目，如存货、长期股权投资、交易性金融资产（股票、基金）、固定资产、无形资产等。非货币性项目资产负债表日不产生汇兑差额，但期末计价时应考虑汇率变动的影响。

(1) 外币非货币性项目减值准备的计提应考虑汇率变动的影响。对于以历史成本计量的外币非货币性项目，已在交易发生日按当日即期汇率折算，资产负债表日不应改变其原记账本位币金额，不产生汇兑差额。但是，由于存货在资产负债表日采用成本与可变现净值孰低计量，因此在以外币购入存货并且该存货在资产负债表日的可变现净值以外币反映的情况下，在计提存货跌价准备时应当考虑汇率变动的影响。

【例 6-14】 甲公司以人民币为记账本位币,20×9 年 12 月 2 日以每件 500 美元的价格从美国进口 D 商品国际最新款 100 件,并于当日支付相应的货款(假定该公司有美元存款),当日即期汇率为 USD1=RMB7.03。20×9 年 12 月 31 日,已出售 D 商品 25 件,国内市场仍无 D 商品的供应,但 D 商品的国际市场价格已降至每件 450 美元。假定 20×9 年 12 月 31 日的即期汇率为 USD1=RMB6.93。假定不考虑相关税费,请编制相关会计分录。

甲公司应编制会计分录如下:

① 20×9 年 12 月 2 日,购入甲产品。

借:库存商品——D 商品　　351 500

　贷:银行存款——美元户(USD50 000 * 7.03)　　351 500

② 20×9 年 12 月 31 日,由于库存的 75 件 D 商品的市场价格下跌,表明可变现净值低于成本,应计提存货跌价准备。

借:资产减值损失　　29 737.5

　贷:存货跌价准备　　29 737.5

500 * 75 * 7.03－450 * 75 * 6.93＝263 625－233 887.5＝29 737.5 元。

本例中,期末计算 D 商品的可变现净值时,由于国内没有相应的产品价格,只能以 D 商品的国际市场价格为基础确定其可变现净值,但需要考虑汇率变动的影响,以国际市场价格为基础确定的可变现净值应按照期末的汇率折算,再与库存商品的记账本位币成本相比较,确定其应计提的跌价准备。

(2) 以公允价值计量的外币非货币项目的后续计量应考虑汇率变动的影响。对以公允价值计量的股票、基金等非货币性项目,如果期末的公允价值以外币反映,则应当先将该外币按照公允价值确定当日的即期汇率折算为记账本位币金额,再与原记账本位币金额进行比较,其差额作为公允价值变动计入当期损益或资本公积。

【例 6-15】 中国甲公司以人民币为记账本位币,20×8 年 12 月 5 日以每股 1 美元的价格购入乙公司 B 股 10 000 股作为交易性金融资产,当日即期汇率为 USD1=RMB6.91,款项已付。20×8 年 12 月 31 日,由于市价变动,当月购入的乙公司 B 股的市价变为 2 美元,当日即期汇率为 USD1=RMB6.89。20×9 年 2 月 18 日,甲公司将所购乙公司 B 股股票按当日市价每股 2.2 美元全部售出(即结算日),所得价款为 22 000 美元,当日即期汇率为 USD1=RMB6.84。假定不考虑相关税费的影响,请编制相关会计分录。

甲公司应编制会计分录如下:

① 20×8 年 12 月 5 日。

借:交易性金融资产——乙公司——美元户(USD10 000 * 6.91)　　69 100

　贷:银行存款——美元户(USD10 000 * 6.91)　　69 100

② 根据《企业会计准则第 22 号——金融工具》规定,交易性金融资产以公允价值计量。由于该项交易性金融资产是以外币计价的,在资产负债表日,不仅应考虑美元市价的变动,还应一并考虑美元与人民币之间汇率变动的影响,上述交易性金融资产 20×8 年 12 月 31 日的人民币金额为 137 800(即 2 * 10 000 * 6.89)元,与原账面价值 69 100 元(即 1 * 10 000 * 6.91)的差额为 68 700 元人民币,应计入公允价值变动损益。

借:交易性金融资产——乙公司——美元户　　68 700

贷：公允价值变动损益　　68 700

68 700 元人民币既包含甲公司所购乙公司 B 股股票公允价值变动的影响，又包含人民币与美元之间汇率变动的影响。

③ 售出当日，对于汇率的变动和股票市价的变动不进行区分，均作为投资收益进行处理。

借：银行存款——美元（USD22 000 ＊6.84）　　150 480

　贷：交易性金融资产——乙公司——美元户　　137 800

　　投资收益　　12 680

借：公允价值变动损益　　68 700

　贷：投资收益　　68 700

第三节　外币交易的记账方法

外币交易会计的记账方法一般分为外币统账制记账方法和外币分账制记账方法两种。

一、外币统账制记账方法

外币统账制法又称为记账本位币法，在这种方法下，企业选择一种货币作为记账本位币，其他各种货币计价的业务都应折算为记账本位币进行反映，外币金额在账上只作为补充资料进行反映。本章第二节所采用的外币交易记账方法就是外币统账制法。在外币统账制记账方法下，根据已实现汇兑损益和未实现汇兑损益确认方式的不同，可以分为逐笔结转法和集中结转法。

1. 逐笔结转法

逐笔结转法是指企业对每一笔外币业务，均应按业务发生日的即期汇率入账，每结算一次或收付一次，依据账面汇率计算一次汇兑损益，期末（月末、季末、年末）再按期末市场汇率进行调整，调整后的期末记账本位币金额与原账面本位币金额之间的差额作为当期的汇兑损益。在这种方法下，外币资产和负债的增加采用交易日即期汇率折算，外币资产和负债的减少选用账面汇率进行折算，其账面汇率的计算可以采用先进先出法、加权平均法等方法确定。

【例 6－16】 某企业 20×9 年 10 月末各外币货币性账户的余额如下：银行存款——美元户 34 500 元（5 000 美元），应收账款——甲企业 69 000 元（10 000 美元），应付账款——乙企业 55 200 元（8 000 美元），短期借款——美元户 138 000 元（20 000 美元），汇率为 USD1＝RMB6.90。该企业的账面汇率采用先进先出法计算，11 月末市场汇率为 USD1＝RMB6.83。20×9 年 11 月该企业发生了如下业务：

（1）3 日，向甲企业出口 A 商品一批计 10 000 美元，已办理出口交单手续，货款未收。当日市场汇率为 USD1＝RMB 6.88。

（2）10 日，收回甲企业前欠货款 2 000 美元。当日市场汇率为 USD1＝RMB6.87。

(3) 18 日,归还乙企业前欠货款 5 000 美元。当日市场汇率为 USD1＝RMB6.85。

(4) 24 日,向乙企业进口一批 C 商品计 4 000 美元,货款未付。当日市场汇率为 USD1＝RMB6.84。

(5) 28 日,归还短期借款 1 000 美元。当日市场汇率为 USD1＝RMB6.83。

根据上述业务,企业应编制会计分录如下:

(1) 借:应收账款——甲企业——美元户(USD10 000 * 6.88)　　68 800
　　贷:主营业务收入——A 商品　　68 800

(2) 借:银行存款——美元户(USD2 000 * 6.87)　　13 740
　　　财务费用——汇兑损益　　60
　　贷:应收账款——甲企业——美元户(USD2 000 * 6.90)　　13 800

(3) 借:应付账款——乙企业——美元户(USD5 000 * 6.90)　　34 500
　　贷:银行存款——美元户(USD5 000 * 6.90)　　34 500

(4) 借:物资采购——C 商品　　27 360
　　贷:应付账款——乙企业——美元户(USD4 000 * 6.84)　　27 360

(5) 借:短期借款——美元户(USD1 000 * 6.90)　　6 900
　　贷:银行存款——美元户(USD1 000 * 6.87)　　6 870
　　　　财务费用——汇兑损益　　30

(6) 月末,按月末汇率 6.83 进行调整。
　　借:短期借款——美元户　　1 330
　　　　应付账款——乙企业——美元户　　250
　　贷:银行存款——美元户　　40
　　　　应收账款——甲企业——美元户　　1 060
　　　　财务费用——汇兑损益　　480

各账户汇兑损益的计算如表 6-4 所示。

表 6-4　逐笔结转法下期末汇兑损益的计算

账户名称	期末外币余额(美元)①	期末应有余额(元)(记账本位币)②＝① * 6.83	调整前的余额(元)(记账本位币)③	汇兑损益④＝②－③
银行存款	1 000	6 830	6 870	(40)
应收账款	18 000	122 940	124 000	(1 060)
应付账款	7 000	47 810	48 060	(250)
短期借款	19 000	129 770	131 100	(1 330)
汇兑收益				480

在逐笔结转法下,企业全月汇兑损益为:－60＋30＋480 ＝ 450 元

2. 集中结转法

集中结转法指企业对外币货币性账户平时一律按业务发生日即期汇率记账,不确认汇

兑损益，期末（月末、季末、年末）将外币账户的余额按期末即期汇率进行调整，将调整后的期末的记账本位币与原账面余额的差额集中计算一笔汇兑损益。

【例 6-17】 资料同例 6-16，按汇兑损益集中结转法进行账务处理。

根据上述业务，企业应编制会计分录如下：

(1) 借：应收账款——甲企业——美元户（USD10 000 * 6.88）　68 800
　　贷：主营业务收入——A 商品　68 800

(2) 借：银行存款——美元户（USD2 000 * 6.87）　13 740
　　贷：应收账款——甲企业——美元户（USD2 000 * 6.87）　13 740

(3) 借：应付账款——乙企业——美元户（USD5 000 * 6.85）　34 250
　　贷：银行存款——美元户（USD5 000 * 6.85）　34 250

(4) 借：物资采购——C 商品　27 360
　　贷：应付账款——乙企业——美元户（USD4 000 * 6.84）　27 360

(5) 借：短期借款——美元户（USD1 000 * 6.83）　6 830
　　贷：银行存款——美元户（USD1 000 * 6.83）　6 830

(6) 月末按 6.83 的汇率调整外币货币性账户的记账本位币的等值。

借：短期借款——美元户　1 400
　　应付账款——乙企业——美元户　500
　贷：银行存款——美元户　330
　　　应收账款——甲企业——美元户　1 120
　　　财务费用——汇兑损益　450

月末各账户的汇兑损益的计算过程如表 6-5 所示。

表 6-5　集中结转法下月末各账户的汇兑损益的计算

账户名称	期末外币余额（美元）①	期末应有余额（元）（记账本位币）②=①*6.83	调整前的余额（元）（记账本位币）③	汇兑损益 ④=②-③
银行存款	1 000	6 830	7 160	(330)
应收账款	18 000	122 940	124 060	(1 120)
应付账款	7 000	47 810	48 310	(500)
短期借款	19 000	129 770	131 170	(1 400)
汇兑收益				450

在集中结转法下，企业全月的汇兑损益为 450 元。

由此可见，上述两种方法的计算结果是一致的，逐笔结转法需要随时查找或计算账面汇率，较为复杂，适用于外币业务不多的企业；集中结转法平时不需计算汇兑损益，而是将汇兑损益的计算工作集中在期末，适用于外币业务较频繁、业务量较大的企业。企业可以根据自身的情况进行选择。

二、外币分账制记账方法

外币分账制法又称为原币记账法,在这种方法下,企业的记账本位币业务和外币业务分别设置账户反映,也就是说有几种货币入账,就应该设立几套账户。当发生外币业务时,先用该种业务的外币直接计入该外币账户,平时不需要进行汇率折算,亦不需要反映记账本位币的金额。会计期末,一次性将所有外币账户全部按照市场汇率折算成记账本位币金额,并且确认其汇兑损益。外币分账制适用于业务发生频繁的企业,如融资租赁公司等金融机构。

在分账制记账方法下,为保持不同币种借贷方金额合计相等,需要设置"货币兑换"进行核算。实务中又可采取两种方法核算:

(一) 所有外币交易均通过"货币兑换"科目处理

在这种方法下,会计处理包括以下内容:

(1) 企业发生的外币交易同时涉及货币性项目和非货币性项目的,按相同外币金额同时记入货币性项目和"货币兑换(外币)"科目,同时,按以交易发生日即期汇率折算为记账本位币金额记入非货币性项目"货币兑换(记账本位币)"科目;

(2) 企业发生的外币交易只涉及记账本位币外的一种币种的货币性项目的,按相同币种金额入账,不需要通过"货币兑换"科目核算;如果涉及两种以上的货币,则按照相同币种金额计入相应货币性项目和"货币兑换(外币)"科目;

(3) 期末,应将所有以记账本位币以外的货币反映的"货币兑换"科目余额按照期末汇率折算为记账本位币金额,并与"货币兑换(记账本位币)"科目的余额相比较,其差额转入汇兑损益。

(4) 结算外币货币性项目产生的汇兑差额记入"汇兑损益"。

【例 6-18】 甲企业采用分账制记账法进行记账,该公司以人民币为记账本位币,采用市场汇率作为折算汇率。假设 20×9 年 1 月 31 日的汇率为:USD1= RMB6.86,HKD1= RMB0.93。公司 20×9 年之前没有发生外币业务,20×9 年 1 月发生的业务如下:

(1) 1 月 1 日公司出口销售一批价值 3 000 美元的 A 商品,货款已收到,并已存入银行。当日美元对人民币的汇率为 USD1=RMB6.89。

(2) 1 月 8 日进口 B 商品,价款为 2 000 美元,货款已付。当日美元对人民币的汇率为 USD1=RMB6.88。

(3) 1 月 20 日收到乙投资者以外币投入的 10 000 美元。当日美元对人民币的汇率为 USD1= RMB6.87。

(4) 1 月 28 日以 1 000 美元购入 7 600 元港币。

根据上述业务,甲企业应编制会计分录如下:

(1) 借:银行存款——美元户　　USD3 000

　　贷:货币兑换——美元户　　USD3 000

　借:货币兑换——人民币户　　RMB20 670

　　贷:主营业务收入——A 商品　　RMB20 670

(2) 借:货币兑换——美元户　　USD2 000

贷：银行存款——美元户　　USD2 000

借：库存商品——B 商品　　RMB13 760

贷：货币兑换——人民币户　　RMB13 760

(3) 借：银行存款——美元户　　USD10 000

贷：货币兑换——美元户　　USD10 000

借：货币兑换——人民币户　　RMB68 700

贷：实收资本——乙投资者　　RMB68 700

(4) 借：银行存款——港币户　　HKD7 600

贷：货币兑换——港币户　　HKD7 600

借：货币兑换——美元户　　USD1 000

贷：银行存款——美元户　　USD1 000

期末按照期末汇率将"货币兑换"的外币账户进行折算，结果如下：

"货币兑换——美元户"贷方余额为：3 000－2 000＋10 000－1 000＝10 000 美元，按照期末 USD1＝RMB6.86，约为 68 600 元人民币；"货币兑换——港币户"贷方余额为 7 600 元港币，按照 HKD1＝RMB0.93，约合 7 068 元人民币。"货币兑换——人民币户"的贷方余额为75 668元，借方余额为 75 610 元(20 670－13 760＋68 700)，借贷方差额为 58 元人民币。将非记账本位币的"货币兑换"账户与"货币兑换——人民币户"的余额之差计入汇兑损益，应编制会计分录如下：

借：货币兑换——人民币户　　RMB58

贷：汇兑损益　　RMB58

(二) 外币交易日常核算不通过"货币兑换"科目，仅在资产负债表日结转汇兑损益时通过"货币兑换"科目处理

在外币交易发生时直接以发生的币种进行账务处理，期末，由于所有账户均需要折算为记账本位币列报，因此，所有以外币反映的账户余额均需要折算为记账本位币余额，其中，货币性项目以资产负债表日即期汇率折算，非货币性项目以交易日即期汇率折算。折算后，所有账户借方余额之和与所有账户贷方余额之和的差即为当期汇兑差额，应当计入当期损益。

【例 6－19】 以例 6－18 为例，日常核算中应编制会计分录如下：

(1) 借：银行存款——美元户　　USD3 000

贷：主营业务收入——A 商品　　USD3 000

(2) 借：库存商品——B 商品　　USD2 000

贷：银行存款——美元户　　USD2 000

(3) 借：银行存款——美元户　　USD10 000

贷：实收资本——乙投资者　　USD10 000

(4) 借：银行存款——港币户　　HKD7 600

贷：银行存款——美元户　　USD1 000

资产负债表日，编制账户科目余额(人民币)的调节表：非人民币货币性项目以资产负债表日即期汇率折算，非人民币非货币性项目以交易日即期汇率折算(如表 6－6 所示)。

表 6-6　科目余额(人民币)调节表

借方余额账户	币种	外币余额	汇率	人民币余额	贷方余额账户	币种	外币余额	汇率	人民币余额
银行存款	美元	10 000	6.86	68 600	主营业务收入	美元	3 000	6.89	20 670
	港元	7 600	0.93	7 068	实收资本	美元	10 000	6.87	68 700
库存商品	美元	2 000	6.88	13 760					
人民币余额合计				89 428	人民币余额合计				89 370
					汇兑损益				58

根据科目余额(人民币)调节表应编制会计分录如下：

借：货币兑换——人民币户　　　　　　　RMB58

　贷：汇兑损益　　　　　　　　　　　　RMB58

需要说明的是，无论采用分账制记账方法，还是采用统账制记账方法，只是账务处理程序不同，其产生的结果应当相同，计算出的汇兑差额相同，相应的会计处理也相同，均应计入当期损益。

第四节　外汇远期合同的会计处理

外汇市场有现汇市场和期汇市场两种，前面所讲述的外币交易都是发生在现汇市场上的。但在当前的浮动汇率制下，由于通货膨胀、利率、国际贸易收支等多种因素的影响，使得汇率波动难以预料，使企业在外币交易中承担汇率变动的风险。为了避免外汇风险，企业可以与外汇经纪银行签订外汇远期合同，进行套期，以抵消汇率风险可能导致的损失。同时，企业也可以利用外汇远期合同进行投机套利。这些业务一般通过期汇市场进行，其交易称为期汇交易。期汇交易不同于现汇交易的即期交割，因此用来记录和反映期汇交易的会计处理与现汇交易也有很大不同。

套期，还是投机？

中信泰富要对澳大利亚一笔约 42 亿美元的投资项目做汇率套保。这笔投资首期支付 16 亿澳元，其后 25 年中，年运营费用 10 亿澳元。为了降低项目面对的货币风险，公司先后与 13 家外资银行签订了 24 款外汇累计期权合约，币种涉及澳元、欧元及人民币。其中多份合约涉及澳元，最大交易金额为 94.4 亿澳元。

中信泰富投资的杠杆式外汇合约主要有 4 种，分别为澳元累计目标可赎回远期合约、每日累计澳元远期合约、双货币累计目标可赎回远期合约、人民币累计目标可赎回远期合约。

在澳元合约中，双方约定的接货汇率为澳元兑美元0.87，若汇率低于此数值，公司须以两倍数量接货；双币合约规定，中信泰富必须以0.87的澳元兑美元的汇率、或者1.44的欧元兑美元汇率，按照表现更弱的一方来接盘澳元或者欧元，直到2010年7月；而人民币合约则参考美元兑人民币汇率6.84计算盈亏。

合约规定，每份澳元合约都有最高利润上限，当达到这一利润水平时，合约自动终止。所以在澳元兑美元汇率高于0.87时，中信泰富可以赚取差价，但到一定利润水平对方可以不再执行合约；如果该汇率低于0.87，则不能自动终止协议，中信泰富必须不断以高汇率接盘，理论上亏损可以无限大。

（资料来源：腾讯财经网，http：//finance. QQ. com）

一、外汇远期合同的作用

（一）外汇远期合同

外汇远期交易是一种买卖外汇双方先签订合同，规定买卖外汇的数量、汇率和将来交割外汇的时间，到了规定的交割日买卖双方再按合同规定，卖方交汇买方付款的外汇交易。外汇远期合同(Forward Exchange Contract)是指在远期外汇交易中，客户和外汇经纪银行签订的由银行按照双方约定的汇率(即远期汇率)在未来某一时期以一种货币兑换另一种货币的契约。外汇远期交易一般在期汇市场上进行，约定的外汇业务大都在1—6个月期间完成，但有的也可长达一年以上。

（二）外汇远期合同的作用

运用外汇远期合同的目的有两种：风险管理和投机。把外汇远期合同用于风险管理可以降低企业所暴露的外汇风险，也即利用外汇远期合同进行套期保值。利用外汇远期合同进行投机是以预先固定的远期汇率与交割日即期汇率之差取得收益的外币交易。

1. 外汇远期合同运用于套期保值

在浮动汇率制下，汇率的变动使企业承受外汇风险。这种风险如果过大，就会严重侵蚀企业家因成功经营而获得的利润，所以，对这种风险的规避就成为确保企业家盈利的关键。而套期保值就是规避这种风险的基本做法。套期(Hedge)有两种：一是所谓的“自然”套期，即将企业的资产与负债在数额、到期时间、利率等方面进行配合，使资产和负债的价值变动相互抵销；二是指企业为规避外汇风险、股票价格风险、信用风险等，指定一项或一项以上套期工具，使套期工具的公允价值或现金流量变动，预期抵销被套期项目全部或部分公允价值或现金流量变动。利用外汇远期合同进行套期的业务通常有：(1) 对企业外币交易中的应收应付款进行套期保值；(2) 对未确认的确定承诺进行套期保值；(3) 对境外经营净投资进行套期保值。

【例6-20】 中国甲公司将在2个月后收到100万美元货款。目前外汇经纪银行报出的两个月远期汇率为USD1＝RMB6.85。问甲公司应如何进行套期保值？

为了规避美元对人民币下跌的风险，该公司可以与外汇经纪银行签订一份远期合约，按照USD1＝RMB6.85的价格将这笔美元卖给银行。通过这个合约，甲公司在当前这个时点上就已经锁定了2个月后那笔美元收入的人民币价值。在执行套期保值之前,甲公司2个月后的人民币收入将随着汇率的上涨而增加,随着汇率的下跌而减少。但在运用外汇远期合约套期保值之后,这笔收入将被锁定为685万人民币,不会随着汇率的变动而变动,如图6-2所示。

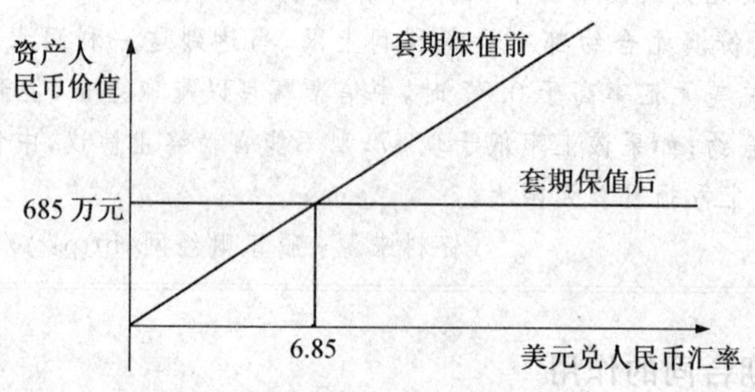

图6-2　外汇远期合同套期保值

2. 外汇远期合同运用于投机

外汇远期合同中的远期汇率,在合约签订日至到期日期间,会因即期汇率变动或两国利率变动发生变化。当远期汇率向有利的方向变动时,会给投资者带来收益,因此可以利用外汇远期合同进行投机。利用外汇远期合同进行投机是指企业与外汇经纪银行签订期汇合同,约定按未来特定时日锁定的远期汇率买入或卖出一定数额的外汇,以利用期汇合同到期日实际的即期汇率与预先锁定的远期汇率之间的有利价差来牟利。例如某公司预测美元对人民币将会贬值,该公司可以签订一份远期卖出美元的合同,到交割日再将美元买入,以赚取结算日即期汇率低于合同签订日远期汇率的差价,这种先卖后买的行为在投机市场上称为空头或卖空;反之如果公司预测美元对人民币会升值,则该公司可以签订一份远期买入美元的合同,到交割日再将美元卖出,以赚取结算日即期汇率高于合同签订日远期汇率的差价,这种先买后卖的行为在投机市场上称为多头或买空。

以下分别阐述外汇远期合同用于套期保值和投机的会计处理。

二、外汇远期合同的会计处理原则

(一)套期保值会计处理原则

1. 套期保值的基本概念

套期保值,是指企业为规避外汇风险、利率风险、商品价格风险、股票价格风险、信用风险等,指定一项或一项以上的套期工具,使套期工具的公允价值或现金流量的变动,预期抵销被套期项目全部或部分公允价值或现金流量的变动。套期保值主要涉及套期工具、被套期项目和套期关系。

套期工具是指企业为了进行套期而指定的、其公允价值或现金流量变动预期可抵销被套期项目的公允价值或现金变动的衍生工具,对外汇风险进行套期还可以将非衍生金融资产或非衍生金融负债作为套期工具。

被套期项目是指企业面临公允价值或现金流量变动风险,且被指定为被套期项目的下列项目:① 单项已确认资产、负债、确定承诺、很可能发生的预期交易,或境外经营净投资;

② 一组具有类似风险特征的已确认资产、负债、确定承诺、很可能发生的预期交易，或境外经营净投资；③ 分担同一被套期利率风险的金融资产或金融负债的组合的一部分（仅适用于利率风险公允价值组合套期）。

2. 三类套期关系

美国财务会计准则委员会的第 133 号会计准则《衍生工具和保值业务会计》、国际会计准则委员会的第 39 号国际会计准则《金融工具：确认和计量》以及我国的《企业会计准则》都将对外币的套期保值划分为以下三种类型：

（1）公允价值套期。公允价值套期是指对已确认资产或负债、尚未确认的确定承诺、或该资产或负债、尚未确认的确定承诺中可辨认部分的公允价值变动风险进行套期。该类价值变动源于某类特定的风险，且将影响企业的损益。例如，企业对承担的固定利率负债的公允价值变动风险进行套期；航空公司签订了一项 3 个月后以固定外币金额购买飞机机票的合同（未确认的确定承诺），为了避免外汇风险对该确定承诺的外汇风险进行套期。

（2）现金流量套期。现金流量套期是指对现金流量变动风险进行的套期。该类现金流量变动源于与已确认资产或负债、很可能发生的预期交易有关的某类特定风险，将影响企业的损益。例如，企业对承担的浮动利率债务的现金流量变动风险进行套期；航空公司为规避 3 个月后预期很可能发生的与购买飞机相关的现金流量变动风险进行套期。

（3）境外经营净投资套期。境外经营净投资套期是指对境外经营净投资外汇风险进行的套期。境外经营净投资是指企业在境外经营净资产中的权益份额，企业既无计划也无可能于可预见的未来会计期间结算的长期外币货币性应收项目（含贷款），应当视同境外经营净投资的组成部分。

3. 三类套期保值会计处理原则

（1）公允价值套期保值会计处理原则。

① 套期工具为衍生工具的，公允价值变动形成的利得或损失应当计入当期损益；套期工具为非衍生工具的，账面价值因汇率变动形成的利得或损失应当计入当期损益。

② 被套期项目因被套期风险形成的利得或损失应当计入当期损益，同时调整被套期项目的账面价值。被套期项目为按成本与可变现净值孰低进行后续计量的存货、按摊余成本进行后续计量的金融资产或可供出售金融资产的，也应该按照此规定处理。

（2）现金流量套期保值会计处理原则。

① 套期工具利得或损失属于有效套期部分的，应当直接确认为所有者权益，并单列项目反映。该有效套期部分的金额，应当按下列两项的绝对额中较低者确定：a. 套期工具自套期开始的累计利得或损失；b. 被套期项目自套期开始日的预计未来现金流量现值的累计变动额。累计实现的有效部分的公允价值变动，在被套期项目影响损益的同一期间从所有者权益转入当期损益或调整被套期项目的初始确认金额。

② 套期工具利得或损失属于无效套期部分的，应当计入当期损益。

③ 在风险管理策略的正式书面文件中，载明了在评价套期有效性时将排除套期工具的某部分利得或损失或相关现金流量影响的，该被排除的利得或损失的处理适用《企业会计准则第 22 号——金融工具确认与计量》。

(3) 境外经营净投资套期保值会计处理原则。对境外经营净投资的套期,企业应按类似于现金流量套期会计处理原则进行处理:

① 套期工具利得或损失属于有效套期部分的,应当直接确认为所有者权益,并单列项目反映。处置境外经营时,上述在所有者权益中单列反映的套期工具的利得或损失应当转出,计入当期损益。

② 套期工具利得或损失属于无效套期部分的,应当计入当期损益。

(二) 外汇远期合同用于投机的会计处理原则

国际会计准则委员会、美国财务会计准则委员会和我国会计准则委员会都主张,所有的衍生金融工具都应以公允价值计量,用于非套期的衍生金融工具总被认为属于为交易而持有的金融工具,所以应按交易性金融资产或金融负债进行会计处理,即以公允价值计量且其变动计入当期损益。

三、外汇远期合同会计处理例释

(一) 对企业外币交易中的应收应付款进行套期保值

当企业持有外币应收款项或承担外币应付款项时,企业都要承担外汇汇率变动的风险,无论是出口商还是进口商,都不希望未来的应收或应付款项在结算日之前过多地承受外汇汇率变动的影响,因此,出口商或进口商可以与外汇经纪银行签订外汇远期合同进行套期保值。在国际惯例中,对外币应收应付款项进行套期被划分为公允价值套期。

下面以出口商为例说明对企业外币交易中的应收应付款进行套期保值的会计处理。

【例 6-21】 法国甲公司以英镑作为记账本位币。该公司 20×9 年 6 月 1 日赊销一批 A 商品给美国乙公司,货款100 000美元,双方商定在 60 天后以美元结算,当日即期汇率为 USD1=GBP0.609。为了规避汇率变动风险,法国甲公司于当日和外汇经纪银行签订了一项外汇远期合约,卖出为期 60 天的 100 000 美元,远期汇率为 USD1=GBP0.605。在风险管理文件中,将该外汇远期合同指定为应收美元外币款的公允价值套期,假定套期有效。假定该公司会计年度为上年 7 月 1 日至本年 6 月 30 日。6 月 30 日即期汇率为 USD1=GBP0.606。实际结算日的即期汇率是 USD1=GBP0.602。法国甲公司的会计账务处理如下:

(1) 20×9 年 6 月 1 日,记录销售商品和远期外汇合同,编制会计分录如下:

借:应收账款——乙公司——美元户(USD100 000 * 0.609)　　60 900

　贷:主营业务收入——A 商品　　60 900

借:应收外汇远期合同款——英镑户(USD100 000 * 0.605)　　60 500

　递延贴水损益　　400

　贷:应付外汇远期合同款——美元户　　60 900

在第二笔会计分录中,"应收外汇远期合同款——英镑户"是外汇远期合同钉死的,按 60 天远期汇率折算,这笔金额是出口商最终收到的英镑数额,是外汇远期合同的目的所在;"应付外汇远期合同款——美元户"按当日即期汇率折算,从而形成尚未实现的贴水损失,应先借记"递延贴水损益"账户。

(2) 20×9 年 6 月 30 日，按当日即期汇率调整“应收账款——乙公司——美元户”，按当日即期汇率调整“应付外汇远期合同款——美元户”，还要把递延贴水损失的 50% 确认为 20×8 年 7 月 1 日至 20×9 年 6 月 30 日的年度已实现的贴水损失，编制会计分录如下：

借：汇兑损益　300

　贷：应收账款——乙公司——美元户[USD100 000 * (0.609－0.606)]　300

借：应付外汇远期合同款——美元户[USD100 000 * (0.609－0.606)]　300

　贷：汇兑损益　300

借：贴水损益　200

　贷：递延贴水损益　200

(3) 20×9 年 7 月 30 日，按结算日即期汇率调整“应收账款——乙公司——美元户”和“应付外汇远期合同款——美元户”，收到商品货款并履行外汇远期合同，将余下的递延贴水损失转销为本年度已实现的贴水损失，编制会计分录如下：

借：汇兑损益　400

　贷：应收账款——乙公司——美元户[USD100 000 * (0.606－0.602)]　400

借：应付外汇远期合同款——美元户[USD100 000 * (0.606－0.602)]　400

　贷：汇兑损益　400

借：银行存款——美元户(USD100 000 * 0.602)　60 200

　贷：应收账款——乙公司——美元户(USD100 000 * 0.602)　60 200

借：应付外汇远期合同款——美元户(USD100 000 * 0.602)　60 200

　贷：银行存款——美元户(USD100 000 * 0.602)　60 200

借：银行存款——英镑户　60 500

　贷：应收外汇远期合同款——英镑户　60 500

借：贴水损益　200

　贷：递延贴水损益　200

(二) 对未确认的确定承诺进行套期保值

确定承诺，是指交易双方购销合同已经签订，货款以外币结算，商品所有权尚未转移，即商品将在合同约定日期交货并结算货款。自合同签订日至交易结算日，如果汇率产生较大的变动，履行确定承诺收付的外币将会因汇率风险产生损失。为了避免这一期间因汇率风险产生的损失，合同双方可以与外汇经纪银行签订外汇远期合同，对预先签订的购销合同中的外币约定应收或应付款进行套期保值。在国际惯例中，对未确认的确定承诺进行套期一般被划分为现金流量套期。

下面以出口商为例说明对未确认的确定承诺套期保值的会计处理。

【例 6-22】 法国甲公司以英镑作为记账本位币。该公司 20×9 年 6 月 1 日与美国乙公司签订了一项销售 A 商品的合约，但约定于 20×9 年 7 月 30 日发货收款，且货款以美元结算，共计 100 000 美元。法国甲公司为了规避风险，当日与外汇经纪银行签订了 60 天卖出美元的外汇远期合同，合同约定汇率为 USD1＝GBP0.605，当天的即期汇率为 USD1＝GBP0.609。假定该公司会计年度为上年 7 月 1 日至本年 6 月 30 日。6 月 30 日的即期汇率为 USD1＝GBP0.606；7 月 30 日的即期汇率为 USD1＝GBP0.602。

假定在风险管理文件中，将该外汇远期合同指定为确定承诺的现金流量套期，套期有效，则法国甲公司的账务处理如下：

(1) 由于对订货合约和由此形成的外币承诺无需进行确认，20×9 年 6 月 1 日只需反映签订的外汇远期合同和确认递延贴水的分录，故编制会计分录如下：

借：应收外汇远期合同款——英镑户(USD100 000 * 0.605)　　60 500

　　递延贴水损益　　400

　贷：应付外汇远期合同款——美元户　　60 900

在这笔分录中，"应收外汇远期合同款——英镑户"，是按当日的 60 天远期汇率折算并锁定的。"应付外汇远期合同款——美元户"，是按当日的即期汇率折算的，它将承受汇率变动的风险。所确认的尚未实现的递延贴水损失，要一直递延到销货交易成立之日，调整销售收入。

(2) 20×9 年 6 月 30 日，按当日即期汇率调整"应付外汇远期合同款——美元户"，把调减额确认为递延汇兑损益。编制会计分录如下：

借：应付外汇远期合同款——美元户[USD100 000 * (0.609－0.606)]　　300

　贷：递延汇兑损益　　300

(3) 20×9 年 7 月 30 日，按结算日即期汇率调整"应付外汇远期合同款——美元户"、发货收款、履行外汇远期合同，并用递延贴水损失和递延汇兑损益调整出口销售收入。编制会计分录如下：

借：应付外汇远期合同款——美元户[USD100 000 * (0.606－0.602)]　　400

　贷：递延汇兑损益　　400

借：银行存款——美元户(USD100 000 * 0.602)　　60 200

　贷：主营业务收入——A 商品　　60 200

借：应付外汇远期合同款——美元户(USD100 000 * 0.602)　　60 200

　贷：银行存款——美元户(USD100 000 * 0.602)　　60 200

借：银行存款——英镑户　　60 500

　贷：应收外汇远期合同款——英镑户　　60 500

借：递延汇兑损益　　700

　贷：主营业务收入——A 商品　　300

　　　递延贴水损益　　400

(三) 对境外经营净投资进行套期保值

境外经营净投资是指企业对位于国外的子公司及分支机构的权益性净投资，为了避免以后处置投资时因汇率变动可能遭受的损失，企业往往运用衍生金融工具和非衍生金融工具对其进行套期保值。下面举例说明对境外经营净投资进行套期保值的会计处理。

【例 6-23】 法国甲公司以英镑作为记账本位币。20×9 年 9 月 1 日，法国甲公司预期其美国子公司在 20×9 年 12 月 31 日的年末美元净资产额为 100 000 美元，现对其进行套期保值，于是在 20×9 年 9 月 1 日与外汇经纪银行签订一项卖出 100 000 美元的 4 个月期远期合同，约定汇率为 USD1＝GBP0.605，当日的即期汇率为 USD1＝GBP0.609。9 月 30 日的即期汇率为 USD1＝GBP0.606。12 月 31 日的即期汇率 USD1＝GBP0.602。美国子公司

20×9 年 12 月 31 日资产负债表上的实际美元净资产额为 110 000 美元。假定在风险管理文件中，将该外汇远期合同指定为境外经营净投资套期，套期有效，则法国甲公司的账务处理如下：

(1) 20×9 年 9 月 1 日，签订外汇远期合同，编制会计分录如下：

借：应收外汇远期合同款——英镑户(USD100 000 * 0.605)　　60 500
　　递延贴水损益　　400
　贷：应付外汇远期合同款——美元户　　60 900

(2) 20×9 年 9 月 30 日，按当日即期汇率调整“应付外汇远期合同款——美元户”，编制会计分录如下：

借：应付外汇远期合同款——美元户[USD100 000 * (0.609－0.606)]　　300
　贷：递延汇兑损益　　300

(3) 20×9 年 12 月 31 日，按结算日即期汇率调整“应付外汇远期合同款——美元户”，履行外汇远期合同，结转已实现的递延贴水损失及递延汇兑损益，其间的差额记入“外币报表折算差额”账户，因为它是对外币净资产(或净负债)额进行套期保值而形成的，故应该包括在股东权益之中而不是计入当期损益。编制会计分录如下：

借：应付外汇远期合同款——美元户[USD100 000 * (0.606－0.602)]　　400
　贷：递延汇兑损益　　400
借：应付外汇远期合同款——美元户(USD100 000 * 0.602)　　60 200
　贷：银行存款——美元户(USD100 000 * 0.602)　　60 200
借：银行存款——英镑户　　60 500
　贷：应收外汇远期合同款——英镑户　　60 500
借：递延汇兑损益　　700
　贷：外币报表折算差额　　300
　　　递延贴水损益　　400

最后需要指出的是，所谓套期保值，是就在签订外汇远期合同时锁定的远期汇率而言的。在外币远期合同签订日，就把将在一定期限后收到或支付的外币的本国货币等值锁定，不再考虑今后汇率变动的影响。至于是进行套期保值有利，还是不进行套期保值而按结算日即期汇率结算有利呢？这依赖于以后汇率实际变动情况，与套期保值原意不相关。如果汇率实际变动与合同签订日的预期一致，则进行套期保值有利，例如在例 6－21 中，由于套期保值该法国甲公司应收 100 000 美元货款只损失了 400 英镑[100 000 * (0.609－0.605)]；如果不进行套期保值，他就要承受 700 英镑的损失[100 000 * (0.609－0.602)]。但如果汇率的实际变动情况与预期相反，则套期保值将变得不利了。假设在例 6－21 中，实际结算日的汇率是 USD1＝GBP0.615，则进行套期保值企业最终获得 60 500 英镑(100 000 * 0.605)，而按结算日即期汇率折算企业最终可获得 61 500 英镑(100 000 * 0.615)，此时进行套期保值企业少获得 1 000 英镑，套期保值将变成不利了。

(四) 外汇远期合同用于投机的会计处理

【例 6－24】 法国甲公司以英镑作为记账本位币。甲公司预测三个月内美元对英镑会升值，于是在 20×8 年 11 月 1 日与外汇经纪银行签订一份购买 90 天期 100 000 美元的外汇远期合同。英镑对美元的相关汇率如表 6－7 所示。法国甲公司的账务处理如下：

表 6-7 英镑对美元汇率

日 期	即期汇率	90 天远期汇率	30 天远期汇率
20×8 年 11 月 1 日	USD1＝GBP0.581	USD1＝GBP0.584	
20×8 年 12 月 31 日	USD1＝GBP0.584		USD1＝GBP0.593
20×9 年 01 月 29 日	USD1＝GBP0.598		

(1) 20×8 年 11 月 1 日，在签订购买美元远期合同时，“应收外汇远期合同款——美元户”应按照当日的 90 天远期汇率 USD1＝GBP0.584 折算，以确定“应付外汇远期合同款——英镑户”的金额。会计分录如下：

借：应收外汇远期合同款——美元户(USD100 000 * 0.584)　　58 400

　贷：应付外汇远期合同款——英镑户　　58 400

(2) 20×8 年 12 月 31 日，按当日 30 天远期汇率调整应收美元外汇远期合同款，编制会计分录如下：

借：应收外汇远期合同款——美元户[USD100 000 * (0.593－0.584)]　　900

　贷：汇兑损益　　900

(3) 20×9 年 1 月 29 日，按结算日即期汇率调整应收美元外汇远期合同款，履行外汇远期合同，编制会计分录如下：

借：应收外汇远期合同款——美元户[USD100 000 * (0.598－0.593)]　　500

　贷：汇兑损益　　500

借：应付外汇远期合同款——英镑户　　58 400

　贷：银行存款——英镑户　　58 400

借：银行存款——美元户(USD100 000 * 0.598)　　59 800

　贷：应收外汇远期合同款——美元户　　59 800

本例中，由于美元的走势与甲公司的预测正好吻合，该公司最终赚取了 1 400 英镑的利润；但假若美元的走势与甲公司的预测正好相反，该公司就要承担一笔损失。当这种投机的金额巨大时，公司很可能会遭受巨大损失甚至破产，因此，企业签订外汇远期合同进行投机要谨慎。

四、我国外汇远期合同的会计处理

我国的会计准则对外汇远期合同的会计处理规定如下：

在外汇远期合同签订日不作记录，其后根据外汇远期合同公允价值的变动确认资产或负债，同时计入损益或按套期保值会计进行处理。外汇远期合同用于套期保值时，所涉及的会计科目为“套期工具”；用于投机时，所涉及的会计科目为“衍生工具”。

(一) 对企业外币交易中的应收应付款进行套期保值

【例 6-25】 中国甲公司于 20×9 年 6 月 1 日赊销一批 A 商品给美国乙公司，货款 100 000美元，在 60 天后以美元结算，当日即期汇率为 USD1＝RMB7.105。中国甲公司为了使 20×9 年 7 月 30 日收进的 100 000 美元保值，于当日和外汇经纪银行签订了一项外汇远期合约，卖出为期 60 天的 100 000 美元，远期汇率为 USD1＝RMB7.060。在风险管理文件中，将该外汇远期合同指定为应收美元货款的公允价值套期，假定套期有效。假定该公司会计年度为上年 7 月 1 日至本年 6 月 30 日。6 月 30 日的即期汇率为 USD1＝RMB6.950，30 天远期汇率为 USD1＝RMB6.915。实际结算日的汇率是 USD1＝RMB6.815。中国公司的会计账务处理如下：

(1) 20×9 年 6 月 1 日，记录销售商品及套期关系的指定，编制会计分录如下：

借：应收账款——乙公司——美元户(USD100 000 * 7.105)　　710 500
　贷：主营业务收入——A 商品　　710 500
借：被套期项目——应收美元账款(USD100 000 * 7.105)　　710 500
　贷：应收账款——乙公司——美元户(USD100 000 * 7.105)　　710 500

外汇远期合同公允价值为零，无须编制会计分录，只需备查。

(2) 20×9 年 6 月 30 日，按当日即期汇率调整被套期项目，按当日 30 天远期汇率确认外汇远期合同的公允价值，编制会计分录如下：

借：套期损益　　15 500
　贷：被套期项目——应收美元账款[USD100 000 * (7.105－6.950)]　　15 500
借：套期工具——外汇远期合同[USD100 000 * (7.060－6.915)]　　14 500
　贷：套期损益　　14 500①

(3) 20×9 年 7 月 30 日，按结算日即期汇率调整被套期项目和外汇远期合同的公允价值，收到商品货款和履行外汇远期合同，编制会计分录如下：

借：套期损益　　13 500
　贷：被套期项目——应收美元账款[USD100 000 * (6.950－6.815)]　　13 500
借：套期工具——外汇远期合同[USD100 000 * (6.915－6.815)]　　10 000
　贷：套期损益　　10 000
借：银行存款——美元户(USD100 000 * 6.815)　　681 500
　贷：被套期项目——应收美元账款(USD100 000 * 6.815)　　681 500
借：银行存款——人民币户　　706 000
　贷：银行存款——美元户(USD100 000 * 6.815)　　681 500
　　　套期工具——外汇远期合同　　24 500

(二) 对未确认的确定承诺进行套期保值

【例 6-26】 某中国公司于 20×9 年 5 月 2 日与美国某公司签订了一项销售 B 商品的合约，货款以美元结算，共计 100 000 美元，于 20×9 年 7 月 30 日发货收款。中国出口商为了规避风险，于 5 月 2 日与外汇经纪银行签订了 90 天卖出美元的外汇远期合同，合同约定汇率为 USD1＝ RMB6.950，当天的即期汇率为 USD1＝ RMB 6.985。假定该公司会计年度为上年 7 月 1 日至本年 6 月 30 日。6 月 30 日的即期汇率为 USD1＝ RMB6.900，30 天远期汇率为 USD1＝ RMB6.870；7 月 30 日的即期汇率为 USD1＝ RMB6.810。

根据我国《企业会计准则第 24 号——套期保值》，对外汇确定承诺的套期既可以划分为

① 这里我们采用简化的计算方法，没有对外汇远期合同的获利进行折现，下例题同。

公允价值套期，也可以划分为现金流量套期。

1. 按公允价值套期进行会计处理

假定在风险管理文件中，将该外汇远期合同指定为确定承诺的公允价值套期，套期有效，则中国公司的账务处理如下：

(1) 20×9 年 5 月 2 日，签订外汇远期合同，无需编制会计分录，只需备查。

(2) 20×9 年 6 月 30 日，按当日即期汇率调整被套期项目，按当日 30 天远期汇率确认套期工具的公允价值，编制会计分录如下：

借：套期工具——远期外汇合同[USD100 000＊(6.950－6.870)]　　8 000
　贷：套期损益　　8 000
借：套期损益　　8 000
　贷：被套期项目——确定承诺　　8 000

(3) 20×9 年 7 月 30 日，按结算日即期汇率调整被套期项目及套期工具的公允价值，发货收款并履行外汇远期合同，编制会计分录如下：

借：套期工具——远期外汇合同[USD100 000＊(6.870－6.810)]　　6 000
　贷：套期损益　　6 000
借：套期损益　　6 000
　贷：被套期项目——确定承诺　　6 000
借：银行存款——美元户(USD100 000＊6.810)　　681 000
　　被套期项目——确定承诺　　14 000
　贷：主营业务收入——B 商品　　695 000
借：银行存款——人民币户　　695 000
　贷：银行存款——美元户(USD100 000＊6.810)　　681 000
　　　套期工具——远期外汇合同　　14 000

2. 按现金流量套期进行会计处理

假定在风险管理文件中，将该外汇远期合同指定为确定承诺的现金流量套期，套期有效，则该中国公司的账务处理如下：

(1) 20×9 年 5 月 2 日，签订外汇远期合同，无需编制会计分录，只需备查。

(2) 20×9 年 6 月 30 日，按当日 30 天远期汇率确认套期工具的公允价值，编制会计分录如下：

借：套期工具——远期外汇合同[USD100 000＊(6.950－6.870)]　　8 000
　贷：资本公积——其他资本公积(套期工具价值变动)　　8 000

(3) 20×9 年 7 月 30 日，按结算日即期汇率调整套期工具的公允价值，发货收款并履行外汇远期合同，编制会计分录如下：

借：套期工具——远期外汇合同[USD100 000＊(6.870－6.810)]　　6 000
　贷：资本公积——其他资本公积(套期工具价值变动)　　6 000
借：银行存款——美元户(USD100 000＊6.810)　　681 000
　贷：主营业务收入——B 商品　　681 000
借：银行存款——人民币户　　695 000

贷：银行存款——美元户（USD100 000＊6.810）　　681 000
　　套期工具——远期外汇合同　　14 000
借：资本公积——其他资本公积（套期工具价值变动）　　14 000
　　贷：主营业务收入——B商品　　14 000

（三）对境外经营净投资进行套期保值

【例6-27】 20×9年9月1日，中国某公司预计其美国子公司在20×9年12月31日的年末美元净资产额为100 000美元，现对其进行套期保值，于是在20×9年9月1日与外汇经纪银行签订一项卖出100 000美元的4个月期远期合同，约定汇率为USD1＝RMB6.925，当日的即期汇率为USD1＝RMB6.935。9月30日的即期汇率为USD1＝RMB6.926，3个月期的远期汇率为USD1＝RMB6.917。12月31日的即期汇率为USD1＝RMB6.855。美国子公司20×9年12月31日资产负债表上的实际美元净资产额为110 000美元。假定在风险管理文件中，将该外汇远期合同指定为境外经营净投资套期，套期有效，则中国公司的账务处理如下：

(1) 20×9年9月1日，指定套期关系，编制会计分录如下：

借：被套期项目——境外经营净投资（USD100 000＊6.935）　　693 500
　　贷：长期股权投资（USD100 000＊6.935）　　693 500

外汇远期合同公允价值为零，无需编制会计分录，只需备查。

(2) 20×9年9月30日，按即期汇率调整被套期项目，按当日3个月期远期汇率调整套期工具公允价值，编制会计分录如下：

借：外币报表折算差额　　900
　　贷：被套期项目——境外经营净投资[USD100 000＊(6.935－6.926)]　　900
借：套期工具——远期外汇合同[USD100 000＊(6.925－6.917)]　　800
　　贷：资本公积——其他资本公积（套期工具公允价值变动）　　800

(3) 20×9年12月31日，按结算日即期汇率调整被套期项目及套期工具公允价值，以净额结算外汇远期合同，编制会计分录如下：

借：外币报表折算差额　　7 100
　　贷：被套期项目——境外经营净投资[USD100 000＊(6.926－6.855)]　　7 100
借：套期工具——远期外汇合同[USD100 000＊(6.917－6.855)]　　6 200
　　贷：资本公积——其他资本公积（套期工具公允价值变动）　　6 200
借：银行存款——人民币户　　7 000
　　贷：套期工具——远期外汇合同　　7 000

（四）外汇远期合同进行投机的会计处理

【例6-28】 2008年11月1日，中国某公司预期美元会继续疲软，于是与外汇经纪银行签订了90天期的卖出100 000美元的外汇远期合同。美元对人民币的相关汇率如表6-8所示。中国某公司有关该远期合同的账务处理如下：

表6-8　美元对人民币汇率

日　期	即期汇率	90天远期汇率	30天远期汇率
20×8年11月1日	USD1＝RMB6.95	USD1＝RMB6.90	
20×8年12月31日	USD1＝RMB6.92		USD1＝RMB6.88
20×9年1月29日	USD1＝RMB6.85		

(1) 20×8年11月1日，在签订卖出美元远期合同时，外汇远期合同公允价值为零，无需编制会计分录，只需备查。

(2) 20×8年12月31日，按当日30天远期汇率确认外汇远期合同公允价值变动，编制会计分录如下：

借：衍生工具——外汇远期合同[USD100 000 * (6.90－6.88)]　　2 000

　贷：公允价值变动损益　　2 000

(3) 20×9年1月29日，按当日即期汇率确认外汇远期合同公允价值变动，以净额结算外汇远期合同，编制会计分录如下：

借：衍生工具——外汇远期合同[USD100 000 * (6.88－6.85)]　　3 000

　贷：公允价值变动损益　　3 000

借：银行存款——人民币户　　5 000

　贷：衍生工具——外汇远期合同　　5 000

借：公允价值变动损益　　5 000

　贷：投资收益　　5 000

思考题

1. 如何确切理解外币的含义？简述外币与外汇之间的区别。
2. 简述确定记账本位币的意义，及确定记账本位币应考虑的因素。
3. 简述外币折算与外币兑换的区别与联系。
4. 简述汇率的主要分类及各种汇率的主要运用环境。
5. 简述汇兑损益的种类及汇兑损益的会计处理。
6. 什么是升水？什么是贴水？它们和汇兑损益的关系如何？
7. 简述一笔交易观与两笔交易观的理论依据及优缺点。
8. 为什么要进行套期保值？如何对外币进行套期保值？
9. 简述汇率变动与套期保值结果之间的关系。
10. 套期保值有哪些种类？划分依据是什么？
11. 企业应当如何根据自身的需要合理运用外汇远期合同？

本章相关的法规、制度

1.《企业会计准则第 19 号——外币折算》,中华人民共和国财政部,2006

2.《企业会计准则第 22 号——金融工具确认和计量》,中华人民共和国财政部,2006

3.《企业会计准则第 24 号——套期保值》,中华人民共和国财政部,2006

4.《企业会计准则——应用指南》,中华人民共和国财政部,2006

5.《企业会计准则解释 2006》,中华人民共和国财政部会计司编写组,2007

6.《企业会计准则解释 2006》,中华人民共和国财政部会计司编写组,2008

7.《国际会计准则第 39 号——金融工具:确认与计量》,国际会计准则委员会,2004

8.《财务会计准则公告第 133 号——衍生工具和套期活动会计处理》,美国财务会计准则委员会,1998

9.《财务会计准则公告第 52 号——外币折算》,美国财务会计准则委员会,1981

10.《财务会计准则公告第 133 号——衍生工具和套期活动会计处理(修订)》,美国财务会计准则委员会,2000

11.《国际会计准则第 21 号——外汇汇率变动的影响》,国际会计准则委员会,2004

12.《外汇管理条例》,中华人民共和国国务院,1997

13.《结汇、售汇及付汇管理规定》,中国人民银行,1996

练习题

一、单项选择题

1. 中国 A 公司以人民币为记账本位币,外币业务采用业务发生时的即期汇率折算,按月计算汇兑损益。20×9 年 3 月 20 日,该公司自银行购入 USD2 400 万,银行当日的美元卖出价为 USD1=RMB7.08,买入价为 USD1=RMB7.05。20×9 年 3 月 31 日的即期汇率为 USD1=RMB7.05。该公司自银行购入 USD2 400 万在 20×9 年 3 月份产生的汇兑损失为 RMB( )万。

A. 24　　B. 48　　C. 72　　D. 96

2. 中国某公司以人民币为记账本位币,下列项目中,不属于该公司外币业务的有( )。

A. 与中国银行之间发生的美元与人民币的兑换业务

B. 与国内企业发生的以美元计价结算的购销业务

C. 与国外企业发生的以美元计价结算的购销业务

D. 与国外企业发生的以人民币计价结算的购销业务

3. 下列各项目中,属于外币兑换业务的是( )。

A. 进口材料发生的外币应付账款　　B. 从银行取得外币借款

C. 归还外币借款　　D. 从银行购入外汇

4. 中国某公司以美元为记账本位币,下列说法中错误的是( )。

A. 该公司的编报货币是美元

B. 该公司的编报货币是人民币

C. 该公司以美元计价和结算的交易不属于外币交易

D. 该公司以人民币计价和结算的交易属于外币交易

5. 一个法国企业的美国子公司,以美元作为其功能货币,由此从该子公司的角度看,欧元是它的(　　)。

A. 记账货币　　B. 外币　　C. 当地货币　　D. 记账本位币

6. 下列有关外汇远期合同的表述正确的是(　　)。

A. 外汇远期合同是一种基础金融工具　　B. 外汇远期合同是标准化合约

C. 外汇远期合同在履行时才确认　　D. 外汇远期合同在订立时即可确认

7. 对境外子公司投资净额进行套期保值时,外汇远期合同的溢折价作为(　　)。

A. 当期入账　　B. 当期金融资产

C. 当期金融负债　　D. 折算调整额作为所有者权益项目

8. 在直接标价法下,当外币投资净额为净资产时,套期保值的结果为(　　)。

A. 当远期汇率大于外汇远期合同到期日即期汇率时,有利

B. 当远期汇率小于外汇远期合同到期日即期汇率时,有利

C. 当远期汇率大于外汇远期合同到期日即期汇率时,不利

D. 当远期汇率等于外汇远期合同到期日即期汇率时,有利

9. 签订外汇远期合同对应收账款进行套期保值,且即期汇率大于远期汇率,则对合同入账的会计分录为(　　)。

A. 借:应收外汇远期合同款
　　贷:递延汇兑损益
　　　　应付外汇远期合同款

B. 借:应收外汇远期合同款
　　贷:应付外汇远期合同款
　　　　递延贴水损益

C. 借:应收外汇远期合同款
　　　递延汇兑损益
　　贷:应付外汇远期合同款

D. 借:应收外汇远期合同款
　　　递延贴水损益
　　贷:应付外汇远期合同款

二、多项选择题

1. 企业选择记账本位币,应该考虑的因素有(　　)。

A. 融资活动获得的货币

B. 影响当期汇兑差额数额的大小

C. 该货币主要影响商品和劳务所需人工、材料和其他费用,通常以该货币进行上述费用的计价和结算

D. 该货币主要影响商品和劳务的销售价格,通常以该货币进行商品和劳务销售价格的计价和结算

2. 下列交易中,属于外币交易的有(　　)。

A. 企业借入外币资金

B. 企业借出外币资金

C. 企业赊购或赊销以外币标价的商品或劳务

D. 企业向国外销售以记账本位币计价和结算的商品或劳务

3. 下列项目中，属于境外经营或视同境外经营的有(　　)。

A. 企业在境外的合营企业

B. 企业在境外的子公司

C. 企业在境外的子公司分支机构

D. 采用相同于企业记账本位币的在境内的合营企业

E. 采用相同于企业记账本位币的在境内的子公司

4. 资产负债表日，企业应当分别外币货币性项目和外币非货币性项目进行交易处理，下列说法中正确的有(　　)。

A. 对于外币货币性项目，采用资产负债表日即期汇率折算

B. 对于外币货币性项目，因资产负债表日即期汇率与初始确认时或者前一资产负债表日即期汇率不同而产生的汇兑差额，计入递延损益

C. 对于外币货币性项目，因资产负债表日即期汇率与初始确认时或者前一资产负债表日即期汇率不同而产生的汇兑差额，计入当期损益

D. 对于外币货币性项目，因资产负债表日即期汇率与初始确认时或者前一资产负债表日即期汇率不同而产生的汇兑差额，计入资本公积

E. 对于以历史成本计量的外币非货币性项目，采用交易发生日的即期汇率折算，不改变其记账本位币的金额

三、计算及账务处理题

1. 目的：掌握外币兑换业务的会计处理及汇兑损益的计算

资料：A公司记账本位币为人民币。A公司于20×9年6月1日将100万美元兑换为人民币，兑换取得的人民币已经存入银行，当日市场汇率为USD1＝RMB7.02，银行的买入价为USD1＝RMB7.01。

要求：请编制相关会计分录。

2. 目的：掌握多种外币兑换业务的会计处理及汇兑损益的计算

资料：甲公司的记账本位币为人民币，20×9年4月7日，公司将10 000港币的外汇存款换成美元，并存入银行。银行当日的美元买入价为1美元＝6.99元人民币，卖出价为1美元＝7.01元人民币，港币的买入价为HKD1 ＝RMB0.89，卖出价为HKD1＝RMB0.91，中间价＝(买入价＋卖出价)/2。

要求：写出相关的会计分录。

3. 目的：掌握外币购货业务的一笔交易观和两笔交易观

资料：中国A公司于20×8年12月1日从美国B公司进口一批商品，价值为USD10 000，款项结算日为20×9年1月23日，双方约定货款以美元结算。该公司以人民币为记账本位币，外币业务采用业务发生时的市场汇率折算，按月计算汇兑损益。该期间汇率变动情况如下：

20×8年12月1日　即期汇率：USD1＝RMB7.00

20×8年12月31日　即期汇率：USD1＝RMB6.90

20×9年1月23日　即期汇率：USD1＝RMB6.80

要求：(1) 按照一笔交易观进行相应的会计处理；

(2) 按照两笔交易观(区分当期确认法、递延法),分别进行相应的会计处理;

(3) 分析一笔交易观与两笔交易观的区别,并依据会计处理结果分析两种方法对20×8年12月31日报表金额影响的差异。

4. 目的:掌握外币销货业务的一笔交易观和两笔交易观

资料:中国A公司于20×8年12月1日向美国B公司出口一批商品,价值为10 000美元,款项收付日为20×9年1月23日,双方约定货款以美元结算。该公司以人民币为记账本位币,外币业务采用业务发生时的市场汇率折算,按月计算汇兑损益。该期间汇率变动情况如下:

20×8年12月1日　即期汇率:USD1=RMB7.00

20×8年12月31日　即期汇率:USD1=RMB6.90

20×9年1月23日　即期汇率:USD1=RMB6.80

要求:(1) 按照一笔交易观进行相应的会计处理;

(2) 按照两笔交易观(区分当期确认法、递延法),分别进行相应的会计处理;

(3) 依据会计处理结果分析两种方法对20×8年12月31日报表影响的差异。

5. 目的:掌握以外汇远期合同进行公允价值套期保值的会计处理

资料:甲公司记账本位币为人民币。甲公司于20×8年12月1日以赊购的方式从美国A公司购入价值500 000美元的商品,约定60天后付款。为规避风险,甲公司于购货当日与银行签订60天到期的外汇远期合同,约定汇率为USD1=RMB6.85,合同金额为500 000美元。到期日履行外汇远期合同买入美元。有关汇率如下:

20×8年12月1日　即期汇率:USD1=RMB6.86

20×8年12月31日　即期汇率:USD1=RMB6.84,30天远期汇率为USD1=RMB6.83

20×9年1月30日　即期汇率:USD1=RMB6.8

要求:编制相关会计分录。

6. 目的:掌握以外汇远期合同对确定承诺进行套期保值的会计处理

资料:乙公司记账本位币为人民币。乙公司于20×8年11月20日与法国B公司签订了一项货款为600 000美元的购销合同,约定以美元结算。乙公司将于20×9年1月20日发出货物并收取款项。为规避风险,乙公司于签订购销合同的当日与外汇经纪银行签订了金额600 000美元,为期60天的卖出外汇远期合同,约定汇率USD1= RMB6.9。到期日履行外汇远期合同出售美元。有关汇率如下:

20×8年12月1日　即期汇率:USD1=RMB6.92

20×8年12月31日　即期汇率:USD1=RMB6.85,30天远期汇率为USD1=RMB6.83

20×9年1月30日　即期汇率:USD1=RMB6.8

要求:(1) 编制按公允价值套期保值进行会计处理的相关会计分录。

(2) 编制按现金流量套期保值进行会计处理的相关会计分录。

7. 目的:掌握以外汇远期合同为境外经营净投资额进行套期保值的会计处理

资料:丙公司记账本位币为人民币。丙公司准备为其在纽约的分公司在20×9年12月31日的净投资额200 000美元进行套期保值,于20×9年10月1日与美国某外汇经纪银行签订了90天应付200 000美元的外汇远期合同,合同的汇率为USD1=RMB6.9。签订日的现行汇率为USD1=RMB6.92,12月31日的汇率为USD1=RMB6.8。外汇远期合同到期,以净额结算。

要求：编制相关会计分录。

8. **目的：掌握外汇远期合同进行投机的会计处理**

资料：丁公司记账本位币为英镑。预计美元将要升值，因此该公司在20×8年12月1日与外汇经纪银行签订了一项为期60天、按远期汇率买进100 000美元的外汇远期合同，以便两个月后美元升值时以较高的价格卖出，从中获利。20×9年1月30日，以净额结清外汇远期合同。相关的汇率如下：

20×8年12月1日　即期汇率　GBP1＝ USD 1.85

20×8年12月1日　60天远期汇率　GBP1＝ USD 1.80

20×8年12月31日　30天远期汇率　GBP1＝ USD 1.83

20×9年1月30日　即期汇率　GBP1＝ USD 1.78

要求：编制相关会计分录。

9. **目的：掌握我国外币交易会计处理**

资料：(1) 甲公司有关外币账户20×8年2月28日的余额如表6-9所示：

表6-9　甲公司有关外币账户余额

项　目	外币账户余额(万美元)	汇　率	折算人民币余额(万元人民币)
银行存款	800	8.05	6 440
应收账款	400	8.05	3 220
应付账款	200	8.05	1 610
长期借款	1 200	8.05	9 660

(2) 甲公司20×8年3月份发生的有关外币交易或事项如下：

① 3月3日，将20万美元兑换为人民币，兑换取得的人民币已存入银行。当日市场汇率为1美元＝8.1元人民币，当日银行买入价为1美元＝8.02元人民币。

② 3月10日，从国外购入一批原材料，货款总额为400万美元。该原材料已验收入库，货款尚未支付。当日市场汇率为1美元＝8.04元人民币。另外，以银行存款支付该原材料的进口关税584万元人民币，增值税646万元人民币。

③ 3月14日，出口销售一批商品，销售价款为600万美元，货款尚未收到。当日市场汇率为1美元＝8.02元人民币。假设不考虑相关税费。

④ 3月20日，收到应收账款300万美元，款项已存入银行。当日市场汇率为1美元＝8元人民币。该应收账款系2月份出口销售发生的。

⑤ 3月31日，计提长期借款第一季度发生的利息。该长期借款系20×8年1月1日从中国银行借入，用于购买建造某生产线的专用设备，借入款项已于当日支付给该专用设备的外国供应商。该生产线的土建工程已于20×7年10月开工。该外币借款金额为1 200万元，期限2年，年利率为4%，按季计提借款利息，到期一次还本付息。该专用设备于2月20日验收合格并投入安装。至20×8年3月31日，该生产线尚处于建造过程中。

⑥ 3月31日，市场汇率为USD1 ＝RMB7.98。

要求：(1) 编制甲公司3月份外币交易或事项相关的会计分录。

(2) 填列甲公司20×8年3月31日外币账户发生的汇兑损益(汇兑收益以"+"表示，汇兑损失以"－"表示)，并编制汇兑损益相关的会计分录。

案例分析

由安然破产案透视金融衍生工具的会计处理

(一) 案情介绍

1. 背景资料

美国安然公司(Enron Corp)于2001年12月正式申请破产，这不仅是美国有史以来最大规模的一宗破产案，更意味着在美国500强公司中排名第七、连续6年被《财富》杂志评为"最富创新能力"的明星公司一瞬间从顶峰坠落到谷底。在申请破产时，安然的股票价格由最高时的90.75美元跌至约50美分。

在整个20世纪90年代的10年间，安然从一家天然气、石油传输公司变成一个类似美林、高盛的华尔街公司。差别仅在于，安然交易能源证券，而美林和高盛交易金融证券和股票。虽然安然公司在财务报表的编制过程中有违反公认会计准则(General Accepted Accounting Principle，GAAP)的行为，但最为关键的，是其大量利用衍生金融工具，打GAAP的"擦边球"，构造出形式重于实质的财务报表，从而误导投资者的决策，使大多数投资者在安然事件败露之前对投资安然公司的巨大风险一无所知。

安然从事的业务中重要的一部分就是通过相关能源合同及其他衍生工具获取收益，而这些收益取决于对未来具有很多不确定市场因素的预期。根据美国现有会计规定，可以根据目前市场状况和对未来的市场预期将这些预计在未来期间实现的收益作为本期收益入账。安然未对未来不确定的市场因素及假设予以充分披露，却将相关收入记入"其他收入"项内，列于合并损益表中最后一项收入。根据年报附注推测"其他收入"实质上是衍生金融工具的利得(或损失)，据此，为了突出本文所关注的问题，可以将损益表重编为表6－10。

表6－10　安然公司2000年合并损益表

单位：百万美元

	2000	1999	1998
非衍生金融工具收入	93 557	34 774	27 215
非衍生金融工具成本	(94 517)	(34 761)	(26 381)
非衍生金融工具毛利	(960)	13	834
* 衍生金融工具利得(或损失)	7 232	5 338	4 045
其他费用	(4 319)	(4 549)	(3 501)
营业利润	1 953	802	1 378
净利润	979	893	703

由表 6－10 可以得出以下结论：安然公司的衍生金融工具利得对报表有着重大影响。其 2000 年衍生金融工具利得是净利润的将近 8 倍。相对于净利润来说，这项利得非常重大。安然在年报中报告了 2000 年衍生金融工具 720 万美元的利润和 2000 年 12 月 31 日存在的 216 亿美元的合同名义价格。

那么安然是如何通过构造交易来达到报表操纵的目的的呢？主要问题可以归结为外部衍生金融工具——特殊目的实体的合并问题和内部衍生金融工具——能源合同的收益确认问题。安然有 3 500 多个关联企业，其复杂业务无法一一穷尽，本案例将就媒体报道的典型内部衍生金融工具——能源合同的收益确认问题进行讨论。

2. 逐日盯市的利得(损失)确认问题

安然破产案也引起了人们对美国能源公司中普遍使用的逐日盯市(Mark-to-Market)会计处理的关注。逐日盯市会计处理使得能源公司可以把从相关能源合同中获得的将来的收益确认为当期的收益。据报道，这种形式的收益占到安然 2000 年税前利润的一半以上和 1999 年税前利润的三分之一。逐日盯市会计是 FASB 允许的，公司通常在每个季度末对能源合同的公允价值进行估计，将账面值调整为公允价值，同时确认相应的利得或损失。因此，管理层在使用逐日盯市会计的时候具有很大的操纵空间。FASB 曾对这一会计处理进行过争论，但最终还是决定将解释权让给各个公司。

安然公司过去的能源交易合同是实物交易。破产前几年，安然公司大量从事能源市场价格波动的投机、保值等衍生金融工具交易。如果合同被确定是一个能源交易合同，GAAP 要求按公允价值调整出于交易目的的能源合同，确认利润或损失，另外还应单独在财务报表或附注中进行披露。同时，GAAP 还提供了一套指标用于判断一项能源合同的交易是否是出于交易目的。

安然公司在 2000 年年报附注中对于交易目的的衍生合约和套期保值目的的衍生合约分别采用逐日盯市的会计处理和保值会计处理。在逐日盯市会计方法下，用于交易目的的远期合同(Forwards)、互换合同(Swaps)、期权(Options)和能源运输合约以公允价值反映在合并资产负债表中的“价格风险管理中的资产和负债”项，同时将未实现的收益及损失确认在“其他收入”中。套期保值会计用于非交易目的的合约，当用于保值的合约标的与被保值标的价格的变化有较大相关性的时候，即保值合约能起到保值作用的时候，用套期保值会计处理；当发现保值合约不能起到保值作用的时候，停止使用套期保值会计，对保值合约价值的变化确认收益或损失。也就是说管理层可以主观判断某一衍生工具是用于保值目的还是交易目的。如果是交易目的，就可以按公允价值调整合约的账面价值，同时确认相应的收益或损失。安然公司从价格风险管理活动中得到的净资产在 2000 年末和 1999 年末分别约为 10.88 亿美元和 3 亿美元。当安然公司披露将市场价值的变化作为“其他收入”的一部分的时候，这个项目的金额在 2000 年年末达到 72 亿美元之多，从其公开文件中无法得知从市场价值变化中得到的收入到底是多少。然而在其现金流量表中，安然公司在附注中提到，在 2000 年和 1999 年年末分别大约有 7.63 亿美元和 3.95 亿美元的收入来自价格风险管理活动却没有现金流入。

与 GAAP 对金融工具(如债务和权益证券)、衍生工具的会计处理相一致，GAAP 除了规定要逐个计算每个能源合同的公允价值外，没有规定如何计算能源合同的公允价值。对于这种情况GAAP也只是提供了一条普遍适用的准则，即公允价值是一个合同在与自愿方进行现金买卖此合同时的金额，而所谓自愿方是指此交易不是在强迫和清算出售的情况下进行的。可见，管理层在确定公允价值时存在着较大的操纵空间。

依据GAAP，基于公开交易市场的市场报价是公允价值的最好的根据，应被作为公允价值计量的基础。如果市场报价不能得到，GAAP要求公司基于市场中可得的最好的信息估计公允价值。由于很多能源交易合同的市场报价不存在，公司必须根据市场上相似的合同和估价技术的结果来确定价格。当使用估价技术或模型时，公司用于估计价值的最好的信息包括近期的现货价格和远期价格。能源价格曲线表示能源商品1—5年的远期价格，这是从市场中可以得到的。很多能源合同期限超过5年，因此，只有很小一部分的能源合同有直接可得的公允价值。超过5年的远期价格必须估计，所以有很大的不确定性。通常，从长期看价格更具有稳定性。然而，由于现行的会计规则对公允价值使用的规定不够详尽，所以由各个公司假定的能源价格的波动性的差异导致公允价值的估计差别很大。

（二）思考分析题

1. 请说明什么是衍生金融产品的逐日盯市会计处理。

2. 请说明什么是衍生金融产品的套期保值会计处理。

3. 套期保值会计和逐日盯市会计处理方法有什么不同？哪一种处理方法需要按公允价值调整合约的账面价值，同时确认相应的收益或损失？

4. 根据你的判断，在按公允价值调整合约账面价值的过程中，容易出现什么漏洞和问题？公司可以如何利用这个漏洞操纵会计报表？

5. 从案例看，安然公司更愿意被FASB认定为是投机和套利目的的交易者，还是套期保值者？为什么？

6. 案例中提到"由于很多能源交易合同的市场报价不存在，尤其是安然公司的很多能源合同期限超过5年，因此，只有很小一部分的能源合同有直接可得的公允价值，超过5年的远期价格必须估计"，为什么超过5年的能源合约远期价格难以确定？请从衍生产品合约的流动性特点角度加以解释。

第七章　外币财务报表折算

本章要点

通过本章的学习，理解外币财务报表折算的概念，了解外币财务报表折算的目的，掌握外币财务报表折算汇率的选择及折算差额的处理；掌握区分流动与非流动项目法、区分货币性与非货币性项目法、时态法、现行汇率法，关注各种方法的差异及其对报表的影响，理解功能货币与折算方法选择的关系；掌握我国外币报表的折算方法。

第一节　外币财务报表折算概述

一、外币财务报表折算的概念

外币财务报表折算是将会计报表中以编报货币表示的各项目，按一定的汇率换算为按所需货币表示的相同项目，并据以重新编制会计报表的过程。外币财务报表折算的实质是为了一定的折算目的，运用一定的折算方法，将以一种货币金额表述的财务报表按照另一种选定的货币单位来对其重新表述，使报表能以选定的货币单位综合反映企业的财务状况和经营成果，从而满足报表特殊使用者的需求。

二、外币财务报表折算的目的

在经济全球化的大背景下，国际直接投融资等活动更加频繁。企业在国际资本市场进行投融资活动产生了将以某一货币单位表示的财务报表折算为以另一种货币单位表示的财务报表的需求，即产生报表折算的需求。外币财务报表折算的目的主要有两个：

（一）满足跨国公司编制合并财务报表的需要

企业进行国际投资产生了大型的跨国公司，跨国公司的子公司分布在不同的国家和地区，通过控股方式将各子公司结合起来达到合并经营的目的。这样的经营方式有两个特点：首先母公司和子公司各自都是独立的法律实体，按要求编报各自的财务报表；其次它们作为整体又是一个经济实体，该经济实体没有独立的会计记录。因此，若需要综合反映母子公司组成的企业集团的财务情况，就需要以企业集团各所属企业的个别报表为基础编制反映企业集团财务情况的财务报表，即合并财务报表。编制合并财务报表之前首先要统一多个个别报表的计量货币。由于国外子公司通常使用所在国本地货币编制财务报表，其编报货币与母公司的编报货币不同，故在编制合并财务报表之前，先要将以非母公司编报货币表示的子公司报表折算为以母公司编报货币表示的财务报表。满足跨国公司编制合并财务报表的需要，是外币财务报表折算的首要目的。

（二）满足个别报表信息使用者的需要

个别报表信息使用者主要有投资者、债权人和其他信息使用者。企业在国外资本市场发行股票、债券进行融资时，需要提供以市场所在国货币为编报货币的会计报表，因而产生了报表折算的需求。例如我国企业为了到美国、中国香港等资本市场上市，必须提供以美元和港元表示的会计报表(产生外币财务报表折算)，甚至需要提供按照对方会计准则和惯例调整后的会计报表。我国境内的企业选择人民币以外的货币作为记账本位币的，报表日需要提供以人民币表示的财务报表，也产生了将非人民币表示的财务报表折算为人民币表示的财务报表的需要。

三、外币财务报表折算涉及的基本问题

外币财务报表折算的困难源于汇率变动。如果汇率固定不变，则外币财务报表折算就是轻而易举的事情，只需将所有报表项目都乘以该固定汇率。在浮动汇率制度下，由于汇率经常变动，故外币财务报表折算过程中主要需要处理以下两个会计问题：

1. 外币财务报表折算汇率的选择

外币财务报表各项目的折算，可供选择的汇率有以下三种：

(1) 现行汇率，是指公司报表编制日的汇率；

(2) 历史汇率，是指报表项目确认入账时的汇率；

(3) 报告期平均汇率。

外币财务报表折算首先要明确选择何种汇率进行折算。但在实务中并非选用上述某种汇率对所有的报表项目进行折算，而往往是对不同的报表项目选择不同的折算汇率。折算汇率的选择取决于报表项目承受的外汇风险，以及报表的折算目的等等。

2. 外币财务报表折算差额的处理

当外币财务报表折算对各报表项目以特定的汇率进行换算时，折算后的资产负债表上的留存收益项目与留存收益表(或所有者权益变动表)上留存收益项目折算后的金额就可能存在差异，两者之间的差额即为外币报表折算差额。外币报表折算差额的处理方法主要有以下几种：

(1) 折算差额全部计入当期损益。主张这种方法的依据是：汇率变动是客观存在的，汇率的变动会引起资产和负债折算后价值的改变，而资产净额的变动必然会影响企业的收益，因此将该部分金额计入当期损益是合理的。采用时态法时，对于报表折算差额的处理采用的就是该种方法。

反对采用这种处理方法的人认为，报表折算差额并未导致企业现金流量的增减，它只是报表折算的产物，将其全部列入当期损益是不合理的。如在汇率大幅波动的情况下，将汇率

变动引起的大额外币折算差额计入当期损益会歪曲企业损益表反映的真实经营成果,从而不能提供真实的会计信息。

(2) 确认折算损失,递延折算收益。将未实现的折算损失立即确认为当期损失,而将未实现的折算收益予以递延,是一种较为稳健的处理方法。如在区分流动与非流动项目法下,就是采用该种方法来处理折算损益的。但该种方法的反对者认为,报表折算差额属于未实现的损益,因此对折算损失和折算利得应采用同样的处理方式,将折算收益予以递延、折算损失记入利润表,是不合理的。

(3) 作为所有者权益的调整。也就是将折算差额以"报表折算差额"的形式在资产负债表中的所有者权益下单独列示。主张该种方法的依据是:折算差额只是外币重新表述过程的产物,只是将外币表示的资产、负债项目以母公司记账本位币重新计量产生的调整额,并不是真正的利得或损失,也没有真正实现,它并不影响公司的现金流量,因此不应列入利润表,而应列入资产负债表。由于汇率的多变,因此有可能在下期汇率会发生逆转,因此如果将这部分差额计入当期损益有可能导致会计报表使用者对公司的获利能力产生误解,而作为所有者权益的调整额可以避免这种情况。现行汇率法即采用该种方法来处理折算差额。

对折算差额的不同处理将会导致折算程序的不同,即是先折算收益及留存收益表,并以其留存收益项目的金额为准调整资产负债表中该项目的金额,最后折算出资产负债表,或是相反。

世界各国外币报表的折算方法经历了区分流动与非流动项目法、区分货币性与非货币性项目法、时态法和现行汇率法,至今尚未形成一致的国际惯例。以下分节阐述这四种方法以及目前我国外币财务报表折算方法。

第二节　区分流动与非流动项目法

1911 年,一位叫 L. R. 迪克西的学者在其出版的《高级会计》一书中首次提出了区分流动与非流动项目法。美国会计师协会(AIA,AICPA 前身)在 1931 年发布了第 92 号公报,正式提出区分流动与非流动项目法,这是历史上第一个含有折算方法内容的会计公告。随后 AICPA1934 年的第 117 号公报、1939 年的第 4 号会计研究公报——《国外经营与外汇》以及第 43 号会计研究公报都分别再次提出了区分流动与非流动项目法。在 20 世纪 30 年代至 60 年代,这种方法是世界各国普遍采用的外币财务报表折算方法,但目前国际上仅有少数国家采用。

一、区分流动与非流动项目法的折算程序

(一) 折算汇率的选择

区分流动与非流动项目法是将资产和负债项目按照传统的分类方法分为流动项目和非流动项目两类,分别采用不同的汇率进行折算。流动项目包括流动资产与流动负债,流动资产主要有现金、银行存款、应收账款和存货等;流动负债主要有应付账款、应付票据等。非流

动项目指除了流动项目以外的资产负债项目，主要有长期投资、固定资产、无形资产、递延资产、长期负债和所有者权益等。在区分流动与非流动项目法下，流动资产和流动负债项目按现行汇率——资产负债表日的即期汇率进行折算，而非流动资产和长期负债项目则按照历史汇率——资产取得日或负债承担日的即期汇率进行折算；对于所有者权益类项目，实收资本按股份发行时的历史汇率进行折算，留存收益项目根据资产负债表的平衡原理倒轧计算。收益及留存收益表项目除了固定资产折旧费用和无形资产摊销按照资产取得日的汇率折算外，均按照报告期的平均汇率(简单平均或加权平均)折算。销货成本按照“本期销货＝期初存货＋本期购货－期末存货”的等式计算所得，式中“期初存货”为已知上期期末数据，“本期购货”则因购货的分散性和频繁性而采用本期平均汇率折算，“期末存货”以本期期末汇率折算。

(二) 折算差额的处理——确认折算损失，递延折算收益

区分流动与非流动项目法，基于稳健性的考虑，将未实现的折算损失确认为当期损失，计入利润表，而将未实现的折算收益予以递延，作为暂记项目列入资产负债表，用来抵销未来期间可能发生的折算损失。此方法一般先分别折算资产负债表和收益及留存收益表，然后比较留存收益项目在资产负债表与留存收益表中的金额，若资产负债表中留存收益项目的金额大于留存收益表中留存收益的金额，则留存收益项目以留存收益表中的金额列示，倒扎算出资产负债表中折算调整额，这样折算收益就予以递延了；若资产负债表中留存收益项目的金额小于留存收益表中留存收益项目的金额，则留存收益项目以资产负债表中的金额列示，倒扎算出收益表中折算损失，这样折算损失就计入了当期损益。

二、区分流动与非流动项目法例释

【例 7－1】 设 A 公司需要折算其在国外 100％控股子公司 B 的外币报表，B 公司按美元表述的 20×9 年 12 月 31 日的收益及留存收益表和资产负债表见表 7－1 和表 7－2 中的“美元”栏，同时，假设 B 公司上年期末留存收益折算金额为 1 075 000 元；假定期末存货为全年平均购入。有关折算汇率如下：

20×8 年 12 月 31 日的汇率	USD1＝RMB7.95
20×8 年平均汇率	USD1＝RMB8.15
20×9 年 12 月 31 日的汇率	USD1＝RMB7.40
20×9 年平均汇率	USD1＝RMB7.60
子公司资本投入时的汇率	USD1＝RMB8.20
固定资产购入时的汇率	USD1＝RMB8.32
无形资产取得时的汇率	USD1＝RMB8.28
长期借款承担日的汇率	USD1＝RMB8.25
股利支付日的汇率	USD1＝RMB7.70

A 公司采用区分流动与非流动项目法对 B 公司的报表进行折算，折算后的收益及留存收益表、资产负债表如表 7－1、表 7－2 中的“人民币”栏所示。

表 7-1 收益及留存收益表

20×9 年度

项目	美元	折算汇率	人民币(元)
销售收入	400 000	7.6	3 040 000
减：销货成本	246 000		1 895 700①
折旧费	50 000	8.32	416 000
其他费用	24 000	7.6	182 400
减：折算损失(折算收益)			123 700④
营业利润	80 000		422 200
减：所得税	24 000	7.6	182 400
净利润	56 000		239 800
加：期初留存收益	104 000		1 075 000②
可分配利润	160 000		1 314 800
减：股利	5 000	7.7	38 500
期末留存收益	155 000		1 276 300③

注：① 此数据按照公式"本期销货＝期初存货＋本期购货－期末存货"计算所得，具体计算如下：

	美元	折算汇率	人民币
期初存货	46 000	7.95(上期期末汇率)	365 700
加：本年购货	250 000	7.60(本期平均汇率)	1 900 000
减：期末存货	50 000	7.40(本期期末汇率)	370 000
销货成本	246 000		1 895 700

② 此数据来源于上年留存收益表"期末留存收益"项目。

③ 此数据来源于资产负债表"留存收益"项目。

④ 此数据是本报表计算的最后一个数据，应根据其他数据倒算得出，计算步骤如下：

可分配利润＝期末留存收益＋股利＝1 276 300＋38 500＝1 314 800(元)

净利润＝可分配利润－期初留存收益＝1 314 800－1 075 000＝239 800(元)

营业利润＝净利润＋所得税＝239 800＋182 400＝422 200(元)

折算损失＝销货收入－销货成本－折旧费－其他费用－营业利润

＝3 040 000－1 895 700－416 000－182 400－422 200＝123 700(元)

三、对区分流动与非流动项目法的评价

把资产负债表项目按流动性大小划分为流动项目和非流动项目是一种传统的做法，但由于该方法不能说明为什么这种分类方案将决定折算中应采用什么汇率，且此法仍无法解释在历史成本计量模式下存货被划分为流动项目采用现行汇率折算承受汇率变动风险，以及长期负债被划分为非流动项目采用历史汇率折算不承受汇率变动风险的不合理现象，因此这一方法遭到不少批评。按照历史成本计量的存货应该与固定资产一样采用历史汇率进行折算；而长期负债则采用现行汇率进行折算，才能体现各项目所承担的汇率波动风险。美国的第 4 号会计研究公报在 1953 年被修订与重述，在重述时，区分流动与非流动项目法上的一些缺陷得到了一定的修正：存货在特定情况下可按照历史汇率折算；对于在汇率发生

重大的、永久性的变动前为取得非流动资产而举借的长期负债或发行的股份，相关的汇兑损益可调整所取得资产的成本。目前，除少数国家和地区（如新西兰）仍在采用外，实际上此法正在被逐渐淘汰。

表 7－2　资产负债表

20×9 年 12 月 31 日

项　　目	美　　元	折算汇率	人民币(元)
资　产			
流动资产：			
货币资金	20 000	7.40	148 000
应收账款	40 000	7.40	296 000
存　货	50 000	7.40	370 000
流动资产合计	110 000		814 000
固定资产(原值)	420 000	8.32	3 494 400
减：累计折旧	100 000	8.32	832 000
固定资产净值	320 000	8.32	2 662 400
无形资产	30 000	8.28	248 400
资产合计	460 000		3 724 800
负债及所有者权益			
应付账款	75 000	7.40	555 000
长期负债	150 000	8.25	1 237 500
股　本	80 000	8.20	656 000
留存收益	155 000		1 276 300
负债及所有者权益合计	460 000		3 724 800

第三节　区分货币性与非货币性项目法

区分货币性与非货币性项目法是在 1956 年由美国的 S.R. 赫普华斯（Samuel R. Hepworth）教授在其公开出版的《对国外经营活动的报告》中首次提出的。1960 年，美国全国会计师协会（NAA，1991 年 6 月更名为管理会计师协会）发表第 36 号研究公报——《国外经营中的会计问题》，提倡使用区分货币性与非货币性项目法。该方法针对区分流动与非流动项目法的不足，提出外币折算应以资产负债表项目的属性而不是按资产负债的时间长短来分类。

一、区分货币性与非货币性项目法的折算程序

(一) 折算汇率的选择

区分货币性与非货币性项目法将资产与负债项目区分为货币性项目与非货币性项目两大类。所谓货币性项目包括货币性资产与货币性负债,它的特性是一旦汇率发生变动,其外币金额的本国货币等值即发生变化。货币性资产是指以货币形态存在的各项资产,如现金、银行存款、应收账款和应收票据等金额固定的长短期债权;货币性负债是指以货币形态存在的各项负债,如应付账款、应付票据等金额固定的长短期债务。非货币性项目是指除货币性项目以外的资产、负债项目,如存货、固定资产、长期投资、无形资产等。

根据这种方法,外币资产负债表中所有的货币性资产与货币性负债项目均按照期末现行汇率折算,而非货币性资产与非货币性负债项目,则按照取得各项资产或承担各项负债时的历史汇率折算。实收资本仍按照股份发行日的历史汇率折算,留存收益则根据资产负债表的平衡原理倒轧计算。收益及留存收益表项目的折算方法和流动性与非流动性项目法相同,除销货成本、折旧费用和无形资产摊销外,其余项目均按照报告期的平均汇率折算;折旧费和无形资产摊销费用按照资产取得日的汇率折算;销货成本根据公式"销货成本=期初存货+本期购货-期末存货"计算,其中,当期购货按照报告期的平均汇率折算,期初存货和期末存货将按历史汇率折算。

由于存货的品种繁多,收发频繁,要追溯其购入时的历史汇率是难以做到的,而且存货的发出计价方法也带有假设性,折算时采用历史汇率,还须与存货发出计价的方法相联系。例如如果存货发出计价采用加权平均法,采用全年的平均汇率折算期末存货是可行的;如果采用先进先出法,则期末存货必然是在接近期末的若干月份内购入的,可采用接近年末的这几个月的平均汇率为折算汇率。

(二) 折算差额的处理——计入当期损益

该方法认为汇率变动是客观存在的,汇率变动会引起资产和负债折算后价值的改变,而资产净额的变动必然会影响企业的收益,因此将该部分金额计入当期损益。此方法一般先折算资产负债表,然后将资产负债表中"留存收益"项目的金额直接填入留存收益表中"期末留存收益"项目,倒轧算出收益表中折算损失(或折算收益),这样折算差额就计入了当期损益。

二、区分货币性与非货币性项目法例释

【例 7-2】 假设例 7-1 中 A 公司采用区分货币性与非货币性项目法对 B 公司报表进行折算,B 公司存货发出计价采用加权平均法。折算后的收益及留存收益表、资产负债表如表 7-3、表 7-4"人民币"栏所示。

表 7-3 收益及留存收益表

20×9 年度

项 目	美 元	折算汇率	人民币(元)
销售收入	400 000	7.6	3 040 000
减:销货成本	246 000		1 894 900[①]

续 表

项　　目	美　　元	折算汇率	人民币(元)
折旧费	50 000	8.32	416 000
其他费用	24 000	7.6	182 400
减：折算损失(折算收益)			(13 000)④
营业利润	80 000		559 700
减：所得税	24 000	7.6	182 400
净利润	56 000		377 300
加：期初留存收益	104 000		1 075 000②
可分配利润	160 000		1 452 300
减：股利	5 000	7.7	38 500
期末留存收益	155 000		1 413 800③

注：① 此数据按照公式"本期销货＝期初存货＋本期购货－期末存货"计算所得，具体计算如下：

	美元	折算汇率	人民币
期初存货	46 000	8.15(上期平均汇率)	374 900
加：本年购货	250 000	7.60(本期平均汇率)	1 900 000
减：期末存货	50 000	7.60(本期平均汇率)	380 000
销货成本	246 000		1 894 900

② 此数据来源于上年留存收益表"期末留存收益"项目。

③ 此数据来源于资产负债表"留存收益"项目。

④ 此数据是本报表计算的最后一个数据，应根据其他数据倒算得出，计算步骤如下：

可分配利润＝期末留存收益＋股利＝1 413 800＋38 500＝1 452 300(元)

净利润＝可分配利润－期初留存收益＝1 452 300－1 075 000＝377 300(元)

营业利润＝净利润＋所得税＝377 300＋182 400＝559 700(元)

折算损失＝销货收入－销货成本－折旧费－其他费用－营业利润

＝3 040 000－1 895 700－416 000－182 400－559 700＝－13 000(元)，为折算收益。

表 7-4　资产负债表

20×9 年 12 月 31 日

项　　目	美　　元	折算汇率	人民币(元)
资产			
流动资产：			
货币资金	20 000	7.40	148 000
应收账款	40 000	7.40	296 000
存货	50 000	7.60	380 000
流动资产合计	110 000		824 000
固定资产(原值)	420 000	8.32	3 494 400
减：累计折旧	100 000	8.32	832 000

续　表

项　　目	美　　元	折算汇率	人民币(元)
固定资产净值	320 000	8.32	2 662 400
无形资产	30 000	8.28	248 400
资产合计	460 000		3 734 800
负债及所有者权益			
应付账款	75 000	7.40	555 000
长期负债	150 000	7.40	1 110 000
股　本	80 000	8.20	656 000
留存收益	155 000		1 413 800
负债及所有者权益合计	460 000		3 734 800

三、对区分货币性与非货币性项目法的评价

区分货币性与非货币性项目法比较恰当地分析了汇率变动对资产负债项目的影响，使汇率风险同企业的资产和负债不同组合相联系，折算结果能更及时地反映汇率变动对整个报告主体的影响，并且在外币财务报表折算方法演变过程中，在许多国家的确取代了区分流动与非流动项目法。此法对货币性项目采用现行汇率折算是合理的，但是，在非完全历史成本计量模式下，对所有的非货币性资产和负债都要按历史汇率折算则缺乏说服力。例如对于那些采用现行成本计价的非货币性项目，拿存货来说，将现行成本与历史汇率相乘而产生的折算金额，既不能代表存货的历史成本本国货币等值，也不能代表存货的现行成本本国货币等值。因此人们批评区分货币性与非货币性项目法仍没有触及外币财务报表折算的实质——会计计量。目前只有芬兰、瑞典、韩国、菲律宾等少数国家和地区采用这种方法。

第四节　时态法

1972 年，美国会计学家列拿德·洛伦森(Leonard Lorenson)在 AICPA 的会计论文集(Accounting Research Study)第 12 期发表了一篇影响非凡的文章——《以美元报告美国公司的国外业务》，提出了外币财务报表折算的时态法。美国财务会计准则委员会(FASB)于 1975 年 10 月公布的第 8 号公告曾明确规定，美国企业采用时态法折算外币财务报表。

一、时态法的折算程序

(一) 折算汇率的选择

时态法亦称时间度量法，是针对资产负债项目的计量方法和时间的不同，而选择不同汇

率进行折算的一种方法。时态法是对区分货币性与非货币性项目法的改进。如果外币财务报表的所有非货币性项目都以历史成本计量,则时态法同区分货币性与非货币性项目法对外币财务报表的折算是完全一样的。但若外币财务报表的某些非货币性项目以现行价值或重置成本计量而非历史成本,时态法则显示出其灵活性。时态法并不局限于货币性项目和非货币性项目的分类,而是根据资产和负债的计量属性选择折算汇率。对资产负债表中的货币性项目,因其计量属性为现行成本,故选择现行汇率进行折算;对非货币性项目,在其采用历史成本计价时,采用历史汇率进行折算,在其采用现行价值或重置成本计价时,则采用现行汇率进行折算;对于所有者权益项目,实收资本仍按照股份发行日的历史汇率折算,留存收益则根据资产负债表的平衡原理倒轧计算。只有这样,以外币表述的历史成本用历史汇率折算才能产生以所选货币单位表述的历史成本,以外币表述的现行成本用现行汇率折算才能产生以所选货币表述的现行成本。收益表的收入和费用项目应按照交易发生日的即期汇率折算。但是,由于涉及收入和费用的交易频繁发生,所以一般用平均汇率来代替交易发生日的即期汇率进行折算。但折旧费和摊销费按照历史汇率来折算,销货成本根据公式“本期销货=期初存货+本期购货-期末存货”计算,式中汇率的选用要考虑存货是按成本计价还是按市价计价的。

(二)折算差额的处理——计入当期损益

该方法对折算差额的处理与区分货币性与非货币性项目法相同,即计入当期损益。因此折算程序也是先折算资产负债表,然后将资产负债表中“留存收益”项目的金额直接填入留存收益表中“期末留存收益”项目,倒轧算出收益表中折算损失(或折算收益),这样折算差额就计入了当期损益。

二、时态法例释

【例 7-3】 假设例 7-1 中 A 公司采用时态法对 B 公司报表进行折算,同时假设 B 公司期末存货按现行价值计价,其他非货币性项目都以历史成本计价,折算后的收益及留存收益表、资产负债表如表 7-5、表 7-6“人民币”栏所示。

表 7-5 收益及留存收益表

20×9 年度

项 目	美 元	折算汇率	人民币(元)
销售收入	400 000	7.6	3 040 000
减:销货成本	246 000		1 895 700①
折旧费	50 000	8.32	416 000
其他费用	24 000	7.6	182 400
减:折算损失(折算收益)			(3 800)④
营业利润	80 000		549 700
减:所得税	24 000	7.6	182 400
净利润	56 000		367 300

续　表

项　　目	美　元	折算汇率	人民币(元)
加：期初留存收益	104 000		1 075 000②
可分配利润	160 000		1 442 300
减：股利	5 000	7.7	38 500
期末留存收益	155 000		1 403 800③

注：① 此数据按照公式"本期销货＝期初存货＋本期购货－期末存货"计算所得，具体计算如下：

	美元	折算汇率	人民币
期初存货	46 000	7.95(上期期末汇率)	365 700
加：本年购货	250 000	7.60(本期平均汇率)	1 900 000
减：期末存货	50 000	7.40(本期期末汇率)	370 000
销货成本	246 000		1 895 700

② 此数据来源于上年留存收益表"期末留存收益"项目。

③ 此数据来源于资产负债表"留存收益"项目。

④ 此数据是本报表计算的最后一个数据，应根据其他数据倒算得出，计算步骤如下：

可分配利润＝期末留存收益＋股利＝1 403 800＋38 500＝1 442 300(元)

净利润＝可分配利润－期初留存收益＝1 442 300－1 075 000＝367 300(元)

营业利润＝净利润＋所得税＝367 300＋182 400＝549 700(元)

折算损失＝销货收入－销货成本－折旧费－其他费用－营业利润

＝3 040 000－1 895 700－416 000－182 400－549 700＝－3 800(元)，为折算收益。

表 7-6　资产负债表

20×9 年 12 月 31 日

项　　目	美　元	折算汇率	人民币(元)
资　产			
流动资产：			
货币资金	20 000	7.40	148 000
应收账款	40 000	7.40	296 000
存　货	50 000	7.40	370 000
流动资产合计	110 000		814 000
固定资产(原值)	420 000	8.32	3 494 400
减：累计折旧	100 000	8.32	832 000
固定资产净值	320 000	8.32	2 662 400
无形资产	30 000	8.28	248 400
资产合计	460 000		3 724 800
负债及所有者权益			
应付账款	75 000	7.40	555 000
长期负债	150 000	7.40	1 110 000

续 表

项　　目	美　　元	折算汇率	人民币(元)
股　本	80 000	8.20	656 000
留存收益	155 000		1 403 800
负债及所有者权益合计	460 000		3 724 800

三、对时态法的评价

时态法是对区分货币性与非货币性项目法的改进，它在区分货币性与非货币性项目法的基础上，用会计计量概念推导出了外币财务报表折算的全面原则。赞成这种方法的人认为，这种方法具有明确的概念依据，触及了外币财务报表折算的核心——计量属性，它所依据的时态原则使得此方法保持了折算前后会计计量属性的一致性，体现了它的合理性和灵活性。但时态法的反对者认为将折算差额计入当期损益，歪曲了企业的经营成果，当汇率急剧波动时，其结果更难预料；其次，时态法因选择不同的汇率进行折算会改变公司原有的财务报表比率；再有，这种方法折算程序较复杂、操作较繁琐。

第五节　现行汇率法

据史料记载，1891 年，H. A. 卜拉姆在《会计师》杂志第 4 期上发表了论文《英国公司报表中货币波动的处理》，该文表明英国会计师早在 19 世纪就开始对国外分支机构外币会计报表按现行汇率法进行折算。

一、现行汇率法的折算程序

(一) 折算汇率的选择

现行汇率法又称为期末汇率法，是指将外币资产负债表中的所有资产负债项目均按现行汇率进行折算的一种外币财务报表折算方法。该方法对于所有的资产负债均按现行汇率折算，实收资本仍按历史汇率折算，留存收益项目由折算后的留存收益表取得；收益表中的收入和费用项目应按照交易发生时的汇率进行折算，但是由于导致收入和费用的交易频繁发生，故为了简化核算，按照当期的平均汇率进行折算。

(二) 折算差额的处理——以所有者权益的调整额单独列示

该种方法将报表折算差额以“折算调整额”的形式，在资产负债表中的所有者权益下单独列示。因此折算程序是先折算收益及留存收益表，然后将留存收益表中“期末留存收益”项目的金额直接填入资产负债表中“留存收益”项目，倒轧算出资产负债表中“折算调整额”，作为所有者权益项目单独列示。

二、现行汇率法例释

【例 7－4】　假设例 7－1 中 A 公司采用现行汇率法对 B 公司报表进行折算，折算后的收益及留存收益表、资产负债表如表 7－7、表 7－8"人民币"栏所示。

表 7－7　收益及留存收益表

20×9 年度

项　　目	美　　元	折算汇率	人民币(元)
销售收入	400 000	7.6	3 040 000
减：销货成本	246 000	7.6	1 869 600
折旧费	50 000	7.6	380 000
其他费用	24 000	7.6	182 400
营业利润	80 000		608 000
减：所得税	24 000	7.6	182 400
净利润	56 000		425 600
加：期初留存收益	104 000		1 075 000①
可分配利润	160 000		1 500 600
减：股利	5 000	7.7	38 500
期末留存收益	155 000		1 462 100

注：① 此数据来源于上年留存收益表"期末留存收益"项目。

表 7－8　资产负债表

20×9 年 12 月 31 日

项　　目	美　　元	折算汇率	人民币(元)
资　产			
流动资产：			
货币资金	20 000	7.40	148 000
应收账款	40 000	7.40	296 000
存　货	50 000	7.40	370 000
流动资产合计	110 000	7.40	814 000
固定资产(原值)	420 000	7.40	3 108 000
减：累计折旧	100 000	7.40	740 000
固定资产净值	320 000	7.40	2 368 000
无形资产	30 000	7.40	222 000
资产合计	460 000	7.40	3 404 000

续 表

项　　目	美　　元	折算汇率	人民币(元)
负债及所有者权益			
应付账款	75 000	7.40	555 000
长期负债	150 000	7.40	1 110 000
股　本	80 000	8.20	656 000
留存收益	155 000		1 462 100①
折算调整额		倒轧	(379 100)③
负债及所有者权益合计	460 000		3 404 000②

注：① 此数据来源于留存收益表"期末留存收益"项目。

② 此数据根据资产负债表平衡原理得出。

③ 此数据是本报表计算的最后一个数据，应根据其他数据倒算得出，计算步骤如下：

折算调整额＝负债及所有者权益合计－应付账款－长期借款－股本－留存收益

＝3 404 000－555 000－1 110 000－656 000－1 462 100＝－379 100(元)

三、对现行汇率法的评价

现行汇率法采用单一的汇率对各项资产负债进行折算，相当于将各项目乘上一个常数，折算后，外币财务报表原来表述的财务关系、财务比率不变；折算后的子公司的账面价值反映了外币财务报表所反映净资产价值的本国货币等值，反映了汇率变动对母公司在子公司投资净额的累积影响；此外，采用单一汇率也使这种方法成为最简单的折算方法。

然而，该方法的缺陷也是显而易见的。目前世界范围内通行的会计计量模式是修正历史成本模式，而现行汇率法将外币报表中按历史成本表示的资产和负债项目按报表编制日现行汇率折算，无异于假设所有以外币表述的资产和负债项目都承受汇率变动的影响，这与子公司存货、固定资产等的价格在一定程度上不受汇率变动影响的现象是不一致的；同时折算后的结果既不是资产的历史成本，也不是资产的现行市价，而只是外币资产的历史成本与报表编制日现行汇率两个不同时点数字的乘积。

第六节　外币财务报表折算方法的比较

在前面四节中，我们已经阐述了区分流动与非流动项目法、区分货币性与非货币性项目法、时态法和现行汇率法。它们在折算汇率的选择、折算差额的处理和折算结果上都有所不同，但也存在某些共同之处。

一、折算汇率选择的比较

只有现行汇率法是单一汇率法，其他三种均为多种汇率法。综合前面四节所述的内容，我们将各种折算方法对资产负债表项目折算汇率的选择列表对比，具体如表 7－9 所示。

表 7-9　各种外币财务报表折算方法汇率选择一览表

项　　目	区分流动与非流动项目法	区分货币性与非货币性项目法	时态法	现行汇率法
资　产				
现　金	C	C	C	C
应收账款	C	C	C	C
存　货				
按成本计价	C	H	H	C
按市价计价	C	H	C	C
长期投资				
按成本计价	H	H	H	C
按市价计价	H	H	C	C
固定资产	H	H	H	C
其他资产	H	H	H	C
负　债				
应付账款	C	C	C	C
长期负债	H	C	C	C
所有者权益				
股　本	H	H	H	H
留存收益	B或*	B	B	*
折算调整额	无或B	无	无	B

注：C表示现行汇率

H 表示历史汇率

B 留存收益按规定的方法倒轧计算

* 直接来源于留存收益表

二、折算差额处理的比较

前已述及，在外币财务报表折算差额的四种处理方法中，区分流动与非流动项目法对折算差额采用收益递延，损失计入当期损益的方法；区分货币性与非货币性项目法和时态法将折算差额反映在收益表"折算损失(折算收益)"项目中，计入当期损益；现行汇率法将折算差额作为所有者权益项目单独在"折算调整额"项目中逐年累积。

三、折算结果的比较

在前面四节各种折算方法的例释中，我们使用的是同一外币报表资料，然而采用不同的折算方法却得出截然不同的折算结果。表 7-10 是对主要项目折算结果的对比。

表 7-10 外币财务报表折算方法折算结果对比表

单位：元

项目	区分流动与非流动项目法	区分货币性与非货币性项目法	时态法	现行汇率法
折算后资产总额	3 724 800	3 734 800	3 724 800	3 404 000
折算后净资产	1 932 300	2 069 800	2 059 800	1 739 000
折算调整额	无	无	无	(379 100)
折算后留存收益	1 276 300	1 413 800	1 403 800	1 462 100
折算后净利润	239 800	377 300	367 300	425 600
折算损失(折算收益)	123 700	(13 000)	(3 800)	无

四、功能货币与折算方法的选择

在当今浮动汇率体制下，汇率多变，走向各异。各国的经济环境和政治体制等方面各具特征，因此，各国在有关外币财务报表折算的会计准则中所持的观点有较大的差别。区分流动与非流动项目法由于其划分流动项目与非流动项目与折算目的的不相关性，以及对存货、长期负债等项目折算汇率的选择缺乏科学性，已处于被淘汰中；而区分货币性与非货币性项目法基本上是时态法的“原形”；时态法是对区分货币性与非货币性项目法的进一步完善。因此在世界范围内，折算方法的选择与争议主要在现行汇率法与时态法之间展开。

（一）功能货币、母公司货币观与子公司货币观

1. 功能货币

美国财务会计准则委员会(FASB)于 1981 年 12 月发布了第 52 号财务会计准则公告《外币折算》。该准则首次提出了“功能货币”(functional currency)的概念，它是指会计主体从事经营活动和创造现金流量的主要经济环境的货币，它在企业的经营活动中发挥着货币计量的功能。功能货币的选择，应该反映被合并的境外经营主体在管理上所持有的货币观念。

2. 母公司货币观——子公司的经营活动不过是母公司经营活动的延伸

母公司货币观是指将国外子公司看做是母公司经营活动的延伸，子公司只是母公司的有机组成部分，而不是独立的经济实体，其经营业务就好像是母公司直接在国外所从事的那样。因此，子公司的功能货币只能是母公司的报告货币。根据母公司货币观，子公司外币报表要按母公司报告货币予以重新表述，就像业务发生时就按当时的汇率折算为母公司的报告货币一样，因此，保持子公司原报表的计量基础不变就成了这种观点的宗旨。根据第四节的介绍，不难发现，时态法正是以母公司货币观为依据进行外币财务报表折算的。在折算之前，要对子公司的报表就重大的国别差异进行调整，使之符合母公司本国的会计准则和惯例。

3. 子公司货币观——子公司的经营活动是相对独立于母公司经营活动之外的国外实体

子公司货币观是指将国外子公司看做是独立自主经营的经济实体的观点，其功能货币往往是子公司所在国货币(外币)或非母公司报告货币的第三国货币(外币)，且在外币财务报表折算中要以保持以其功能货币计量的子公司的财务结果和财务关系为宗旨，提供与汇率变动对企业现金流量和所有者权益的预期经济影响相一致的信息。因此，在这种观点下，

外币财务报表折算只是对子公司原报表的货币计量单位的简单换算，折算差额应当看做是汇率变动对母公司在子公司投资净额的影响，应作为子公司净资产的组成部分，在资产负债表所有者权益项下单列“折算调整额”反映，即作为递延项目逐年累积。根据第五节的介绍，不难发现，现行汇率法正是以子公司货币观为依据进行外币财务报表折算的。

综上所述，功能货币是选择母公司的报告货币还是子公司的报告货币，就成为选择外币财务报表折算方法的关键。

（二）选择功能货币的标准

应该根据哪些条件来选择功能货币呢？FASB 第 52 号财务会计准则公告就现金流量、销售价格、销售市场、费用、理财、集团内的公司间交易等经济因素列举了各项选择标准，现列表阐述（如表 7－11 所示）。

表 7－11 功能货币的选择标准

经济因素	宜于以母公司报告货币作为功能货币的条件	宜于以子公司报告货币作为功能货币的条件
现金流量	直接影响母公司的现金流量，经常地汇回母公司	主要是当地货币，不影响或很少影响母公司现金流量
销售价格	对汇率变动有反应，由世界范围内的竞争决定	对汇率基本上没有反应，主要由当地的竞争支配
销售市场	主要在母公司所在国，以母公司所在国货币标价	主要在子公司所在的东道国，以当地的货币表示
费　用	主要从事与母公司进口的生产要素有关	主要在当地环境中发生
理　财	财源主要来自母公司，或依靠母公司偿付债务	主要表现为当地货币，通过当地经济活动来偿付与债务有关的支出
公司间交易	经常而且是大量的	既不经常也不是大量的

第七节 我国外币财务报表折算方法

一、我国外币财务报表折算采用现行汇率法

《企业会计准则——外币折算》对外币财务报表折算作出了相应的规定。我国外币财务报表的折算包括境外经营财务报表的折算，以及境内记账本位币为非人民币的企业财务报表折算为人民币财务报表。

1. 资产负债表

（1）所有的资产和负债项目，均采用资产负债表日的即期汇率折算；

（2）所有者权益项目除“未分配利润”项目外，其他项目采用发生时的即期汇率折算；

（3）“未分配利润”项目，以折算后的所有者权益变动表中该项目的数额列示；

（4）折算后资产类项目与负债和所有者权益类项目合计数的差额，作为报表折算差额，

在所有者权益项目下单独作为"外币报表折算差额"项目列示。其中属于少数股东权益的部分,并入少数股东权益项目。

2. 利润表和所有者权益变动表

利润表中所有的收入和费用项目和所有者权益变动表中有关反映发生额的项目,采用交易发生日的即期汇率折算;当汇率变动不大时,为了简化核算,也可以采用按照系统合理的方法确定的、与交易发生日即期汇率近似的汇率折算。

【例 7-5】 A公司的记账本位币为人民币,该公司仅有一全资子公司B公司,除此之外,无其他境外经营。B公司设在美国,自主经营,所有办公设备及绝大多数人工成本等均以美元支付;除极少量的商品购自A公司外,其余的商品采购均来自当地;其所需资金自行在当地融资、自担风险。因此,根据记账本位币的选择确定原则,B公司的记账本位币应为美元。20×9年12月31日,A公司准备编制合并财务报表,需要先将B公司的美元财务报表折算为人民币表述。B公司的美元财务报表如表7-12、表7-13、表7-14"美元"栏所示,其他有关资料如下:

20×9年12月31日的即期汇率为1美元=7.5元人民币,20×9年的平均汇率为1美元=7.6元人民币,实收资本为31 250美元,发生日的即期汇率为1美元=8. 3元人民币,20×8年12月31日的即期汇率为1美元=8.25元人民币,累计盈余公积为2 750美元,折算成人民币为22 575元,累计未分配利润为5 000美元,折算成人民币为41 500元,B公司在年末提取盈余公积12 000美元。B公司折算后的报表如表7-12、表7-13、表7-14"人民币"栏所示。

表7-12 利润表(简表)

编制单位:B公司　　　　20×9年度　　　　单位:元

项　目	本年累计数(美元)	汇率	本年累计数(人民币)
一、营业收入	210 000	7.6	1 596 000
减:营业成本	80 000	7.6	608 000
营业税金及附加	12 000	7.6	91 200
销售费用	16 000	7.6	121 600
管理费用	24 000	7.6	182 400
财务费用	20 000	7.6	152 000
二、营业利润	58 000		440 800
加:营业外收入	10 000	7.6	76 000
减:营业外支出	8 000	7.6	60 800
三、利润总额	60 000		456 000
减:所得税费用	20 000	7.6	152 000
四、净利润	40 000	7.6	304 000
五、每股收益			
(一)基本每股收益			
(二)稀释每股收益			

表 7－13　所有者权益变动表(简表)

20×9 年度

编制单位：B公司　　　　单位：元

	实收资本			盈余公积			未分配利润		外币报表折算差额	所有者权益合计
	美元	折算汇率	人民币	美元	折算汇率	人民币	美元	人民币		人民币
一、本年年初余额	31 250	8.3	259 375	2 750		22 575	5 000	41 500		323 450
二、本年增减变动金额										
(一)净利润							40 000	304 000		304 000
(二)直接计入所有者权益的利得和损失										
其中：外币报表折算差额									(34 950)	(34 950)
三、利润分配										
提取盈余公积				12 000	7.6	91 200	(12 000)	(91 200)		
四、本年年末余额	31 250	8.3	259 375	14 750		113 775	33 000	254 300	(34 950)	592 500

表 7-14 资产负债表(简表)

编制单位：B公司　　　　20×9年12月31日

资　　产	期末数(美元)	汇率	期末数(人民币)	负债和股东权益	期末数(美元)	汇率	期末数(人民币)
流动资产：				流动负债：			
货币资金	5 000	7.5	37 500	短期借款	2 500	7.5	18 750
交易性金融资产	2 500	7.5	18 750	应付票据	500	7.5	3 750
应收票据	2 000	7.5	15 000	应付账款	3 750	7.5	28 125
应收账款	5 500	7.5	41 250	应付职工薪酬	3 000	7.5	22 500
存　货	10 000	7.5	75 000	应交税费	750	7.5	5 625
流动资产合计	25 000		187 500	流动负债合计	10 500		78 750
非流动资产：				非流动负债：			
固定资产	65 000	7.5	487 500	长期借款	3 000	7.5	22 500
无形资产	7 500	7.5	56 250	长期应付款	5 000	7.5	37 500
非流动资产合计	72 500		543 750	非流动负债合计	8 000		60 000
				股东权益：			
				实收资本	31 250	8.3	259 375
				盈余公积	14 750		113 775
				未分配利润	33 000		254 300
				报表折算差额			(34 950)
				股东权益合计	79 000		592 500
资产总计	97 500		731 250	负债和股东权益总计	97 500		731 250

二、合并报表编制中境外子公司财务报表的折算

在对企业境外经营财务报表进行折算前，应当调整境外经营的会计期间和会计政策，使之与企业的会计期间和会计政策相一致，并根据调整后的会计政策及会计期间编制相应货币(记账本位币以外的货币)的财务报表，再按照现行汇率法对境外经营财务报表进行折算。企业在编制合并财务报表时，应按少数股东在境外经营所有者权益中所享有的份额计算少数股东应分担的外币报表折算差额，并入少数股东权益列示于合并资产负债表。

母公司含有实质上构成对子公司(境外经营)净投资的外币货币性项目的情况下，在编制合并财务报表时，应分别以下两种情况编制抵销分录：

(1) 实质上构成对子公司净投资的外币货币性项目以母公司或子公司的记账本位币反映，则该外币货币性项目产生的汇兑差额应转入“外币报表折算差额”；

(2) 实质上构成对子公司净投资的外币货币性项目以母、子公司的记账本位币以外的货币反映，则应将母、子公司此项外币货币性项目产生的汇兑差额相互抵销，差额计入“外币

报表折算差额”。

如果合并财务报表中各子公司之间也存在实质上构成对另一子公司(境外经营)净投资的外币货币性项目,则在编制合并财务报表时应比照上述原则编制相应的抵销分录。

企业处置其在境外经营中的利益时,应在处置境外经营的当期,将已列入合并财务报表所有者权益的外币报表折算差额中与该境外经营相关部分,转入处置当期损益。如果是部分处置境外经营,应当按处置的比例计算处置部分的外币报表折算差额,转入处置当期损益。

【例 7-6】 A 上市公司以人民币为记账本位币,20×9 年 1 月 1 日,以 4 018 万元人民币从美国某投资商中购入该国 B 公司 70%的股权,从而使 B 公司成为其子公司,B 公司为投资商全部以美元投资设立,其净资产在 20×9 年 1 月 1 日的公允价值等于其账面价值 700 万美元,B 公司确定的记账本位币为美元。

A 公司当年提取盈余公积 400 万元人民币,B 公司当年提取盈余公积 24 万美元,除此之外,A、B 公司的所有者权益均未发生其他变动。有关资料如下:

20×9 年 1 月 1 日,A 公司的累计未分配利润为 871.38 万元人民币,累计盈余公积为 520 万元人民币,B 公司的实收资本为 682 万美元,折算成人民币为 5 592.4 万元,累计未分配利润为 16 万美元,折算成人民币为 131.2 万元,累积盈余公积为 2 万美元,折算成人民币为 16.4 万元。20×9 年 1 月 15 日,为补充 B 公司经营所需资金的需要,A 公司以长期应收款形式借给 B 公司 100 万美元,除此之外,A、B 公司之间未发生任何交易。有关财务资料如表 7-15、表 7-16 所示。

假定 20×9 年 1 月 1 日的即期汇率为 1 美元=8. 2 元人民币,1 月 15 日的即期汇率为 1 美元=8 元人民币,12 月 31 日的即期汇率为 1 美元=7. 5 元人民币,年平均汇率为 1 美元=7.8 元人民币。由于汇率波动不大,A 公司以平均汇率折算 B 公司利润表。20×9 年 A、B 公司采用相同的会计期间和会计政策,经分析,A 公司借给 B 公司的 100 万美元资金实质上构成对 B 公司的净投资的一部分。

表 7-15　资产负债表(简表)

20×9 年 12 月 31 日　　　　单位:万元

资　　产	A 公司(人民币)	B 公司(美元)	负债和股东权益	A 公司(人民币)	B 公司(美元)
流动资产:			流动负债:		
货币资金	3 056	200	应付账款	1 992	150
应收账款	3 200	400	流动负债合计	1 992	150
存　货	2 400	280	非流动负债:		
流动资产合计	8 656	880	长期借款	2 000	
非流动资产:			长期应付款	400	100
长期应收款	750		非流动负债合计	2 400	100
长期股权投资	5 164.6		股东权益		

续 表

资　　产	A公司（人民币）	B公司（美元）	负债和股东权益	A公司（人民币）	B公司（美元）
固定资产	6 801.4	280	实收资本	12 000	682
非流动资产合计	12 716	280	盈余公积	920	26
			未分配利润	4 060	202
			股东权益合计	16 980	910
资产总计	21 372	1 160	负债和股东权益总计	21 372	1 160

表 7-16　利润表(简表)

20×9 年度　　　　单位：万元

项　　目	A公司(人民币)	B公司(美元)
一、营业收入	160 000	1 600
减：营业成本	130 000	1 200
管理费用	16 000	60
财务费用	10 020	40
加：投资收益	1 146.6	
二、营业利润	5 126.6	300
三、利润总额	5 126.6	300
减：所得税费用	1 537.98	90
四、净利润	3 588.62	210
五、每股收益		
(一) 基本每股收益		
(二) 稀释每股收益		

20×9 年 A 公司对 B 公司投资的账务处理如下：

(1) 20×9 年 1 月 1 日，A 公司取得 B 公司 70%的股权，编制会计分录如下：

借：长期股权投资——B公司　　　4 018

　贷：银行存款——人民币户　　　4 018

(2) 20×9 年 1 月 15 日，A 公司向 B 公司借出 100 万美元，编制会计分录如下：

借：长期应收款——B公司——美元户　　　800

　贷：银行存款——美元户　　　800

(3) 20×9 年 12 月 31 日，A 公司借给 B 公司的 100 万美元因汇率变动产生汇兑差额，编制会计分录如下：

借：汇兑差额　　　50

　贷：长期应收款——B公司——美元户　　　50

(4) 20×9 年 12 月 31 日，B 公司实现净利润 210 万美元，A 公司编制会计分录如下：

借：长期股权投资——B 公司　　1 146.6(210＊70％＊7.8)

　贷：投资收益　　1 146.6

20×9 年编制合并报表时，相关抵销分录如下：

① 借：投资收益　　1 146.6

　　少数股东收益　　491.4

　　股本　　5 592.4

　　盈余公积——年初　　16.4

　　盈余公积——本期　　187.2

　　未分配利润——年初　　131.2

　贷：长期股权投资　　5 164.6(4 018＋1 146.6)

　　少数股东权益　　2 213.4(1 722＋491.4)

　　提取盈余公积　　187.2

② 借：长期应付款　　750

　贷：长期应收款　　750

③ 借：外币报表折算差额　　50

　贷：汇兑差额　　50

④ 借：外币报表折算差额　　－165.9(－553＊30％)

　贷：少数股东权益　　－165.9

合并工作底稿如表 7－17 所示。

表 7－17　合并财务报表工作底稿

单位：万元

项　目	A 公司(RMB)	B 公司(USD)	折算汇率	B 公司(RMB)	合计数	抵销分录		合并数
						借方	贷方	
货币资金	3 056	200	7.5	1 500	4 556			4 556
应收账款	3 200	400	7.5	3 000	6 200			6 200
存　货	2 400	280	7.5	2 100	4 500			4 500
长期应收款	750				750		② 750	0
对子公司投资	5 164.6				5 164.6		① 5 164.6	0
固定资产	6 801.4	280	7.5	2 100	8 901.4			8 901.4
资产总计	21 372	1 160		8 700	30 072		5 914.6	24 157.4
应付账款	1 992	150	7.5	1 125	3 117			3 117
长期借款	2 000				2 000			2 000
长期应付款	400	100	7.5	750	1 150	② 750		400
股　本	12 000	682	8.2	5 592.4	17 592.4	① 5 592.4		12 000
盈余公积(年初数)	520	2		16.4	536.4	① 16.4		520

续 表

项 目	A公司(RMB)	B公司(USD)	折算汇率	B公司(RMB)	合计数	抵销分录		合并数
						借方	贷方	
盈余公积(本年数)	400	24	7.8	187.2	587.2	① 187.2		400
未分配利润(年初累计数)	871.38	16		131.2	870.4	① 131.2		871.38
外币报表折算差额				(553)	(553)	④ (165.9) ③ 50		(437.1)
营业收入	160 000	1 600	7.8	12 480	172 480			172 480
减：营业成本	130 000	1 200	7.8	9 360	139 360			139 360
管理费用	16 000	60	7.8	468	16 468			16 468
财务费用	10 020	40	7.8	312	10 332		③ 50	10 282
加：投资收益	1 146.6				1 146.6	① 1 146.6		0
营业利润	5 126.6	300		2 340	7 466.6	1 146.6	50	6 370
利润总额	5 126.6	300		2 340	7 466.6	1 146.6	50	6 370
减：所得税费用	1 537.98	90	7.8	702	2 239.98			2 239.98
净利润	3 588.62	210		1 638	5 226.62	1 146.6	50	4 130.02
盈余公积(本年提取数)	400	24	7.8	187.2	587.2		① 187.2	400
归属于母公司所有者的净利润								3 638.62
少数股东损益						① 491.4		491.4
少数股东权益							① 2 213.4 ④ (165.9)	2 047.5

合并利润表、合并所有者权益变动表及合并资产负债表如表 7－18、表 7－19、表 7－20 所示。

表 7－18 合并利润表(简表)

编制单位：A公司　　20×9 年度　　单位：万元

项 目	A公司(人民币)
一、营业收入	172 480
减：营业成本	139 360
管理费用	16 468
财务费用	10 282
加：投资收益	0
二、营业利润	6 370
三、利润总额	6 370
减：所得税费用	2 239.98

续　表

项　　目	A公司(人民币)
四、净利润	4 130.02
归属于母公司所有者的净利润	3 638.62
少数股东损益	491.4
五、每股收益	
（一）基本每股收益	
（二）稀释每股收益	

表 7－19　合并所有者权益变动表(简表)

编制单位：A公司　　　　20×9年度　　　　单位：万元

项　　目	归属于母公司所有者权益			外币报表折算差额	少数股东权益	所有者权益合计
	实收资本	盈余公积	未分配利润			
一、本年年初余额	12 000	520	871.38		1 722	15 113.38
二、本年增减变动金额						
（一）净利润			3 638.62		491.4	4 130.02
（二）直接计入所有者权益的利得和损失						
其中：外币报表折算差额				(437.1)	(165.9)	(603)
（三）利润分配						
提取盈余公积		400	(400)			
三、本年年末余额	12 000	920	4 110	(437.1)	2 047.5	18 640.4

表 7－20　合并资产负债表(简表)

编制单位：A公司　　　　20×9年12月31日　　　　单位：万元

资　　产	金　　额	负债和股东权益	金　　额
流动资产：		流动负债：	
货币资金	4 556	应付账款	3 117
应收账款	6 200	流动负债合计	3 117
存　货	4 500	非流动负债：	
流动资产合计	15 256	长期借款	2 000
非流动资产：		长期应付款	400
长期应收款	0	非流动负债合计	2 400
固定资产	8 901.4	股东权益：	

续 表

资　　产	金　　额	负债和股东权益	金　　额
非流动资产合计	8 901.4	股　本	12 000
		盈余公积	920
		未分配利润	4 110
		外币报表折算差额	(437.1)
		归属于母公司所有者权益合计	16 592.9
		少数股东权益	2 047.5
		股东权益合计	18 640.4
	24 157.4	负债和股东权益总计	24 157.4

思考题

1. 外币报表的折算目的是什么？

2. 折算损益应当期确认还是递延？请阐述理由。

3. 为什么区分流动与非流动项目法会被淘汰？

4. 简述区分货币性与非货币性项目法与时态法的联系与区别。

5. 时态法与现行汇率法各自的概念依据是什么？

6. 简述功能货币与外币财务报表折算方法的关系。

7. 报表折算的实质是什么？你认为历史上出现的四种方法中哪种方法最合理？并说明理由。

本章相关的法规、制度

1.《企业会计准则第 19 号——外币折算》，中华人民共和国财政部，2006

2.《企业会计准则——应用指南》，中华人民共和国财政部，2006

3.《企业会计准则解释 2006》，中华人民共和国财政部会计司编写组，2007

4.《企业会计准则解释 2006》，中华人民共和国财政部会计司编写组，2008

5.《国际会计准则第 21 号——外汇汇率变动的影响》，国际会计准则委员会，2004

6.《财务会计准则公告第 52 号——外币折算》，美国财务会计准则委员会，1981

练习题

一、单项选择题

1. 采用现行汇率法对外币资产负债表进行折算时，下列应采用历史汇率折算的报表项目是(　　)。

A. 存货　　　　B. 实收资本　　　　C. 固定资产　　　　D. 应付债券

2. 在采用区分流动与非流动项目法时，对于非流动项目资产应按(　　)折算。

A. 现行汇率　　　　B. 历史汇率　　　　C. 即期汇率　　　　D. 远期汇率

3. 报表折算比较灵活，符合资产负债的计价基础的方法是(　　)。

A. 区分流动与非流动项目法　　　　B. 区分货币性与非货币性项目法

C. 时态法　　　　D. 现行汇率法

4. 外币报表中的固定资产项目，只有在采用(　　)折算时按现行汇率折算，其他折算方法下都应按照历史汇率折算。

A. 现行汇率法　　　　B. 时态法

C. 区分流动与非流动项目法　　　　D. 区分货币性与非货币性项目法

5. 无论采用何种方法折算外币报表，下列(　　)项目都应按照现行汇率折算。

A. 应收账款　　　　B. 固定资产　　　　C. 实收资本　　　　D. 存货

二、多项选择题

1. 在区分货币性与非货币性项目法下，下列项目中属于货币性项目的有(　　)。

A. 银行存款　　　　B. 应收票据

C. 长期借款　　　　D. 应付账款

E. 存货

2. 目前世界各国对外币财务报表进行折算的方法通常有(　　)。

A. 平均汇率法　　　　B. 现行汇率法

C. 历史汇率法　　　　D. 时态法

E. 区分货币性与非货币性项目法

3. 因外币财务报表折算产生的折算损益，全部确认为当期损益的方法是(　　)。

A. 区分流动与非流动项目法　　　　B. 区分货币性与非货币性项目法

C. 时态法　　　　D. 现行汇率法

E. 历史汇率法

4. 在选择时态法折算会计报表时，下列项目应采用历史汇率进行折算的有(　　)。

A. 应收账款　　　　B. 按成本计价的存货

C. 按市价计价的长期投资　　　　D. 固定资产

E. 未分配利润

5. 在区分流动与非流动项目法下，下列项目属于非流动项目的有(　　)。

A. 长期投资　　　　B. 长期借款

C. 实收资本　　　　D. 存货

E. 固定资产

三、业务题

目的：练习外币财务报表折算方法

资料：甲公司以人民币为记账本位币，其在境外的子公司乙公司以美元为记账本位币。20×9 年要将乙公司资产负债表和收益及留存收益表折算为母公司记账本位币——人民币。相关汇率如下：

20×8 年 12 月 31 日汇率　　USD1＝RMB7.15

20×8 年度平均汇率　　USD1＝RMB7.4

20×9 年 12 月 31 日汇率　　USD1＝RMB6.85

20×9 年度平均汇率　　USD1＝RMB6.95

20×9 年股利支付日汇率　　USD1＝RMB7.05

股票发行日汇率　　USD1＝RMB8.0

期末存货购买日汇率　　USD1＝RMB6.9

固定资产取得日汇率　　USD1＝RMB8.0

长期借款借入日汇率　　USD1＝RMB8.0

其中，期初存货为 1 200 美元（购入时汇率为 USD1＝RMB7.2），本期购货为 7 800 美元，期末存货以现行成本计价，固定资产以历史成本计价。

以美元表述的乙公司 20×9 年资产负债表、收益及留存收益表如表 7－21、表 7－22 所示。

要求：(1) 分别按照四种外币财务报表折算方法进行报表折算。

(2) 比较各种方法下折算后报表的差异。

表 7－21　资产负债表

20×9 年 12 月 31 日　　单位：美元

资　产	金　额	负债及所有者权益	金　额
货币资金	300	应付票据	600
应收账款	500	长期借款	1 000
存　货	1 000	普通股本	3 000
固定资产	3 000	留存利润	200
资产合计	4 800	权益合计	4 800

表 7－22　收益及留存收益表

20×9 年度　　单位：美元

销售收入	10 100
减：销售成本	8 000
折旧费	200
管理费用	300
营业利润	1 600
减：所得税	500
净利润	1 100
加：期初留存收益	0
可分配利润	1 100
减：股　利	900
期末留存收益	200

第八章 清算会计

本章要点

通过本章的学习，了解公司解散的原因与方式、公司解散与清算的关系以及清算的种类，理解清算会计的特点；了解一般清算的程序，掌握完全解散方式下和产权转让方式下一般清算的会计处理；了解破产清算的程序，掌握破产清算的会计处理。

第一节 解散、清算及清算会计

一、公司解散

公司解散又称公司解体、终止，是指公司法人资格消失的行为。由于公司解散存在着种种原因，所以解散的执行过程会有不同的表现形式，公司解散过程中的会计处理方法也将会各异。

（一）公司解散的原因

严格地讲，公司的解散是一个法律过程，各国的法律一般对公司的解散都有明确规定。尽管各国的法律对公司解散的规定会有所不同，但综观各国法律对公司解散的规定，归纳起来，导致公司解散的原因不外乎以下几种情况：

(1) 公司章程规定的营业期限届满。

(2) 公司章程所设立的经营目的业已达到，公司不需继续经营。

(3) 公司章程所设立的经营目的根本无法达到，且公司无发展前途。

(4) 公司的股东大会决定解散公司。

(5) 公司因其外部的经营环境发生变化而无法继续经营。

(6) 由于公司违反法律、规章或者从事其他危害社会公众利益的活动而被依法撤销。

(7) 公司因合并或分立而需要解散。

(8) 公司经营管理不善而被依法宣告破产。

《中华人民共和国公司法》规定，公司因下列原因解散：

(1) 公司章程规定的营业期限届满或者公司章程规定的其他解散事由出现。

(2) 股东会或者股东大会决议解散。

(3) 因公司合并或者分立需要解散。

(4) 依法被吊销营业执照、责令关闭或者被撤销。

(5) 公司经营管理发生严重困难,继续存在会使股东利益受到重大损失,通过其他途径不能解决的,持有公司全部股东表决权10%以上的股东,可以请求人民法院解散公司。

(二) 公司解散的方式

从公司解散原因可知,公司解散不一定导致其资产作为整体经营的终止,这取决于公司解散的方式。公司解散的方式按其是否导致公司资产作为整体经营的终止可分为产权转让方式和完全解散方式。

1. 产权转让方式

在这种方式下,公司资产不变现,而是由企业的某一投资方将其所拥有的产权转让给其他投资方,其他投资方付给其产权转让款项,原有企业只是产权归属发生了改变,公司资产仍作为整体进行经营。这种方式主要适用于公司章程规定的营业期限届满或规定的其他解散事由出现,但具有良好发展前景的企业。

2. 完全解散方式

在这种方式下,企业将所有资产变现,收回债权,清偿债务,并将剩余财产按投资各方的出资比例全部分配完毕,终止企业的经营。若财产不足以清偿所有债务,则企业应进入破产程序,在破产清算方式下,企业一般没有剩余财产分配给投资者。这种方式适用于由于特殊原因而提前解散的企业。

武汉物资开发股份有限公司破产案例

武汉物资开发股份有限公司于1999年1月25日召开股东大会作出公司申请破产决定,并于同年12月28日向人民法院申请破产还债。人民法院于2000年1月13日裁定宣告武汉物资开发股份有限公司破产还债。

公司破产还债债权人会议于2000年4月25日召开,破产清算结果显示,物资股份公司有效资产8 878 848.92元(都为应收债权),债权人会议确认的有效债权26 982 934.68元,破产清偿比例为31.59%(用债权分配)。

(资料来源:中国法务会计网)

杭州恒生信息技术有限公司解散清算案例

杭州恒生信息技术有限公司(以下简称信息公司)是恒生电子股份有限公司(600570.SH)的全资子公司,创立于1998年,专业从事金融行业的互联网应用软件开发,注册资金100万元,由恒生电子(占51%股权)与自然人周林根(占49%股权)共同投资设立。信息公司于2008年5月20日经营期限到期(经营期限10年),该公司于2008年5月19日召开股东会讨论决定解散公司,进入清算程序。

(资料来源:天下财经网)

南方证券破产案例

原南方证券有限公司是我国规模最大、知名度最高的综合类券商之一，公司于1992年12月在深圳市成立，注册资本10亿元人民币，由中国工商银行、中国农业银行、中国银行、中国建设银行、交通银行和中国人民保险公司联合发起，并由国内40多家著名企业出资组建。2004年1月2日因为严重市场危机被行政托管，并在完成清算后依法关闭。2006年6月6日，中国证监会批复同意南方证券破产还债。

（资料来源：新浪财经）

二、清算

（一）清算的概念

清算是指全面清理解散企业的资产（包括清理财产、清收债权等）、财产变卖、清偿债务以及将剩余财产在投资各方或股东之间进行分配的行为。一般情况下，企业宣布解散都要进入清算程序。根据《中华人民共和国公司法》的规定，公司解散，除因合并或分立解散的无需进行清算以外，因其他原因而解散的公司，都必须进行清算。

（二）清算的种类

企业清算按其清算的具体原因可以分为一般清算和破产清算。破产清算是指企业不能清偿到期债务，被依法宣告破产而进行的清算。破产清算以外的其他清算称为一般清算。

破产清算与一般清算相比，有其明显特征：

（1）破产清算是因为债务人丧失了偿债能力，无论自愿与否均不能清偿到期债务。

（2）破产清算的目的是规范企业破产程序，公平清理债权债务，保护债务人和全体债权人的合法权益，维护社会主义市场经济秩序。

（3）破产清算是一种由法律严格规范的经济状态，任何企业都不得自行宣布破产，而应由人民法院依据当事人的申请或法定职权裁定宣布债务人破产进行债务清偿。

（4）破产清算是一种特定的法律程序，从破产申请到宣告破产清算和清偿债务，均需在法院主持下按照法定程序进行。

（5）破产清算是一种特殊的偿债手段。破产清算以债务人法律上民事主体资格丧失以及相应的行为能力的消亡为最终结果，是以全部资产作为偿债基础的一次性清偿。破产清算是一种完全解散方式的清算。而一般清算除完全解散方式外，还可以通过产权转让方式进行清算。

三、清算会计

在企业清算过程中，为了反映和监督财产的转移或变现、债权的催收、债务的清偿及剩余财产的分配，从而产生了清算会计。一般清算与破产清算的会计处理存在着明显的差异，因此，清算会计分为一般清算会计和破产清算会计，我们将在第二节、第三节分别进行阐述。

清算会计作为财务会计的一个分支，无论在会计理论上，还是在会计实务上，均与持续经营假设条件下的传统会计相区别，具有其自身的特点：

（一）清算会计超越了传统财务会计的基本理论

就会计的基本假设而言，清算会计主体与一般会计主体是一致的，是会计所确认、计量、报告的空间范围。但是，清算会计的行为主体与一般企业存在很大区别，由于公司清算的工作一般是由相对独立于企业本身之外的清算组予以实施的，因而其会计行为主体并不是原企业的会计机构，而是为公司清算设立的专门机构——清算组。同时，持续经营的假设也不再成立，取而代之的是终止经营假设；会计期间成为清算开始日至清算结束日的单独期间。可变现净值代替了历史成本成为唯一的计价基础。就会计核算基本要求而言，收付实现制代替了权责发生制，不必考虑清算期间的收入和相应费用的配比问题，全面性代替了重要性。

（二）会计服务的对象与传统财务会计不同

在传统会计中，会计的服务对象主要是股东、债权人及企业的管理层，而清算会计的服务对象除了股东、债权人外，还有清算组、法院等。

（三）增加清算费用、清算损益等清算会计特有的核算内容

就会计核算内容而言，清算会计除了在清算过程中对与清算有关的企业未了结业务的会计处理和一般会计处理基本相同外，还产生了一些新的会计问题，诸如资产的清理、债务的清偿及剩余财产的分配等等。就会计科目而言，清算过程需要增设“清算费用”、“清算损益”等科目。由于企业解散清算否定了“持续经营”假设，故建立在“持续经营”假设基础上的某些递延项目不再有任何意义。例如作为资产项目列示的递延费用等，因其不能给公司带来任何现金流入，故在清算过程中不再列作资产。

（四）清算会计报告在种类、内容和格式等方面体现了清算业务的要求

在清算会计中，会计报告的目标、种类、基本内容及格式都发生了很大变化。一般财务会计报告的目标重点着眼于资产、负债及收益，反映企业净资产变化及收益过程；而清算会计的主要目的是依法处理清算财产和清偿债务，反映企业财产的清算过程和结果。适应企业清算业务处理的特定要求，企业清算的会计报告与持续经营条件下的财务会计报告，在种类、内容、格式等方面都存在明显差别。例如资产负债表项目不再按照流动性进行分类，而是区分为有财产担保资产、负债与无财产担保资产、负债，无财产担保负债区分为具有优先清偿权债务和普通债务；清算损益表取代了利润表等等。

第二节　一般清算会计

一、一般清算的基本程序

根据企业清算的基本内容，结合清算工作实施的具体要求，企业一般清算的基本程序包括：成立清算机构、收回债权、清偿债务、分配剩余财产和注销企业登记等几个步骤。在我

国，一般清算和破产清算的具体程序所依据的法律法规是不同的，破产清算依据的是《中华人民共和国破产法》、《中华人民共和国民事诉讼法》等，一般清算依据的是《中华人民共和国公司法》等，所以他们的具体程序还存在着一定的区别。一般清算的基本程序通常包括以下几个方面：

（一）成立清算组

公司的一般清算不同于公司的正常经营活动，它不但涉及许多法律问题，而且具有较强的专业性，因此，公司的解散清算工作往往聘请包括专业人员（如律师、注册会计师等）在内的清算组负责具体执行。在西方国家，公司解散的清算组通常为一位或者若干位“受托人”。《中华人民共和国公司法》规定，公司应当在解散事由出现之日起十五日内成立清算组，开始清算。有限责任公司的清算组由股东组成，股份有限公司的清算组由董事或者股东大会确定的人员组成。逾期不成立清算组进行清算的，债权人可以申请人民法院指定有关人员组成清算组进行清算。当公司因违反法律或法规被依法责令关闭而解散的，则由公司的主管机关组织股东、有关机关及有关专业人员组成清算组实施清算。

至于清算人、清算组的职责，各国法律一般也有明确的规定。《中华人民共和国公司法》规定清算组在公司清算期间行使的主要职权包括：

(1) 清理公司财产，分别编制资产负债表和财产清单。

(2) 通知、公告债权人。

(3) 处理与清算有关的公司未了结的业务。

(4) 清缴所欠税款以及清算过程中产生的税款。

(5) 清理债权、债务。

(6) 处理公司清偿债务后的剩余财产。

(7) 代表公司参与民事诉讼活动。

西方国家负责公司清算工作的受托人的职责，通常也不外乎两个方面，即不但要负责与公司清算有关的一切活动，而且还要担负起公司管理当局在其日常经营活动中所承担的责任，包括对清算期间的所有活动和事项进行会计记录。

（二）债权人进行债权申报

公司清算的主要宗旨是为了保护债权人的合法权益。为此，公司在清算工作开始时，必须首先对公司的债权人及其债权进行彻底的清理。具体的做法是，在清算组成立或者聘请受托人后的一定期限内通知债权人，债权人则应在公司法规定的期限内对其债权进行申报。债权人申报其债权时，必须向清算组或者受托人说明其债权的相关事项（如其债权是否有财产担保），并提供证明材料，以便清算组或受托人进行债权登记。在对公司的债权登记时，就必须严格地划分有财产担保的债权和无财产担保的债权。所谓有财产担保的债权，指的是债权已由公司的特定资产作为偿债的抵押，或者在公司偿清债务前对公司的特定资产享有留置权。

《中华人民共和国公司法》规定，清算组应当自成立之日起 10 日内通知债权人，并于 60 日内在报纸上公告；债权人应当自接到通知书之日起 30 日内，未接到通知书的自公告之日起 45 日内，向清算组申报其债权；债权人申报其债权，应当说明债权的有关事项，并提供证明材料。

（三）清理公司财产，编制资产负债表和财产清单

清算组或者受托人应对公司的财产进行全面、彻底的清理。通常，对公司财产的清理工

作是聘请有经验的注册会计师来帮助完成的。对公司财产的清理主要包括如下内容：

(1) 对于公司的现金和实物资产(如存货、固定资产等),应在注册会计师的监督下进行盘点。

(2) 对于银行存款,应通过银行提供的对账单或其他证明文件予以核实。

(3) 对于公司的债权(如应收账款),由清算组或其聘请的注册会计师向债务人发函证,以核实账款的可收回性。

(4) 对于公司的投资,如果属于有价证券投资的,应对其进行盘点或其他方式的核实;如果属于其他投资的,则必须核查有关的投资文件(如投资协议等),以核实投资是否实际存在。

(5) 对于长期待摊费用和递延费用,应分别进行审查核实,并留待清算开始后予以注销。

清算组在清理公司财产时,要严格分清自有财产与非自有财产,暂存外部财产与他人存入财产;要严格分清担保财产、抵押财产与无担保财产。

清算组或者受托人在对公司的财产作上述清理后,应根据清理的结果分别编制公司的财产清单以及资产负债表,即公司清算开始日的资产负债表。

需要说明的是,在清理公司财产、编制资产负债表和财产清单后,发现公司财产不足以清偿债务的,应当依法向法院申请宣告破产。公司经人民法院宣告破产后,清算组应当将清算事务移交给人民法院。

(四) 在对公司财产进行估价的基础上制订清算方案

在公司清算的过程中,公司财产的估价有着十分重要的意义。首先,公司财产估价的质量直接影响着对公司偿债能力的估计;其次,对公司财产的客观估价也是制定乃至执行公司清算方案的可靠依据。因此,清算组或者受托人一般均很重视对公司财产的估价工作。

清算财产的作价方法一般有三种:

1. 账面净值法

账面净值法,就是指根据企业清算日经清查落实的财产账面净值来确定清算财产价值,并据此编制资产负债表,作为清算和分配财产的依据。

2. 重估价值法

重估价值法,是将企业清算日经清查落实的财产,按目前的市场价格估算重新购置的价值,对于某些资产则按企业今后的获利能力及风险等因素重新估价,以此来确定清算财产的价值。

3. 变现收入法

变现收入法,是将企业清算日经清查落实的财产,按实际变卖获得现金的数额来确认清算财产的价值。企业对财产物资的变卖,应根据企业最高权力机构对财产变卖的计价要求,结合市场价格,力求公平合理,防止因计价过低而影响企业所有者的剩余权益。

在对公司的财产进行估价之后,清算组或受托人即可制定公司的清算方案。清算方案主要包括清算的程序和步骤、财产定价方法及估价结果、债权收回和财产变卖的具体方案、债务的清偿程序、剩余资产的分配以及对公司遗留问题的处理等内容。清算方案须得到公司股东会、股东大会、人民法院或者公司主管机关的确认后方可执行。

（五）执行清算方案

在清算方案的执行过程中需要特别注意债务的清偿顺序。各国的法律一般都对债务的清偿顺序进行了明文规定。通常，公司清算的资产变现收入在支付清算费用后的偿债顺序为：支付所欠公司员工的工资以及福利和保险方面的费用、支付所欠税款、清偿各种债务。《中华人民共和国公司法》规定，公司财产在支付清算费用后，按下列顺序清偿：

（1）支付职工工资、社会保险费用和法定补偿金。

（2）缴纳所欠税款。

（3）清偿公司债务。

公司财产按上述顺序清偿后的剩余财产，按照股东的出资比例或持股比例进行分配。清算组没有按上述顺序清偿债务时，不得将公司财产分配给股东。

（六）办理公司解散的法律手续

公司清算结束后，清算组应当制作清算报告，报股东会、股东大会或者人民法院确认，并报送公司登记机关（在我国为当地工商行政管理部门）申请注销公司登记，向当地税务部门注销税务登记，最后公告公司终止。至此，公司一般清算的全部过程结束。

二、一般清算的会计处理

企业无论是通过产权转让方式解散，还是完全解散，在清算时都要设置“清算损益”账户。“清算损益”账户用以核算财产物资变现（评估）时的增值或减值、支付清算组为开展清算工作而支出的全部费用，如公告费、诉讼费、办公费、清算组成员的报酬、聘请注册会计师和律师的费用以及其他一切清算费用。该账户的借方余额表示清算损失，贷方余额为清算收益。清算收益视同利润，须交纳所得税。该账户余额在清算结束后转入“留存收益”账户。

（一）产权转让方式下的一般清算业务

在产权转让方式下，关键是合理确定所转让产权的价格。其方法一般有两种：账面净值法和重新估价法。

1. 账面净值法

账面净值法是将按照账面净值确定的资本净值减去清算费用和清算损失（或加上清算收益）的净额，按投资各方的出资比例进行分配，以确定转让产权转让价款的方法。这种方法一般适用于企业内部股东之间的股权转让，例如中外合资企业公司章程规定的合同期限届满，外方将其拥有的股权转让给中方。

【例 8-1】 假定 20×9 年 6 月 30 日甲公司章程规定的营业期限届满，7 月 5 日其股东大会决定以产权转让的方式进行解散清算。经股东大会决定，由投资者 A、B、C 将其所持有的股份转让给投资者 E，D 投资者股份不转让。该公司解散日经查实的资产负债表如表 8-1所示，其他资料如下：

（1）假定甲公司有 A、B、C、D、E 五个投资者，所占股份各为 20%。

（2）清算过程中共发生清算费用 10 000 元，均用银行存款支付。

（3）甲公司适用的所得税税率为 25%。

表 8-1 资产负债表

编制单位：甲公司　　　　20×9 年 7 月 5 日（解散清算开始日）　　　　单位：元

资　产	金　额	负债及所有者权益	金　额
现　金	10 000	短期借款	200 000
银行存款	990 000	应付账款	50 000
应收账款	450 000	应付职工薪酬	150 000
存　货	600 000	长期借款	500 000
固定资产	250 000	实收资本	500 000
减：累计折旧	50 000	资本公积	300 000
固定资产净值	200 000	留存收益	800 000
长期股权投资	250 000		
资产合计	2 500 000	负债和所有者权益合计	2 500 000

根据上述资料，编制会计分录如下：

(1) 支付清算费用 10 000 元。

借：清算损益　　10 000
　贷：银行存款　　10 000

(2) 将“清算损益”余额 10 000 元结转至“留存收益”。

借：留存收益　　10 000
　贷：清算损益　　10 000

(3) 结转资本公积余额 300 000 元。

借：资本公积　　300 000
　贷：留存收益　　300 000

(4) 留存收益余额为 1 090 000 元，按出资本比例进行分配，A、B、C、D、E 投资者各分得 218 000 元（1 090 000×20%）。

借：留存收益　　1 090 000
　贷：实收资本——A　　218 000
　　　　　　——B　　218 000
　　　　　　——C　　218 000
　　　　　　——D　　218 000
　　　　　　——E　　218 000

(5) 此时可确认 A、B、C 投资者转让给 E 投资者的转让价款为：

500 000×20%×3+218 000×3=954 000 元。

E 投资者以银行存款 954 000 元分别支付给 A、B、C 投资者，获得甲公司 60%的产权。

借：实收资本——A　　318 000
　　　　　——B　　318 000
　　　　　——C　　318 000
　贷：实收资本——E　　954 000

至此，甲公司解散清算结束，该公司重新办理工商和税务登记后，成为D(20％股权)、E(80％股权)投资的有限责任公司。清算结算日该公司的资产负债表如表8-2所示。

表8-2　资产负债表

编制单位：甲公司　　20×9年7月20日(清算结束日)　　单位：元

资　产	金　额	负债及所有者权益	金　额
现　金	10 000	短期借款	200 000
银行存款	980 000	应付账款	50 000
应收账款	450 000	应付职工薪酬	150 000
存　货	600 000	长期借款	500 000
固定资产	250 000	实收资本	1 590 000
减：累计折旧	50 000		
固定资产净值	200 000		
长期股权投资	250 000		
资产合计	2 490 000	负债和所有者权益合计	2 490 000

2. 重估价值法

重估价值法是指将按照重估的资本净值减去清算费用和清算损失(或加上清算收益)的净额，按投资各方的出资比例进行分配，以确定转让价款的方法。在重新估价过程中，有的财产增值，有的财产减值，重估增值与重估减值相抵后的重估损益扣除清算费用与清算损失即为清算净损益。若清算净损益为正数，需缴纳所得税。这种方法适用于企业产权转让给新投资者的情形。

【例8-2】　假定甲公司解散清算日的资产负债表如表8-1所示，其股东会决定以重估价值法确定转让价款，重估后的资产负债表如表8-3所示，其他资料同例8-1。

表8-3　资产负债表

编制单位：甲公司　　20×9年7月5日(清算开始日)　　单位：元

资　产	金　额	重估价值	负债及所有者权益	金额	重估价值
现　金	10 000	10 000	短期借款	200 000	200 000
银行存款	990 000	980 000	应付账款	50 000	50 000
应收账款	450 000	420 000	应付职工薪酬	150 000	150 000
存　货	600 000	570 000	长期借款	500 000	500 000
固定资产	250 000	320 000	实收资本	500 000	500 000
减：累计折旧	50 000	50 000	资本公积	300 000	300 000
固定资产净值	200 000	270 000	留存收益	800 000	800 000
长期股权投资	250 000	290 000	清算损益		40 000
资产合计	2 500 000	2 540 000	负债和所有者权益合计	2 500 000	2 540 000

编制会计分录如下：

(1) 支付有关清算费用10 000元。

借：清算损益　　10 000

　贷：银行存款　　10 000

(2) 应收账款评估减值30 000元。

借：清算损益　　30 000

　贷：应收账款　　30 000

(3) 存货评估减值30 000元。

借：清算损益　　30 000

　贷：存货　　30 000

(4) 固定资产评估增值70 000元。

借：固定资产　　70 000

　贷：清算损益　　70 000

(5) 长期股权投资评估增值40 000元。

借：长期股权投资　　40 000

　贷：清算损益　　40 000

(6) “清算损益”账户有贷方余额40 000元，为清算收益，视同企业利润，需缴纳所得税。

借：清算损益　　10 000

　贷：应交税费——应交所得税　　10 000

(7) 将“清算损益”余额结转至“留存收益”账户。

借：清算损益　　30 000

　贷：留存收益　　30 000

(8) 结转“资本公积”余额300 000元。

借：资本公积　　300 000

　贷：留存收益　　300 000

(9) “留存收益”余额为1 130 000元(300 000＋800 000＋30 000)，按出资比例进行分配，A、B、C、D、E投资者各分得226 000元(1 130 000×20%)。

借：留存收益　　1 130 000

　贷：实收资本——A　　226 000

　　　　　　——B　　226 000

　　　　　　——C　　226 000

　　　　　　——D　　226 000

　　　　　　——E　　226 000

(10) 此时可确认A、B、C投资者转让给E投资者的转让价款为：

500 000×20%×3＋226 000×3＝978 000元。

E投资者以银行存款978 000元分别支付给A、B、C投资者取得甲公司60%的产权。

借：实收资本——A　　326 000

　　　　　　——B　　326 000

　　　　　　——C　　326 000

贷：实收资本——E　　　　　　　　　　978 000

至此，甲公司解散清算结束，该公司重新办理工商和税务登记后，成为拥有 D(20%)、E(80%)两个投资者的有限责任公司。清算结算日该公司的资产负债表如表 8－4 所示。

表 8－4　资产负债表

编制单位：甲公司　　　　20×9 年 7 月 20 日(清算结束日)　　　　单位：元

资　产	金　额	负债及所有者权益	金　额
现　金	10 000	短期借款	200 000
银行存款	980 000	应付账款	50 000
应收账款	420 000	应付职工薪酬	150 000
存　货	570 000	应交税费	10 000
固定资产	320 000	长期借款	500 000
减：累计折旧	50 000	实收资本	1 630 000
固定资产净值	270 000		
长期股权投资	290 000		
资产合计	2 540 000	负债和所有者权益合计	2 540 000

(二) 完全解散方式下的一般清算业务

在完全解散方式下，一般要将剩余财产全部变现，并将财产的变现价值作为财产分配的依据，因此财产的估价方法需要采取变现收入法。

【例 8－3】 假定 20×9 年 6 月 30 日甲公司经营管理发生严重困难，继续存在会使股东利益受到重大损失，五个投资者 A、B、C、D、E 均无意继续经营，决定通过完全解散方式进行清算。其解散清算开始日的资产负债表如表 8－5 所示，其他资料如下：

(1) 假定甲公司有 A、B、C、D、E 五个投资者，所占股份各为 20%。

(2) 清算过程中共发生清算费用 10 000 元，均用银行存款支付。

(3) 甲公司适用的所得税税率为 25%。

表 8－5　资产负债表

编制单位：甲公司　　　　20×9 年 7 月 5 日(解散清算开始日)　　　　单位：元

资　产	金　额	负债及所有者权益	金　额
现　金	10 000	短期借款	800 000
银行存款	990 000	应付账款	50 000
应收账款	450 000	应付职工薪酬	150 000
存　货	600 000	长期借款	1 000 000
固定资产	250 000	实收资本	800 000
减：累计折旧	50 000	留存收益	(300 000)
固定资产净值	200 000		
长期股权投资	250 000		
资产合计	2 500 000	负债和所有者权益合计	2 500 000

编制会计分录如下：

(1) 用银行存款支付清算费用 10 000 元。

借：清算损益　　10 000

　贷：银行存款　　10 000

(2) 收回应收账款 400 000 万元，款项存入银行。

借：银行存款　　400 000

　　清算损益　　50 000

　贷：应收账款　　450 000

(3) 变卖存货取得收入 580 000 元，款项存入银行。

借：银行存款　　580 000

　　清算损益　　20 000

　贷：存货　　600 000

(4) 转让固定资产取得 220 000 元的收入，款项存入银行。

借：银行存款　　220 000

　　累计折旧　　50 000

　贷：固定资产　　250 000

　　　清算损益　　20 000

(5) 转让长期股权投资取得 200 000 元的收入，款项存入银行。

借：银行存款　　200 000

　　清算损益　　50 000

　贷：长期股权投资　　250 000

(6) 经计算，甲公司的现金和银行存款足以清偿其所有负债。用现金和银行存款偿还其全部负债。

借：短期借款　　800 000

　　应付账款　　50 000

　　应付职工薪酬　　150 000

　　长期借款　　1 000 000

　贷：银行存款　　1 990 000

　　　现金　　10 000

(7) 将"清算损益"账户余额结转至"留存收益"账户。

借：留存收益　　110 000

　贷：清算损益　　110 000

(8) 按出资比例（A、B、C、D、E 各占 20%）分摊留存收益的借方余额 410 000 元（300 000 ＋110 000）。

借：实收资本——A　　82 000

　　　　　　——B　　82 000

　　　　　　——C　　82 000

　　　　　　——D　　82 000

——E　　82 000

贷：留存收益　　410 000

至此,甲公司的所有负债均已清偿,其清算结束日的资产负债表如表 8-6 所示。

表 8-6　资产负债表

编制单位：甲公司　　20×9 年 7 月 30 日(清算结束日)　　单位：元

资　产	金　额	负债和所有者权益	金　额
银行存款	390 000	实收资本	390 000
合　计	390 000	合　计	390 000

还剩余银行存款 390 000 元,按出资比例在各投资者之间进行分配,编制会计分录如下：

借：实收资本——A　　78 000

——B　　78 000

——C　　78 000

——D　　78 000

——E　　78 000

贷：银行存款　　390 000

至此,公司的资产按公司章程的规定全部分配完毕,清算工作宣告结束。

值得注意的是,若清算组在清算过程中发现公司资不抵债,则应向人民法院报告并将有关事项立即转交给人民法院处理。

第三节　破产清算会计

一、破产及破产清算的基本程序

(一) 破产的基本含义

传统意义的破产是指在债务人无力清偿到期债务的情况下,以其财产对债权人进行公平清偿的法律程序。无力清偿到期债务,是指由于资产及资本结构的不合理导致资金周转困难,缺乏足够的现金清偿到期债务。破产必然伴随着清算的结果。按照现代通行的观念,破产是指债务人无力清偿到期债务的状况或状态,并不必然地导致清算程序的发生。当债务人处于无力偿债的状态时,债务人或债权人可以通过协商找出解决债务问题的办法,债务人也可以寻求通过再建型程序清理债务。因此当代的破产程序不仅包括以变价分配为目标的清算制度,而且包括以企业再建为目标的重整及和解制度。《中华人民共和国企业破产法》规定,企业法人不能清偿到期债务,并且资产不足以清偿全部债务或者明显缺乏清偿能力的,依照破产法规定清理债务。

导致公司破产的最主要、也是最常见的原因是资不抵债。所谓“资不抵债”是指公司所有资产的公平市价不足以偿还其所有负债。当然,即使公司并不处于资不抵债的状况,但无力清偿到期债务,也可能导致破产。

（二）破产清算的基本程序

与一般清算相比较,公司的破产清算往往要履行更为严格的法律程序。根据《中华人民共和国企业破产法》的规定,其基本程序有：

1. 破产申请

债权人和债务人都可以向人民法院提出破产申请。另外,企业法人已解散但尚未清算或者未清算完毕,资产不足以清偿债务的,依法负有清算责任的人应当向人民法院申请破产清算。向人民法院提出破产申请,应当提交破产申请书和有关证据。破产申请书应当载明：申请人及被申请人的基本情况、申请目的、申请的事实和理由、人民法院认为应当载明的其他事项。债务人提出申请的,还应当向人民法院提交财产状况说明、债务清册、债权清册、有关财务会计报告、职工安置预案以及职工工资的支付和社会保险费用的缴纳情况。

2. 受理破产申请,确定管理人

法院在收到破产申请后,首先应当依法审查,决定立案受理,还是裁定驳回。法院应当在受理破产申请后五日内,书面通知破产申请人和被申请人以及在法院张贴企业破产受理公告。债务人应当自裁定送达之日起 15 日内,向人民法院提交财产状况说明、债务清册、债权清册、有关财务会计报告以及职工工资的支付和社会保险费用的缴纳情况。

人民法院受理破产申请的,应当同时指定管理人。管理人可以由有关部门、机构的人员组成的清算组或者依法设立的律师事务所、会计师事务所、破产清算事务所等社会中介机构担任。管理人应履行下列职责：① 接管债务人的财产、印章和账簿、文书等资料。② 调查债务人财产状况,制作财产状况报告。③ 决定债务人的内部管理事务。④ 决定债务人的日常开支和其他必要开支。⑤ 在第一次债权人会议召开之前,决定继续或者停止债务人的营业。⑥ 管理和处分债务人的财产。⑦ 代表债务人参加诉讼、仲裁或者其他法律程序。⑧ 提议召开债权人会议等等。

3. 债权申报

法院应当自裁定受理破产申请之日起 25 日内通知已知的债权人,并予以公告。通知和公告应当载明申报债权的期限、地点和注意事项、债务人或者财产持有人应当向管理人清偿债务或者交付财产的要求、第一次债权人会议召开的时间和地点等。债权申报期限自人民法院发布受理破产申请公告之日起计算,最短不得少于 30 日,最长不得超过 3 个月。在人民法院确定的债权申报期限内,债权人未申报债权的,可以在破产财产最后分配前补充申报;但是,此前已进行的分配,不再对其补充分配。

4. 召开债权人会议

依法申报债权的债权人为债权人会议的成员,有权参加债权人会议,享有表决权。债权人会议还应当有债务人的职工和工会的代表参加,对有关事项发表意见。

债权人会议行使下列职权：① 核查债权。② 申请人民法院更换管理人,审查管理人的费用和报酬。③ 监督管理人。④ 选任和更换债权人委员会成员。⑤ 决定继续或停止债务人的营业。⑥ 通过重整计划。⑦ 通过和解协议。⑧ 通过债务人财产的管理方案。⑨ 通过破产财产的变价方案。⑩ 通过破产财产的分配方案。⑪ 人民法院认为应当由债权人会议行使的其他职权。

值得注意的是，债权尚未确定的债权人，除人民法院能够为其行使表决权而临时确定债权额的外，不得行使表决权；对债务人的特定财产享有担保权的债权人，未放弃优先受偿权利的，则对上述第⑦项、第⑩项规定的事项不享有表决权。

5. 重整与和解程序

当有关方面认为债务人还有存在的价值，可以通过重整或和解程序以使企业可以得到存继的情况下，可以执行重整与和解程序。重整与和解程序的具体步骤如下：

(1) 重整或和解申请的提出。债务人或者债权人可以直接向人民法院申请对债务人进行重整。债权人申请对债务人进行破产清算的，在人民法院受理破产申请后、宣告债务人破产前，债务人或者出资额占债务人注册资本十分之一以上的出资人，可以向人民法院申请重整。人民法院认为重整申请符合规定的，应当裁定债务人重整。在重整期间，经债务人申请、人民法院批准，债务人可以在管理人的监督下自行管理财产和营业事务，已接管债务人财产和营业事务的管理人应当向债务人移交财产和营业事务，管理人的相关职权由债务人行使；管理人负责管理财产和营业事务的，可以聘任债务人的经营管理人员负责营业事务。

债务人可以按照规定，直接向人民法院申请和解；也可以在人民法院受理破产申请后、宣告债务人破产前，向人民法院申请和解。

(2) 重整计划或和解协议的提出和批准。通常情况下，由负责债务人财产管理和营业事务的债务人或管理人制作重整计划草案。重整计划草案应当包括下列内容：① 债务人的经营方案。② 债权分类。③ 债权调整方案。④ 债权受偿方案。⑤ 重整计划的执行期限。⑥ 重整计划执行的监督期限。⑦ 有利于债务人重整的其他方案。各类债权的债权人分组对重整计划草案进行表决，各组表决均通过重整计划草案时，重整计划通过。自重整计划通过之日起 10 日内，债务人或管理人应当向人民法院提出批准重整计划的申请，人民法院认为符合规定的，应当自收到申请之日起 30 日内裁定批准，终止重整程序。

债务人申请和解，应当提出和解协议草案。债权人会议通过和解协议后，由人民法院认可，终止和解程序。

重整计划或和解协议批准后，管理人应当向债务人移交财产和营业事务，并向人民法院提交执行职务的报告。

(3) 重整计划或和解协议的执行。重整计划由债务人负责执行，并在重整计划规定的监督期内，由管理人监督重整计划的执行。按照重整计划减免的债务，自重整计划执行完毕时起，债务人不再承担清偿责任。

债务人应当按照和解协议规定的条件清偿债务。按照和解协议减免的债务，自和解协议执行完毕时起，债务人不再承担清偿责任。

(4) 重整或和解的终结。企业重整或和解的终结可以分为正常终结和非正常终结。非正常终结的原因有以下几种情况：① 债务人的经营状况和财产状况继续恶化，缺乏挽救的可能性。② 债务人有欺诈、恶意减少债务人财产或者其他显著不利于债权人的行为。③ 由于债务人的行为致使管理人无法执行职务。对于前面三种情况，经管理人或利害关系人请求，人民法院应当裁定终止重整或和解程序，并宣告债务人破产。④ 债务人或者权利人未按期提出重整计划草案的，人民法院应当裁定终止重整程序。⑤ 重整计划或和解协议草案经债权人会议表决未获得通过，或者已经债权人会议通过但未获得人民法院认可的，人民法院应当裁定终止和解程序，并宣告债务人破产。

正常终结的原因有以下几种情况：① 债务人不能执行或者不执行重整计划的，人民法院经管理人或者利害关系人请求，应当裁定终止重整计划的执行，并宣告债务人破产。债务人不能执行或者不执行和解协议的，人民法院经和解债权人(指人民法院受理破产申请时对债务人享有无财产担保债权的人)请求，应当裁定终止和解协议的执行，并宣告债务人破产。② 经过重整或和解，企业能够按照重整计划或和解协议清偿债务的，人民法院应当终结对该企业的破产程序并予以公告。

通常情况下，企业破产需要通过重整和和解程序，但是，我国的破产法规定，和解和整顿程序并不是破产清算的必经程序，当债权人或债务人都不申请对债务人进行重整或与其达成和解时，可以直接进入破产程序。

6. 破产宣告和破产清算程序

(1) 破产宣告。人民法院按照有关规定宣告债务人破产的，应当自裁定作出之日起5日内送达债务人和管理人，自裁定作出之日起10日内通知已知债权人，并予以公告。破产宣告前，有下列情形之一的，人民法院应当裁定终结破产程序：① 第三人为债务人提供足额担保或者为债务人清偿全部到期债务的。② 债务人已清偿到期债务的。

(2) 变价和分配。管理人应当及时拟订破产财产变价方案，经通过后适时出售破产财产。变价出售破产财产应当通过拍卖进行，债权人会议另有决议的除外。破产企业可以全部或者部分变价出售破产财产。对破产人特定财产享有担保权的权利人，对该特定财产享有优先受偿的权利，破产财产在优先清偿破产费用和共益债务后，依照下列顺序清偿：① 破产人所欠职工的工资和医疗、伤残补助、抚恤费用，所欠的应当划入职工个人账户的基本养老保险、基本医疗保险费用，以及法律、行政法规规定应当支付给职工的补偿金；② 破产人欠缴的除前项规定以外的社会保险费用和破产人所欠税款；③ 普通破产债权。

破产财产不足以清偿同一顺序的清偿要求的，按照比例分配。

破产企业的董事、监事和高级管理人员的工资按照该企业职工的平均工资计算。破产财产的分配应当以货币分配方式进行，债权人会议另有决议的除外。

(3) 破产程序的终结。除上面(1)中规定的情形外，破产人无财产可供分配的或者最后分配完毕后，管理人应当请求人民法院裁定终结破产程序。管理人应当持人民法院终结破产程序的裁定，向破产人的原登记机关办理注销登记。管理人于办理注销登记完毕的次日终止执行职务。但是，存在诉讼或者仲裁未决的情况除外。破产人的保证人和其他连带债务人，在破产程序终结后，对债权人依照破产程序未受清偿的债权，依法继续承担清偿责任。

探索一种新的破产财产清偿分配方式——"华北汽贸"破产案例

中国汽车贸易华北公司(以下简称"华北汽贸")于2000年经国家有关部门批准实施"计划内"破产。该企业成立于1987年，为国有大型汽车流通企业，注册资金7 688万元。企业原有职工均已安置，离退休职工由上级单位负责统管。企业经营范围为购销汽车(含小轿车）和摩托车及汽车、摩托车配件，机械电器设备，金属材料等项目。

企业经营性房屋建筑面积4 077平方米，部分有权属证明，设备主要是汽车及办公设备。企业从1995年开始出现连续亏损，累计亏损达19 981.7万元。企业造成亏损的主要原因为经营管理不善，经营观念不适应经济体制改革及市场变化，在经营过程中扩张过快，投资缺乏充分的论证，负债过度；多年经营形成巨额应收账款以及为保护民族汽车工业，大量收购地产汽车产品，造成超量库存、严重积压，削价损失1个多亿等方面。

我们在2000年5月接受了项目委托后，针对企业存在的资产关系复杂、遗留问题较多的情况进行了分析，制定了破产实施方案。我们建议企业将对外投资项目先期进行了各种方式的清理，减轻了企业清算期间的工作压力，然后，协助企业将资产权属证明缺项部分办理齐全，在预审工作结束后，企业的资产状况基本清晰，拟进行清理处置的财产基本无瑕疵、无争议。

华北汽贸进入破产法律程序后，各项工作按计划展开。在清算过程中，我们发现华北汽贸的债权人户数比较少，只有7家，按照破产的相关政策法律规定，要达到破产财产在债权人之间公平清偿，应将破产财产变现，然后用货币进行清偿分配。华北汽贸可用于清偿的破产财产相对较为集中，且大宗资产较多，在短期内变现难度较大，而上述资产无法采取整体拍卖的方式变现，只能分宗进行变现，因此，我们经过反复协商与征询意见，制定出了一个比较特殊的破产财产清偿分配方案，即将破产财产以“实物清偿为主，货币清偿为辅”的方式进行分配。因为债权人的债权额度不同，破产财产的资产质量与预计变现价值也不一样，为了保证公平清偿，我们进行了反复比较设计与填平补齐，经清算组做了大量工作之后，最终在所有债权人之间达成一致，方案获得所有债权人的一致认可，至此，我们认定清偿是公平的，具体做法是：

A债权人：某金融机构，债权额度23 178 856.50元，分得的实物资产为33辆斯太尔车，评估值为2 094.81万元，市场认可的预计值为660万元。

B债权人：某公司，债权额度9 184 879.9元，分得的实物资产为山东荣成一块土地，评估值为783.16万元，市场认可的预计值为120万元。

C债权人：某公司，债权额度338 244.63元，分得的实物资产为斯太尔车一辆，评估值为17.08万元，市场认可的预计值为8万元。

D债权人：某公司，债权额度6 567 730元，分得的实物资产为山东荣成一宾馆股权，评估值为315.29万元；斯太尔车一辆，评估值为17.08万元；3820型复印机1台，评估值为30.70万元；共计363.07万元，市场认可的预计值为80万元。

E债权人：某公司，债权额度654 235元，分得的实物资产为海口一幢别墅，评估值为56.4万元，市场认可的预计值为15万元。

F债权人：某进出口公司，债权额度690万元，分得某公司企业债权2 500万元，市场认可的预计值为120万元。

G债权人：主要债权银行，债权额度310 599 792.66元，分得的实物资产为北京一座办公楼，评估值为2 405万元，市场认可的预计值为1 580万元。

鉴于实物资产分配比例各异，但大体相近，只有主要债权人获得的实物清偿按市场价格测算的清偿比率远低于其他各债权人，因此，清算组将部分实物资产及股权拍卖的清算收入减除清算费用后的货币资金用以调平、补偿主要债权银行,调平补偿后,主要债权银行的预计清偿率为9.41。

本案的清偿分配较有特点,"实物清偿为主,货币清偿为辅"的清偿分配方案获得了所有债权人的一致通过,但此方案的实施需具备一些前提条件,即:债权人的户数不宜过多,债权人要认可互相之间获得的清偿资产与债权额度间的比例仅是相对均衡。可见,虽然实物与货币相结合的分配方式在一定程度上减少了快速变现资产的价值损失,但其可操作范围是较为有限的。

[资料来源:中国清算行业协会(筹)]

二、破产清算的会计处理

1. 会计科目的设置

管理人(受托人)应设置"清算费用"和"清算损益"两个账户。"清算费用"账户核算在清算过程中所发生的费用开支,包括清算人员的酬金、办公费、差旅费、诉讼费、公告费、财产保管费、清查费、估价费、审计费、公证费等(我国称为"破产费用")。清算费用在清算财产中优先支付。"清算损益"账户核算清算过程中清算的收益、损失及其差额。在清算结束后,清算损益账户的余额在贷方表示清算收益大于清算损失,在借方表示清算损失大于清算收益。有土地使用权的企业,还应设置"土地转让收益"账户,用以核算被清算企业转让土地使用权取得的收益,以及用转让收入支付职工安置费等。

2. 会计处理程序

管理人(受托人)的托管责任包括在清算期间对公司财产的清理过程保持会计记录,在清算期间定期地提供公司偿债状况的报告和清算结束时的最终报告,以反映其对破产公司财产的托管情况和清算结果。

管理人(受托人)在接管破产公司的财产后,须完成如下的会计处理:

(1) 以破产公司按历史成本编制的原资产负债表为基础,根据对破产公司资产变现能力所作的估计以及估计的清算费用,结合公司债务是否有财产担保以及是否有优先受偿权等材料,编制《财务状况说明书》。《财务状况说明书》的作用是从清算的角度列示出申请破产企业的资产和负债,资产和负债应按《中华人民共和国企业破产法》关于清偿企业债务的优先顺序进行分类,而不按持续经营假设下资产负债表中的流动与非流动性项目进行分类。

(2) 根据《财务状况说明书》和破产清算日资产负债表建立"受托人账户",并将表中所载各资产和负债项目的余额转入这些账户;其间的差额则转入"清算损益"账户。

(3) 清理破产公司变现财产过程中形成的收益或损失,计入"清算损益"账户,清算过程中发生的费用计入"清算费用"账户。

(4) 编制《现金收支表》与《变现情况表》,以分别反映在清算期间的所有现金收入和支出事项以及公司债务的偿还情况。企业多次进行债务清偿的,还应于每次清偿债务后编制《债务清偿表》。

三、破产清算会计处理例释

【例8-4】 假定甲公司20×9年初因经营管理不善导致严重亏损,20×9年6月30日,甲公司被人民法院宣告破产。

管理人接管破产企业之后，经清查和对资产的公允价值进行估计，获得如下信息：

（1）经清查，甲公司的交易性金融资产、应收票据和其他应收款均可以全额收回。

（2）存货中有 30 000 元为原材料，30 000 元为产成品。原材料的可变现净值为 20 000 元，产成品的可变现净值为 30 000 元。

（3）经查实，固定资产中有一原值为 600 000 元，累计折旧为 200 000 元的房屋已为 4 年期的长期借款 300 000 元提供了担保，该项房屋的可变现净值为 300 000 元。剩余未抵押的固定资产和在建工程的可变现净值分别为 80 000 元、180 000 元。

（4）应收账款中有 40 000 元为应收乙企业的货款，应付账款中有 50 000 元为应付乙企业的材料款。乙企业已提出行使抵销权的申请并经过管理人批准。其余的应收账款均为 X 公司所欠货款，应收票据为应收 Y 企业所欠货款。剩余的应收账款预计可全额收回。

（5）经查证，待处理流动资产损失中的 2 000 元应由保管员赔偿，其余的无法收回。

（6）长期股权投资、无形资产的可变现净值分别为 100 000 元、280 000 元。

（7）受托代销商品 10 000 元为接受丙企业的委托代销的商品。

（8）预计的破产清算费用和共益债务为 10 000 元。

根据上述资料，进行有关清算的会计处理。

1. 甲公司破产宣告日的资产负债表（如表 8－7 所示）

表 8－7　资产负债表

编制单位：甲公司　　　　20×9 年 6 月 30 日　　　　单位：元

资　产	金　额	负债及所有者权益	金　额
流动资产：		流动负债：	
现　金	1 000	短期借款	400 000
银行存款	100 000	应付票据	100 000
交易性金融资产	50 000	应付账款	100 000
应收账款	50 000	代销商品款	10 000
应收票据	9 000	其他应付款	40 000
其他应收款	2 000	应付职工薪酬	10 000
存　货	60 000	应交税费	90 000
受托代销商品	10 000	流动负债合计	750 000
待处理流动资产损失	13 000	非流动负债：	
流动资产合计	295 000	长期借款	955 000
非流动资产：		非流动负债合计	955 000
长期股权投资	105 000	负债合计	1 705 000
固定资产原价	800 000	所有者权益：	
减：累计折旧	300 000	实收资本	500 000
固定资产净值	500 000	资本公积	0
在建工程	200 000	未分配利润	(605 000)
无形资产	300 000	所有者权益合计	(105 000)
长期待摊费用	200 000		
非流动资产合计	1 305 000		
资产总计	1 600 000	负债及所有者权益合计	1 600 000

2．清算组编制的《财务状况说明书》(如表 8－8 所示)

表 8－8　财务状况说明书

编制单位：甲公司　　　　20×9 年 6 月 30 日　　　　单位：元

资　产	账面净值	可变现净值(用于担保负债)	可变现净值(用于无担保负债)	负债及所有者权益	账面净值	担保及优先债权	无担保及非优先债权
提供担保资产：				优先负债			
固定资产	400 000	300 000		估计清算费用和共益债务	10 000	10 000	
减：长期借款	300 000	300 000	0				
普通资产：				应付职工薪酬	10 000	10 000	
现　金	1 000		1 000	应交税费	90 000	90 000	
银行存款	100 000		100 000	小　计		110 000	
交易性金融资产	50 000		50 000	提供担保负债			
应收账款	50 000			长期借款	300 000	300 000	
减：应付账款	40 000		10 000	无优先权			
应收票据	9 000		9 000	无担保负债：			
其他应收款	2 000		2 000	长期借款	655 000		655 000
存　货：				短期借款	400 000		400 000
原材料	30 000		20 000	应付票据	100 000		100 000
产成品	30 000		30 000	应付账款	100 000		
受托代销商品	10 000			减：应收账款	40 000		60 000
减：代销商品款	10 000		0	其他应付款	40 000		40 000
待处理流动资产损失	13 000		2 000	所有者权益	(105 000)		
长期股权投资	105 000		100 000				
固定资产	100 000		80 000				
在建工程	200 000		180 000				
无形资产	300 000		280 000				
可供优先权及无担保债权总计			864 000				1 255 000
减：优先负债			110 000				
可供无担保债权总计			754 000				
估计不足金额			501 000				

根据上述资料可以估算普通破产债权(无优先权无担保债权)的受偿率为：754 000÷1 255 000＝60.079 7%

3．设立受托人(管理人)账户

在上述甲公司的例子中受托人(管理人)可根据编制的《财务状况说明书》和破产清算日资产负债表建立受托人账户。受托人(管理人)应设立“清算损益”和“清算费用”账户并将表中资产和负债项目按公允价值表述的余额转入各相关账户。资产和负债公允价值和账面价值的差额计入“清算损益”，预计的破产清算费用和共益债务计入“清算费用”。其账务处理如下：

(1) 确认行使抵销权的应收账款与应付账款。

借：应收账款——乙企业　　　　40 000

贷：应付账款——乙企业　　　　　　　　　40 000

(2) 确认受托代销的丙企业商品。

借：受托代销商品——丙企业　　　　　10 000

贷：代销商品款——丙企业　　　　　　　10 000

(3) 建立"受托人账户"，并将财务状况说明书中所载各资产和负债项目的余额转入这些账户；其间的差额则转入"清算损益"账户。

借：现金　　　　　　　　　　　　1 000

银行存款　　　　　　　　　100 000

交易性金融资产　　　　　　 50 000

应收账款　　　　　　　　　 10 000

应收票据　　　　　　　　　　9 000

其他应收款　　　　　　　　　2 000

原材料　　　　　　　　　　 20 000

产成品　　　　　　　　　　 30 000

待处理流动资产损失　　　　　2 000

长期股权投资　　　　　　　100 000

固定资产　　　　　　　　　380 000

在建工程　　　　　　　　　180 000

无形资产　　　　　　　　　280 000

清算损益　　　　　　　　　501 000

贷：预计清算费用和公益债务　　　　　10 000

短期借款　　　　　　　　　　　　400 000

应付票据　　　　　　　　　　　　100 000

应付账款　　　　　　　　　　　　 60 000

应付职工薪酬　　　　　　　　　　 10 000

应交税费　　　　　　　　　　　　 90 000

长期借款　　　　　　　　　　　　955 000

其他应付款　　　　　　　　　　　 40 000

值得注意的是，上述的亏损和费用余额只是估计数，清算结束时实际亏损取决于资产的实际变现情况。

4. 资产变现、支付清算费用的会计处理

根据《中华人民共和国企业破产法》的规定，企业出售破产财产应通过拍卖方式进行，债权人另有决议的除外。按照国家规定不能拍卖或限制转让的财产，应按国家规定的方式处理。无论怎样，财产的变现价值应以其现行公允价值为基础。实际变现价值和账面价值有差异的，差额部分计入"清算损益"账户。

(1) 财产变现的会计分录。

① 交易性金融资产、应收账款、应收票据和其他应收款均按估计的可变现净值如数收回。

借：现金　　　　　　　　　　71 000

贷：交易性金融资产 50 000

应收账款 10 000

应收票据 9 000

其他应收款 2 000

② 将原材料和产成品出售收到的现金分别为 25 000 元、25 000 元。

借：现金 25 000

贷：原材料 20 000

清算损益 5 000

借：现金 25 000

清算损益 5 000

贷：产成品 30 000

③ 如期收到应由保管员赔偿的待处理流动资产损失 2 000 元，存入银行。

借：银行存款 2 000

贷：待处理流动资产损失 2 000

④ 转让长期投资收到 90 000 元现金。

借：现金 90 000

清算损益 10 000

贷：长期股权投资 100 000

⑤ 拍卖非担保固定资产收到现金 85 000 元。

借：现金 85 000

贷：固定资产 80 000

清算损益 5 000

⑥ 拍卖在建工程收到现金 150 000 元。

借：现金 150 000

清算损益 30 000

贷：在建工程 180 000

⑦ 转让无形资产收到现金 280 000 元。

借：现金 280 000

贷：无形资产 280 000

至此，甲公司的财产已经全部变现。

(2) 支付清算费用和共益债务及偿还债务的会计分录。

⑧ 假设甲公司清算期间发生的清算费用和共益债务为 9 000 元。

借：预计的清算费用和共益债务 10 000

贷：现金 9 000

清算损益 1 000

⑨ 支付有优先清偿权的应付职工薪酬 10 000 元、应交税费 90 000 元。

借：应付职工薪酬 10 000

应交税费 90 000

贷：现金　　　　　　　　　　　　　　100 000

⑩ 经债权人会议同意，直接将用于担保的固定资产偿还银行 300 000 元的长期借款。

借：长期借款　　　　　　　　　　　300 000

　贷：固定资产　　　　　　　　　　　300 000

⑪ 经债权人会议同意，乙企业行使抵销权。

借：应付账款——乙企业　　　　　　　40 000

　贷：应收账款——乙企业　　　　　　　40 000

⑫ 经债权人会议同意，归还受托代销的丙企业的代销商品。

借：代销商品款——丙企业　　　　　　10 000

　贷：受托代销商品——丙企业　　　　　10 000

至此，除了无担保、无优先清偿权的负债外，甲公司的所有负债都已清偿。尚有余额的各管理人账户的余额如表 8－9 所示。

表 8－9　清理资产和清偿有担保、有优先权负债后的账户余额

现　金

期初余额	1 000		
①	71 000	⑧	9 000
②	50 000	⑨	100 000
④	90 000		
⑤	85 000		
⑥	150 000		
⑦	280 000		
期末余额	618 000		

清算损益

期初余额	501 000		
④	10 000	⑤	5 000
⑥	30 000	⑧	1 000
期末余额	535 000		

银行存款

期初余额	100 000		
③	2 000		
期末余额	102 000		

长期借款

		期初余额	955 000
⑩	300 000		
		期末余额	655 000

短期借款

		期初余额	400 000
		期末余额	400 000

应付账款

		期初余额	100 000
⑪	40 000		
		期末余额	60 000

应付票据

		期初余额	100 000
		期末余额	100 000

其他应付款

		期初余额	40 000
		期末余额	40 000

在表 8－9 列示的各账户的余额中，短期借款、应付票据、应付账款、其他应付款和长期借款等负债账户的余额合计数为 1 255 000 元（400 000＋100 000＋60 000＋40 000＋655 000），但现金、银行存款账户的余额只有 720 000 元（618 000＋102 000），其间的差额即为清算结束时实际的清算损益总额 535 000 元。

5. 编制《现金收支表》与《债务清偿表》

受托人结束破产公司的清算前，需要向法院和债权人提交《现金收支表》和《变现及偿债情况表》(见表8-10和表8-11)，以向其报告清算期间所有的现金收支以及公司财产的变现结果及其对债权人的影响。在我国，管理人需要向人民法院提交破产财产分配报告，在《现金收支表》的基础上补充有关分配给各类无优先权、无担保债权的现金资料即可满足要求。

表8-10 现金收支表

编制单位：甲公司　　20×9年6月30日至8月31日　　单位：元

项目	金额
清算开始日现金结存：	101 000
加：现金收入	
收回交易性金融资产	50 000
收回应收账款	10 000
收回应收票据	9 000
收回其他应收款	2 000
收回待处理流动资产损失	2 000
原材料变现收入	25 000
产成品变现收入	25 000
固定资产变现收入	85 000
在建工程变现收入	150 000
长期股权投资变现收入	90 000
无形资产变现收入	280 000
减：现金支出	
清算费用和共益债务	9 000
应付职工薪酬	10 000
应交税费	90 000
可供偿付无优先权、无担保债权的现金	720 000

表8-11 变现及偿债情况表

编制单位：甲公司　　20×9年8月31日　　单位：元

20×9年6月30日估计的清算损益				501 000
资产变现情况：	20×9年6月30日公允价值	实际变现收入	变现损失(利得)	
原材料	20 000	25 000	(5 000)	
产成品	30 000	25 000	5 000	
固定资产	380 000	385 000	(5 000)	
在建工程	180 000	150 000	30 000	
长期股权投资	100 000	90 000	10 000	
清算费用	10 000	9 000	(1 000)	34 000
20×9年8月31日(实际清算损失)				535 000

根据表 8-9 可知无优先权、无财产担保债权为 1 255 000 元,根据表 8-10 可知可供偿付无优先权、无担保债权的现金为 720 000 元,从而,计算无优先权、无财产担保债权的实际清偿率为:

$$720\ 000 \div 1\ 255\ 000 = 57.3705\%$$

如果法院及债权人认可对甲公司的报告结果,则向无担保、无优先清偿权的债权人偿债的会计分录为:

借:短期借款 400 000
  应付票据 100 000
  应付账款 60 000
  其他应付款 40 000
  长期借款 655 000
 贷:现金 720 000
  清算损益 535 000

至此,管理人(受托人)已经全部完成对甲公司的托管清算责任。法院可宣布甲公司的破产过程结束。

思考题

1. 公司解散的原因有哪些?试举例说明。
2. 简述清算会计的特征。
3. 简述一般清算会计与破产清算会计的异同。
4. 简述一般清算的程序。
5. 简述产权转让方式下与完全解散方式下一般清算会计的异同。
6. 简述破产清算的程序。
7. 假定你为企业清算组组长,请编制企业清算方案。

本章相关的法规、制度

1.《中华人民共和国企业破产法》,2006
2.《中华人民共和国公司法》,2005

练习题

1. **目的:掌握破产财产的变现、破产费用的支付、不具有优先偿还权债务的偿还等业务的会计处理**

资料:某企业无法偿还到期债务,有关债权人向法院申请该企业破产。20×9 年 1 月 20 日人民法院宣告该企业破产并成立了清算组接管该企业。清算组处置资产、偿还债务的情况如下:

(1) 变卖固定资产,账面价值 300 万元,处置收入 240 万元,存入银行。

(2) 处置投资,账面价值 20 万元,所得款 16 万元,存入银行。

(3) 处置价值 3 万元的材料,收入 2 万元,增值税 0.34 万元,存入银行。

(4) "应收账款"账面余额 10 万元,其中 7.5 万元确认为不能收回的坏账,剩余部分收回了 1.5 万元,存入银行。

(5) 变卖产成品,成本 25 万元,价款 15 万元,增值税 2.55 万元,存入银行。

(6) 转让无偿取得的土地,实际转让价款 200 万元,应交税费 17.5 万元,存入银行。

(7) 以银行存款支付破产费用 15 万元。

(8) 从土地转让收入中提取 30 万元作为安置职工的费用。

(9) 用银行存款支付所欠的税金 15 万元。

要求:编制有关会计分录。

2. 目的:掌握破产会计中无担保、无优先权债权人债务清偿的会计处理及清偿率的计算

资料:甲公司 20×9 年 6 月 5 日破产清算前的资产负债表如表 8-12 所示。

表 8-12 资产负债表

20×9 年 6 月 5 日 单位:万元

资 产	账面金额	负债及所有者权益	账面金额
货币资金	1 050	应付账款	7 000
应收票据	4 900	应付职工薪酬	14 700
存 货	7 000	其他应付款	9 100
固定资产	21 000	长期借款(抵押)	10 500
其他资产	700	实收资本	21 000
		留存收益	(27 650)
合 计	34 650	合 计	34 650

公司财产已变现 31 500 万元(其中抵押资产变现为 12 000 万元),用以支付清算费用 210 万元。归还有担保债务及无担保有优先清偿权债务后,公司负债的账面价值为:应付账款 2 100 万元,其他应付款 9 100 万元。

要求:(1) 计算破产清算净损益。

(2) 编制无担保、无优先权债权人债务清偿和结平账户的会计分录。

(3) 计算无担保、无优先权债权人债务清偿率。

案例分析

广东国投破产案(资料来源:中国法务会计网/中国舞弊审查网)

(一) 案情介绍

1. 广东国投公司介绍

广东国投公司原名为广东省信托投资公司,1980 年 7 月经广东省人民政府批准在广州市工商行政管理局注册成立,系全民所有制企业法人。1983 年经中国人民银行批准为非银行金融机构并享有外汇经营权。1984 年 3 月经广东省工商行政管理局注册登记更改名称为广东国际信托投资公司,注册资金为 12 亿元。1989 年又被国家主管机关确定为全国对外借款窗口。1992 年以来,广东国投公司由于经营管理混乱,存在大量高息揽存、账外经营、乱拆借资金、乱投资等违规经营活动,导致不能支付到期巨额境内外债务,严重资不抵债。1998 年 10 月 6 日,中国人民银行决定关闭广东国投公司,并组织关闭清算组对其进行关闭清算。关闭清算期间广东国投公司的金融业务和相关的债权债务由中国银行托管,广东国投公司属下的证券交易营业部由广发证券有限责任公司托管,其业务经营活动照常进行。自 1998 年 10 月 6 日至 1999 年 1 月 6 日为期三个月的关闭清算查明,广东国投公司的总资产为 214.71 亿元,负债 361.65 亿元,总资产负债率 168.23%,资不抵债 146.94 亿元。经过三个月关闭清算,行政手段已无可挽回。

2. 破产宣告

1999 年 1 月 15 日广东高院受理这起破产案,并依照《中华人民共和国企业破产法(试行)》第三条第一项的规定:"企业因经营管理不善造成严重亏损,不能清偿到期债务的,依照本法规定宣告破产。"和第八条的规定:"债务人经其上级主管部门同意后,可以申请宣告破产。"认定广东国投公司管理极度混乱,严重资不抵债,不能清偿境内外巨额到期债务,符合法律规定的破产条件,于 1999 年 1 月 16 日裁定:一、广东国投公司破产还债。二、指定清算组接管广东国投公司。

3. 破产清算工作

(1) 债权的申报、审核和确认。1999 年 1 月 16 日,广东省高级人民法院分别在《人民日报》、《人民法院报》刊登受理广东国投公司破产申请公告,要求债权人自公告之日起 3 个月内申报债权,逾期未申报的,视为自动放弃。对广东国投公司的其他民事执行程序依法中止执行,申请执行人可凭生效的法律文书申报债权,对广东国投公司的其他民事诉讼程序也依法终结或中止。公告期限内,共计 320 家债权人申报了债权,申报债权总金额共计387.773 8亿元(包括 167 家境外债权人申报债权320.129 7亿元)

1999 年 4 月 22 日,广东省高级人民法院主持召开广东国投公司破产案第一次债权人会议,244 家境内外债权人派代表出席了会议,占申报债权人总数的 76%。法院向债权人宣布了债权人会议的职权,并根据各债权人申报债权的数额,指定瑞士银行、日本第一劝业银行、美国花旗银行、中国银行等 9 家债权人组成债权人主席委员会。破产清算组向出席债权人会议的代表报告了债权申报情况。会议通过了由破产清算组提出的广东国投公司破产财产处理的原则。

破产清算组对债权人申报的债权进行了登记和审核后,将审核结果分别以确认债权或拒绝申报的方式通知各债权申报人。债权人对清算组确认的债权无异议的,清算组提请债权人会议表决通过;债权申报人对清算组的确认结果有异议的,向广东省高级人民法院提请裁定。

根据债权异议人的申请,广东省高级人民法院分别对广东国投公司破产案中 62 件有关债权申报异议进行了公开审理,并分别作出了裁定:① 对依据安慰函申报的担保债权全部予以否认。② 信托存款的存款人可以申报破产债权,但对信托存款无取回权。③ 债权人依据掉期合同申报的破产债权的确认。④ 商业银行及其分支机构对广东国投公司拥有的债权总额及所负的债务总额在破产清算前等额抵销。

广东省高级人民法院最终确认,广东国投公司破产案的债权人共计200家,债权金额总计202.231 7亿元。

(2) 破产财产的审核、确认和处理。广东国投公司破产清算组经清算认定,广东国投公司被宣告破产时的账面总资产为209.374 8亿元。当事人对破产清算组有关破产财产的认定提出异议的,依法提请广东省高级人民法院裁定。

根据当事人的申请,广东省高级人民法院依法裁定确认了下列异议申请:

① 确认原登记在广东省信托房产开发公司(以下称房产公司)和广信实业有限公司(清盘中)(以下称广信公司)名下的广东国际大厦实业公司的100%股权为广东国投公司破产财产。

② 确认广东国投公司在其全资子公司中的投资权益为破产财产。

③ 确认广东国投公司所属证券交易营业部收取的股民保证金所有权属于股民所有。

对经依法确认属于广东国投公司的财产,广东省高级人民法院区别不同情况进行追收或变现:

对于广东国投公司在广东省内的债权,广东省高级人民法院依照最高人民法院《关于高级人民法院统一管理执行工作若干问题的规定》的规定,裁定指定由广东国投公司的债务人所在地的58个法院分别执行,共计追回15.1亿元。

对于广东国投公司在其他省、市、自治区的财产,由破产清算组依法追收,共计追回5.382 3亿元。

对于广东国投公司在美国、中国香港特别行政区等的财产,由破产清算组依据当地的法律规定予以回收,共计追回投资及贷款折合2.298 4亿元。

对于广东省内69个政府机关为广东国投公司的债务人出具的担保,被确认无效应承担相应的赔偿责任问题,广东省高级人民法院委托广东省审计厅组织审计小组对这些政府机关的预算外资金情况逐个进行了审计,根据审计情况依法对这些政府机关的预算外资金进行了强制执行,对于没有预算外资金的政府机关,法院依法办理了执行中止手续,共计追回0.762 5亿元。

对于广东国投公司的破产财产,均采取拍卖或者竞买的方式予以变现。其中:广东国投公司对广东商品展销中心100%的股权以3.89亿元的价格成功拍卖;通过竞买,广东国投公司属下4家证券交易营业部以0.809 3亿元的价格转让给广发证券有限责任公司;广东国投公司对江湾新城75%的股权及债权以3.5亿元成功拍卖;广东国投公司对广东国际大厦实业有限公司100%的股权和债权以11.3亿元成功拍卖。

4. 破产财产分配与终结破产程序

对广东国投公司破产财产追收和变现后,依法优先拨付了破产清算费用(含中介机构专业服务费用、评估费用及其他清算费用),于2000年10月31日、2002年6月28日和2003年2月28日分别召开债权人会议,在优先清偿广东国投公司所欠职工工资、劳动保险费用和所欠税款后,分三次按照比例清偿破产债权。经广东省高级人民法院裁定准予,破产财产分配分三次进行,分配破产财产共计25.34亿元,债权清偿率共计为12.52%。对境外债权人的债权，经征得外汇管理部门同意后，一律兑换成外币支付。

广东国投公司破产案有关司法程序进行完毕后，破产清算组依法申请终结破产程序。广东省高级人民法院经审查认为，广东国投公司申请破产一案，债权确认工作已经完成，破产财产的范围已经界定，对外债权的追收工作已经全部采取有效法律措施，广东国投公司的主要破产财产已经拍卖变现，并已经分配给债权人，广东国投公司破产案已符合终结破产程序的法定条件，但因今后仍有可以追收的破产财产、追加分配等善后事宜需要处理，应保留破产清算组继续负责完成追收破产财产和追收分配工作，故应在同意破产清算组终结破产程序申请的同时，继续保留破产清算组处理有关善后事宜。据此，广东省高级人民法院于2003年3月8日依照企业破产法第三十八条和最高人民法院《关于审理企业破产案件若干问题的规定》第九十七条的规定裁定：一、终结广东国投公司破产案破产程序。二、广东国投公司破产清算组凭本裁定向广东省工商行政管理局办理广东国投公司的注销登记。三、保留广东国投公司破产清算组完成追收广东国投公司破产财产、追加分配等善后事宜。本案诉讼费减半收取，从破产财产中优先支付。

（二）思考分析题

1. 广东国投案的破产费用包括哪些？

2. 根据《中华人民共和国破产法》规定，广东国投的破产财产有哪些？破产债权有哪些？

3. 对于资产账面价值与最终变现价值之间的差额，广东国投应如何进行会计处理？不能追回的资产应如何进行会计处理？

4. 对以下广东省高级人民法院依法裁定确认的资产，广东国投应如何进行会计处理？

（1）确认原登记在广东省信托房产开发公司（以下称房产公司）和广信实业有限公司（清盘中）（以下称广信公司）名下的广东国际大厦实业公司的100%股权为广东国投公司破产财产。

（2）确认广东国投公司在其全资子公司中的投资权益为破产财产。

（3）确认广东国投公司所属证券交易营业部收取的股民保证金所有权属于股民所有。

5. 本次破产，债权清偿率共计为12.52%，没有得到偿还的债权，广东国投应如何进行会计处理？

第九章　物价变动会计

本章要点

通过本章的学习，了解物价变动及通货膨胀的概念，理解物价变动对传统会计的冲击；掌握成本保全论、财务资本保持和实物资本保持、合理配比论、计量选择论等物价变动会计理论，了解物价变动会计模式的局部改革法和全面改革法；掌握一般物价水平会计模式、现行成本会计模式、现行成本/一般物价水平会计模式，理解各种会计模式的优缺点。

第一节　物价变动及其对传统会计的影响

周小川担心资产价格上升过快 密切监控各项指数

中国人民银行行长周小川日前表示，对于资产价格可能上升过快形成泡沫存在担忧。出于汇率稳定考虑，央行要监控消费者价格指数(CPI)、生产者价格指数(PPI)和资产价格。分析人士认为，尽管4月央行连续两次上调存款准备金率，但未来几个月加息的可能仍大。

……

3月份CPI上升3.3%，高于政府2007年CPI上升3%的目标，对此周小川表示，物价升幅较大部分受到季节性因素影响，因为春节期间市场需求有所增加。第二季度通货膨胀率可能会略低于第一季度。他还表示，央行非常密切地关注年通货膨胀率指标。他表达了中国央行有能力遏制物价上升的信心。

他称，尚无证据表明通货膨胀已经失控，但他估计今年的通货膨胀率可能要高于前两年的水平。在回答有关央行是否会再度加息的问题时，周小川称，目前不便讨论这个问题，但央行正在十分密切地关注CPI的变化。

……

(资料来源：2007年05月08日《中国证券报》)

一、物价变动

（一）物价变动及物价变动指数

物价亦即一般称谓的价格，指商品、劳务价值的货币表现。货币在商品经济中是充当一般等价物的特殊商品，它表现为一个单位的货币能换取商品和劳务的数量，即货币的购买力。在客观现实中，由于政策、经济等方面的因素，商品、劳务的价格有时表现为一定时期的物价高于前一时期，有时也表现为某一时期的物价低于前一时期。在物价上涨时，持有一定数量的货币额可购买的商品、劳务数量就会减少，亦即货币购买力下降；反之，在物价下降时，货币购买力则会上升，我们将这种商品、劳务价格的变化或者是货币购买力的变化称为物价变动。

物价变动根据其涉及的商品、劳务的范围，可分为个别物价变动和一般物价变动。个别物价变动是指某一时期某一具体商品、劳务价格的变化；一般物价变动是指某一时期社会全部商品、劳务价格水平的变化。二者的关系主要为个别和一般的关系，即个别物价变动会导致社会的一般物价水平变动。当个别物价普遍上涨或下跌时，一般物价必然上升或下跌，即便是在这种情况下，个别商品物价的涨跌幅度也可能与一般物价升降的幅度有差异。当一般物价下降时，个别物价可能上涨，反之，当一般物价上升时，个别物价也可能下跌。因此，个别物价变动是微观现象，一般物价变动是宏观现象。一般人们认为物价普遍上涨或下跌时，意味着个别物价变动与一般物价变动是同趋势的。一般物价水平上涨称为通货膨胀，而一般物价水平的下降称为通货紧缩。

通常，物价变动的程度是通过物价指数来衡量的。物价指数是反映两个时期商品、劳务价格动态的指标。由于物价变动有个别物价变动和一般物价变动的区别，故物价指数也有一般物价指数和个别物价指数。一般物价指数反映的是不同时期某一社会全部商品与劳务价格平均水平的变化，它一般地衡量某一特定时期内单位货币购买力发生的变化。个别物价指数反映的是具体个别商品或劳务价格水平的变动。

物价指数的种类很多，不同国家也有不同的计算方法。在美国，主要有国民生产总值价格指数(GNP Implicit Price Deflator)和消费品物价指数(Consumer Price Index)。在我国，主要是社会商品零售物价总指数。计算一般物价指数时，要选择销售量大、价格变动趋势具有代表性的商品、劳务，将各类商品、劳务的销售量占社会销售总量的比重作为计算一般物价指数的权数，计算出各类商品的物价变动对一般物价水平的影响。一般物价指数的计算公式为：

$$\text{一般物价指数} = \frac{\sum \text{报告期代表商品单价} \times \text{权数}}{\sum \text{基期代表商品单价} \times \text{权数}} \times 100\%$$

【例 9-1】 假定以 20×8 年为基期，物价指数为 100%，20×9 年为报告期，计算 20×9 年的一般物价指数。各种代表商品的单价及权重如表 9-1 所示。

表 9-1　商品的单价和权重

代表商品、劳务类别	单价(元)		权重(%)	金额(百万元)	
	20×8 年	20×9 年		20×8 年	20×9 年
A	20	23	20	400	460
B	33	38	50	1 650	1 900
C	56	70	30	1 680	2 100
合计			100	3 730	4 460

$$\text{20×9 年一般物价指数}=\frac{4\ 460}{3\ 730}\times 100\%=119.57\%$$

在此情况下，每单位的货币购买力有所下降，计算如下：

每单位货币购买力＝100/119.57＝0.836

上述计算结果说明，20×9 年比 20×8 年的一般物价水平上涨了 19.57%(119.57%－100%)，而 20×9 年的每 1 单位货币只相当于 20×8 年的 0.836 单位，即比 20×8 年下降了 0.164(1－0.836)单位。

(二) 通货膨胀与恶性通货膨胀

如前所述，一般物价水平上涨称为通货膨胀。通货膨胀水平通过通货膨胀率来衡量。世界各国自二次世界大战后采用货币政策干预国家经济以来，普遍存在不同程度的通货膨胀。国际货币基金组织在其出版的一份研究报告中指出，20 世纪 70 年代通货膨胀有三个特点：① 消费品物价指数绝对增加。② 通货膨胀更为广泛地分布：在 60 年代共有 25%—35%的国家经受了消费品物价指数上升 5%或较高，而到 1974 年，80%以上的国家经受了 10%或者更高的通货膨胀率。③ 各国通货膨胀率有很大的差别。1974 年世界总物价指数上升 15.3%，德国只上升了 7%，而智利却上升了 504.7%。80 年代的通货膨胀率开始有所缓和，在美国虽有所下降，但在许多国家仍是持续大幅度的上升，如 1987 年巴西通货膨胀率超过 225%，1994 年中国通货膨胀率为 24.1%。但 21 世纪初世界各国的通货膨胀不容乐观，纷纷超过警戒线，像俄罗斯 2007 年通胀率超过 11%，中国 2007 年通货膨胀率为 4.8%，委内瑞拉 2008 年上半年通胀率达到 15.1%，尼加拉瓜 2008 年上半年通胀率达到 11.76%。

对通货膨胀率较高的通货膨胀，人们称其为恶性通货膨胀。判断是否发生恶性通货膨胀，没有绝对通货膨胀率标准，国际会计准则第 29 号《在恶性通货膨胀经济中的财务报告》中指出，恶性通货膨胀是由一个国家的经济环境特点所显示的，这些特点有以下几方面内容(但不局限于这些内容)：

(1) 一般公众倾向于以非货币性资产或某种相对稳定的外币来保存自己的财富。持有的当地货币将立即用于投资以保持购买力。

(2) 一般公众以相对稳定的外币而不是以当地货币来考虑货币金额。报价时，可能以该种外币为单位。

(3) 赊销赊购的发生须在价格上补偿赊账期间预计的购买力损失，即使赊账的期间很短。

(4) 利率、工资及价格与物价指数挂钩。

(5) 三年累计通货膨胀率接近或超过 100%。

二、物价变动对传统会计的影响

现行会计理论及实务建立在历史成本基础上，历史成本会计模式所运用的一系列会计假设、原则、方法和程序都是以物价基本稳定为前提的。如果物价变动较大，对传统的历史成本会计模式的会计理论和实务便会产生重大影响，主要体现在以下几个方面：

(一) 冲击币值稳定的会计基本假设

会计以货币作为尺度来计量会计主体的一切经济业务，实际上货币本身的价值却是变动的。传统会计提出的一项基本假设是以货币为计量单位时，币值是稳定的。其理由是在商品经济中，物价的涨和跌是不可避免的，但从较长时期看，物价变动——货币的升值和贬值对会计信息的影响是可以相互抵销的。上述假设在物价变动极小的情况下是成立的。但自从二次世界大战后，如上所述，世界各国出现了普遍的、持续的通货膨胀，币值变化一直较为剧烈，这样，货币计量——币值稳定的基本假设便明显脱离了现实经济环境。根据这一假设去计量的会计要素、提供的会计信息，与实际经济状况相距甚大，其结果必然缺乏经济上的意义。

(二) 冲击历史成本计量

历史成本模式的基本特点是，任何一项资产的取得都应以当时发生的交换价格或生产成本计价；任何一项负债的承诺，都应以当时交换资产或劳务时的交换价格或当时约定的金额计价。资产的价值一旦入账，已耗用部分作为成本和费用与相应的收入相配比确认收益，计入损益表；未耗用部分，作为资产的价值反映于资产负债表。除非资产经过使用或交换，否则其历史成本不予变动。

在币值稳定时，以历史成本为计量基础提供的财务报表具有比较客观和可靠的优越性，以历史成本提供的财务信息对决策者决策是有用的。但出现了持续通货膨胀后，则从两个方面冲击了历史成本计量，一方面，货币购买力产生的剧烈变动，使以历史成本反映的各个时期的购买力没有可比性；另一方面，资产当初取得时的历史成本与现行成本差距越来越大，从而影响所反映的财务状况和经营成果。面对持续的通货膨胀，如果以历史成本作为计量基础编制财务报表，则严重影响了会计信息的有用性。

(三) 影响收入、费用的配比

配比原则是指收入与产生收入的费用进行配比以正确计算损益，它是确定损益的一项重要原则。物价变动会造成配比原则出现内在矛盾。在物价上涨时期，收入往往是按照现行价格计算的，而与之配比的成本和费用是按照历史成本计算的，收入与成本和费用不能在同等购买力水平或同一时间的价格水平上配比，据此计算的利润难以说明实际的经营成果。同时，原始成本的配比还会导致成本补偿不足，使企业的持续经营难以维持。

(四) 降低了会计信息质量

当物价持续上涨或下跌时，对历史成本会计模式的会计信息会产生如下重大影响：

1. 影响会计信息的真实性

按照历史成本原则，无论物价如何变动，资产和负债始终按发生时的代价或承诺支付的金额计价，在物价持续上涨时，资产的原始成本与编制报表时的市场价格相差很大，不能真实地反映资产的价值的变化。再次，按照历史成本原则，要求资产在消耗时按原始成本结转，在物价上涨时，按现时价格计量的收入与较低的已耗资产的历史成本相配比，就会使收益虚增，较高收益中有一部分是物价上涨的结果，并不是企业经营业绩，从而影响对企业经营成果的评价。

2. 影响会计信息的可理解性

在历史成本会计模式下，资产总额是将不同时点所取得资产名义货币金额简单相加。在物价变动剧烈情况下，不同时点的货币购买力不同，按历史成本原则，总资产价值以代表不同购买力的货币金额相加表示，难以为使用者理解。例如企业在年末持有货币 1 200 元，以及年初购进存货 4 000 元，年末资产总价值为 5 200 元。假定年末的物价指数较年初上升 20%，如果将所有的资产以年末货币单位表示，货币仍为 1 200 元，存货应为 4 800 元[4000 * (1+20%)]，年末资产总额应为 6 000 元；如果将所有的资产以年初货币单位表示，货币应为 1000 元[1200/(1+20%)]，存货为 4 000 元，年末资产总额应为 5 000 元；按历史成本原则计算的年末资产总价值为 5 200 元，既不是年初货币单位表示的金额，也不是年末货币单位表示的金额，缺乏意义，难以为使用者所理解。

3. 收益失真，企业的再生产能力下降

在物价持续上涨的情况下，按照历史成本/名义货币计量模式确认的会计收益中，有相当一部分是持产利得。也就是说，实际上企业并没有能力用账面上的利润补充生产资源、分配股利、缴纳税金。企业在进行利润分配时，持产利得的分配其实不是利润的分配，而是资本的返还，若将其返还，就会削弱企业的财力，使企业丧失补充存货和更新固定资产的能力，即企业无法保持简单再生产的能力。可见，在历史成本会计模式下，利润虚增，甚至虚盈实亏的问题是难以解决的。在恶性通货膨胀的情况下，采用历史成本会计模式，收益虚增、虚利实分、实税，必然严重威胁企业持续经营能力，削弱国民经济发展的后劲。国际会计准则第 29 号《在恶性通货膨胀经济中的财务报告》中指出："在恶性通货膨胀经济中，以当地货币报告经营成果和财务状况而不作重新表述是没有用处的。货币表示的购买力的变化，使得对在不同时期(甚至在同一会计期间）发生的交易和其他事项进行金额上的比较，也会使人产生误解。"

第二节　物价变动会计理论基础及其模式

一、物价变动会计的含义

由于物价变动剧烈，特别是世界各国出现了持续的通货膨胀，动摇了币值稳定的会计基本假设和历史成本会计模式。为消除持续通货膨胀对会计信息的影响，保证会计信息质量，在会计理论及实务中，便产生了各种会计模式和改革设想的物价变动会计。

物价变动会计是指为了消除物价发生剧烈变动的影响，而采取的会计方法和程序、对整个会计模式和会计报表的改革设想。由于各国出现的物价变动主要是持续通货膨胀，较少出现通货紧缩，因而在西方国家，习惯上将物价变动会计称为通货膨胀会计（Inflation Accounting），本书也均以通货膨胀为例阐述物价变动会计。

二、物价变动会计的理论基础

为消除物价变动对传统会计信息的影响，会计理论界提出了一些不同的理论。

（一）成本补偿论

一个企业在持续经营的前提下，投入的资本应能够在耗费后不断得到补偿。只有这样，才能保证简单再生产顺利进行。从马克思经济学的观点看，成本作为商品生产的补偿价值，包括要补偿在商品生产和销售中所耗资本的C＋V部分；从货币收入中获得补偿的价值能够更新和恢复（主要指实物上）已耗费的生产要素。

当物价稳定时，按历史成本会计模式，从销货收入中按历史成本得到补偿的C＋V可以购买回再生产所耗费的各种生产要素，价值补偿和实物补偿是一致的，企业再生产也能不断进行。这也是传统财务会计——历史成本会计模式的理论基础。

但在物价持续上涨时，按历史成本进行价值补偿，就不能再购回在生产过程中已消耗的各种生产要素，实物形态得不到补偿，难以维持企业的简单再生产。

按照马克思的成本补偿的基本观点，无论物价变动与否，成本补偿中的价值补偿与实物补偿是一致的。马克思在《资本论》中指出：补偿不变资本的价值部分，也就是代表生产商品时的生产资料的形式用掉的过去的劳动价值部分。当再生产按原有规模进行时，每个已经消耗掉的不变资本要素，都必须在实物形式上得到相应种类的新物品的补偿。

（二）资本保全论

资本保全概念来源于经济学，它是真实收益理论的核心。资本保全论认为，企业在记录、计算企业的经营成果过程中，只有资金的流入超过保全资本所需要的金额，才能确定企业的收益。收入扣除费用后的剩余金额为利润；费用超过收入的金额称为亏损。可见，如何理解和衡量资本已经完整无损地得到保持是资本保全及收益确定的关键。对这个问题的不同理解，导致了资本保全理论的两大派别——财务资本保全论和实物资本保全论。

1. 财务资本保全论

财务资本保全论将资本看做是所有者投入企业的名义货币或投入资本的购买力，所以，资本与净资产一致。因此，在财务资本保全论下，企业需要保全的资本就是企业原有的净资产。根据这一概念，只有当期末净资产的货币金额（或购买力）扣除这一期间对所有者的分配和所有者投入的资本后超过期初净资产的货币金额（或购买力），才是当期所得的利润。财务资本保全，既可以用名义货币计量，也可以用不变购买力单位计量。当资本按不变购买力单位计量时，利润则代表了这一期间内投入购买力的增加。

2. 实物资本保全论

实物资本保全论将资本看作所有者投入企业的实物生产能力或营运能力或为取得该能力所需的资源或资金，所以，资本与生产能力相一致。因此，在实物资本保全论下，企业需要保全的资本就是企业原有的实物生产能力或营运能力或为取得该能力所需的资源或资金。

根据这一概念，只有当企业期末的实物生产能力（或经营能力）扣除这一期间对所有者的分配和所有者投入后超过期初实物生产能力时，才算所得的利润。实物资本保全可以用与其相当的实物量或货币量表示。当资本按实物生产能力定义时，利润代表这一期间实物资本的增加。

财务资本保全概念，资本按名义货币计量，适用于历史成本会计模式；资本按购买力计量适用于一般物价水平会计模式；实物资本保全概念，要求采用重置成本或现行成本会计模式。

在币值稳定条件下，根据资本保全概念确定的收益，无论是财务资本保全还是实物资本保全，两者均一致。但在持续通货膨胀的条件下，按两种不同的资本保全概念确定的收益有很大的区别。以历史成本为计量属性，名义货币作为计量单位的历史成本会计模式保全的资本就是财务资本，即业主最初投入的名义货币额，据此确认的资产与收益是不考虑物价变动影响的。财务资本保全下，资本按购买力计量的一般物价水平会计，保全了按不变购买力货币表示的最初投入的货币额，据此确认的资产和收益是以不变购买力货币表示的最初投入的货币额，考虑了一般物价变动的影响。实物资本保全下，以现行成本为计量属性、名义货币为计量单位的现行成本会计模式，保全了按名义货币表示的生产能力，据此确认的资产和收益，考虑了个别物价变动的影响。实物资本保全下，以现行成本为计量属性、不变购买力货币为计量单位的现行成本/一般物价水平会计模式，保全了按不变购买力货币表示的生产能力，据此确认的资产和收益，考虑了一般物价变动及个别物价变动的影响。因此，通货膨胀时期应对历史成本会计模式进行调整，实行一般物价水平会计、现行成本会计或现行成本/一般物价水平会计。

（三）合理配比理论

配比原则要求将一定会计期间的收入与为取得该项收入所发生的费用或成本相互比较，将其间差额确认为收益（或损失）。

在历史成本会计模式下，商品或劳务总是按销售时的现行价格确认收入的，与收入相配比的是所耗生产要素的历史成本。如销售成本是已出售部分存货按历史成本计量的价值；其计量的基础是存货历史购买价格而不是现行购买价格（存货的重置成本）；折旧费用是固定资产按历史成本计量的磨损部分，而不是按固定资产现行购买价值（固定资产的重置成本）。若在币值稳定前提下，确认的收益是合理的。但在物价持续上涨时期，按现行价格计量的收入与按历史成本计量的成本费用可能相差很大，计算确认的收益难以说明其实际的经营成果。当物价上涨时，存货的现行成本提高了，如仍按历史成本计量确认收益，往往带有虚假利润；反之，当物价下跌时，存货的现行成本下降了，按历史成本计量又会少算收益。

在物价变动剧烈时，配比原则产生了矛盾，影响了企业收益计算的正确性。为解决此问题，理论界提出两种方法：

（1）按一般物价指数调整资产价值和成本费用。由于资产成本费用是按历史成本计量的，而收入是按现行成本计量的，在物价变动较大时，两者差别较大，为此应将成本费用按一般物价指数调整，使收入与费用两者均按一般购买力计量，进行配比。

（2）采用现行成本计量，即采用现行成本来计量企业资产价值及成本费用，使收入与费用两者计量均按现行成本进行配比。

（四）计量选择论

会计计量选择理论的概念，认为会计模式是会计计量单位和计量基础的结合。不同的会计计量单位和计量基础的结合，就构成了不同的会计模式。会计计量选择的原则是：从客观环境出发，满足会计信息使用者的需要，把一定的计量基础与计量单位组合起来，构成特定的会计模式。传统会计模式所选用的计量基础是历史成本，计量单位是名义货币，在币值稳定的前提下，该模式具有客观性、可靠性等优点，但在物价发生剧烈变动时，产生的会计信息背离了客观的需要，歪曲了企业的经营成果、财务状况和资金运转的真实情况。为此，物价变动会计要改变这种计量的选择。

持续、剧烈的物价变动对会计的影响是多方面的，但从实质上看，可归结为两个方面：① 影响会计计量单位的稳定性；② 影响会计计量基础的客观性。

为此，要消除物价变动对会计的影响，可以通过三种方法改变计量单位和计量基础。

(1) 改进会计计量单位，用不变购买力货币取代名义货币。这一会计模式计量基础仍为历史成本，只是计量单位为不变购买力货币。采用历史成本/不变购买力货币模式，也称一般物价水平会计模式，可以消除一般物价水平变动对会计的影响。

(2) 改变计量基础。即用现行价值（现行成本或重置成本）取代历史成本。这一会计模式的计量基础为现行成本，计量单位仍为名义货币，称为现行成本/名义货币模式，也称现行成本会计模式，可以消除个别物价变动对会计的影响。

(3) 同时改变计量单位和计量基础。以现行成本为计量基础，以不变购买力货币为计量单位，这类会计模式称为现行成本/不变购买力会计，可以同时消除一般物价水平变动和个别物价变动对会计的影响。

上述四种理论从不同角度阐述了物价变动会计的理论基础。成本补偿论主要着眼于成本和收益的确定；资本保全论主要着眼于净资产的计价；其实它们是一个事物的两个方面，成本补偿理论解决资金流量问题，资本保全理论解决资金存量问题，成本补偿不足，资本也难以保全；资本保全必须以成本足额补偿为前提。而配比理论实际上是成本合理补偿的另一种提法。计量选择理论与成本补偿理论、资本保全理论以及合理配比理论并不冲突，如果计量选择不当，就会导致成本补偿不足，资本不能保全，配比不合理，而如果计量选择适当，上述问题均可解决。

三、物价变动会计模式

由于历史成本会计模式在物价变动情况下存在上述局限性，会计理论界和实务界做了大量的研究。如何消除物价变动对会计的影响？归纳起来可以有以下两种办法：一是局部改革法，二是全面改革法，现分别阐述如下：

（一）局部改革法

为了弥补传统历史成本会计模式的不足，人们提出了许多建议，试图在不动摇历史成本会计基本框架的前提下作出局部的调整和改革。局部改革法不改变传统的历史成本会计模式，也无须改变现行的财务报表的内容，而只对个别项目采用某些特殊的会计方法（或程序),适当地提高成本和费用,以加快资本的补偿过程,从而减缓企业在物价变动中可能遭受的一部分损失。由于这些方法只能在一定程度上消除物价变动的影响,因而称之为局部改革法。

1. 对存货计价采用后进先出法

我们已经学过,存货计价的方法有先进先出法、后进先出法、加权平均法等。在物价持续上涨的情况下,如果存货的周转速度又较慢,采用先进先出法、加权平均法,便会发生用以前较低的成本与当前较高的收入相配比的情况,从而导致虚增利润,成本补偿不足,资本不能保全。存货计价的后进先出法,即将近期购入存货的成本与近期的收入相配比,可以增强当期成本与当期收入的配比性,使企业在物价上涨的情况下解决成本补偿不足的问题,并能比较真实地反映企业的经营成果。

然而,使用后进先出法偏重于收益表而忽视了资产负债表,使资产负债表上存货的价值不真实。在后进先出法下,由于期末存货以早期较低的成本计价,在物价上涨幅度较大时,与资产负债表日的存货成本有较大差异,从而使资产负债表上存货的价值与现实不符。因此,存货计价采用后进先出法,一方面缓解了利润不实的问题,但另一方面却加剧了资产负债表上资产信息的失真。

2. 对固定资产采用加速折旧法

固定资产加速折旧法的结果是在固定资产使用年限的早期,折旧费用较大,以后则逐年递减。很显然,使用固定资产加速折旧法,使固定资产使用的早期以较高的费用与收入进行配比,其目的是解决收益虚计的问题,但它没有解决固定资产使用后期收益虚计的问题。

总之,不论是存货计价采用后进先出法,或在计提折旧时采用加速折旧法,都能在一定程度上减缓物价变动的影响,但未能从根本上解决物价变动所产生的全部或主要问题。广义的物价变动会计虽可包括这一部分,但更确切地说,物价变动会计模式主要指对整个会计计量结构的改变,即全面改革法。

(二)全面改革法

全面改革法是针对如何全面反映或消除物价变动对会计的影响,而构建的一系列物价变动会计模式。目前许多西方国家的会计界,根据本国物价变动的情况和特点,摸索或采用了不同的程序和方法,但归纳起来,主要有一般物价水平会计模式、现行成本会计模式、现行成本/一般物价水平会计模式三种会计模式。这里仅介绍三种模式的基本理论,有关三种会计模式的程序和方法将在第三、四、五节分别讨论。

1. 一般物价水平会计模式

一般物价水平会计模式,也称不变购买力会计模式,或称历史成本/不变购买力会计模式。该模式仍然保持传统的历史成本会计模式,但对财务报表的计量单位采用不变购买力货币来取代名义货币,即在保持计价基础(例如历史成本)一致的同时,保持计量的货币单位一致。

这种模式关注货币价值的上下波动,认为历史成本计量本身没有什么缺陷,问题在于需要一个稳定的、可比的会计计量单位,因而仍坚持历史成本计量,以一定的不变购买力货币来取代名义币值。已发生变动的历史成本,通常用一般物价指数调整。因为货币的购买力的变化是通过物价的一般变动反映出来的,而物价的一般变动可用一般物价指数来表示。

具体做法是通过某一种物价指数把财务报表上的各个项目的历史成本金额换算为不变购买力金额，即以某一年度的货币购买力为基准的共同价格金额。因此这种方法调整的只是企业的财务报表，而与企业的日常会计处理无关。

2. 现行成本会计模式

现行成本会计模式，或重置成本会计模式，也称现行成本/名义货币会计模式。此模式放弃历史成本，以现行成本（重置成本）为计量基础，但计量单位不改变，仍采用名义货币，即采用不同时期发生或形成的货币。[①]

该模式关注具体资产价值的变化。在物价变动情况下，价格是多变的，而财务报表的使用者最关心的是企业持有资产的现行成本而不是历史成本。在物价变动剧烈情况下，历史成本与现行成本相差很大，因而主张采用现行成本来取代历史成本为基础的会计模式，从而改变收益确定的程序。在现行成本会计模式下，企业的净收益由经营收益和资产持有的利得组成，并且把利得（包括已实现的和未实现的）与经营收益区分开。

3. 现行成本/一般物价水平会计模式

现行成本/一般物价水平会计模式以现行成本为计量基础，且以不变购买力货币为计量单位，既改变计量基础，又改变了计量单位。该模式是现行成本/名义货币模式和历史成本/一般物价水平模式综合的结果。

该模式并不否定现行成本/名义货币模式，只是认为现行成本/名义货币模式没有考虑到货币购买力的变动，并不能完全消除物价变动的影响。现行成本/一般物价水平模式的设想是为了全面反映并消除物价变动的影响，认为既要改变计量单位，又要改变计量基础，这样，才能反映企业的经济资源、获利能力和现金流动的真实变化。例如，持有有价证券20 000元，年末其现行价格上涨为28 000元，在现行成本会计模式下，确认未实现持有利得8 000（28 000－20 000），但如该年度一般物价指数为180，则实际上持有该项有价证券承受一般购买力损失16 000元（20 000×1.8－20 000）。因此，财务报表上反映扣除通货膨胀因素（一般购买力）影响后的资产持有损失8 000（16 000－8 000），才是恰当的。

第三节　一般物价水平会计

如前所述，一般物价水平会计是在历史成本/名义货币会计模式的基础上，借助一定的物价指数，将按历史成本/名义货币编制的会计报表中代表不同时期和时点购买力的名义货币调整为不变购买力货币单位，并解释货币性项目购买力损益的会计程序和方法，也就是说，采用一般物价水平会计模式，仍然保留传统历史成本会计核算体系，日常会计处理仍然遵循传统的历史成本会计程序，所不同的是在会计期末进行某些调整。因此，也可以把一般物价水平会计程序和方法理解成对传统历史成本会计报表调整的程序和方法。

---

① 现行成本可以指现有资产的重置成本，或可变现净值，还可以定义为未来现金流量的折现值。本书以重置成本为现行成本。

一、一般物价水平会计的程序和方法

按照一般物价水平会计的要求，运用一般物价水平会计的程序是：① 划分货币性项目和非货币性项目；② 按不变购买力货币对历史成本/名义货币财务报表中各项目进行重新表述；③ 计算货币性项目的购买力损益；④ 编制调整后的会计报表。现分别进行阐述。

（一）划分货币性项目和非货币性项目

货币性项目和非货币性项目承受的物价水平变动影响不同。货币性项目，无论个别物价水平还是一般物价水平变动，其名义货币金额是固定不变的，但若用不变购买力货币来表达，货币的价值则是变化的。非货币性项目名义货币金额随着物价水平的变动而变动。因而，一般物价水平会计首先将会计报表项目区分为货币性项目与非货币性项目两类，以便正确运用一般物价指数调整相关项目，并计算货币性项目净额上的购买力损益。

1. 货币性项目

所谓货币性项目，是指在一般物价水平变动时，其以名义货币表示的金额固定不变，只是实际购买力发生变动的项目。货币性的资产是指企业拥有的现金和其他金额固定的债权，其中金额固定的债权是指企业只拥有收回货币的权力，而不能控制货币购买力变化的各项应收款项。货币性资产因一般物价水平变动，其实际购买力也随之发生变动。例如，年初持有现金 10 000 元，一般物价指数为 100；年末也是 10 000 元，一般物价指数为 400，则年末的 10 000 元的购买力仅相当于年初的四分之一，即相当于年初的 2 500 元。货币性负债是指企业承担的金额固定的负债。货币性负债，在一般物价水平变动的情况下，名义货币金额固定，但实际购买力在发生变化。持有的货币性资产和货币性负债所产生的购买力损益正好相反，当一般物价水平上涨时，持有货币性资产会使企业蒙受购买力损失，而持有货币性负债则会给企业带来购买力利得（或收益）；在一般物价水平下跌时，货币性资产与货币性负债所产生的损益与物价上涨时则正好相反。

2. 非货币性项目

非货币性项目是指在一般物价水平发生变动时，其名义货币金额不是固定不变，而是随着一般物价水平的上涨而提高，随着一般物价水平的下跌而降低的项目。在物价变动时期，非货币性项目不会发生购买力损益，但名义货币金额总是随着一般物价水平的上涨而提高，随着一般物价水平的下跌而降低，所以，年末应对非货币性项目按一般物价水平进行数据调整，使其金额与物价变动水平相一致。非货币性项目也可分为非货币性资产和非货币性负债两类。

根据以上定义，货币性项目与非货币性项目的具体划分如表 9－2 所示。

应当指出，在实务中精确地区分货币性项目与非货币性项目并不是那么简单的，因为有些资产和负债可能既有货币性项目的特点又有非货币性项目的特点，而且理论界在此问题上仍存在着争议。货币性项目的定义隐含名义货币可能有不同的固定程度。什么样的固定程度才能被合理地划分为货币性项目呢？这需要进行职业判断才能做出决定。例如外币、外币要求权及外币付款义务既可按货币性项目进行解释，也可按非货币性项目进行解释。如果将其视为商品，它们就是非货币性项目，因为商品的价格可能是波动的。如果将其视为类似本币的项目，它们就是货币性项目。更进一步说，如果它们在历史成本报表中以结账日的外汇汇率（现行汇率）表述，它们就应该被归为货币性项目；如果它们在历史成本报表中以历史汇率表述,它们就应该被划分为非货币性项目。

表 9-2　货币性项目与非货币性项目的分类

项　目	货币性项目	非货币性项目
资　产:		
货币资金	√	
交易性金融资产		
股　票		√
债券(除了可转换债券)	√	
可转换债券(在可转换之前,表示固定货币数额的要求权)	√	
应收票据、应收账款、坏账准备	√	
预付账款		
合同付款		√
非合同付款	√	
其他应收款	√	
存　货		
根据固定合同生产并按合同价结算的部分	√	
其他存货		√
可供出售的金融资产		
股　票		√
债券(除了可转换债券)	√	
可转换债券(在可转换之前,表示固定货币数额的要求权)	√	
持有至到期投资	√	
长期应收款	√	
长期股权投资		√
投资性房地产		√
固定资产、在建工程、工程物资、固定资产清理		√
无形资产		√
研发支出		√
商　誉		√
长期待摊费用		√
递延所得税资产		√
其他非流动资产		√
负　债:		
短期借款	√	

续 表

项目	货币性项目	非货币性项目
交易性金融负债	√	
应付账款、应付票据	√	
预收账款		
合同收款		√
非合同收款	√	
应付职工薪酬	√	
应交税金、应付股利、应付利息	√	
其他应付款	√	
长期借款	√	
应付债券	√	
长期应付款、专项应付款	√	
预计负债		
保修义务预计		√
其他预计	√	
递延所得税负债		√
所有者权益：		
股本、资本公积、库存股、盈余公积、未分配利润		√

（二）按不变购买力货币对历史成本/名义货币财务报表中各项目进行重新表述

一般物价水平会计要求对历史成本/名义货币财务报表中的金额按不变购买力货币重新表述。前已述及，一般是按一般物价指数进行调整的，但在一个会计年度，一般物价指数通常有年初物价指数、年末物价指数和年度平均物价指数的区别。同时，由于对比的需要，物价指数又可分为基期物价指数和报告期物价指数两类。不过由于会计信息使用者所关心的往往是企业当前的财务状况和经营成果，因此，通常以当期期末的货币购买力作为不变购买力货币单位进行会计计量。这样对报表日的货币性项目金额不必重新表述，而报表日的非货币性项目和非报表日的货币性及非货币性项目金额都必须进行重新表述。

由于货币购买力与一般物价水平呈反方向变化：货币购买力上升时，一般物价水平下降；相反，货币购买力下降时，一般物价水平上升。因此，如果以某一时点或时期的物价指数作为参照物（基期物价指数），就能测定其他时点或时期货币购买力情况，进而推知有关会计数据受一般物价水平变动影响的程度，并以此对其进行调整。其计算公式如下：

$$\text{调整后的金额}=\text{以名义货币表示的金额}\times\frac{\text{报告期一般物价指数}}{\text{基期一般物价指数}}$$

通过这样的调整，就能将原来以不同购买力名义货币表示的历史成本/名义货币财务报表项目统一为以报告期币值表示的金额，从而解决了物价变动情况下传统会计模式计量单位不一致的问题，并揭示了一般物价水平变动对传统会计的影响。下面分别说明资产负债表和收益及留存收益表各项目的调整程序和方法。

1. 资产负债表项目的调整

(1) 货币性项目。货币性项目年初数是按照具有年初购买力的货币表述的，因此应调整为按年末购买力货币单位计量的金额，使用的计算公式为：

$$调整后的金额=以名义货币表示的金额\times\frac{年末一般物价指数}{年初一般物价指数}$$

货币性项目年末数已经按年末购买力的货币表述，无需再调整。

(2) 非货币性项目。历史成本/名义货币会计模式下，非货币性项目年初数是按照具有非货币性项目取得日购买力的货币表述的，应调整为按年末购买力货币单位计量的金额；非货币性项目的年末数，除了已采用可变现净值和市场价值计量而不需要重述的外，均应调整为按具有年末购买力的货币单位计量的金额，使用的计算公式为：

$$调整后的金额=以名义货币表示的金额\times\frac{年末一般物价指数}{某项目形成或取得时的一般物价指数}$$

这里需要作特别说明的是：

① 对存货项目的调整也应该考虑其取得的时间，由于存货周转的频繁，这不仅与存货具体的取得时间相关，还会涉及存货的发出计价方式，所以在实际工作中需要有一定的存货流动假设。例如存货发出计价采用先进先出法时，应假定年末存货的进货日期是存货取得的最近月份；反之，如果企业存货计价采用后进先出法时，应假定年末存货的进货日期是存货取得的最早月份。所以，在上述计算公式中物价指数的选定应与存货的流转方式假设一致。

② 留存收益项目调整后的金额是资产负债表的平衡数，计算公式为：

$$调整后的留存收益=\underset{资产合计数}{调整后}-\underset{负债合计数}{调整后}-\underset{资本投入数}{调整后}$$

2. 收益及留存收益表项目的调整

一般假定营业收入、营业费用(不包括固定资产折旧费用和无形资产摊销)和营业成本以及所得税费用是在年内均衡发生的，故采用全年平均物价指数进行调整。对于收益及留存收益表中的折旧费、无形资产摊销费与销货成本的调整，应与资产负债表中固定资产、无形资产和存货在调整上保持一致性，以有关的固定资产、无形资产取得时的物价指数为基础确定调整系数。对销货成本的调整，要考虑期初存货成本、本期购货成本和期末存货成本。存货发出计价采用先进先出法的情况下，期初存货成本可根据上年末的物价指数进行调整；本期购货成本可采用全年平均物价指数进行调整；期末存货可按年末物价指数进行调整，销货成本的调整额则应在上述各项调整后金额的基础上计算而来。

【例 9-2】 某公司 20×8 年 12 月 15 日购入一批机器设备，价值 100 万元，本年度对该设备计提 10 万元累计折旧，该公司本年度未发生其他固定资产购入事项。按先进先出法计算存货成本，期初存货成本为 10 万元，期末存货成本为 20 万元，本期购入存货 30 万元。固定资产购入时物价指数为 100，20×9 年，期初物价指数为 100，期末物价指数为 150，全年平均物价指数为120。

(1) 对固定资产的调整计算过程如下：

机器设备账面余额调整后金额：100×150/100＝150万元

累计折旧调整后金额：10×150/100＝15万元

设备账面净值调整后金额：90×150/100＝135万元

(2) 调整后存货的金额为：20×150/150＝20万元

(3) 调整后销货成本的金额为：

10×150/100＋30×150/120－20×150/150＝15＋37.5－20＝32.5万元

(三) 计算货币性项目的购买力损益

在一般物价水平变动的情况下，货币性项目的名义货币金额固定，但实际购买力在发生变化。在资产与负债没有与物价水平挂钩的情况下，当一般物价水平上涨时，持有货币性资产会使企业蒙受购买力损失，而持有货币性负债则会给企业带来购买力利得(或收益)，持有货币性资产大于货币性负债的企业会产生购买力损失；反之，会产生货币性项目的购买力利得。在一般物价水平下跌时，货币性资产与货币性负债所产生的损益与物价上涨时正好相反，持有货币性资产大于货币性负债的企业会产生货币性项目的购买力利得；反之，会产生货币性项目的购买力损失。

在这里，货币性项目的购买力损益可以有两种计算方法：

一是分别计算持有货币性资产而发生的购买力损益和持有货币性负债而发生的购买力损益，然后两者相抵即可得出货币性项目购买力损益的大小；

二是先算出货币性项目净额，然后按照净额来确定购买力损益的大小，计算过程如下：

$$\begin{matrix}\text{货币性项目净额}\\\text{上的购买力损益}\end{matrix}=\begin{matrix}\text{期末实际持有的}\\\text{货币性项目净额}\end{matrix}-\begin{matrix}\text{期末应当持有的}\\\text{货币性项目净额}\end{matrix}$$

其中，“期末实际持有的货币性项目净额”为年末资产负债表中货币性项目净额，可以根据年末资产负债表中有关项目计算得出；“期末应当持有的货币性项目净额”的计算方法如下：

$$\begin{matrix}\text{期末应当持}\\\text{有的货币性}\\\text{项目净额}\end{matrix}=\begin{matrix}\text{以年末货币表}\\\text{述的年初货币}\\\text{性项目净额}\end{matrix}+\begin{matrix}\text{以年末货币表述}\\\text{的年内货币性项}\\\text{目增加额}\end{matrix}-\begin{matrix}\text{以年末货币表}\\\text{述的年内货币}\\\text{性项目减少额}\end{matrix}$$

$$\begin{matrix}\text{以年末货币表}\\\text{述的年内货币}\\\text{性项目增加额}\end{matrix}=\begin{matrix}\text{年内货币性}\\\text{项目增加额}\end{matrix}\times\frac{\text{年末物价指数}}{\text{年内平均物价指数}}$$

$$\begin{matrix}\text{以年末货币表}\\\text{述的年内货币}\\\text{性项目减少额}\end{matrix}=\begin{matrix}\text{年内货币性}\\\text{项目减少额}\end{matrix}\times\frac{\text{年末物价指数}}{\text{年内平均物价指数}}$$

【例9-3】 某公司本期持有货币性项目的情况如下：期初货币性资产为20万元，货币性负债为10万元；该公司本年度全年取得的货币性营业收入为60万元，发生的购买成本和营业费用等货币性支出为30万元，于全年均匀发生；期末的货币性资产为60万元，货币性负债为20万元。本年度年初的一般物价指数为100，全年平均物价指数为150，年末物价指数为 180。

调整计算货币性项目购买力损益的基本过程如表 9－3 所示。

表 9－3　货币性项目购买力损益计算表

单位：元

项　目	未调整前数额	调整系数	调整后金额
期初货币性资产	200 000	180/100	360 000
减：期初货币性负债	100 000	180/100	180 000
期初货币性资产净额	100 000	180/100	180 000
加：本期货币性收入	600 000	180/150	720 000
减：本期货币性费用	300 000	180/150	360 000
期末货币性资产净额	400 000		540 000
本期货币性项目购买力损益＝540 000－400 000＝140 000(损失)			

（四）编制调整后的会计报表

通常是根据货币性项目、非货币性项目的调整以及货币性项目购买力损益的计算结果来编制一般物价水平会计报表，从而将历史成本/名义货币会计模式下的财务报表调整为历史成本/不变币值会计模式（也就是一般物价水平会计）下的财务报表。

二、一般物价水平会计例释

【例 9－4】　甲公司 20×9 年 12 月 31 的资产负债表及 20×9 年度的收益及留存收益表如表 9－4、表 9－5 所示。20×9 年年初的一般物价指数为 100，全年平均为 120，年末的一般物价指数为 150。要求公司年末根据相关资料对资产负债表、收益及留存收益表按一般物价指数进行调整。

表 9－4　资产负债表

20×9 年 12 月 31 日　　　　单位：元

项　目	年初数	年末数	项　目	年初数	年末数
货币资金	100 000	140 000	应付账款	0	100 000
应收账款	0	80 000	长期借款	100 000	100 000
存　货	60 000	80 000	股　本	100 000	100 000
固定资产原值	60 000	60 000	留存收益	20 000	50 000
减：累计折旧	0	10 000			
固定资产净值	60 000	50 000			
资产合计	220 000	350 000	负债与所有者权益合计	220 000	350 000

表 9-5 收益及留存收益表

20×9 年度 单位：元

项 目	本期发生数额
销货收入	200 000
减：销货成本	120 000
折旧费用	10 000
销售费用	20 000
利润总额	50 000
减：所得税	10 000
净利润	40 000
加：期初留存收益	20 000
可供分配利润	60 000
减：现金股利	10 000
留存收益	50 000

其他资料如下：

1. 固定资产为 20×8 年年末投入，20×9 年开始使用，按 6 年直线法计提折旧，无净残值。

2. 普通股于 20×3 年初发行，发行时的物价指数为 100。

3. 存货为均匀购入，采用先进先出法计价。

4. 收入、费用在年度内均匀发生，现金股利在年末发放。

要求根据以上资料，按一般物价指数对上述报表进行调整。

(一) 资产负债表项目的调整

1. 货币性项目

根据一般物价指数对货币性项目进行调整，调整情况如表 9-6 所示。

表 9-6 货币性项目调整表

单位：元

项 目	期初数			期末数		
	调整前金额	调整系数	调整后金额	调整前金额	调整系数	调整后金额
资 产：						
货币资金	100 000	150/100	150 000	140 000	150/150	140 000
应收账款	0	150/100	0	80 000	150/150	80 000
负 债：						
应付账款	0	150/100	0	100 000	150/150	100 000
长期借款	100 000	150/100	150 000	100 000	150/150	100 000

2. 非货币性项目

根据一般物价指数对非货币性项目进行调整，调整情况如表 9－7 所示。

表 9－7　非货币性项目调整表

单位：元

项　目	期初数			期末数		
	调整前金额	调整系数	调整后金额	调整前金额	调整系数	调整后金额
存　货	60 000	150/100	90 000	80 000	150/120	100 000
固定资产原值	60 000	150/100	90 000	60 000	150/100	90 000
减：累计折旧	0	150/100	0	10 000	150/100	15 000
固定资产净值	60 000		90 000	50 000	150/100	75 000
股　本	100 000	150/100	150 000	100 000	150/100	150 000
留存收益	20 000		30 000	50 000		45 000

（二）收益及留存收益表项目的调整

根据一般物价指数对收益及留存收益表项目进行调整，调整情况如表 9－8 所示。

表 9－8　收益及留存收益表项目调整表

单位：元

项　目	调整前历史成本	调整系数	调整后金额
销货收入	200 000	150/120	250 000
销货成本	120 000		165 000
年初部分	60 000	150/100	90 000
本年部分	60 000	150/120	75 000
折旧费用	10 000	150/100	15 000
销售费用	20 000	150/120	25 000
所得税	10 000	150/120	12 500
现金股利	10 000	150/150	10 000

（三）计算货币性项目购买力损益，如表 9－9 所示。

表 9－9　货币性项目购买力损益计算表

单位：元

项　目	原始成本	调整系数	调整后金额
1. 期初货币性项目净额	0	150/100	0
货币资金	100 000	150/100	150 000
长期借款	100 000	150/100	(150 000)

续 表

项　　目	原始成本	调整系数	调整后金额
2. 加：本期货币性项目增加			
销货收入	200 000	150/120	250 000
3. 减：本期货币性项目减少			
购货成本	140 000	150/120	(175 000)
销售费用	20 000	150/120	(25 000)
所得税	10 000	150/120	(12 500)
现金股利	10 000	150/150	(10 000)
货币性项目净额	20 000		27 500
货币性项目购买力损益	27 500—20 000＝7 500(损失)		

由以上的计算结果可知,甲公司货币性项目净额上的购买力损益为损失 7 500 元。

(四) 编制按一般物价指数调整后的会计报表

经过上述调整后,我们可以为甲公司编制以不变购买力货币单位表述的财务报表,如表 9-10、表 9-11 所示。

表 9-10　收益及留存收益表

20×9 年度　　　　单位：元

项　　目	本期发生数额
销货收入	250 000
减：销货成本	165 000
折旧费用	15 000
销售费用	25 000
利润总额	45 000
减：所得税	12 500
净利润	32 500
加：货币购买力损益	(7 500)
不变购买力净损益	25 000
加：期初留存收益	30 000
可供分配利润	55 000
减：现金股利	10 000
期末留存收益	45 000

表 9-11　资产负债表

20×9 年 12 月 31 日　　　　单位：元

项　目	年初数	年末数	项　目	年初数	年末数
货币资金	150 000	140 000	应付账款	0	100 000
应收账款	0	80 000	长期借款	150 000	100 000
存　货	90 000	100 000	股　本	150 000	150 000
固定资产原值	90 000	90 000	留存收益	30 000	45 000
减：累计折旧	0	15 000			
固定资产净值	90 000	75 000			
资产合计	330 000	395 000	负债与所有者权益合计	330 000	395 000

三、对一般物价水平会计的评价

一般物价水平会计是否具有相关性一直存在着争议。在此，我们介绍理论界和实务界支持及反对一般物价水平会计的理由。

（一）支持一般物价水平会计的理由

（1）可以消除一般物价变动对会计的影响。采用不变购买力货币单位，一般物价水平会计解决了不同购买力货币单位表示的收入和费用的配比问题，从而消除了一般物价水平变动对会计的影响，体现了通货膨胀对利润的影响，从而使投资报酬率更符合实际。

（2）增强了会计信息的可比性和可靠性。用一般物价水平货币作为计量单位，使不同企业的财务报告数据具有可比性，在一定程度上能够消除不同时点形成的会计信息的价值的不可比；这种模式保留了历史成本计量属性，提供的会计信息相对可靠且能验证。

（3）一般物价水平会计对管理层的评估和使用资产提供了信息。持有的货币性项目的一般物价水平损失反映了管理层对通货膨胀的态度。重新表述的非货币性项目接近需要重置这些资产所需要的购买力。

（4）会计处理简便易行。一般物价水平会计不改变企业日常的会计处理，仅仅按照一般物价指数调整会计报表数据，而且一般物价指数也比较容易收集，因此会计处理简便易行。

（二）反对一般物价水平会计的理由

（1）仅仅考虑了物价水平一般程度上的变化而没有考虑特定物价水平的变化，不能确切地反映企业真实的财务状况和经营成果。市场物价变动是由多种因素引起的，导致一般物价水平的变动与个别物价水平的变动很难一致。所以用一般物价指数进行调整，不能反映企业某类资产或劳务的价格的变动，即个别物价水平的变动，而这正是企业所关心的。同时通货膨胀对不同的公司的影响并不相同，运用统一的一般物价指数进行重述，一般物价水平会计可能会歪曲正常收益。

（2）货币性项目购买力净损益的确认，易造成误解。通过这种模式计算出来的货币性项目购买力净损益，只是一种计算上的差额。在通货膨胀的情况下，如果企业持有大量负债，则会产生巨额的购买力利得，会给人一种盈利状况很好的感觉，即使该企业濒临破产；如果企业持有大量货币性资产，则会产生较多的货币购买力损失，这和企业真实的财务状况和经营成果是不一致的。

(3) 物价指数的可信性不足。世界上大多数国家选用消费物价指数来衡量一般物价水平。这种物价指数的编制方法存在以下问题：① 选择样本是否具有代表性，值得怀疑；② 有些项目采用的是牌价，而不是成交价，二者的差别往往很大；③ 计算指数所用的权数往往不能及时调整，或者调整得不得当；④ 对商品和劳务的质量变化对价格的影响往往不予剔除。

第四节　现行成本会计

现行成本会计模式以现行成本取代了历史成本计量基础，因此，企业会计人员要根据资产的现行成本对资产的计价基础进行调整，在这个基础上确定对资产的持有损益，最终再以财务报表中的现行收入与产生该收入耗费的现行成本相配比，确定当期损益。对资产的持有损益的处理有两种方法，财务资产保全观念认为应该将资产的持有损益计入损益表，实物资本保全观念认为应该将其作为“资本保全调整”项目列入资产负债表的所有者权益项目。但无论怎样处理资产的持有损益，现行成本会计的处理程序一般包括：① 确定各项资产的现行成本；② 确定资产的持有损益(现行成本变动)；③ 按现行成本调整财务数据；④ 按现行成本重新编制财务报表。

一、现行成本会计的程序和方法

(一) 现行成本的确定

具体来说，现行成本包括公允价值、未来现金流量现值、可变现净值和重置成本等几种形式。公允价值，是指在公平交易中，熟悉情况的交易双方自愿进行资产交换或者债务清偿的金额。但是，除了在拍卖市场上进行交易的一些证券和原材料等项目外，公允价值一般是很难直接获取的。未来现金流量净现值常常被看做是公允价值的理想替代物，因为在完善的市场上，资产的价值是由其创造未来现金的能力决定的。有些项目如出租的房屋，很容易预计到其未来的现金流量，但是也有其他一些资产项目如机器设备，尤其是作为一个生产系统不可分割的一部分的资产，其现金流量是很难确定的。可变现净值是一种“脱手价值”，是指在正常生产经营过程中，以预计售价减去进一步加工成本和预计销售费用以及相关税费后的净值。重置成本是指为了维持企业真实的生产能力，重新购买或重新生产某项资产的成本。重置成本可分为现行重置成本和现行再生产成本，现行重置成本是按当时的市场条件，重新取得同样一项资产所需支付的现金或现金等价物；现行再生产成本是以当前市场价格为标准，制造该资产所需要的原材料、人工及制造费用的金额。当所重估的资产可以从市场上取得时，可使用现行重置成本；对于市场上没有同类产品的自制资产，一般使用现行再生产成本。

西方的现行成本会计模式中确定现行成本的程序如下：首先比较资产的可变现净值和未来现金流量净现值，两者中取较高者，从而确定可收回价值；然后比较可收回价值和重置成本孰低，从而确定现行成本。

(二) 确定资产的持有损益

所谓资产的持有损益，是指由于物价变动而形成的资产的现行成本与历史成本的差异。如果资产现行成本大于历史成本，则其差异为持有利得，反之，则为持有损失。在持有期间资产的入账价值会发生变化。

1. 持有损益的计算

资产的持有损益可以被划分为已实现持有损益和未实现持有损益。

(1) 已实现持有损益。已实现持有损益是指已经被消耗资产的现行成本与历史成本的差额，主要包括已销售了的存货上的持有损益和当期进行摊销的资产在当期现行成本摊销额中的持有损益，具体计算方法如下：

$$\begin{matrix}\text{存货上的已实}\\\text{现持有损益}\end{matrix}=\begin{matrix}\text{现行成本}\\\text{销货成本}\end{matrix}-\begin{matrix}\text{历史成本}\\\text{销货成本}\end{matrix}$$

其中，$$\begin{matrix}\text{销货成本的现}\\\text{行成本}\end{matrix}=\begin{matrix}\text{销售时存货的单位}\\\text{现行成本}\end{matrix}\times\begin{matrix}\text{当期销售}\\\text{存货的件数}\end{matrix}$$

$$\begin{matrix}\text{固定资产上的已实}\\\text{现持有损益}\end{matrix}=\begin{matrix}\text{现行成本基}\\\text{础的折旧费}\end{matrix}-\begin{matrix}\text{历史成本基础}\\\text{的折旧费}\end{matrix}$$

其中，$$\begin{matrix}\text{现行成本折旧}\\\text{费的计提基础}\end{matrix}=\left(\begin{matrix}\text{期初固定资产}\\\text{的现行成本}\end{matrix}+\begin{matrix}\text{期末固定资产}\\\text{的现行成本}\end{matrix}\right)\div 2$$

$$\begin{matrix}\text{无形资产上的已实}\\\text{现持有损益}\end{matrix}=\begin{matrix}\text{现行成本基}\\\text{础的摊销额}\end{matrix}-\begin{matrix}\text{历史成本基础}\\\text{的摊销额}\end{matrix}$$

(2) 未实现持有损益。未实现持有损益是指期末仍持有资产的现行成本与历史成本的差额，主要产生于存货、固定资产等非货币性资产，具体计算方法如下：

$$\begin{matrix}\text{存货上的未实现}\\\text{持有损益}\end{matrix}=\begin{matrix}\text{期末存货的}\\\text{现行成本}\end{matrix}-\begin{matrix}\text{期末存货的}\\\text{历史成本}\end{matrix}$$

$$\begin{matrix}\text{固定资产上的未实现}\\\text{持有损益}\end{matrix}=\begin{matrix}\text{固定资产现行}\\\text{完全重置成本}\end{matrix}-\begin{matrix}\text{固定资产}\\\text{原始成本}\end{matrix}-\begin{matrix}\text{卷入}\\\text{折旧}\end{matrix}$$

卷入折旧也称增补折旧(make-up depreciation)或储备折旧(back-log depreciation)，是指按固定资产期末的现行成本计算的折旧额与按固定资产期初期末现行成本加权平均计算的折旧额之间的差额。折旧费用按重置成本确定，重置成本的多数支持者认为，如果重置成本在资产的寿命期限内持续增加，就有必要增加当前费用，列为卷入折旧。

2. 资产持有损益的会计处理

由于资本保持观念的不同，对资产持有损益的会计处理存在着差异。

(1) 财务资本保全观念下资产持有损益的确认。在财务资本保全观念下，对现行成本变动的影响，在资产持有期间确认为当期损益，并对资产已实现持有损益和未实现持有损益区别对待，将未实现持有损益列入收益表，当有关资产转换或销售后，再将相应的未实现持有损益转为已实现持有损益，并将其列入收益表。

【例 9-5】 某公司期初购入存货 1 000 件，每件 50 元；本期以每件 60 元的价格销售该种存货 400 件，销售时该种存货的现行成本为每件 55 元；期末公司还持有该存货 600 件，每件现行成本 52 元。要求计算该公司存货的持有损益，并编制相关的会计分录。

已实现存货持有损益＝400×(55—50)＝2 000 元

未实现存货持有损益＝600×(52—50)＝1 200 元

存货持有损益＝400×(55—50)＋600×(52—50)＝3 200 元

编制会计分录如下：

借：存货　　1 200

　销货成本　　2 000

　贷：已实现持有损益　　2 000

　　未实现持有损益　　1 200

【例 9-6】 某公司 20×8 年年末购入一套生产设备，价格 100 000 元，该设备预计可使用年限 10 年，无预计净残值，按直线法计提折旧。本期对该设备计提折旧 10 000 元。20×9 年年末，该设备的重置成本为 120 000 元。要求计算该公司固定资产的持有损益，并编制相关的会计分录。

已实现固定资产持有损益＝(120 000＋100 000)÷2÷10－100 000/10＝1 000 元

未实现持有损益＝120 000－100 000－[120 000/10－(120 000＋100 000)÷2÷10]＝19 000 元

固定资产持有损益＝1 000＋19 000＝20 000 元

编制会计分录如下：

借：固定资产　　20 000

　贷：已实现持有损益　　1 000

　　未实现持有损益　　19 000

借：折旧费用　　1 000

　储备折旧费用　　1 000

　贷：累计折旧　　2 000

借：未实现持有损益　　1 000

　贷：已实现持有损益　　1 000

根据固定资产的特点，应将固定资产价格上升的金额部分视为持有损益；将已补提折旧部分视为已实现持有损益，未计提折旧部分视为未实现持有损益。

(2) 实物资本保全观念下资产持有损益的确认。在实物资本保全观念下，对现行成本变动的影响，在资产持有期间确认为“资本保全调整”，列入所有者权益项目。例 9-5、例 9-6 在实物资本保全观念下，应编制会计分录如下：

借：存货　　1 200

　销货成本　　2 000

　贷：资本保全调整　　3 200

借：固定资产　　　　　　　　　　　　　　　20 000

　贷：资本保全调整　　　　　　　　　　　　　　　20 000

借：折旧费用　　　　　　　　　　　　　　　2 000

　贷：累计折旧　　　　　　　　　　　　　　　　　2 000

（三）按现行成本调整财务数据

1. 资产负债表调整

前已述及，货币性项目与非货币性项目承受的物价水平变动影响不同。因此，对资产负债表项目的调整对货币性项目与非货币性项目应该区别对待。货币性项目的金额，不受个别物价变动的影响，按固定的金额表述，历史成本与现行成本没有差异，即其年初的历史成本就是年初的现行成本，年末的历史成本就是年末的现行成本。因此对货币性项目只需按其账面价值表述，不需作任何调整。非货币性项目直接受个别物价变动的影响，其历史成本是其形成时的或前一次调整时的现行成本；每一会计报告日，应当根据这些项目的市场情况确定其现行成本，并将其历史成本调整为现行成本。

普通股仍按历史成本表述，留存收益的现行成本运用资产负债表平衡原理倒轧得出。

2. 收益及留存收益表的调整

收益及留存收益表中的某些项目是按当前物价水平或接近于当前物价水平逐渐累积的，因此其历史成本与其现行成本极为接近。根据重要性原则和成本效益对比关系，对于这样的项目通常不予调整。这一类项目主要包括：销货收入、营业费用（折旧费除外）、所得税费用、现金股利。至于销货成本和折旧费，因其与特定的、较早取得的资产的历史成本相联系，因此与其当前的现行成本相差甚远，其现行成本需要根据相应资产的现行成本计算确定，并进行调整。

（四）编制按现行成本计价的财务报表

按现行成本调整的报表的编制与前述一般物价水平会计的区别在于：它需要先按现行成本对资产负债表项目涉及的账户进行调整，使其账面价值与现行成本趋于一致，然后再按调整后的各账户余额编制资产负债表，按计算过的资产持有损益编制收益及留存收益表。

二、现行成本会计例释

【例 9－7】 假设甲公司 20×9 年 12 月 31 日的资产负债表、收益及留存收益表如表 9－4、表 9－5 所示。其他资料如下：

(1) 甲公司 20×9 年年初购入存货 10 000 件，成本 140 000 元；该公司在年中销售了成本为 120 000 万元的存货，当时该存货的重置成本为 130 000 元。20×9 年 12 月 31 日该公司期末存货的现行成本为 85 000 元。

(2) 固定资产系甲公司 20×8 年底以 60 000 元的价格购入的，该资产预计使用年限为 6 年，无净残值，20×9 年的折旧费用在年末一次性计提。20×9 年 12 月 31 号，该项资产的重置成本为 72 000 元。

要求编制甲公司 20×9 年年末按现行成本调整后的会计报表。

根据上述资料，按照财务资本保持观念，作出账务处理如下。

（一）计算确认资产持有损益，如表9-12所示

表9-12 资产持有损益计算表

单位：元

项目	已实现持有损益	未实现持有损益	合计
存货	130 000－120 000＝10 000	85 000－80 000＝5 000	15 000
固定资产	(72 000＋60 000)÷2÷6－60 000/6＝1 000	70 000－60 000－[72 000/6－(72 000＋60 000)÷2÷6]＝11 000	12 000
资产持有损益合计	11 000	16 000	27 000

编制会计分录如下：

借：存货　　5 000
　贷：未实现持有损益　　5 000

借：销售成本　　10 000
　贷：已实现持有损益　　10 000

借：固定资产　　12 000
　贷：未实现持有损益　　11 000
　　　已实现持有损益　　1 000

借：折旧费用　　1 000
　　储备折旧费用　　1 000
　贷：累计折旧　　2 000

借：未实现持有损益　　1 000
　贷：已实现持有损益　　1 000

（二）编制按现行成本调整后的资产负债表、收益及留存收益表，如表9-13、表9-14所示

表9-13 资产负债表

20×9年12月31日

单位：元

项目	年初数	年末数	项目	年初数	年末数
货币资金	100 000	140 000	应付账款	0	100 000
应收账款	0	80 000	长期借款	100 000	100 000
存货	60 000	85 000	股本	100 000	100 000
固定资产原值	60 000	72 000	留存收益	20 000	65 000
减：累计折旧	0	12 000			
固定资产净值	60 000	60 000			
资产合计	220 000	365 000	负债与所有者权益合计	220 000	365 000

表 9-14　收益及留存收益表

20×9 年度　　单位：元

项　目	本期发生数额
销货收入	200 000
减：销货成本	130 000
折旧费用	12 000
销售费用	20 000
利润总额	38 000
减：所得税	10 000
净利润	28 000
加：已实现持有损益	12 000
未实现持有损益	15 000
现行成本净利润	55 000
加：期初留存收益	20 000
可供分配利润	75 000
减：现金股利	10 000
期末留存收益	65 000

【例 9-8】 资料同例 9-7，按照实物资本保持观念作账务处理如下：

(一) 计算确认资产持有损益(如表 9-12 所示)

编制会计分录如下：

借：存货　　5 000
　贷：资本保全调整　　5 000

借：销售成本　　10 000
　贷：资本保全调整　　10 000

借：固定资产　　12 000
　贷：资本保全调整　　12 000

借：折旧费用　　1 000
　储备折旧费用　　1 000
　贷：累计折旧　　2 000

(二) 编制按现行成本调整后的资产负债表和收益及留存收益表(如表 9-15、表 9-16 所示)

表 9-15　资产负债表

20×9年12月31日　　单位：元

项　目	年初数	年末数	项　目	年初数	年末数
货币资金	100 000	140 000	应付账款	0	100 000
应收账款	0	80 000	长期借款	100 000	100 000
存　货	60 000	85 000	股　本	100 000	100 000
固定资产原值	60 000	72 000	资本保全调整		27 000
减：累计折旧	0	12 000	留存收益	20 000	38 000
固定资产净值	60 000	60 000			
资产合计	220 000	365 000	负债与所有者权益合计	220 000	365 000

表 9-16　收益及留存收益表

20×9年度　　单位：元

项　目	本期发生数额
销货收入	200 000
减：销货成本	130 000
折旧费用	12 000
销售费用	20 000
利润总额	38 000
减：所得税	10 000
净利润	28 000
加：期初留存收益	20 000
可供分配利润	48 000
减：现金股利	10 000
期末留存收益	38 000

三、对现行成本会计的评价

现行成本会计作为一种改变计量基础的方案，具有十分积极的意义和很大的实用价值，得到了理论界的肯定，但是其存在的缺陷，也使其遭受到了不少批评。在此，我们介绍理论界和实务界支持及反对现行成本会计的理由。

（一）支持现行成本会计的理由

（1）在现行成本会计模式下，销货收入和营业费用（不包括折旧费用）是在现行价格基础上形成的，销货成本和折旧费用是按现行成本重新计量的，因而二者配比之后能得到比较真实的经营业绩。区分当期经营业绩与资产的持有损益有利于客观地评价企业管理人员的工作业绩。

（2）增强了财务报表的可比性。把不同时点上取得的资产用现行成本来表示，使得企业实体资产自身的计价能够可比；将企业的成本、费用统一到现行价格水平上，与以现行价格计价的收入相配比，能够得到较为真实的经营业绩水平，有利于企业之间、企业不同时期财务数据间的对比。

(3) 可以维护企业的实际生产能力和产权资本。当期经营利润与实物保全观念下的收益相符合，即它是能够维持实物生产能力的最大可分配额。按实物资本保全理论构建的现行成本会计，以现行成本弥补了生产经营中消耗的资产价值，保证了实物资产更新的资金来源。即使在财务资本保全观念下，由于计算出了物价变动产生的资产持有损益，仍能够克服由于物价变动导致的利润分配不实，维护了企业的实际生产能力和产权资本。

(二) 反对现行成本会计的理由

(1) 现行成本难以确定，导致其应用比较困难。现行成本是建立在现行成本数据容易取得的假设之上的，现实中，现行成本需要以大量的物价资料为基础进行估计，而在这些资料的取得和处理过程中，又难免会掺入会计人员的主观意志，从而导致其应用困难。

(2) 不能反映一般物价水平的变动。现行成本会计并没有考虑到一般购买力的变动，不确认一般物价变动导致的货币性项目损益，因此不能完全反映或消除物价变动对会计信息的影响。

(3) 很难确切阐述“现行成本”的含义。为使用和销售而持有的资产在重置时到底是按等价物重置，还是按完全相同或新资产重置呢？现行成本的每个解释，即已用资产的重置成本、再生产成本和完全重置成本都可以找到反驳的理由。

第五节　现行成本/一般物价水平会计

现行成本/一般物价水平会计是以现行成本为计量属性，以不变购买力货币为计量单位，全面反映或消除物价变动对传统会计影响的会计程序和方法。现行成本/一般物价水平会计借助于一般物价水平会计和现行成本会计的某些构想，将两者的程序和方法融为一体。采用这种会计模式时，通常是在历史成本/名义货币财务报表的基础上重编现行成本/一般物价水平会计财务报表，因此也可以将其看做一种报告模式，只要在期末进行报表数据的调整即可。

一、现行成本/一般物价水平会计的程序和方法

现行成本/一般物价水平会计模式运作的基本机制仍然以历史成本基础的财务报表为调整对象，运用一般物价指数和相关的现行成本资料，重述财务报表。一般要经过以下两个步骤：① 运用现行成本会计模式的原理，把历史成本基础的会计报表转换成“现行成本/名义货币单位”计量的财务报表，确认资产的持有损益；② 运用一般物价指数把“现行成本/名义货币单位”计量的财务报表重述为“现行成本/不变购买力货币”计量的财务报表，计算货币性项目的购买力损益。这里，在计算“资产的持有损益及其变动”时，要剔除一般物价变动的影响。

二、现行成本/一般物价水平会计例释

【例 9-9】 甲公司20×9年末的资产负债表、收益及留存收益表如表9-4、表9-5所示,其他资料如下:

(1) 甲公司20×9年年初的一般物价指数为100,全年平均为120,年末的一般物价指数为150。

(2) 普通股于20×3年初发行,发行时的物价指数为100;现金股利在年末发放;所得税费用全年均匀发生。

(3) 甲公司20×9年年初购入存货10 000件,成本140 000元;该公司在年中销售了成本为120 000万元的存货,实现销售收入20 000元,发生销售费用20 000元,当时该存货的重置成本为130 000元,销售时的物价指数为120。20×4年12月31日该公司期末存货的现行成本为85 000元。存货成本采用先进先出法计算。

(4) 固定资产系20×8年底以60 000元的价格购入的,该资产预计使用年限为6年,无净残值,20×8年的折旧费用在年末一次性计提。20×9年12月31日,该项资产的重置成本为72 000元。

(一) 确定资产的持有损益(资本保全调整)

前已述及,资产的持有损益需要在确认了报告期末现行成本的基础上计算。具体计算过程与现行成本会计相同,资产的持有损益(或资本保全调整)为27 000元,详见表9-12。

(二) 按现行成本对历史成本/名义货币财务报表数据进行调整

其具体方法与现行成本会计相同。根据上述资料,需要调整的项目的现行成本为:

1. 资产负债表项目期末数调整

存货调整为:85 000元

固定资产(原值)调整为:72 000元

(净值)调整为:72 000−72 000/6=60 000元

累计折旧调整为:12 000元

2. 收益及留存收益表项目调整

销售成本调整为:130 000元

折旧费调整为:72 000/6=12 000元

(三) 编制现行成本会计报表

具体编制方法与现行成本会计相同。财务资本保全观念下,按现行成本调整后的资产负债表和收益及留存收益表分别见表9-13和表9-14,实物资本保全观念下,按现行成本调整后的资产负债表和收益及留存收益表分别见表9-15和表9-16。

(四) 运用一般物价指数对现行成本/名义货币会计报表进行调整

这里需要调整的是以现行成本为基础的比较资产负债表和收益及留存收益表。

1. 资产负债表项目的调整

在采用年末币值货币作为不变购买力货币的情况下,以现行成本为基础的资产负债表年末数的大部分项目已经调整为按年末货币表述的金额了,因此,不需要再进行调整;对于

按历史成本或混合成本表述的项目(如普通股、留存收益)则需要通过一般物价指数调整为按年末货币表述的金额。以年初现行成本列示的资产负债表年初数则必须通过一般物价指数进行调整。本例的调整结果如表 9-17 所示。

表 9-17　资产负债表项目的调整

项　目	期初数			期末数		
	调整前金额(元)	调整系数	调整后金额(元)	调整前金额(元)	调整系数	调整后金额(元)
资　产:						
货币资金	100 000	150/100	150 000	140 000	150/150	140 000
应收账款	0	150/100	0	80 000	150/150	80 000
存　货	60 000	150/100	90 000	85 000	150/150	85 000
固定资产原值	60 000	150/100	90 000	72 000	150/150	72 000
减:累计折旧	0	150/100	0	12 000	150/150	12 000
固定资产净值	60 000		90 000	60 000		60 000
负债及所有者权益:						
应付账款	0		0	100 000	150/150	100 000
长期借款	100 000	150/100	150 000	100 000	150/150	100 000
普通股	100 000	150/100	150 000	100 000	150/100	150 000
留存收益	20 000		30 000	65 000		15 000

注:留存收益=资产总额－负债总额－普通股

2. 收益及留存收益表项目的调整

收益及留存收益表的项目是在年内均衡发生的,可以理解为是以年平均币值货币表述的,而不变购买力货币为年末货币,所以对收益及留存收益表项目除在年末发生的以外都要调整为年末货币的购买力表示的金额。具体调整方法与一般物价水平会计相同。本例调整结果如表 9-18 所示。

表 9-18　收益及留存收益表的调整

项　目	调整前现行成本(元)	调整系数	调整后金额(元)
销货收入	200 000	150/120	250 000
销货成本	130 000	150/120	162 500
折旧费用	12 000	150/120	15 000
销售费用	20 000	150/120	25 000
所得税	10 000	150/120	12 500
现金股利	10 000	150/150	10 000

(五) 确定货币性项目净额的购买力损益

其具体计算方法与一般物价水平会计相同,本例中货币性项目金额上的购买力损益为

－7 500 元，详见表 9－9。

（六）确定剔除了一般物价水平变动影响的资产持有损益

根据上述调整结果，确定剔除了一般物价水平变动影响的资产持有损益如下：

存货：

未实现持有损益：85 000－80 000×150/120＝－15 000 元

已实现持有损益：162 500－60 000×150/100－60 000×150/120＝－2 500 元

固定资产：

未实现持有损益：60 000－50 000×150/100＝－15 000 元

已实现持有损益：18000－10 000×150/100＝3 000 元

（七）编制现行成本/一般物价水平会计报表

根据以上资料就可以编制现行成本/一般物价水平会计报表了。甲企业按现行成本/一般物价水平会计重编的资产负债表、收益及留存收益表如表 9－19、表 9－20 所示。

表 9－19　资产负债表

20×9 年 12 月 31 日　　　　单位：元

项　目	年初数	年末数	项　目	年初数	年末数
货币资金	150 000	140 000	应付账款	0	100 000
应收账款	0	80 000	长期借款	150 000	100 000
存　货	90 000	85 000	股　本	150 000	150 000
固定资产原值	90 000	72 000	留存收益	30 000	15 000
减：累计折旧	0	12 000			
固定资产净值	90 000	60 000			
资产合计	330 000	365 000	负债与所有者权益合计	330 000	365 000

三、对现行成本/一般物价水平会计的评价

现行成本/一般物价水平会计是一般物价水平会计与现行成本会计的结合，它综合了这两种会计模式的优点和缺点，具有十分积极的意义和很大的实用价值，得到了理论界的肯定，但是其存在的缺陷，也使其遭受到了不少批评。在此，我们介绍理论界和实务界支持及反对现行成本/一般物价水平会计的理由。

（一）支持现行成本/一般物价水平会计的理由

这种方法以现行成本作为计量属性，能保证企业有足够的资金重置所耗的资产以保持其经营实力；以一般购买力作为计量单位，又能保证会计报表的可比性。它既反映了货币性项目购买力变动净损益，又能反映非货币性资产的现行成本，可以同时反映一般物价水平变动和个别物价水平变动的影响，因而能全面消除物价变动对会计信息的影响。

（二）反对现行成本/一般物价水平会计的理由

这种方法同时包含了一般物价水平会计和现行成本会计的某些不足，如货币性项目

与非货币性项目的划分、各项资产现行成本确定有时比较困难。另外，该方法调整、重编会计报表工作繁琐且量大，所花费的成本过高，需要全面的会计资料和较高的专业水平。正因为如此，西方国家只有美国和加拿大的公认会计原则要求采用现行成本/一般物价水平会计模式。

表 9-20　收益及留存收益表

20×9 年度　　　　单位：元

项　目	本期发生数额
销货收入	250 000
减：销货成本	162 500
折旧费用	18 000
销售费用	25 000
利润总额	44 500
减：所得税	12 500
净利润	32 000
加：货币性项目购买力损益	(7 500)
已实现持有损益	500
未实现持有损益	(30 000)
现行成本净利润	(5 000)
加：期初留存收益	30 000
可供分配利润	25 000
减：现金股利	10 000
期末留存收益	15 000

第六节　我国恶性通货膨胀会计

一、恶性通货膨胀经济的判定

《中华人民共和国企业会计准则解释 2006》中指出，当一个国家经济环境显示出(但不局限于)以下特征时，应当判定该国处于恶性通货膨胀经济中：

(1) 三年累计通货膨胀率接近或超过 100%；

(2) 利率、工资和物价与物价指数挂钩，物价指数是物价变动趋势和幅度的相对数；

(3) 一般公众不是以当地货币、而是以相对稳定的外币为单位作为衡量货币金额的基础；

(4) 一般公众倾向于以非货币性资产或相对稳定的外币来保存自己的财富，持有的当地货币立即用于投资以保持购买力；

(5) 即使信用期限很短,赊销、赊购交易仍按补偿信用期预计购买力损失的价格成交。

二、运用一般物价指数重述财务报表

恶性通货膨胀经济中,企业应对资产负债表项目运用一般物价指数予以重述,对利润表项目运用一般物价指数变动予以重述。

(一) 资产负债表项目的重述

在对资产负债表项目进行重述时,由于现金、应收账款、其他应收款等货币性项目已经以资产负债表日的计量单位表述,因此不需要进行重述;通过协议与物价变动挂钩的资产和负债,应根据协议约定进行调整;非货币项目中,有些是以资产负债表日的计量单位列示的,如存货已经以可变现净值列示,不需要进行重述。其他非货币性项目,如固定资产、投资、无形资产等,应自购置日起以一般物价指数予以重述。

(二) 利润表项目的重述

在对利润表项目进行重述时,所有项目金额都需要自其初始确认之日起,以一般物价指数变动进行重述,以使利润表的所有项目都以资产负债表日的计量单位表述。由于上述重述而产生的差额计入当期净利润。

思考题

1. 简述物价变动对传统财务会计的冲击。
2. 简述财务资本保全及实物资本保全及其计量要求。
3. 简述物价变动会计的局部调整法和全面调整法。
4. 简述一般物价水平会计处理程序及其优缺点。
5. 简述现行成本会计处理程序及其优缺点。
6. 简述现行成本/一般物价水平会计处理程序及其优缺点。
7. 简述资产持有损益产生的原因及其种类。

本章相关的法规、制度

1.《财务会计准则公告第33号——财务报告与物价变动》,美国财务会计准则委员会,1979

2.《财务会计准则公告第89号——财务报告与物价变动》,美国财务会计准则委员会,1986

3.《国际会计准则第6号——会计对物价变动的反应》,国际会计准则委员会,1977

4.《国际会计准则第15号——反映物价变动影响的信息》,国际会计准则委员会,1981

5.《国际会计准则第29号——恶性通货膨胀经济中的财务报告》,国际会计准则委员会,1989

6.《企业会计准则第19号——外币折算》,中华人民共和国财政部,2006

练习题

一、单项选择题

1. 会计计量包括计量属性和计量单位两层含义。传统财务会计以名义货币为计量单位。实际上，以名义货币为计量单位是有条件的，即(　　)。

A. 假定币值不变　　B. 不存在现行成本

C. 物价持续下降　　D. 不实行物价变动会计

2. 在采用一般物价水平会计时，物价上升时期因持有货币性资产而损失的购买力与持有货币性负债而获得的购买力之差被称为(　　)。

A. 货币性项目购买力变动净损益　　B. 资产已实现的持有损益

C. 资产未实现的持有损益　　D. 资本保全调整

3. 在一般物价水平会计模式下，将历史成本报表上的所有成本换算为不变币值单位时需要采用换算系数。当对非货币性资产进行换算时，换算系数＝年末物价指数/(　　)。

A. 年初物价指数　　B. 购置时日的物价指数

C. 本期平均物价指数　　D. 本期期末物价指数

4. 采用一般物价水平会计模式，对年初的货币性项目需要按(　　)进行调整。

A. 年初一般物价指数　　B. 年末一般物价指数

C. 年度平均物价指数　　D. 现行一般物价指数

5. 可以充分全面地消除物价变动对会计信息影响的会计模式是(　　)。

A. 历史成本/名义货币会计模式　　B. 历史成本/不变币值会计模式

C. 现行成本/名义货币会计模式　　D. 现行成本/不变币值会计模式

6. 现行成本会计的计量基础和计量单位是(　　)。

A. 现行成本/名义货币　　B. 现行成本/不变币值

C. 历史成本/名义货币　　D. 历史成本/不变币值

7. 在采用现行成本/一般物价水平会计模式下，重编会计报表时需要计算(　　)。

A. 货币性项目购买力变动净损益　　B. 资产持有利得

C. 现行成本物价变动总额　　D. 非货币性项目购买力变动净损益

8. 一般物价水平会计的计量单位是(　　)。

A. 期末名义货币　　B. 以期末名义货币为等值货币

C. 期初名义货币　　D. 以期初名义货币为等值货币

二、多项选择题

1. 下列各项属于非货币性项目的有(　　)。

A. 存货　　B. 应付债券

C. 固定资产　　D. 盈余公积

E. 应收账款

2. 以下关于资本保全概念的说法中正确的有(　　)。

A. 资本保全是指企业在分派资本回报和进行资本返还时，不可以超过其所定义的资本

B. 资本保全有财务资本保全和实物资本保全

C. 财务资本保全指企业力求保全的是财务资本，与受托责任更相关

D. 实务资本保全指企业力求保全的是自身的生产能力，即强调重置经营性资产的能力的保持

E. 当今占主导地位的资本保全概念是财务资本保全概念

3. 根据不同的资本保全概念，在会计处理上有(　　)会计核算模式。

A. 历史成本/名义货币　　B. 历史成本/不变币值

C. 历史成本/历史币值　　D. 现行成本/名义货币

E. 现行成本/不变币值

4. 以下对一般物价水平会计的评价正确的是(　　)。

A. 改变了传统的历史成本计量基础

B. 简便易行，产生的结果比较容易理解

C. 不同企业之间的财务报表缺乏可比性

D. 只进行重新表述，而不进行重新计量，产生的结果缺乏决策相关性

E. 以下对于货币性项目和非货币性项目的分类带有主观随意性，造成财务报告的不可比

5. 对于现行成本会计的评价正确的有(　　)。

A. 现行成本会计反映了个别物价变动的影响，使得生成的会计信息更具有决策相关性

B. 单独反映现行成本的调整额，有利于揭示企业的资本保全情况

C. 可提高企业内部各分部经营利润的可比性

D. 过分依赖于企业管理层及会计人员的主观估计，缺乏可验证性

E. 有利于降低报表编制成本

6. 以下对于现行成本/一般物价水平会计的评价正确的有(　　)。

A. 现行成本/一般物价水平会计是对会计计量的全面改革，它克服了一般物价水平会计和现行成本会计的一些缺陷，但是不可避免地继承了两者的一些缺点

B. 现行成本/一般物价水平会计能更全面地消除物价变动对会计信息的影响

C. 简便易行，产生的结果比较容易理解

D. 在一定程度上增加了会计信息的决策相关性和可比性

E. 采用现行成本/一般物价水平会计的成本很高

三、业务核算题

1. 目的：掌握按一般物价指数对非货币性项目进行调整的方法

资料：宏凯公司 20×9 年 12 月 31 日固定资产的账面余额为 160 000 元，其购置期间为 20×7 年 100 000 元、20×8 年 40 000 元、20×9 年 20 000 元。在这三年期间一般物价指数的变动情况分别为：20×7 年 105，20×8 年 120，20×9 年 150。

要求：按一般物价指数调整固定资产的账面价值。

2. 目的：掌握货币性项目购买力变动净损益的计算

资料：俊杰公司 20×9 年初货币性资产和货币性负债的账面余额分别为 90 000 元和 140 000 元。在 20×9 年度，货币性资产增减净额为 6 000 元，货币性负债增减净额为 −13 000元，该年年初的一般物价指数为 120，年末为 150。货币性资产或负债的增减变化

额调整采用该年平均物价指数：(120＋150)/2＝135

要求：计算该年度货币性项目购买力变动净损益。

3. **目的：掌握按历史成本/不变币值调整、重编会计报表的方法**

资料：大华公司20×9年按历史成本/名义货币编制的比较资产负债表和20×9年度收益表及留存收益表如表9-21、表9-22所示。

表9-21　大华公司比较资产负债表

20×9年12月31日　　　　单位：元

	20×8年12月31日	20×9年12月31日
货币资金	24 000	27 000
应收账款	9 000	8 400
存　货	20 000	21 000
固定资产	104 000	104 000
减：累计折旧	(17 000)	(21 160)
资产合计	140 000	139 240
应付账款	8 000	9 000
长期借款	30 000	28 200
普通股	100 000	100 000
留存收益	2 000	2 040
权益合计	140 000	139 240

其他有关资料有：

(1) 年初存货购置时的平均物价指数为105，本年存货购置是在年内均衡发生的，存货发出采用先进先出法，年末存货购置时的平均物价指数为125。

(2) 固定资产购置时的物价指数为110，年折旧率为4%，无残值。

(3) 应收账款和应付账款的收支时间在年内均衡发生。

(4) 普通股发行时的物价指数为108。

(5) 销售收入、其他费用、所得税在年内均衡发生。

(6) 现金股利宣告分派时的物价指数为145。

(7) 20×8年12月31日的物价指数为115，20×9年12月31日的物价指数为145，20×9年度平均物价指数为130。

表9-22　大华公司收益及留存收益表

20×9年度　　　　单位：元

销售收入		100 000
减：销售成本		
期初存货	20 000	

续 表

本期购货	70 000	
可供销售存货	90 000	
期末存货	21 000	69 000
折旧费用	4 160	
其他费用	8 800	
所得税	8 000	20 960
净利润		10 040
加：期初留存收益		2 000
减：现金股利		10 000
期末留存收益		2 040

要求：

(1) 按历史成本/不变币值调整、重编比较资产负债表工作底稿。

(2) 按历史成本/不变币值调整、重编收益及留存收益表工作底稿。

(3) 编制货币性项目购买力变动净损益计算表。

4. **目的：掌握按现行成本/名义货币调整、重编会计报表的方法**

资料：(1) 大华公司20×9年按历史成本/名义货币编制的比较资产负债表、收益及留存收益表如表9-21、表9-22所示。

(2) 大华公司现行成本资料如下：

存货，20×8年12月31日和20×9年12月31日的重置现行成本分别为21 600元和22 400元。

固定资产，20×8年12月31日的重置现行成本为120 000元，净值为100 400元；20×9年12月31日的重置现行成本为130 000元，净值为105 400元。

销货成本，20×9年度平均现行成本为78 000元。

要求：

(1) 按现行成本/名义货币调整、重编比较资产负债表工作底稿。

(2) 按现行成本/名义货币调整、重编收益及留存收益表工作底稿。

(3) 编制资产持有利得计算表。

第十章　上市公司信息披露

本章要点

通过本章的学习，理解上市公司信息披露的原因，掌握我国上市公司信息披露体系，了解上市公司招股说明书及上市公告书的基本内容，掌握上市公司年度报告、中期报告及分部报告的基本内容，了解上市公司临时信息披露的基本内容。

第一节　上市公司信息披露概述

一、上市公司信息披露的动因

信息披露就是用公开的方式，通过一定的传播媒介，将公司财务状况和经营成果以及其他各种资料公布于众。信息披露是证券市场的基石，是确保建立公平、公正、公开证券市场的根本前提。美国大法官路易斯·布兰蒂斯(Louis Brandies)早在1914年就指出："(信息)披露才能矫正社会及产业上的弊病，因为阳光是最佳的防腐剂，灯光是最有效的警察"。

(一) 上市公司信息披露的根本动因

上市公司所有者与经营者之间的信息不对称是上市公司会计信息披露的根本动因。一般认为，商业交易中有一些人可能比其他人具有信息优势，当发生这种情况时，该经济机制中存在着信息不对称。现代产权制度下，所有权和经营权分离形成的所有者和经营者之间的委托代理关系，一方面导致了企业内部的经营者即经理人员比外部的所有者即股东掌握了更多的有关公司当前情况及未来情况的信息，经理人员可以通过各种途径，牺牲股东的利益来谋取他们的信息优势利益，即进行逆向选择，例如通过扭曲或操纵提供给股东信息的方式来谋取这种利益，这将影响投资者的决策；另一方面，所有权与经营权的分离，股东与经理人员的效用不一致，股东不可能有效地直接观察到经理人员的努力程度和工作效率，经理人员就有可能偷懒，或将公司状况的恶化归结为他们不可控的因素，即产生了道德风险。股东知道存在逆向选择和道德风险，会改变其投资决策，最终影响证券市场的效率。经理人员为了向股东保证他不会进行损害股东的行为，需要信息披露机制为股东了解公司经营状况提供信息。上市公司信息披露是通过将内部信息可靠地转化为外部信息来控制信息不对称引起的逆向选择和道德风险的，但单靠市场力量不能完全达到控制目的，于是产生了信息披露相关规定以实现对上市公司信息披露的管制。

（二）上市公司信息披露的直接原因

证券市场各参与方对信息的需求是上市公司信息公开披露的直接原因，主要有：

1. 上市公司自身筹集资金的需要

上市公司比其他类型企业更容易获得大量社会资金，从而获得规模竞争的优势，但它必须付出的代价就是公开其相关的经营和财务信息。上市公司必须将其相关的财务信息进行披露，才能让广大公众了解其经营业绩及发展前景，并作出向其投资以及贷款的决策。为了实现上述目的，上市公司必然要努力以最佳形象出现在社会上，并时刻接受来自广大股东和社会公众的监督，这就会促使其全面加强经营管理，提高经济效益，自我约束、自我完善。在信息披露过程中，上市公司可以宣传公司形象，突出介绍本公司产品优势、经营特色，增强公众对本公司的信心。

2. 现有的及潜在的投资者、债权人的需要

作为企业的所有者，现有的股东需要有关企业经营、财务信息来评价经营者的受托责任，并据以作出奖惩及是否继续雇用经营者的决策。潜在的股东需要通过了解企业的经营信息来作出是否进入证券市场，并选择购买何种股票的决定。债权人则要根据企业的财务信息进行信贷决策。

3. 满足各国证券监管机构的需要

由于上市公司筹集的资金来自广大社会公众，因而其经营的好坏、成败具有较大的社会影响。各国都对上市公司的经营有着严格的监管体系，都设置具体的监管机构，并制定相应的法律法规。证券监管机构通过对证券发行人公布的信息资料进行监督和审查，保证上市公司质量，维护投资者利益，使投资者对证券市场充满信心，促进证券市场的高效运作。同时世界上任何一个国家的证券监管法规都赋予证券产品的发行者在证券发行时及以后期间某种持续性的信息披露义务，即一切上市公司和即将募股上市的公司都有公开、公正、公平、及时地向全体投资者和潜在的投资者披露一切有关其公司重要信息的持续性责任。

综上所述，信息披露是资本市场有效运行的基础。如果没有信息，资本市场参与者就无法作出筹资、投资决策，资源的有效配置就无法实现，资本市场的发展就无从谈起。信息披露既有利于资本市场资源的优化配置，维护资本市场的正常秩序，又可以保护广大投资者的利益，有效防范风险。

二、上市公司信息披露的质量要求

鉴于上市公司信息披露的重要性，各国对上市公司信息披露质量都有相关的要求。一般地，上市公司信息披露质量应满足如下要求：

（一）确保信息披露的内容能可靠地反映客观事实

可靠性是信息取信于投资者的首要质量标准。公司信息是投资者判断证券价格的依据，要使信息对投资者有用，促使投资者作出正确的决策，必然要求上市公司所公开的信息能够可靠地反映其经营状况。但是，上市公司具有披露虚假信息的动因。这是因为，作为证券发行者，其目的是希望投资者购买其发行的证券，因此就会有动机向投资者宣传甚至夸大企业及其证券的优点，而对其存在的问题则避而不谈甚至有意歪曲掩饰。当虚假的、失真的

信息作用于证券市场时，价格将不能真正地反映公司的内在价值，投资者利益将受损，证券市场的效率也无从谈起。

（二）确保信息披露的内容与决策相关

为了使所披露的信息对证券市场投资者有用，有助于形成有效市场，所有披露的信息应该与决策相关联。如果披露的会计信息与决策无关，或者不能对决策有所帮助，那么这种信息对建立有效市场来说也是无用的，不能给投资者以积极反馈和引导；相反，将不相关的具体信息披露出来，反而容易把重要信息掩盖起来。披露非相关性的信息会增加公司信息披露成本，却不能带来任何收益，甚至使大量无关紧要的信息充斥证券市场，给投资者造成信息混乱的感觉，反而容易引起投资失误。

（三）确保所有有利于证券市场效率发挥的信息均能够充分地披露

证券产品基本上是一种信息产品，消费者完全是按照证券产品所散发出的各种信息来判断其价值的。信息的充分披露是为了给投资者创造一种公开、公平、公正的市场环境，是减少内幕信息、提高证券市场效率的最有效途径。证券监管机构会得到这样的启示：所有与证券市场有关的信息，包括可公开的内幕信息，都应该规范企业予以充分披露。

（四）确保信息及时地披露

上市公司在生产经营过程中经常会产生一些对公司证券价格有较大影响的信息，如对公司资产负债可能产生重大影响的投资和资产重组行为。这些信息的及时披露将直接影响投资者作出相关决策。各国现行证券法规对上市公司的中期报告、年度报告等定期报告，规定了较为宽松的时间。年度报告一般为每个会计年度结束后的 90 天（《中华人民共和国证券法》的规定更为宽松，为 4 个月），中期报告为每个年度前 6 个月结束后的 60 天。这样长的时间间隔，会使所有披露的信息失去时效。当定期报告提供的信息被投资者获悉时，这些信息已成为反映公司过去时期内经营状况的历史性会计信息。历史性会计信息体现的是公司过去证券价格的内在价值，而投资者更为关注的是证券的现在和未来的内在价值，及时披露现时的会计信息对他们更有价值。

三、我国上市公司信息披露体系

上市公司信息披露随着证券市场的发展而发展。我国上市公司自 1991 年公布第一批年度报告以来，会计信息披露经历了一个从无到有、逐渐完善的发展过程。从 1993 年开始，我国的证券市场监管机构先后颁布了一系列法规，对上市公司信息披露进行了规范，并逐渐建立起了比较完善的上市公司信息披露体系。

（一）我国上市公司信息披露的监管部门

我国对上市公司信息披露进行监管的部门主要是证监会、深圳证券交易所和上海证券交易所及中国注册会计师协会，它们各自的职责和权限不同。证监会享有最广泛的权力，也是最权威的监管者，上市公司初次信息披露监管主要由其负责；交易所处于一线监管的地位，主要负责对上市公司持续性信息披露的监管，但其享有的权限相对有限；而中国注册会计师协会对上市公司的监管较为间接，主要通过对会计师事务所的监督和管理来实现其监管权力。

中国证监会下设的发行监管部负责审核境内企业直接或间接在境内外发行股票、可转换债券的申报材料并监督其发行活动，并负责审核企业债券的上市申报材料。证监会下设的上市公司监管部，负责指导、督促和检查证券交易所对上市公司信息披露的一线监管；负责与会计部协调处理上市公司信息披露中的财务会计问题，配合会计部起草、修订上市公司信息披露的规则；组织收集、分析和处理商场和媒体对上市公司的情况反映；协调证券交易所与各地派出机构对上市公司信息披露的监管工作；对上市公司信息披露、财务会计报告进行巡回检查和专项检查等。同时，中国证监会具有处罚权和调查取证权，最高可以暂停或撤销违法者从事证券业务的资格。

证券交易所的监管职责主要是对上市公司的年度报告、中期报告和临时报告的信息披露进行监管，并对上市公司进行日常监管。证券交易所享有处罚权，包括警告、公开批评和公开谴责等。证券交易所没有对上市公司的调查取证权，只能不断地要求上市公司就可疑的问题提供解释。

中国注册会计师协会的监管职责包括：拟定业务报备管理制度和业务检查制度；组织实施业务报备制度及年度业务检查工作；拟定对有关执业机构和执业人员职业道德、执业质量方面的投诉举报管理制度、办法，组织处理有关投诉举报专案查处工作；拟定对违法违规的执业人员的处罚制度，组织实施有关处罚处理工作等。中国注册会计师协会的处罚权包括警告、罚款、没收违法所得等，最高可以吊销注册会计师的执业许可证和撤销会计师事务所。中国注册会计师协会没有对上市公司的调查权。

（二）我国上市公司信息披露体系

在《中华人民共和国公司法》、《中华人民共和国证券法》等一系列法律规范的指引下，我国逐步构建了一个完整的上市公司信息披露体系，其内容主要包括入市报告、定期报告和临时报告等。入市报告的内容有招股说明书和上市公告书等。定期报告包括年度报告和中期报告等。临时报告有重大事件公告、权益变动报告和异常交易公告等，具体内容如图10－1所示。

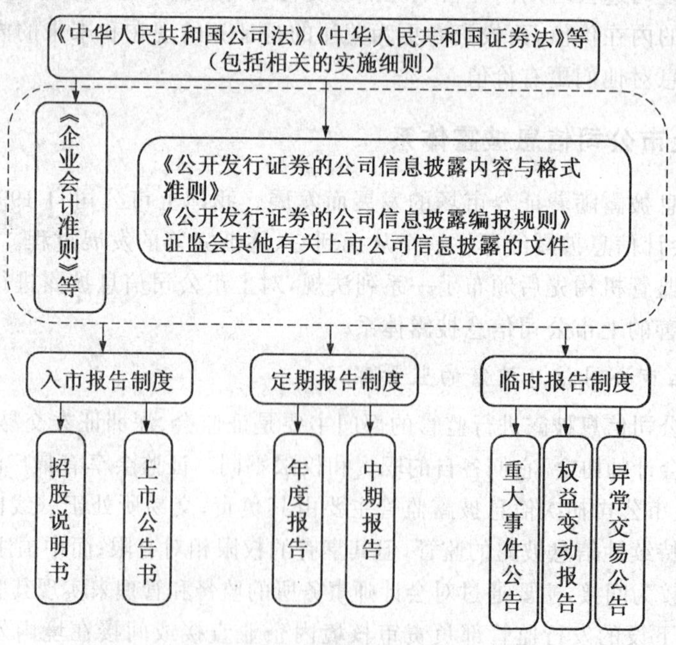

图10－1　我国上市公司信息披露体系

第二节　上市公司入市报告制度

所谓入市报告制度，主要指证券发行人或上市公司在证券发行和上市时依照法律规定进行的信息披露，包括招股说明书、上市公告书等。

一、招股说明书

招股说明书是股份有限公司发行股票时就发行中有关事项向公众做出披露，并向特定或非特定投资人提出购买或销售其股票的要约的法律文件。凡在我国境内公开发行股票和将其股票在证券交易所交易的发行人，申请公开发行股票时，均应当按有关规定编制招股说明书，这是发行准备阶段的基本任务。招股说明书是一份展现给广大投资者，使其认识发行人及其股票的资料，是监管部门对信息披露的最低要求。招股说明书反映了发行人董事及其管理团队的风格，是发行人招股的郑重承诺和声明，同时，它也反映参与执业的中介机构的声明和承诺，是中介机构执业水准的集中体现。

招股说明书应当按照有关法律、法规的规定，遵循特定的格式和要求编制。根据中国证监会最新修订的《公开发行证券的公司信息披露内容与格式准则第 1 号——招股说明书》的规定，其应披露的内容包括：

1. 本次发行概况

主要包括：股票种类、每股面值、发行股数及其占发行后总股本的比例、每股发行价、标明计算基础和口径的市盈率、预测净利润及发行后每股收益(如有)、发行前和发行后每股净资产、标明计量基础和口径的市净率、发行方式与发行对象、承销方式、预计募集资金总额和净额、发行费用概算(包括承销费用、保荐费用、审计费用、评估费用、律师费用、发行手续费用、审核费等)。同时说明发行人、保荐人、主承销商及其他承销机构、律师事务所、会计师事务所、资产评估机构、股票登记机构、收款银行、其他与本次发行有关的机构的名称、法定代表人、住所、联系电话、传真及有关经办人员的姓名。

2. 风险因素

这里的风险因素指的是与发行人相关的所有重大不确定性因素。在披露风险因素的时候发行人应遵循重要性原则，披露风险的原因、可能的后果以及采取的对策。应披露的风险因素包括：① 产品或服务的市场前景、行业经营环境的变化、商业周期或产品生命周期的影响、市场饱和或市场分割、过度依赖单一市场、市场占有率下降等；② 经营模式发生变化，经营业绩不稳定，主要产品或主要原材料价格波动，过度依赖某一重要原材料、产品或服务，经营场所过度集中或分散等；③ 内部控制有效性不足导致的风险、资金周转能力较差导致的流动性风险、现金流量状况不佳或债务结构不合理导致的偿债风险、主要资产减值准备计提不足的风险、主要资产价值大幅波动的风险、非经常性损益或合并财务报表范围以外的投资收益金额较大导致净利润大幅波动的风险、重大担保或诉讼仲裁等或有事项导致的风险；④ 技术不成熟、技术尚未产业化、技术缺乏有效保护或保护期限短、缺乏核心技术或核心技术依赖他人、产品或技术面临被淘汰等；⑤ 投资项目在市场前景、技术保障、产业政策、环境保护、土地使用、融资安排、与他人合作等方面存在的问题，因营业规模、营业范围扩大或者业务转型而导致的管理风险、业务转型风险，因固定资产折旧大量增加而导致的利润下滑风险，以及因产能扩大而导致的产品销售风险等；⑥ 由于财政、金融、税收、土地使用、产业政策、行业管理、环境保护等方面法律、法规、政策变化引致的风险；⑦ 可能严重影响公司持续经营的其他因素等等。

3. 发行人的基本情况

主要包括：注册名称、住所、联系方式等基本情况；改制重组情况（包括与控股股东、实际控制人及其控制的其他企业，在资产、人员、财务、机构、业务方面的分开情况，说明是否具有完整的业务体系及面向市场独立经营的能力）；设立以来股本的形成及其变化和重大资产重组情况；设立时发起人或股东出资及设立后历次股本变化的验资情况；有重要影响的关联方关系；股本情况；员工及其社会保障情况；持有5%以上股份的主要股东以及作为股东的董事、监事、高级管理人员作出的重要承诺及其履行情况等等。

4. 业务和技术

发行人应披露：主营业务、主要产品（或服务）及设立以来的变化情况；所处行业的基本情况；发行人在行业中的竞争地位；主营业务的具体情况；与其业务相关的主要固定资产及无形资产；拥有的特许经营权的情况；主要产品生产技术所处的阶段；对有关业务活动进行地域性分析；主要产品和服务的质量控制情况；冠以“高科技”或“科技”的依据等。

5. 同业竞争与关联交易的情况

发行人应披露：是否存在与控股股东、实际控制人及其控制的其他企业从事相同、相似业务的情况；控股股东、实际控制人作出的避免同业竞争的承诺；关联方、关联关系和关联交易；关联交易及关联交易对其财务状况和经营成果的影响；是否在章程中对关联交易决策权力与程序作出规定；拟采取的减少关联交易的措施等。

6. 董事、监事、高级管理人员与核心技术人员的情况

发行人应披露：董事、监事、高级管理人员及核心技术人员的简要情况、本人及其近亲属以任何方式直接或间接持有发行人股份的情况、其他对外投资情况、最近一年从发行人及其关联企业领取收入的情况，以及所享受的其他待遇和退休金计划等；兼职情况及所兼职单位与发行人的关联关系；以上各类人员相互之间存在的亲属关系；董事、监事、高级管理人员是否符合法律法规规定的任职资格；董事、监事、高级管理人员变动情况及原因等。

7. 公司治理

发行人应披露：股东大会、董事会、监事会、独立董事、董事会秘书制度的建立健全及运行情况，说明上述机构和人员履行职责的情况；战略、审计、提名、薪酬与考核等各专门委员会的设置情况；近三年内是否存在违法违规行为；近三年内是否存在资金被控股股东、实际控制人及其控制的其他企业占用的情况，或者为控股股东、实际控制人及其控制的其他企业担保的情况；公司管理层对内部控制完整性、合理性及有效性的自我评估意见以及注册会计师对公司内部控制的鉴证意见，注册会计师指出公司内部控制存在缺陷的，应予披露并说明改进措施等。

8. 财务会计信息

发行人应披露：最近三年及一期的资产负债表、利润表和现金流量表，运行不足三年的，应披露最近三年及一期的利润表以及设立后各年及最近一期的资产负债表和现金流量表，包括合并财务报表和母公司财务报表；会计师事务所的审计意见类型；财务报表的编制基础、合并财务报表范围及变化情况；发行人运行不足三年的，设立前利润表编制的会计主体及确定方法；存在剥离调整的，还应披露剥离调整的原则、方法和具体剥离情况；报告期内采用的主要会计政策和会计估计；分部信息；近一年及一期内存在重大收购兼并其他企业时，被收购企业收购前一年利润表；最近三年及一期非经常性损益的具体内容、金额及对当期经营成果的影响，并计算最近三年及一期扣除非经常性损益后的净利润金额；最近一期期末的固定资产、对外投资、无形资产、债务、所有者权益变动表的情况；报告期内现金流量情况；会计报表附注中的期后事项、或有事项及其他重要事项；最近三年及一期的主要财务比率；盈利预测报告；会计准则不同，导致净资产或净利润存在差异时的差异调节表；在设立时以及在报告期内资产评估情况；设立时及以后历次验资报告等。

9. 管理层讨论与分析

发行人应主要依据最近三年及一期的合并财务报表分析披露发行人财务状况、盈利能力及现金流量的报告期内情况及未来趋势。

10. 业务发展目标

发行人应披露：发行当年和未来两年的发展计划；并说明拟定上述计划所依据的假设条件，实施上述计划可能面临的主要困难，以及确保实现上述发展计划拟采用的方式、方法或途径；上述业务发展计划与现有业务的关系。发行人可以对其产品、服务或者业务的发展趋势进行预测，但应采取审慎态度，并披露有关的假设基准。

11. 募集资金运用

发行人应披露：预计募集资金数额；预计募集资金投入的时间进度及项目履行的审批、核准或备案情况；若所筹资金不能满足项目资金需求的，缺口部分的资金来源及落实情况；募集资金的用途；募集资金运用对财务状况及经营成果的影响等。

12. 股利分配政策

发行人应披露最近三年股利分配政策、实际股利分配情况以及发行后的股利分配政策。

13. 其他重要事项

发行人应披露：建立严格信息披露的制度及为投资者服务的详细计划，发行人信息披露和投资者关系的负责部门、负责人、电话号码等；对生产经营活动、未来发展或财务状况具有重要影响的合同内容；对外担保的有关情况；公司涉及的具有重大影响的诉讼或仲裁事项；控股股东或实际控制人、控股子公司，发行人董事、监事、高级管理人员和核心技术人员作为一方当事人的重大诉讼或仲裁事项的情况等。

14. 董事、监事、高级管理人员及有关中介机构声明

发行人全体董事、监事、高级管理人员应在招股说明书正文的尾页声明："本公司全体董事、监事、高级管理人员承诺本招股说明书及其摘要不存在虚假记载、误导性陈述或重大遗漏，并对其真实性、准确性、完整性承担个别和连带的法律责任。"声明应由全体董事、监事、高级管理人员签名，并由发行人加盖公章。保荐人（主承销商）、律师、会计师事务所、资产评

估机构同样要对招股说明书涉及的有关事项做出真实性、完整性、准确性的声明，并承担相应的法律责任。

15. 备查文件

招股说明书结尾应列明备查文件，并在指定网站上披露。备查文件包括下列文件：发行保荐书；财务报表及审计报告；盈利预测报告及审核报告(如有)；内部控制鉴证报告；经注册会计师核验的非经常性损益明细表；法律意见书及律师工作报告；公司章程(草案)；中国证监会核准本次发行的文件；其他与本次发行有关的重要文件。

招股说明书及其摘要报送批准后，发行人应在承销期开始前 2—5 个工作日，在至少一种由证监会指定的全国性报刊上及发行人选择的其他报刊上刊登招股说明书摘要、供公众投资者参考的关于发行事项的信息披露法律文件。招股说明书摘要应简要提供招股说明书的主要内容，但不得出现与正文在内容上的不一致，误导投资者。并且摘要中要明确告知投资者在投资之前要阅读招股说明书全文，以全文作为投资决定的依据。

二、上市公告书

上市公告书是上市公司完成股票发行工作后，由管理当局在股票上市前向社会公众发表的关于股票进入市场流通有关事项的信息披露文件。

发行人应在批准上市前 5 日内，将上市公告书全文刊登在至少一种由中国证监会指定的报刊及中国证监会网站上，并将上市公告书文本备置于发行人住所、有关证券经营机构住所及其网点，以供公告查阅。上市公告书在披露前，任何当事人不得泄露有关的信息，或利用这些信息谋取利益。发行人应在披露上市公告书 10 日内，将上市公告书文本一式五份分别报送中国证监会及发行人所在地的派出机构、上市的证券交易所。

上市公告书的主要内容包括：

1. 重要的声明与提示

发行人董事会应在上市公告书显要位置作如下重要声明与提示：董事会保证上市公告书真实、准确和完整，并承担个别的和连带的责任。董事会已依法履行了相关义务和责任。提示投资者：凡上市公告书未涉及事项，查阅招股说明书摘要及全文；关注带说明段的审计报告。

2. 股票上市情况

发行人应披露：公司股票发行上市审批情况；公司股票上市概况即上市地点、上市时间、股票简称、股票代码、发行后总股本、首次公开发行股票增加的股份、发行前股东所持股份的流通限制及期限、发行前股东对所持股份自愿锁定的承诺、本次上市股份的其他锁定安排、本次上市的无流通限制及锁定安排的股份、公司股份可上市交易时间、股票登记机构、上市保荐人等。

3. 发行人、股东和实际控制人情况

发行人应披露：公司的基本情况；公司董事、监事、高级管理人员姓名和持有发行人的股票、债券情况；公司控股股东及实际控制人的名称或姓名，前十名股东的名称或姓名、持股数量及持股比例等。

4. 股票发行情况

发行人应披露：发行数量、发行价格、发行方式、募集资金总额、本次发行费用、募集资金净额、发行后每股净资产、发行后每股收益等 。

5. 其他重要事项

发行人应披露招股说明书刊登日至上市公告书刊登前已发生的可能对发行人有较大影响的其他重要事项，主要包括：① 主要业务发展目标的进展；② 所处行业或市场的重大变化；③ 原材料采购价格和产品销售价格的重大变化；④ 重大关联交易事项；⑤ 重大投资；⑥ 重大资产（或股权）购买、出售及置换；⑦ 发行人住所的变更；⑧ 董事、监事、高级管理人员及核心技术人员的变化；⑨ 重大诉讼、仲裁事项；⑩ 对外担保等或有事项；⑪ 财务状况和经营成果的重大变化；⑫ 其他应披露的重大事项。

6. 上市保荐人及其意见

发行人应披露保荐人的名称、法定代表人、住所、联系电话、传真、联系人及推荐意见。

招股书明书与上市公告书在一定程度上存在相同之处，如二者的编制主体相同，发布的方式相同，有时使用的资料也完全一样。比如自招股说明书核准生效日至股票上市首日不超过 3 个月，且招股说明书及其引用的财务资料尚未失效的，可适当简化刊登有关财务资料，但应当作必要的附注说明。招股说明书已经失效，或其引用的财务资料已经失效的，应补充披露最近一期经审计的财务报告。但二者也有一定的区别，例如，上市公告书除应包括招股说明书的主要内容外，还应说明：

(1) 发股获准在证券交易所上市的日期和批准文号。

(2) 股票发行情况、股权结构、最大 10 名股东名单及其持股数量。

(3) 公司创立大会或股东大会同意公司股票在证交所交易的决议。

(4) 发行人披露的目前仍有效的招股说明书的刊登时间、报刊、版面。

(5) 发行人和上市推荐人因编制简要上市公告书省略的事项中，如有重大变化的，应加以详细说明。

(6) 发行人董事会的上市承诺与声明。

此外，招股说明书是在申请公开发行股票时，面向一级市场公布的，而上市公告书是在股票发行工作完成后上市之前，面对二级市场公布的；招股说明的批准标志着公司成为可向社会公众发行股票的股份有限公司，而上市公告书的公布则标志着公司股票上市交易，等等。

第三节　上市公司定期报告制度

定期报告主要包括年度财务报告和中期财务报告。

一、年度报告

作为定期信息披露的报告，年度报告是上市公司最常见和最重要的信息披露方式，它传递着上市公司在整个会计年度内的全景信息，是投资者、债权人和监管机构等方面进行证券决策的基石所在，其重要性是其他定期报告所无法比拟的。《中华人民共和国证券法》规定，

“股票或债券上市交易的公司,应当在每一个会计年度结束之日起4个月内,向国务院证券监督管理机构和证券交易所提交记载以下内容的年度报告,并予公告……”。年度报告应如实陈述公司现状,全面披露公司一年来的财务状况、经营成果。

依据2007年修订的《公开发行证券的公司信息披露内容与格式准则第2号——年度报告》,年度报告的内容应包括:

1. 重要提示及目录

公司应在年度报告文本扉页刊登如下(不限于)重要提示:本公司董事会、监事会及董事、监事、高级管理人员保证本报告所载资料不存在任何虚假记载、误导性陈述或者重大遗漏,并对其内容的真实性、准确性和完整性承担个别及连带责任…… 保证年度报告中财务报告的真实、完整。

2. 公司基本情况简介

公司应披露如下内容:公司的法定中、英文名称及缩写;公司法定代表人;公司董事会秘书及证券事务代表的姓名、联系地址、电话、传真、电子信箱;公司注册地址,公司办公地址及其邮政编码,公司国际互联网网址、电子信箱;公司选定的信息披露报纸名称,登载年度报告的中国证监会指定网站的网址,公司年度报告备置地点;公司股票上市交易所、股票简称和股票代码;其他有关资料。

3. 会计数据和业务数据摘要

公司应披露本年度实现的营业利润、利润总额、归属于上市公司股东的净利润、归属于上市公司股东的扣除非经常性损益后的净利润、经营活动产生的现金流量净额;已发行人民币普通股(指A股),又发行境内上市外资股或境外上市外资股的公司,应披露按不同会计准则计算的净利润、净资产并说明其差异。

4. 股本变动及股东情况

公司应披露股本变动情况、股份变动情况表、证券发行与上市情况、股东和实际控制人情况。

5. 董事、监事、高级管理人员和员工情况

包括现任董事、监事、高级管理人员的姓名、性别、年龄、任期起止日期、年初和年末持有本公司股份、股票期权、被授予的限制性股票数量、年度内股份增减变动量及增减变动的原因,如为独立董事,需单独注明;现任董事、监事、高级管理人员最近5年的主要工作经历;在职员工的数量、专业构成(如生产人员、销售人员、技术人员、财务人员、行政人员)、教育程度及公司需承担费用的离退休职工人数。

6. 公司治理结构

公司应对照中国证监会发布的有关上市公司治理的规范性文件,说明公司治理的实际状况与该文件要求是否存在差异,如有差异,应明确说明;应介绍独立董事履行职责情况;应说明生产经营控制、财务管理控制、信息披露控制等内部控制制度的建立和健全情况,包括内部控制制度建立健全的工作计划及其实施情况、内部控制检查监督部门的设置情况、董事会对内部控制有关工作的安排、与财务核算相关的内部控制制度的完善情况;应披露报告期内对高级管理人员的考评及激励机制,相关奖励制度(如有)的建立、实施情况。同时鼓励央企控股、金融类及其他有条件的上市公司,披露董事会出具的、经审计机构核实评价的公司

内部控制自我评估报告。

7. 股东大会情况简介

公司应介绍报告期内召开的年度股东大会和临时股东大会的有关情况，包括：会议届次、召开日期、会议决议刊登的信息披露报纸及披露日期。

8. 董事会报告

公司董事会报告中应当对财务报告与其他必要的统计数据以及报告期内发生或将要发生的重大事项，进行讨论与分析，以有助于投资者了解其经营成果、财务状况（含现金流量情况）。公司可以运用逐年比较、数据列表或其他方式对相关事项进行列示，以增进投资者的理解。

9. 监事会报告

公司应披露报告期内监事会的工作情况，包括召开会议的次数、各次会议的议题等。监事会应对下列事项发表独立意见：

（1）公司依法运作情况。公司决策程序是否合法，是否建立完善的内部控制制度，公司董事、高级管理人员执行公司职务时有无违反法律、法规、公司章程或损害公司利益的行为。

（2）检查公司财务的情况。监事会应明确说明财务报告是否真实反映公司的财务状况和经营成果。

（3）公司最近一次募集资金实际投入项目是否和承诺投入项目一致，实际投资项目如有变更，变更程序是否合法。

（4）公司收购、出售资产交易价格是否合理，有无发现内幕交易，有无损害部分股东的权益或造成公司资产流失。

（5）关联交易是否公平，有无损害公司利益。

（6）如果会计师事务所出具了非标准审计报告的，或者公司报告期利润实现数较利润预测数低20%以上或较利润预测数高20%以上的，监事会应就董事会对上述事项的说明明确表示意见。

10. 重要事项

公司应披露重大诉讼、仲裁事项，包括发生在编制本年度中期报告之后的涉及公司的重大诉讼、仲裁事项，应陈述该事项基本情况、涉及金额；已在本年度中期报告中披露，但尚未结案的重大诉讼、仲裁事项，应陈述其进展情况或审理结果及影响；对已经结案的重大诉讼、仲裁事项，还应说明其执行情况。如报告期内公司无重大诉讼、仲裁事项，应明确陈述“本年度公司无重大诉讼、仲裁事项”。

11. 财务报告

公司应披露审计报告正文、经审计财务报表。财务报表包括公司报告期末及其前一个年度末的比较式资产负债表、该两年度的比较式利润表、现金流量表、该年度所有者权益（股东权益）变动表和财务报表附注。财务报表附注应对比较式报表的两个日期或期间的数据均作出说明。财务报表附注应当按照《公开发行证券的公司信息披露编报规则第15号——财务报告的一般规定》（2007年修订）和中国证监会发布的相关规定编制。

12. 备查文件目录

公司应当披露：载有法定代表人、主管会计工作负责人、会计机构负责人（会计主管人员)签名并盖章的财务报表;载有会计师事务所盖章、注册会计师签名并盖章的审计报告原件;报告期内在中国证监会指定报纸上公开披露过的所有公司文件的正本及公告的原稿;在其他证券市场公布的年度报告等。

年度报告应当真实、准确和完整,不得有虚假记载、误导性陈述和重大遗漏。上市公司违反年度报告披露要求,对股民造成损失的,上市公司及有关责任人应承担相应的民事赔偿责任。《中华人民共和国证券法》规定发行人、承销证券的公司如果在其出具的文件中存在虚假记载,导致投资者在证券投资中遭受损失的,发行人、承销证券的公司应当承担赔偿责任;发行人、承销证券的公司、负有责任的董事、监事、经理承担连带赔偿责任。会计师、律师等为证券的发行上市或者证券交易活动出具审计报告、资产评估报告或法律意见书等文件的专业机构,就其所应负责的内容弄虚作假的,没收违法所得,并处以违法所得一倍以上五倍以下的罚款,并由有关主管部门责令该机构停业,吊销直接责任人员的资格证书;造成损失的,承担连带赔偿责任;构成犯罪的,依法追究刑事责任。根据上述有关法律的规定,上市公司违反年度报告披露要求,造成股民损失的,股民可以向上市公司、承销证券公司、上市公司中负有责任的董事、监事、经理以及相关的中介机构主张民事赔偿。

二、中期报告

随着社会经济环境的变化,企业面临的风险和不确定性越来越多,信息的时效性也显得越来越重要,因此需要反应企业较短时间内经营业绩的中期报告。中期报告作为年报的一种补充,通过缩短报告时间加快信息披露的频率,可使信息使用者尽快地了解企业的会计信息。

国际会计准则委员会(IASC)于1998年发布了第34号国际会计准则《中期财务报告》,其中规定:中期是指短于一个完整的财务年度的财务报告期间。中期财务报告指涵盖一个中期的一套完整的财务报表或一套简明财务报告。中期是指短于一个完整的会计年度报告期间,包括半年、季、月等。《中华人民共和国公开发行证券的公司信息披露的内容与格式准则第2号——年度报告的内容与格式》要求,上市公司应当在每个会计年度的前6个月结束后2个月内,编制完成中期报告,将中期报告刊登在中国证监会指定的国际互联网站上,并要求上市公司应当在中期报告中披露财务会计报告(包括资产负债表、利润表及所有者权益变动表、现金流量表)、重要事项、主要财务数据等信息。其格式应当与上一年度会计报表相一致。

(一)中期报告的编制理论

在会计理论和实践中,对中期报告的编制方法有独立观和整体观两种理论。

1. 独立观

该观点认为,中期报告的信息使用者注重的是企业中期的实际经营业绩及管理者的行为,因此将中期视为独立的基本的会计期间,性质上与年度期间无异,编制年度财务报告适用的会计估计、递延或应计分摊同样适用于中期报告的编制。由于不必过多地考虑费用在当年不同中期之间分摊的问题,该理论的采用有助于制约企业管理者“利润平滑”行为。但是采用该观点编制中期报告各中期净利润波动较大,而且中期时间越短,其净利润波动越大，从而影响对企业未来业绩的正确评价与预测。国际会计准则第34号《中期财务报告》要求企业中期财务报告与年度报告采用相同的会计政策，即倾向于独立观。目前英国、加拿大、新西兰、澳大利亚等国家和我国香港地区也采用独立观。鉴于我国证券市场发育程度、会计人员的职业判断水平等因素，《中华人民共和国企业会计准则——中期财务报告》也规定采用独立观。

2. 整体观

该观点认为，中期报告的目的主要是为了帮助使用者预测未来，确定发展趋势，估计全年财务状况和经营业绩，因此将中期视为年度期间整体的一部分。中期利润的波动是暂时的，可以在该年度以后期间内得以抵销，故中期编制日进行会计估计、递延、分摊时应考虑该年度剩余期间的经营情况，会计年度内发生的成本、费用也应按其收益期间、相对应的销售量、生产量或其他基础在该年度各中期内进行分摊。依据整体观编制的中期利润较为平稳，赋予了企业管理人员较大的利润操纵空间。美国会计准则委员会第28号意见书《中期财务报告》就将中期视为年度报告的一部分，某些适用于年度报告的会计原则和程序应在编制中期报告时予以纠正。我国台湾也采用整体观。

（二）中期报告披露的内容

中期报告披露的内容基本与年度报告一致。主要包括：

（1）公司简介。公司应披露：公司的法定中、英文名称及缩写；公司注册地址、办公地址、邮政编码；公司法定代表人；公司董事会秘书及其授权人的姓名、联系地址、电话、传真；公司股票上市地、股票简称和股票代码。

（2）主要财务指标。公司应披露报告期末及公司上一年同期的主要财务指标，包括（但不限于）以下各项：净利润、股东权益（不包含少数股东权益）、每股收益、净资产收益率、每股净资产和调整后的每股净资产。

（3）股本变动和主要股东持股情况。公司应披露：股本变动情况；持有本公司5%（含5%）以上股份的股东的名称、报告期内股份增减变动情况、报告期末持有量等；若持股5%（含5%）以上的股东少于10人，则应列出至少10名最大股东的持股情况；如前10名股东之间存在关联关系，应予以说明；持股5%（含5%）以上的法人股东所持股份发生质押、冻结等情况。

（4）经营情况的回顾与展望。公司应简要介绍公司在报告期内的经营情况及下半年计划，包括公司主营业务的范围及其经营状况、募股资金使用情况、下半年计划等。

（5）重要事项。公司应披露：公司中期拟定的利润分配预案、公积金转增股本预案；公司上年度利润分配方案、公积金转增股本方案及其执行情况；报告期内配股方案的实施情况；重大诉讼、仲裁事项；报告期内公司收购兼并、资产重组事项简介；重大关联交易事项；董事会、监事会应分别对会计师事务所出具的保留意见、否定意见、拒绝表示意见或解释性说明段的中期审计报告所涉及事项进行说明；聘任、改聘、解聘会计师事务所情况；重大合同（担保、抵押等）事项等。

（6）会计报告。公司应披露会计报表（至少应包括资产负债表、利润表及所有者权益变动表，中期会计报表须经审计的公司应当编制现金流量表）和会计报表附注。

（7）备查文件。中期报告的目的在于提高信息的及时性，但相对于年度报告，中期报告比较简要，可靠性也较低，因为中期报告包含了更多的财务资料的估计数，比如需要估计那些收益在本期但在以后期间才会发生的支出，包括所得税和退休金费用。因此中期报告一般不需要经过注册会计师审计。

三、分部报告

随着社会经济的发展，企业的生产规模日益扩大，逐渐超出地域的限制或者行业的限制，成长为从事多种经营跨区域甚至跨国的庞大的混合经济实体。一般企业会计报表只能提供能反映该企业生产经营整体状况的会计信息。对于从事多种不同业务的企业，各业务所占用的资产、提供的收入、发展的前景以及对企业整体的贡献不尽相同。为了对企业的生产经营情况、盈利能力和发展做出更准确的判断，有必要提供不同行业的信息。同样，大型企业在不同地区或国家设立子公司或分公司，不同地区或者国家的经济、政治、文化、法律环境不同，因而企业在各地生产存在着不同性质和程度的风险，只有具体考虑各地的生产经营环境，才能有效地分析企业经营成果的好坏，并预测未来的发展态势，做出准确的综合评价。综上所述，企业提供分部报告是为了帮助会计信息使用者更好地理解企业的经营业绩，评估其风险和报酬，以及对企业的经营情况做出更准确的判断，进而做出考核与投资的决策。因此，国际和各国会计准则都对分部报告做出了具体的规定。国际会计准则委员会 1997 年全面修订发布了新的国际会计准则 IAS NO. 14《分部报告》。美国财务会计准则委员会于 1997 年修订发布了 SFAS NO. 131《分部及相关信息的披露》。2006 年 2 月 15 日，中国财政部制定了《企业会计准则第 35 号——分部报告》和相应的应用指南，从报告分部的确定、分部信息的披露两个主要方面对分部报告的会计处理要求给予了阐述。从总的情况来看，其与国际财务报告准则的要求基本上是一致的。分部报告通常作为财务会计报告的一个组成部分予以披露，以会计报表附注形式出现。

（一）报告分部的确定

1. 确定业务分部和地区分部

企业披露分部信息的，应当区分业务分部和地区分部。

业务分部，是指企业内可区分的、能够提供单项或一组相关产品或劳务的组成部分。该组成部分承担了不同于其他组成部分的风险和报酬。企业在确定业务分部时，应当结合企业内部管理要求，并考虑下列因素：

（1）各单项产品或劳务的性质，包括产品或劳务的规格、型号、最终用途等。

（2）生产过程的性质，包括采用劳动密集或资本密集方式组织生产、使用相同或者相似设备和原材料、采用委托生产或加工方式等。

（3）产品或劳务的客户类型，包括大宗客户、零散客户等。

（4）销售产品或提供劳务的方式，包括批发、零售、自产自销、委托销售、承包等。

（5）生产产品或提供劳务受法律、行政法规的影响，包括经营范围或交易定价限制等。

地区分部，是指企业内可区分的、能够在一个特定的经济环境内提供产品或劳务的组成部分。该组成部分承担了不同于在其他经济环境内提供产品或劳务的组成部分的风险和报酬。企业在确定地区分部时，应当结合企业内部管理要求，并考虑下列因素：

（1）所处经济、政治环境的相似性，包括境外经营所在地区经济和政治的稳定程度等。

(2) 在不同地区经营之间的关系，包括在某地区进行产品生产，而在其他地区进行销售等。

(3) 经营的接近程度大小，包括在某地区生产的产品是否需在其他地区进一步加工生产等。

(4) 与某一特定地区经营相关的特别风险，包括气候异常变化等。

(5) 外汇管理规定，即境外经营所在地区是否实行外汇管制。

(6) 外汇风险。

两个或两个以上的业务分部或地区分部同时满足下列条件的，可以予以合并：

(1) 具有相近的长期财务业绩，包括具有相近的长期平均毛利率、资金回报率、未来现金流量等。

(2) 确定业务分部或地区分部所考虑的因素类似。

2. 报告分部的确定

报告分部是指符合业务分部或地区分部的定义，按规定应予披露的业务分部或地区分部。报告分部应当以业务分部或地区分部为基础确定，但业务分部或地区分部的划分通常是以不同的风险和报酬为基础的，而不论其是否重要。报告分部的确定应当考虑重要性原则，符合重要性标准的业务分部或地区分部才能确认为报告分部。同时，作为报告分部的业务分部或地区分部的大部分收入应当是企业对外部客户交易而获得的。

当业务分部或地区分部的大部分收入是对外交易收入，且满足下列条件之一时，应当将其确定为报告分部：

(1) 该分部的分部收入占所有分部收入合计的10%或者以上。

(2) 该分部的分部利润(亏损)的绝对额，占所有盈利分部利润合计额或者所有亏损分部亏损合计额的绝对额两者中较大者的10%或者以上。

(3) 该分部的分部资产占所有分部资产合计额的10%或者以上。

业务分部或地区分部未满足以上三个重要性判断标准的，企业可以根据需要，直接将其指定为报告分部，或将该分部与一个或一个以上的类似、未满足条件的其他分部合并为一个报告分部，或作为其他项目单独披露。

企业的业务分部或地区分部达到规定的10%重要性标准确认为报告分部后，确定为报告分部的各业务分部或各地区分部的对外交易收入合计额占合并总收入或企业总收入的比重应当达到75%的比例(报告分部75%的标准)。如果未达到75%的标准，企业必须增加报告分部的数量，将其他未作为报告分部的业务分部或地区分部纳入报告分部的范围，直到该比重达到75%。

如果企业的内部管理是按照垂直一体化经营的不同层次来划分的，则即使其大部分收入不通过对外交易取得，仍可将垂直一体化经营的不同层次确定为独立的报告业务分部。对于上期确定为报告分部的，企业本期认为其依然重要，即使本期未满足确定报告分部条件的，仍应将其确定为本期的报告分部。

(二) 分部信息披露的主要报告形式和次要报告形式

分部报告的形式分为主要报告形式和次要报告形式。作为主要报告形式，按照规定应当披露较为详细的分部信息；而作为次要报告形式，则可披露较为简化的分部信息。

1. 确定主要报告形式和次要报告形式的原则

(1) 以风险和报酬的主要来源和性质为基础确定主要报告形式和次要报告形式。

企业的风险和报酬的主要来源和性质决定其主要报告形式是业务分部还是地区分部。作为风险和报酬的主要来源的分部，无论是业务分部还是地区分部，应当作为主要报告形式，其余的分部作为次要报告形式。因此，如果风险和报酬主要受企业提供的产品和劳务差异影响的，披露分部信息的主要形式应当是业务分部，次要形式是地区分部；反之，如果风险和报酬主要受企业在不同的国家或地区经营活动影响的，披露分部信息的主要形式应当是地区分部，次要形式是业务分部。

(2) 内部管理结构及内部财务报告制度是确定主要报告形式和次要报告形式应考虑的主要因素。

通常，主要报告形式的确定需要基于以下因素进行判断：一是内部组织和管理结构；二是企业向董事会或类似机构报告所采取的内部报告制度。对于大多数企业而言，一般根据其经营风险和报酬确定企业的内部组织和管理形式，而企业的内部组织和管理结构以及向董事会或类似机构报告所采取的内部财务报告制度，通常表明了该企业面临的经营风险和报酬的主要来源。但有两个例外，如果企业采用了"矩阵组织结构"，即在向董事会或类似机构进行内部报告时，既使用业务分部信息又使用地区分部信息，对此，企业应当以业务分部作为主要报告形式，而以地区分部作为次要报告形式；如果企业在向董事会或类似机构进行内部报告时，既不以单项产品或劳务、或一组相关产品或劳务为基础，也不以地区为基础，则企业应当评估产品或劳务差异以及经营地区差异哪个对企业的风险和报酬影响更大，并据此确定主要报告形式。

2. 主要报告形式下分部信息的披露

在主要报告形式情况下，不论作为报告分部的是业务分部还是地区分部，都应当按规定披露下列分部信息：

(1) 分部收入，是指可归属于分部的对外交易收入和对其他分部交易收入。分部的对外交易收入和对其他分部交易收入，应当分别披露。

(2) 分部费用，是指可归属于分部的对外交易费用和对其他分部交易费用。分部的折旧费用、摊销费用以及其他重大的非现金费用，应当分别披露。

(3) 分部利润(亏损)，是指分部收入减去分部费用后的余额。在合并利润表中，分部利润(亏损)应当在调整少数股东损益前确定。

(4) 分部资产，是指分部经营活动使用的可归属于该分部的资产，不包括递延所得税资产。分部资产的披露金额应当按照扣除相关累计折旧或摊销额以及累计减值准备后的金额确定。披露分部资产总额时，当期发生的在建工程成本总额、购置的固定资产和无形资产的成本总额，应当单独披露。

(5) 分部负债，是指分部经营活动形成的可归属于该分部的负债，不包括递延所得税负债。

分部的日常活动是金融性质的，利息收入和利息费用应当作为分部收入和分部费用进行披露。

我国分部报告的基本格式如表 10 - 1、表 10 - 2 所示。

表 10－1　分部报告(业务分部)

单位：元

项　目	XX 业务		XX 业务		……	抵销		合计	
	本期	上期	本期	上期	……	本期	上期	本期	上期
一、营业收入									
其中：对外交易收入									
分部间交易收入									
二、营业费用									
其中：对外交易收入									
分部间交易收入									
三、营业利润(亏损)									
四、资产总额									
五、负债总额									
六、补充信息									
1. 折旧和摊销费用									
2. 资本性支出									
3. 折旧和摊销以外的非现金费用									

表 10－2　分部报告(地区分部)

单位：元

项　目	地区 A		地区 B		……	抵销		合计	
	本期	上期	本期	上期	……	本期	上期	本期	上期
一、营业收入									
其中：对外交易收入									
分部间交易收入									
二、营业费用									
其中：对外交易收入									
分部间交易收入									
三、营业利润(亏损)									
四、资产总额									
五、负债总额									

3. 次要报告形式下分部信息的披露

分部信息的主要报告形式是业务分部的，应当就次要报告形式披露下列信息：

(1) 对外交易收入占企业对外交易收入总额 10％或者以上的地区分部，以外部客户所在地为基础披露对外交易收入。

(2) 分部资产占所有地区分部资产总额 10％或者以上的地区分部，以资产所在地为基础披露分部资产总额。

分部信息的主要报告形式是地区分部的，应当就次要报告形式披露下列信息：

(1) 对外交易收入占企业对外交易收入总额10%或者以上的业务分部，应当披露对外交易收入。

(2) 分部资产占所有业务分部资产总额10%或以上的业务分部，应当披露分部资产总额。

分部间转移交易应当以实际交易价格为基础计量。转移价格的确定基础及其变更情况，应当予以披露。

4. 分部信息与企业合并财务报表或企业财务报表总额信息的衔接

企业披露的分部信息，应当与合并财务报表或企业财务报表中的总额信息相衔接。分部收入应当与企业的对外交易收入（包括企业对外交易取得的、未包括在任何分部收入中的收入）相衔接；分部利润（亏损）应当与企业营业利润（亏损）和企业净利润（净亏损）相衔接；分部资产总额应当与企业资产总额相衔接；分部负债总额应当与企业负债总额相衔接。

5. 分部报告的其他披露要求

(1) 分部间转移价格的确定及其变更。企业在计量分部之间发生交易收入时，需要确定分部间转移交易价格。一般情况下，分部之间的交易定价不同于市场公允交易价格。为准确计量分部间转移交易，企业在确定分部间交易收入时，应当以实际交易价格为基础计量。转移价格的确定基础应当在附注中予以披露。同时，因企业不同期间生产的产品的成本等不同，可能会导致不同期间分部间转移价格的确定生产差异，对于转移交易价格的变更情况，也应当在附注中进行披露。

(2) 分部会计政策的披露。企业应当披露分部会计政策，但分部会计政策与合并财务报表或企业财务报表一致的除外。分部会计政策，是指编制合并财务报表或企业财务报表时采用的会计政策，以及与分部报告特别相关的会计政策。与分部报告特别相关的会计政策包括分部的确定、分部间转移价格的确定方法，以及将收入和费用分配给分部的基础等。

分部会计政策变更影响重大的，应当按照《企业会计准则第28号——会计政策、会计估计变更和差错更正》进行披露，并提供相关比较数据。提供比较数据不切实可行的，应当说明原因。

(3) 比较信息的披露。企业在披露分部信息时，应当提供前期比较数据。但是，提供比较数据不切实可行的除外。企业改变分部的分类且提供比较数据不切实可行的，应当在改变分部分类的年度，分别披露改变前和改变后的报告分部信息。

招商局地产控股股份有限公司财务报表附注
2008 年年度报告

……

64. 分部报告

因为风险和报酬主要受产品和劳务差异影响，故公司将业务分部作为主要报告形式，地区分部为次要报告形式。

(1) 主要报告形式——业务分部

单位：人民币元

2008 年度	房地产业	公共事业	物业管理	其　他	未分配项目	分部间相互抵减	合　计
对外交易收入	2 515 297 197	752 896 356	300 650 098	4 340 549	—	—	3 573 184 200
分部间交易收入	—	6 016 088	14 828 208	—	—	(20 844 296)	—
营业收入合计	2 515 297 197	758 912 444	315 478 306	4 340 549	—	(20 844 296)	3 573 184 200
营业费用	2 339 596 056	555 564 783	299 921 327	26 109 221	—	(20 844 296)	3 200 347 091
营业利润	175 701 141	203 347 661	15 556 979	(21 768 672)	917 370 951	—	1 290 208 060
资产总额	31 057 915 823	1 686 432 986	270 294 888	23 648 462 734	1 749 992 760	(20 976 084 196)	37 437 014 995
负债总额	25 273 383 191	113 443 855	199 640 697	4 315 817 959	12 231 306 485	(20 976 084 196)	21 157 507 991
折旧和摊销费用	140 476 587	19 511 596	1 693 532	765 430	—	—	162 447 145
当期确认的减值损失	406 032 595	1 616 756	5 284	—	—	—	407 654 635
资本性支出							
其中：在建工程支出	98 096 831	18 643 315	—	—	—	—	116 740 146
购置固定资产支出	45 411 967	1 433 707	1 976 592	93 173	—	—	48 915 439
购置无形资产支出	9 280						9 280
购置投资性房地产支出	849 893	—	—	—	—	—	849 893

续 表

2007 年度	房地产业	公共事业	物业管理	其 他	分部间相互抵减	合 计
对外交易收入	3 127 608 625	727 909 311	244 112 444	12 014 288	—	4 111 644 668
分部间交易收入	—	4 478 913	14 604 456	—	(19 083 369)	—
对外营业成本	1 425 622 833	560 711 664	200 986 343	10 913 479	(19 083 369)	2 179 150 950
期间费用	187 382 848	(7 915 078)	19 827 291	46 486 484	—	245 781 545
营业利润	1 187 283 357	178 528 561	25 063 179	1 027 638 471	(1 091 302 501)	1 327 211 067
资产总额	23 209 258 198	1 705 449 806	269 369 941	18 995 115 070	(19 072 029 333)	25 107 163 682
负债总额	19 349 482 365	1 071 438 786	179 560 444	10 828 288 869	(15 466 351 510)	15 962 418 954
补充信息:						
折旧和摊销费用	100 634 240	22 902 462	1591 956	8 736 052	—	133 864 710
当期确认的减值损失	(2 971 637)	40 047	(52 202)	(1 695 201)	—	(4 678 993)
资本性支出						
其中:在建工程支出	90 646 540	14 743 795	—	—	—	105 390 335
购置固定资产支出	48 811 237	3 045 461	1 529 250	80 372	—	53 466 320
购置无形资产支出	38 841 881					38 841 881

(2) 次要报告形式

公司主要的业务均在中国大陆境内,地区分部间各区域业务承担的风险和报酬相似,因此未列示地区分部资料。

……

第四节　上市公司临时报告制度

临时报告是指上市公司按有关法律法规的规定，在发生重大事项时需向投资者和社会公众披露的信息，是上市公司持续信息披露义务的重要组成部分。我国上市公司日常信息披露中常见的临时报告包括重大事件公告、权益变动报告、异常交易报告等。

一、重大事件公告

《中华人民共和国证券法》、《上市公司信息披露管理办法》都对重大事件公告做出了明确的规定。《上市公司信息披露管理办法》规定：发生可能对上市公司证券及其衍生品种交易价格产生较大影响的重大事件，投资者尚未得知时，上市公司应当立即披露，说明事件的起因、目前的状态和可能产生的影响；并且规定下列重大事项必须进行披露：

(1) 公司的经营方针和经营范围的重大变化。

(2) 公司的重大投资行为和重大的购置财产的决定。

(3) 公司订立重要合同，可能对公司的资产、负债、权益和经营成果产生重要影响。

(4) 公司发生重大债务和未能清偿到期重大债务的违约情况，或者发生大额赔偿责任。

(5) 公司发生重大亏损或者重大损失。

(6) 公司生产经营的外部条件发生的重大变化。

(7) 公司的董事、1/3 以上监事或者经理发生变动，董事长或者经理无法履行职责。

(8) 持有公司 5%以上股份的股东或者实际控制人，其持有股份或者控制公司的情况发生较大变化。

(9) 公司减资、合并、分立、解散及申请破产的决定；或者依法进入破产程序、被责令关闭。

(10) 涉及公司的重大诉讼、仲裁，股东大会、董事会决议被依法撤销或者宣告无效。

(11) 公司涉嫌违法违规被有关机关调查，或者受到刑事处罚、重大行政处罚；公司董事、监事、高级管理人员涉嫌违法违纪被有权机关调查或者采取强制措施。

(12) 新公布的法律、法规、规章、行业政策可能对公司产生重大影响。

(13) 董事会就发行新股或者其他再融资方案、股权激励方案形成相关决议。

(14) 法院裁决禁止控股股东转让其所持股份，任一股东所持公司 5%以上股份被质押、冻结、司法拍卖、托管、设定信托或者被依法限制表决权。

(15) 主要资产被查封、扣押、冻结或者被抵押、质押。

(16) 主要或者全部业务陷入停顿。

(17) 对外提供重大担保。

(18) 获得大额政府补贴等可能对公司资产、负债、权益或者经营成果产生重大影响的额外收益。

(19) 变更会计政策、会计估计。

(20) 因前期已披露的信息存在差错、未按规定披露或者虚假记载，被有关机关责令改正或者经董事会决定进行更正。

(21) 中国证监会规定的其他情形。

证券简称：中油化建　　　　证券代码：600546　　　　编号：临 2009—30

中油吉林化建工程股份有限公司
重要合同公告

本公司董事会及全体董事保证本公告内容不存在任何虚假记载、误导性陈述或者重大遗漏，并对其内容的真实性、准确性和完整性承担个别及连带责任。

近日，中油吉林化建工程股份有限公司（以下简称“公司”）与中国石油天然气股份有限公司吉林石化分公司签订了《Ⅱ常减压装置改造施工合同》，工程建设地点在吉林市，施工范围为土建工程、设备现场制作工程、管道工程、电气工程、仪表安装及调试等设施工程，合同额 192 367 000 元人民币，合同工期 486 天。

本合同对公司具有法律约束力，如果公司不能按期保质完成工程，将会受到违约处罚。

以上合同金额占公司今年已披露的重大合同（含本合同）累计金额的 12.13%。

中国石油天然气股份有限公司吉林石化分公司是我公司关联方，以上合同构成关联交易。公司 2008 年度股东大会审议通过了 23 亿元人民币的 2009 年度关联交易额度，因此以上合同不需再行审议。

中油吉林化建工程股份有限公司董事会

2009 年 8 月 18 日

（资料来源：上海证券交易所网站，http://www.sse.com.cn）

证券简称：深发展 A　　　　证券代码：000001　　　　编号：2009—027

深圳发展银行股份有限公司董事会决议公告

本公司及董事会全体成员保证信息披露的内容真实、准确、完整，没有虚假记载、误导性陈述或重大遗漏。

深圳发展银行股份有限公司（以下简称“公司”）第七届董事会第十七次会议通知以书面方式于 2009 年 7 月 20 日向各董事发出。会议于 2009 年 7 月 24 日在深圳发展银行大厦召开。本次会议的召开符合有关法律、法规、规章和公司章程的规定。会议应到董事 15 人（包括独立董事 5 人），董事法兰克纽曼（Frank N. Newman）、单伟建、马雪征、刘伟琪、李敬和、刘宝瑞、米高奥汉仑（Michael O'Hanlon）、谢国忠、陈武朝、汤敏共 10 人到现场或通过电话方式参加了会议。董事王开国、肖遂宁、胡跃飞因事无法参加会议，委托董事法兰克纽曼（Frank N. Newman）出席会议并行使表决权；董事唐开罗（Daniel A. Carroll）因事无法参加会议，委托董事单伟建出席会议；独立董事罗伯特·巴内姆（Robert T.

Barnum)因事无法参加会议,委托独立董事米高奥汉仑(Michael O'Hanlon)出席会议并行使表决权。

公司第六届监事会主席康典,监事管维立、肖耿、周建国、马黎民、矫吉生到现场或通过电话列席了会议。

会议由公司董事长法兰克纽曼(Frank N. Newman)主持。

会议审议通过了《深圳发展银行股份有限公司董事会关于同意公司股东变更的议案》。

董事会同意中国平安保险(集团)股份有限公司根据适用法律受让 NEWBRIDGE ASIA AIV III,L. P. 持有的公司 520,414,439 股股份。

本议案同意票 11 票,反对票 0 票,弃权票 0 票。

董事唐开罗(Daniel A. Carroll)、单伟建、马雪征、刘伟琪回避表决。

根据《中华人民共和国商业银行法》及中国银监会发布的《中资商业银行行政许可事项实施办法》的相关规定,本次股份转让需要取得中国银监会的批准。根据中国银监会发布的《中资商业银行行政许可事项申请材料目录及格式要求》,公司就本次股份转让向中国银监会提交的申请材料中应包括"董事会同意变更股权的决议"。

特此公告。

深圳发展银行股份有限公司董事会

2009 年 7 月 25 日

(资料来源:巨潮资讯网 http://www.cninfo.com.cn)

二、权益变动报告书

涉及上市公司的收购、合并、分立、发行股份、回购股份等行为导致上市公司股本总额、股东、实际控制人等发生重大变化的,信息披露义务人应当依法履行报告、公告义务,披露权益变动情况。

简式权益变动报告书的内容有:

(1) 封面、扉页、目录、释义。

(2) 信息披露义务人介绍。

(3) 持股目的。

(4) 权益变动方式。

(5) 前 6 个月内买卖上市交易股份的情况。

(6) 其他重大事项。

(7) 备查文件。

详式权益变动报告书的内容,即为上市公司收购报告书的内容,包括:

(1) 封面、书脊、扉页、目录、释义。

(2) 收购人介绍。

(3) 收购决定及收购目的。

(4) 收购方式。

(5) 资金来源。

(6) 后续计划。

(7) 对上市公司的影响分析。

(8) 与上市公司之间的重大交易。

(9) 前6个月内买卖上市交易股份的情况。

(10) 收购人的财务资料。

(11) 其他重大事项。

(12) 备查文件。

思考题

1. 什么是上市公司的信息披露？上市公司信息披露有何意义？
2. 上市公司信息披露的原则和要求有哪些？
3. 信息披露的框架体系是怎样的？
4. 上市公司为什么要编制分部报告？简述分部报告披露要求。
5. 中期报告的编制方法有哪几种？各自的观点如何？
6. 什么是招股说明书？其披露的内容有哪些？
7. 什么是定期披露制度？其披露的内容有哪些？

本章相关的法规、制度

1.《企业会计准则第30号——财务报表列报》,中华人民共和国财政部,2006
2.《企业会计准则第32号——中期财务报告》,中华人民共和国财政部,2006
3.《企业会计准则第35号——分部报告》,中华人民共和国财政部,2006
4.《企业会计准则第36号——关联方披露》,中华人民共和国财政部,2006
5.《企业会计准则——应用指南》,中华人民共和国财政部,2006
6.《企业会计准则解释2006》,中华人民共和国财政部会计司编写组,2007
7.《国际会计准则第14号——分部报告》,国际会计准则委员会,2004
8.《国际会计准则第34号——中期财务报告》,国际会计准则委员会,2004
9.《财务会计准则公告第131号——企业分部和相关信息披露》,美国财务会计准则委员会,1998
10.《财务会计准则公告第21号——对非公开招股企业中止报告每股收益和分部信息》,美国财务会计准则委员会,2004
11.《公开发行证券的公司信息披露内容与格式准则》,中国证券监督管理委员会,2007
12.《公开发行证券的公司信息披露编报规则》,中国证券监督管理委员会,2007
13.《首次公开发行股票并上市管理办法》,中国证券监督管理委员会,2006
14.《上市公司证券发行管理办法》,中国证券监督管理委员会,2006
15.《证券公司年度报告内容与格式准则》,中国证券监督管理委员会,2008

16.《上市公司信息披露管理办法》,中国证券监督管理委员会,2007

17.《上海、深圳证券交易所股票上市规则》,上海、深圳证券交易所,2006

18.《上海、深圳证券交易所首次公开发行股票发行与上市指引》,上海、深圳证券交易所,2007

19.《上海、深圳证券交易所股票上市公告书内容与格式指引》,上海、深圳证券交易所,2006

练习题

单项选择题

1. 在上市公司会计信息披露体系中,(　　)属于临时性报告。

A. 招股说明书　　B. 季度报告

C. 公司并购公告　　D. 上市公告书

2. 在上市公司会计信息披露的质量要求中,其首要的质量特征是(　　)。

A. 谨慎性原则　　B. 一致性

C. 真实性　　D. 决策有用性

3. 下列不属于上市公司信息披露内容的是(　　)。

A. 上市公告书　　B. 招股说明书

C. 年度报告　　D. 公司管理办法

4. 上市公司分部报告是(　　)。

A. 月度报告　　B. 年度报告

C. 季度报告　　D. 旬报告

5. 上市公司更换为其审计的会计师事务所属于(　　)。

A. 上市公司首次披露

B. 上市公司定期报告

C. 上市公司临时报告

D. 上市公司其他披露

6. 上市公司招股说明书是(　　)。

A. 强制性信息披露

B. 自愿性信息披露

C. 强制性为主与自愿性为辅相结合的信息披露

D. 上市公司信息披露的最高要求

7. 以下有关分部报告的叙述中,错误的是(　　)。

A. 分部报告通常作为财务报告的组成部分予以披露

B. 主要分部报告可以采用业务分部报告或地区分部报告的形式

C. 分部信息与企业财务报表总额不需要衔接

D. 分部负债信息不包括与企业整体相关的递延所得税负债

案例分析

“粤美的”管理层收购信息披露(案例来源:内蒙古财经学院学报)

(一)案情介绍

1. 管理层收购交易各方概况

(1)美的集团股份有限公司(以下简称“粤美的”)。“粤美的”系经广东省经济体制改革委员会、广东省企业股份制试点联审小组于1992年5月3日以粤体改(1992)11号文批准,由顺德市北窖经济发展总公司发起,在原广东美的电器企业集团基础上经改组设立的股份有限公司。美的公司于1992年8月10日正式成立。股本经历多次送、转、配后总额为484 889 726.00元。“粤美的”在实行管理层收购(Management Buyout,简称MBO)之前的第一大股东是广东省顺德市北滘镇镇政府下属的美的控股有限公司,持有“粤美的”10 761.033万股,占“粤美的”公司总股本的22.19%,“粤美的”的法人代表是何享健。该公司发布公告自2004年6月24日起“粤美的”更名为“美的电器”(为了说明方便,本案例中仍用原名探讨)。

(2)美托投资有限公司。顺德市美托投资有限公司成立于2000年4月7日,公司经营范围是为制造业、商业进行投资,经营国内商业、物资供销业。设立之初公司注册资本为1 036.87万元人民币,法定代表人何享健为公司第一大股东,持股25%。美的集团执行董事陈大江持股10.3%,“粤美的”公司职工持股会持股22%,其他公司管理层持股42.7%,美的公司现有22名管理层人员按职位和贡献大小分别持有美托公司的股份。美托公司后来变更注册资本为1亿元,“粤美的”职工持股会持有的22%股份转给自然人。为了便于操作,公司其他管理人员的股份分别委托何享健、陈大江、冯静梅、梁结银持有。因此,工商登记显示:何享健持有55%的股份;陈大江先生、冯静梅女士及梁结银女士分别持有该公司15%的股份。美托投资有限公司的股权结构的变化情况如图10-2所示。

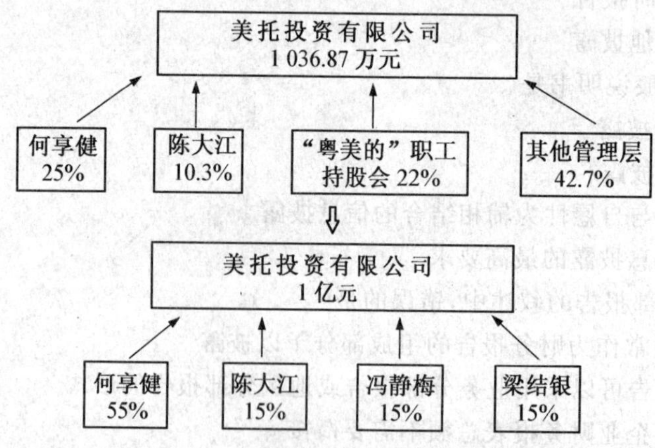

图10-2 美托投资有限公司的股权结构

2. MBO的交易过程

2000年4月10日，美托投资有限公司与“粤美的”原第一大股东顺德市美的控股有限公司(以下简称美的控股公司)签订了《股权转让协议》，美托投资有限公司以每股2.95元的价格，协议受让了美的控股有限公司持有的3 518.4万股，占总股本的7.26%，成为“粤美的”第三大股东，由此拉开了“粤美的”管理层收购(MBO)的序幕。2000年12月20日美托投资有限公司与美的控股有限公司再次签订《股权转让协议》，美托投资公司以每股3元的价格受让美的控股公司7 243.0331万股。股权转让完成后，美托投资正式成为“粤美的”的第一大股东，所持股份上升到22.19%，由代表当地地方政府的顺德市美的控股有限公司的股份逐步转移到由“粤美的”管理层自然人控股的美托投资公司手中。

美托投资有限公司收购“粤美的”原第一大股东股权的价格是美托投资公司与顺德北窖镇政府之间通过谈判协商确定的。美托投资公司这两次收购所用的资金，全都是通过股票质押而获得的银行贷款，而公司管理层个人通过美托投资间接持有公司股份，应先支付10%的现金，其余部分以后分期用红利付清。

3. MBO信息披露的轨迹

(1) 2000年4月6日，《广东美的集团股份有限公司董事局公告》指出董事局关于管理层持股的实施方案，有八个事项，分别为股权设置、股权来源、出资方式、财务管理、预留股权、股权变动、利润分配和管理办法。其中出资方式指购买股权按公司净资产或注册资本定价，持股员工应按认购股款的20%以现金方式缴纳首期，其余采用分期付款方式解决。

(2) 2000年5月13日，《广东美的集团股份有限公司董事局公告》第一部分指出为充分调动公司管理层的积极性，完善公司法人治理结构，提高经营绩效，在第一大股东顺德市美的控股有限公司(以下简称美的控股公司)支持下，公司决定推行管理层持股制度，其方式为由公司高层管理人员和工会共同出资组建顺德市美托投资有限公司，从而通过投资公司受让并间接持有“粤美的”法人股份。第二部分说明此次转让的法人股份为3 518.4万股，转让价格为2.95元/股，转让股份占本公司发行在外股本总额的7.26%。

(3) 2000年5月13日，《顺德市美的控股有限公司关于出让“粤美的”部分法人股的公告》发布，内容与广东美的集团股份有限公司2000年5月13日的董事局公告内容相同。

(4) 2001年1月19日，《广东美的集团股份有限公司董事局公告》进一步指出MBO的转让价格及股份数目。

(5)《广东美的集团股份有限公司2000年年度报告》摘要中有关MBO的信息如表10-3、表10-4所示。

表10-3　股本变动及股东情况——公司前三名股东持股情况(截止2000年12月31日)

股东名称	持股数(万股)	报告期内增减(万股)	持股比例(%)
顺德市美的控股有限公司	9 243.033 1	(3 518.4)	19.06
顺德市开联实业发展有限公司	4 118.4	+343.2	8.49
顺德市美托投资有限公司	3 518.4	+3 518.4	7.26

表 10-4 几名主要高级管理人员的持股情况

单位：股

姓　名	性　别	年　龄	职　务	年初持股数	年末持股数	增减数
何享健	男	58	董事局主席、总裁	559 859	559 859	0
陈大江	男	40	董事、副总裁	139 964	139 964	0
冯静梅	女	52	董事、副总裁	209 947	209 947	0
何应强	男	57	副总裁	279 928	279 928	0
陈序强	男	53	副总裁	279 928	279 928	0
合　计				1 469 626	1 469 626	0

在其他重大事项中披露与“粤美的”MBO有关的信息：

① 经营者(管理层)持股计划。为优化产权结构，完善公司法人治理结构，构筑新的命运共同体，争取股东权益、员工利益和社会效益的最大化，实现可持续发展战略，经第三届董事局第十二次会议审议，公司决定分集团和下属公司两个层面推行经营者(层)持股计划。

在集团层面，公司实行管理层持股，即由公司高层管理人员和工会共同出资组建顺德市美托投资有限公司，通过其受让并间接持有本公司法人股。

② 资产负债表日后事项。2000年12月20日，公司第一大股东——顺德市美的控股有限公司向公司第三大股东顺德市美托投资有限公司以每股3.00元的价格转让了其持有的公司法人股72 430 331股，按协议规定，在协议签订后3个月内支付转让价款的50%，其余50%价款在其后半年内付清，转让事项完成后，“粤美的”的第一大股东为顺德市美托投资有限公司。

(6)《广东美的集团股份有限公司2001年年度报告》摘要中有关前三大股东信息如表10-5所示。

表 10-5 公司前三名主要股东持股情况(截止 2001 年 12 月 31 日)

股东名称	持股数（千股）	报告期内增减（千股）	持股比例（%）	质押数量（千股）
顺德市美托投资有限公司	107 614.3	+72 430.331	22.19	107 610
顺德市开联实业发展有限公司	41 186.4	+2	8.49	32 600
顺德市信宏实业有限公司	15 000	+15 000	3.09	15 000

公司或持股5%以上的股东对公开披露承诺事项的履行情况：

2000年12月20日顺德市美托投资有限公司与“粤美的”第一大法人股东顺德市美的控股有限公司签订《法人股转让协议》，受让其所持部分公司法人股72 430.331千股，占公司总股本的14.93%。至此，顺德市美托投资有限公司共计持有“粤美的”公司法人股107 614.331千股，占该公司发行在外总股本的22.19%，从而成为该公司的第一大股东，在2001年1月19日该公司所发表的公告中承诺一年内不转让所持公司股份。报告期内该公司严格履行了这一承诺。

(7) 2002 年 7 月 20 日,《广东美的集团股份有限公司董事局公告》指出公司第一大股东顺德市美托投资有限公司以其所持有的“粤美的”法人股共计 107 610 000 股(占公司发行在外总股份的 22.19%)向顺德市北滘农村信用合作社进行质押贷款,共计贷款 3.2 亿元,本次贷款期限自 2002 年 7 月 15 日至 2005 年 7 月 15 日。

(二) 思考分析题

1. 管理层收购信息披露的内容应该有哪些?

2. “粤美的”管理层收购信息披露中存在哪些问题?

参 考 书 目

[1] 中华人民共和国财政部.企业会计准则(2006).北京：经济科学出版社,2006.

[2] 中华人民共和国财政部.企业会计准则——应用指南(2006).北京：中国财政经济出版社,2006.

[3] 财政部会计司编写组.企业会计准则讲解(2006).北京：人民出版社,2007.

[4] 中国注册会计师协会.会计.北京：中国财政经济出版社,2009.

[5] 财务部会计资格评价中心.中级会计实务.北京：经济科学出版社,2009.

[6] 杜兴强.高级财务会计.2版.厦门：厦门大学出版社,2007.

[7] 陈信元.高级财务会计.上海：上海财经大学出版社,2009.

[8] 储一昀.高级财务会计.上海：复旦大学出版社,2006.

[9] 赵雪媛.高级财务会计.北京：中国财政经济出版社,2007.

[10] 余恕莲,赵旸.高级财务会计.北京：中信出版社,2006.

[11] 余国杰.高级财务会计.北京：科学出版社,2009.

[12] 戴德明.财务会计学.4版.北京：中国人民大学出版社,2006.

[13] 常勋,常亮.国际会计.6版.厦门：厦门大学出版社,2008.

[14] 常勋.财务会计四大难题.3版.上海：立信会计出版社,2006.

[15] 常勋.高级财务会计.2版.沈阳：辽宁人民出版社,2007.

[16] 刘永泽,傅荣.高级财务会计.2版.大连：东北财经大学出版社,2009.

[17] 杨金观.高级财务会计.北京：经济科学出版社,2008.

[18] 阎达伍,耿建新,戴德明.高级会计学.北京：中国人民大学出版社,2005.

[19] 石本仁,杨荣彦.高级财务会计.广州：暨南大学出版社,2005.

[20] 罗飞.企业特种会计.武汉：湖北科学技术出版社,1994.

[21] 王文彬,林钟高.高等会计学.上海：立信会计出版社,1995.

[22] 徐兴恩.特殊业务会计学.北京：航空工业出版社,1994.